U0582469

国家社科基金项目 12BSH053 "集体智慧在协同创新中的生成与应用"成果(结项鉴定等级优秀)

国家社科基金丛书
GUOJIA SHEKE JIJIN CONGSHU

集体智慧在合作创新中的生成与应用

The Generation and Application of
Collective Intelligence in Collaborative Creativity

周 详 著

人民出版社

责任编辑：王怡石
封面设计：石笑梦
封面制作：姚　菲
版式设计：胡欣欣

图书在版编目（CIP）数据

集体智慧在合作创新中的生成与应用/周详 著. —北京：人民出版社,2020.12
ISBN 978 - 7 - 01 - 022883 - 9

Ⅰ. ①集…　Ⅱ. ①周…　Ⅲ. ①心理学-研究　Ⅳ. ①C936

中国版本图书馆 CIP 数据核字（2020）第 252159 号

集体智慧在合作创新中的生成与应用

JITI ZHIHUI ZAI HEZUO CHUANGXINZHONG DE SHENGCHENG YU YINGYONG

周　详　著

人民出版社 出版发行

（100706　北京市东城区隆福寺街 99 号）

北京汇林印务有限公司印刷　新华书店经销

2020 年 12 月第 1 版　2020 年 12 月北京第 1 次印刷
开本：710 毫米×1000 毫米 1/16　印张：26.5
字数：390 千字

ISBN 978 - 7 - 01 - 022883 - 9　定价：128.00 元

邮购地址 100706　北京市东城区隆福寺街 99 号
人民东方图书销售中心　电话（010）65250042　65289539

版权所有·侵权必究
凡购买本社图书,如有印制质量问题,我社负责调换。
服务电话：(010)65250042

序

　　南开大学周详教授将在人民出版社出版《集体智慧在合作创新中的生成与应用》一书,这不论是在学术价值上还是在服务社会上,都是一部很有意义的专著。这是一个信息的时代、网络的时代,更是一个合作创新的时代,其代表特征就是需要把集体智慧看作社会发展的重要推动力,使得集体智慧领域的研究迅速崛起。互联网已经永远改变了人类的生产、生活模式,信息爆炸,全球化与智能化时代的到来也正在潜移默化地影响着人们认识和适应这个世界的方式。智能手机等通讯技术的普及为信息共享和群体互动提供了途径,便捷的通讯工具既放大了群体的智慧,也放大了群体的愚昧。面对复杂的世界,如何创造性地解决问题与避免集体愚昧成为研究者关注的重要问题,周详教授的这部专著正是对这些基本问题的系统回应。这是一部创新的专著,并具备以下五个"兼顾"的特色。

　　兼顾学术前沿与社会服务。这是这部专著最为突出的特点。关于学术前沿,近年来,*Science* 期刊就将集体智慧与人类合作行为列入全世界最前沿的125个科学问题之一,并开始发表论文阐述集体智慧存在的证据,显示出集体智慧研究领域的学术前沿性与复杂性。而合作创新是组织中常见的社会现象,合作创新以群体为单位,群体成员将所掌握的创新资源和信息进行有效汇聚,通过人员与资源的广泛交互,实现群体内和群体间的深度合作与创新。在合作创新过程中,许多与之相关的因素可同时具有促进和抑制的双重效果,这些双重作用进一步增加了合作创新研究领域的复杂性与前沿性。难能可贵的是,这部专著前三编内容重点探讨了集体智慧在合作创新生成与应用中的基础理论、过程机制与影响因素,这些研究正是衡量这部专著学术价值的重要标志。但作为新兴的重要研究领域,"现今却没有可以解释集体智慧如何工作的理论"。也正因为如此,在集体智慧研究领域中,关于集体智慧生成机制的研究一直处于核心地位。一方面,集体智慧的生成机制能够使我们进一步探明集体智慧的工作过程和影响因素,帮助我们更好地理解集体智慧;另一方面,集体智慧领域理论的碎片化主要因为目前尚缺乏一个统一的理论框架,而通过对集体智慧生成机制的探究,能够在一定程度上加深我们对集体智慧的认识,进而推动该领域中的碎片化理论向整合理论方向发展。

关于社会服务。这部专著的第四编内容"合作创新的多场景干预与促进",涉及计算机支持场景,中学、大学和众创空间等学习与工作场景以及不同社会群体,通过一系列实证研究,为多场景不同群体的合作创新提供干预方案。这些研究成果回应了合作创新型人才培育、科技研发的自主创新与原始创新、大众创业与万众创新等国家战略和社会热点,研究结果具有服务社会的重要借鉴价值。以合作创新型人才培养为出发点,提出创造性思维和创造性人格发展干预、高中生和大学生合作创新干预、创新创业者情境融入心理资本干预以及高校科研团队的创造力评估工具建构等解决方案,展示这部专著可为提高合作创新型人才的智力技能、创造力与人际合作能力等育人机制提供重要支持。

兼顾人类合作与人机合作创新。这部专著重视人类合作与人机合作在创新中的关系,并分别阐述了集体智慧研究的两个方面问题。一是社会科学家所关注的人类群体合作。人的个体智慧是集体智慧的源泉,人的学习和观点是推动智慧涌现的基础,而现代通讯媒介等技术使得人类学习新知识和获取信息的成本得以降低、效率得以提高,在网络平台中,人们的视野空前开阔,思想空前自由,基于社会心理机制的人类群体合作中的连接性、流动性、多样性和规则等条件都有利于激发群体智慧,促进合作创新。二是人机合作。人机合作涉及人—机—环境系统,这是关注人工智能的研究者,以及致力于通过集体智慧预测自然与社会复杂现象的研究者所关注的领域,也反映出人工智能与人类创造力两个领域的研究与应用呈现相互促进、共同发展的态势。这正是这部专著的时代特征。

兼顾认知过程与社会影响因素。在国际学术界,越来越多的学者提出了智力是创造力的必要因素而非绝对因素的观点。在这部专著中,作者也强调创造力的研究不再局限于个体智力或创造力的认知过程,而是转向促进个体创造力发生发展的环境与文化因素研究,从家庭环境、学校环境、组织氛围与组织文化、社会环境与社会文化等角度考察个体与群体创造力产生与发展的社会心理机制。这一视角的转换不仅促使研究者以更全面的角度去探讨创造力的产生和发挥机制,还极大地提升了创造力相关研究的应用价值:可以更好地从上述各层面中找到促进个体创造力与发挥的因素,并通过干预等手段,使个体创造力得到更大程度的发挥,使创新成果具有更高的新颖性和实用性。

兼顾量化与质性研究方法。集体智慧是在合作创新的自然情境中通过复杂互动而生成的,会受到个体因素、局部交互、环境背景等因素的影响,这必然作多因素的分析,涉及量化的研究。然而,为了能够对集体智慧的生成机制达到一个整体、深入的认识,还必须借助于质性的研究方法,并尽可能控制研究的各个进程,确保研究的效度。这部专著采用混合方法的研究范式,灵活运用质性和量化研究方法,系统探究集体智慧在合作创新中的生成与应用。在具体方法应用中,除了行为实验、问卷调查和基于扎根理论的研究方法外,作者还综合运用认知网络分析、社会网络分析和互动过程分析等多重方法,对合作创新小组的线上与线下互动过程和效果进行深入探索,显示了质性与量化研究方法论的一致性。

兼顾西方与本土化视角。创新群体集体智慧的发生及其作用机制相当复杂,因此作者立足国内,借鉴国外,挖掘历史,把握当代,以整合西方与本土化的视角进行学术探讨对集体智慧生成过程、进化趋势与社会心理机制研究尤为关键。目前,有关合作创新中集体智慧的研究在全球刚刚起步,尚需明确概念与评价体系,国内研究不宜以验证性为主要方向,而应该结合当代中国社会情境进行有针对性的研究。这部专著力图在"心理学研究中国化"道路上,开展本土取向的基础研究,选题并非一味地跟从西方主流研究思路,而是从实际出发,结合本土出现的具体问题,去探究理论原理与解决机制。依据集体智慧与合作创新社会心理机制的研究成果,强调既要从中国本土文化中寻找利于合作创新与集体智慧的有效因素,又要突破本土文化中的学习方式、传统知识对创造力和集体智慧的桎梏,并通过多文化团队成员带来的文化碰撞为创造性问题解决提供支持。

我赞赏周详教授基于自己研究成果产生的专著,赞同作者的观点:集体智慧与合作创新是社会发展的重要推动力量,是人类文明行为的瑰宝,兼具心智发展与人文素养的双重属性,映射出智者与仁者的道德境界,可为探索人类智慧以及通过心理学让生活更美好做出有意义的贡献。我更赞赏周详教授知恩图报的人格。她在其后记中最后表达:"本书谨献我的导师沈德立先生!沈先生一生追求科学、服务社会、勤勉奋斗,是我永远的榜样。"于此,我的眼眶全湿了,因为沈先生是我的挚友,我俩情感深厚,他逝世七年来,我无时无刻不在怀念他,且经常梦里与他探讨学问。读了这部专著,深深感受到作者对师恩的怀念和尊师重道的品格,懂得感恩者的心灵是高尚的。

是为序。

林崇德

2020 年 10 月 3 日

于北京师范大学

目　　录

第四编 ｜ 合作创新的多场景干预与促进

导　言

高效的合作创新(collaborative innovation)有赖于优质创新群体和创新联盟的建立。其中,集体智慧(collective intelligence)的生成与应用是实现合作创新的基本保证。

集体智慧是一个有着漫长发展历史的概念,最早被动物学家所使用,用来描述蚂蚁、蜜蜂等昆虫和一些鸟类的行为。多个个体通过一定的信息交换和集体行为,可以像一个整体或是一个器官一样发挥功能,这是很久以前人类就在群居动物身上观察到的现象。在人类进化发展的历程中,集体智慧也是无处不在的,人们通过与他人交换信息,依靠多个个体组成的群体的智慧来解决复杂的问题和应对新的、变化的环境。伴随数字化智能时代的到来,人—机—网络混合系统下的集体智慧正逐步引起研究者的关注,计算机在未来较长一段时间里最主要的贡献除了人工智能,通过超级链接(hyperconnectivity)以全新方式和空前规模将人类的思维彼此连接起来,形成"超级心智"(superminds),从而促进人类创造性地解决生存与发展问题。

本书通过实证研究重点探讨了集体智慧在合作创新生成与应用中的基础理论、过程机制、影响因素与干预对策。共包含"集体智慧如何生成""集体智慧在合作创新中的两种重要表现""合作创新的认知与社会性影响因素"和"合作创新的多场景干预与促进"四部分基本内容,由十三章构成。

　　第一部分"集体智慧如何生成"包含三章内容:第一章集体智慧生成机制的理论模型,第二章集体智慧生成机制的质性研究,第三章合作学习小组中集体智慧生成机制的混合方法研究。形成的主要观点是:其一,集体智慧的理论模型较为多样,涉及分类模型、属性模型、基因模型、阶段模型、网络模型和过程模型;其二,分布式认知和社会性别角色会对集体智慧具有重要贡献,个体认知中的结构化信息、内容性信息和行为通过信息节点的交互作用形成分布式认知,并在群体气氛的影响下生成集体智慧。而个体的性别、社会性别角色及性别组合通过直接和间接两条路径对集体智慧发生作用,女性和社会性别角色女性化成员表现出较多的关系定向行为、开放与接纳行为,利于群体气氛建设。社会性别角色双性化和未分化成员更易产生带结构化信息的行为,利于分布式交互流程的完成。单一及不平衡的性别组合易出现赞同型信息节点,利于群体气氛建设,平衡的性别组合更易出现否定型信息节点,成员更喜欢自我表现,更易出现关系冲突;其三,协同创新中集体智慧存在明确的统计学证据及影响因素,围绕长期合作学习小组中的集体智慧及其影响因素的研究表明,在长期合作学习小组的多重任务表现中,存在代表群体整体一般能力的 C 因素,即存在集体智慧;在创新观点的产生中,社会影响不利于集体智慧发挥作用;在困难问题解决的判断与决策中,集体智慧发挥的作用更明显,较不会受到个别成员的主观自信、实力和多数人意见左右。建议在合作学习等群体活动中通过策略选择和规则设置促进集体智慧发挥作用。

　　第二部分"集体智慧在合作创新中的两种重要表现"包含两章内容:第四章人类集体智慧之团队创造力,第五章人机集体智慧之计算机支持下的合作创新。形成的主要观点是:其一,作为人类集体智慧重要表现的团队创造力与个体创造力存在内部关联,可在社会互动、文化氛围、动机等有利条件下可以发生互相转化;其二,作为人机集体智慧重要表现的计算机支持下的合作创新涉及生成、协作与评估模型。计算创造力生成模型通过算法实现对人类创造过程的模拟从而产生出新颖的、有用的产品。计算创造力协作模型则是通过对人机交互的手段来实现对于人类创造力进行增强的目的。计算创造力评估模型的目的是实现对于创造力产品的评估,计算创造力评估模型不仅仅是对于计算机创新生成的或人机协同创新产生的创新产品进行评估,也包含使用计算机算法实现对人类创造力评估能力的模拟。

第三部分"合作创新的认知与社会性影响因素"包含三章内容:第六章个体创造力的环境影响因素,第七章合作创新中观点固着与评价顾虑的交互作用,第八章合作创新中的认知网络与社会网络分析。形成的主要观点是:其一,创造力是社会系统的产物,受社会模仿、身份认同(个体层面)和社会规范(社会层面)的影响,可从家庭、学校、组织氛围与组织文化、社会环境与社会文化等角度考察个体创造力产生与发展的社会心理机制。其二,在合作创新过程中,作为认知因素的观点固着和作为社会性因素的评价顾虑可导致小组观点数量和类别的生产力赤字,而不影响观点的新颖性,孵化间隔有利于降低固着及提高创新生产力,在孵化间隔中加入认知任务进行任务转换效果会更好。其三,综合运用认知网络分析、社会网络分析和互动过程分析等多重方法,有利于对合作创新小组的线上与线下互动过程和效果进行探索。

第四部分"合作创新的多场景干预与促进"包含五章内容:第九章头脑风暴法的缺陷及计算机支持解决方案,第十章高中生合作创新的交互记忆系统干预,第十一章大学生合作创新的宿舍 VOMAS 干预,第十二章高校科研团队的创造力评估工具建构,第十三章创新创业者情境融入式心理资本干预。形成的主要观点有:其一,面向计算机支持场景,相关解决方案有利于应对协同创新中头脑风暴法的缺陷,可解决生产阻塞、评价担忧和搭便车者等阻碍性问题。其二,面向高中生群体,自我认知、社会认知、认知信任、情感信任、有效沟通、冲突解决的干预维度,可促进合作创新团队交互记忆系统三个主要成分(专长、信任、协调)的提升。其三,面向大学生群体,可基于"VOMAS 系统"针对价值、目标、动机、氛围和技能五个要素展开系统干预,在高校对以宿舍为单位的大学生群体及大学生创新创业者的心理和谐水平及合作创新能力进行辅导与建设。其四,面向高校科研群体,为团队创造力评估建构编制的科研团队创造力量表包括团队成员的创造性工作能力、互动过程、工作意义与价值、创新氛围四个维度,共 23 个项目,1 个测谎项目,信度效度良好。其五,面向创新创业群体,结合 Luthans 的干预模型,针对创新创业者心理异常群体,提出基于四创(创造力、创新、创业、创伤)的创新创业情境融入式心理资本干预方案,可有效提升创新创业者心理资本水平和绩效。

　　集体智慧不仅仅是信息数量上的积累,还包括质量上的贡献,它是与个体智力相对应的概念,是在问题解决、决策、应对和适应环境中由群体表现出的相对稳定的能力。个体智慧与群体智慧可以相互转化,个体创造力和群体创造力亦然,对其转化机制的深入探索有利于促进集体智慧在合作创新中的生成与应用。未来研究将进一步尝试心理学、复杂性科学、认知科学、生物学、计算机科学、语义学、社会媒体等多种研究取向的深广融合,以便在该课题的学术理论与实践应用领域做出更多贡献。

第一编

集体智慧如何生成

1

第一章　集体智慧生成机制的理论模型

第一节　合作创新与集体智慧

高效的合作创新(collaborative innovation)有赖于优质创新群体和创新联盟的建立[①]。其中,集体智慧(collective intelligence)的生成与应用是实现合作创新的基本保证。现有创新群体及其影响因素的研究有两种视角:一种是组织视角,关注组织规模、结构、成员异质与流动性、团队文化等方面;一种是创新过程视角,包括团队冲突管理、反思、创新气氛、领导行为等[②]。在过去十年里,对创新群体的研究已不再满足于将个人与小组绩效进行比较,而开始更精细地理解组内过程,提出更好的实验设计以及组内互动、发散与聚合思维的交替数量、动机、性格倾向模型[③]。2010年,卡内基梅隆大学 Woolley 和麻省理

[①]　熊励、孙友霞、蒋定福、刘文:《协同创新研究综述——基于实现途径视角》,《科技管理研究》2011年第14期。

[②]　M.A.West,"Sparkling Fountains or Stagnant Ponds:An Integrative Model of Creativity and Innovation Implementation in Work Groups",*Applied Psychology*,Vol.51,No.3(2002),pp.355－386.薛继东、李海:《团队创新影响因素研究述评》,《外国经济与管理》2009年第2期。王亚男、张景焕:《创造力研究的新领域:合作创造力》,《心理科学进展》2010年第1期。

[③]　张钢、倪旭东:《知识差异和知识冲突对团队创新的影响》,《心理学报》2007年第5期。R.K.Sawyer & S.Dezutter,"Distributed Creativity:How Collective Creations Emerge from Collaboration",*Psychology of Aesthetics,Creativity,and the Arts*,Vol.3,No.2(2009),pp.81－92.B.A.Hennessey & T.M.Amabile,"Creativity",*Annual Review of Psychology*,Vol.61,No.(2010),pp.569－598.

工学院 Malone 基于组织管理和社会认知的视角在 Science 上发表论文阐述集
体智慧的存在证据,指出"团队中成员平均智力以及最高智力水平与团队智
能水平并不相关。如果知道可以使团队更加高效的因素,就可以改造团队智
能"①。2018 年,Malone 再次提醒人们关注人机群体智慧,强调计算机在未来
较长一段时间里最主要的贡献不是人工智能,而是超级链接(hyperconnectivi-
ty),即以全新方式和空前规模将人类的思维彼此连接起来,形成"超级心智"
(superminds),从而促进人类创造性地解决生存与发展问题②。中国科学院自
动化研究所戴汝为院士认为,社会思维学是一门研究人作为集体来思维的规
律及其与集体思维的相互关系、相互作用的科学,当群体处于社会思维状态下
就会使思维能力大大提高,从而发挥其前所未有的水平,使思维的结果实现跨
越,涌现出群体智慧,而实现这种群体智慧有赖于综合集成的科学③。Pass 从
进化论视角指出人类的认知结构是需要改善的,应从集体记忆、人类运动及具
身认知三个方面降低个体面临复杂任务的认知负荷④。社会心理学为集体行
动参与机制提供了更加丰富的研究视角⑤。互联网环境则为群体协作涌现的
群体智能提供了新的生成条件⑥。集体智慧涉及组织理论和分布式人工智能

① A.W.Woolley,C.F.Chabris,A.Pentland,N.Hashmi & T.W.Malone,"Evidence for a Collective Intelligence Factor in The Performance of Human Groups",Science, Vol.330, No.6004 (2010), pp.686-688.

② T. W. Malone, Superminds: The surprising power of people and computers thinking together. Little,Brown Spark,2018,p. 3.

③ 戴汝为:《思维(认知)科学在中国的创新与发展》,《自动化学报》2010 年第 2 期。

④ F.Paas & J.Sweller,"An Evolutionary Upgrade of Cognitive Load Theory:Using the Human Motor System and Collaboration to Support the Learning of Complex Cognitive Tasks",Educational Psychology Review,Vol.24,No.1(2012),pp.27-45.

⑤ Z.Jing,S.S.Jae,B.D.J,C.Jaepil & Z.Zhi-Xue,"Social Networks,Personal Values,and Creativity:Evidence for Curvilinear and Interaction Effects",The Journal of Applied Psychology,Vol.94,No.6 (2009),pp.1544-1552.陈浩、薛婷、乐国安:《工具理性、社会认同与群体愤怒——集体行动的社会心理学研究》,《心理科学进展》2012 年第 1 期。

⑥ 谭丽华、董毅明、李林红:《互联网群体智能的涌现》,《管理学报》2010 年第 12 期。乐国安、薛婷:《网络集群行为的理论解释模型探索》,《南开学报(哲学社会科学版)》2011 年第 5 期。

等研究领域,将使生命、物质、信息和人类社会都处在改变之中,也将能将成为新的生存环境与生存方式。

事实上,集体智慧是一个有着漫长发展历史的概念。最早被动物学家所使用,用来描述蚂蚁、蜜蜂等昆虫和一些鸟类的行为。多个个体通过一定的信息交换和集体行为,可以像一个整体或是一个器官一样发挥功能,这是在很久以前人类就在群居动物身上观察到的现象。而在人类进化发展的历程中,集体智慧也无处不在。通过观察和模仿他人的言行来进行学习是人类的基本能力,我们通过与他人交换信息,依靠多个个体组成的群体的智慧来解决复杂的问题和应对新的、变化的环境。当然,集体智慧不仅仅是信息数量上的积累,还有质量上的贡献。通常认为,集体是一种共享的或者群体的智能,以及整合众人的意见进而转化为决策的一种过程。集体智慧这一概念与群体智能(swarm intelligence)、群体智慧(wisdom of crowds)等概念并不完全相同,它是与个体的智力(intelligence)的概念相对应的,在问题解决、决策和应对、适应环境中由群体表现出的相对稳定的能力。

在信息技术高度发达的今天,不同研究领域都对集体智慧进行了研究和应用,一些商业组织,如 InnoCentive、NineSigm、YourEncore 等,也通过提供给参与者便捷的平台来帮助解决工程学、财务和科学等领域中的难题,提出的问题通常有悬赏金额或其他的回报形式,以此来鼓励大众帮助解决问题。美国国家航空航天局(NASA)就曾招募数千名志愿者来帮助科学家辨识火影探测器拍摄的照片。而在互联网领域中,维基百科、百度知道、MBA 智库等网络百科,Linux、Firefox 等开源软件都是集体智慧的典型产物。随着 WEB 2.0 的兴起,群体协作现象愈发普遍,集体智慧便应运成为一个新的研究领域,涉及心理学、复杂性科学、认知研究、生物学、计算机科学、语义学、社会媒体等多种研究取向。2006 年,麻省理工学院创办了集体智慧研究中心(CCI),专门研究在信息技术时代如何使得群体在计算机互联网这一新的传播媒介下创造出更大的智慧。中科院自动化研究所戴汝为院士认为,当群体处于社会思维状态下会使思维能力大大提高,发挥其前所未有的水平,使思维结果实现跨越,涌现出群体智慧①。

　　维基百科、网络社群、开源软件、众包平台等集体智慧实践平台的发展,一系列集体智慧学术成果的出现,使得一众学者对集体智慧这一相对较新的研究领域寄予厚望。围绕集体智慧研究的学术中心、学术会议、专题出版物也迅速被建立,除前述 MIT 集体智慧研究中心外。2012 年,由斯坦福大学、宾夕法尼亚大学、雅虎搜索等机构的多名研究者共同组织了"集体智慧"会议。集体智慧作为一个交叉学科研究领域,至少与心理学、复杂科学、认知研究、生物学、计算机科学、语义学、社会媒体相关;其研究取向涉及纯粹的理论化和概念化研究、仿真模拟、案例研究、实验、系统设计②;研究对象从夸克层次到细菌、植物、动物再到人类社会层次的群体行为。

　　目前心理学研究领域中的集体智慧主要是人类背景的集体智慧研究,主要涉及传统团体(如组织、种族)的研究以及网络群体(通过网络媒介进行知识经验共享的团体)的研究。但总体来看并不存在可以解释人类集体智慧的理论框架,或者说不存在一个一般性理论可以囊括所有现存研究并为未来的研究提供指导。因此,将此领域的研究理论、研究实践结合到一起,促进领域内研究者的观点共享与协同研究就成为了支持集体智慧研究发展的重要方式。概括而言,现阶段集体智慧的理论模型大致可以分为分类模型、属性模型、基因组模型、网络模型、阶段模型和过程模型六种。

---

① 戴汝为、张雷鸣:《思维(认知)科学在中国的创新与发展》,《自动化学报》2010 年第 2 期。

② J.Salminen,"Collective intelligence in humans:A literature review", 2012, preprint arXiv: 1204.3401.

第二节　集体智慧生成的理论模型

一、集体智慧的实质

目前人类群体的集体智慧研究主要涉及传统团体的研究以及网络群体的研究,而对其内涵的理解也包括三种,将其视为一种能力或特质,将其视为一种数据现象或者将其视为一种过程。

持第一种观点的包括 Lévy,他认为"集体智慧是一种普遍的、分布式的智力形式,来源于多个个体的合作与竞争"①。Pentland 认为人类首先应该被视为社会动物,其次才是个体,社会网络的自我融入是一种典型的人类认知,并且人类具有一种可以读取和显示社会信号的无意识能力,使得社会网络内的群体协同可以顺利进行②。Leimeister 从语用学的角度对集体智慧进行分解,"集体"指的是一组不具备相同态度或观点的个体;因为不同个体具有不同的观点与特质,因此能够对既定问题做出更好的解释或提供更好的解决方法③。"智慧"指的是用自身知识学习、理解、适应一种环境的能力,这种能力可以处理变化的或复杂的环境。Woolley 等人认为发现集体智慧 C 因素,并认为C 因素是群体的总体人格因素的外在表象特质。Salminen 对人类集体智慧进行了文献综述,将集体智慧研究归类为微观层、涌现层、宏观层三个层次(见表 1-1)。

---

① P.Lévy(eds.),*Collective Intelligence*:*Mankind's Emerging World in Cyberspace.* New York:Perseus Books,1997,p.1.

② A.Pentland,"On the Collective Nature of Human Intelligence",*Adaptive Behavior*,Vol.15,No.2(2007),pp.189-198.

③ J.M.Leimeister,"Collective Intelligence",*Business & Information Systems Engineering*,Vol.2,No.4(2010),pp.245-248.

表 1-1　三个水平的人类集体智慧的研究主题①

水平	主题	定义
微观	作为社会动物	把人类看做是社会动物:社会网络中的自我浸入,典型的人类状况
	智能	G 因素所衡量的人类个体的智能
	人际互动能力	影响一个人与他人互动能力的因素:例如情商,社会敏感性,和一般人格因素
	信任	行为者对另外一方胜任力和信誉的期待
	动机	影响参与到小组中或继续参与协同努力兴趣的因素
	注意	认知资源的承诺
	小组	真实和虚拟小组,例如实践小组和在线社会网络以及名义小组
涌现	复杂的适应系统	显示出适应性、自我组织和涌现的系统
	自我组织性	由于系统组成成分的互动,缺乏中心控制的、独立的系统水平涌现规则
	涌现	系统水平的属性的出现并不是其成分的呈现,整体大于部分之和
	群体智慧	"集体行为是智慧的"的(相对)简单的认知本质研究
	共识主动性(stigmergy)	间接协调的机制,最初用来描述白蚁的筑巢行为
	分布式记忆	共享的,外部的,动力化的记忆系统,充当着认知过程的部分代理角色
宏观	做决定	做决定的过程,包括个体的和小组的
	群体的智慧	特定条件下,小组比小组中最聪明的个体更加智慧,即使个体评估是不准确的,集体评估也会准确
	聚合	个人信息碎片的整合形成综合的或集体的评估
	偏见	个体和小组在做决定情境中犯系统化错误的趋向
	多样性	人口统计学的,教育的,文化背景的差异,以及人们阐述和解决问题方式的差异
	独立性	一个个体的决定不会受到其他个体决定的影响

---

① J.Salminen,"Collective intelligence in humans:A literature review",2012, preprint arXiv:1204.3401.

将集体智慧视为一种数据现象的主要是"群体智慧(wisdom of crowds)"领域的研究者们,在特定情况下,群体能够取得的成果优于群体内任何单独个体能够取得的成果的现象,是一种基于群体多样性、独立性、聚合性的群体效应。Lorenz 等人也将集体智慧看做是一种"群体智慧"的结果,并且认为最小的社会互动都会腐蚀群体的智慧①。

将集体智慧视为一种过程的研究者则包括 Schut、Malone、Georgi 和 Jung 等人。Schut 引用 Ottino 的复杂适应系统来描述集体智慧,认为集体智慧以适应性、自我组织和涌现行为为特征②。Malone 使用神经元与大脑来类比集体智慧,如果将大脑看成神经元或大脑分区的集体,则大脑正在集体地、有智慧地行动着。他提出集体智慧的研究问题是"人类和计算机如何联结,以集体地表现出比任何个体、群体、计算机更加智慧"。③ Georgi 和 Jung 认为集体智慧是人们通过更具智慧的互动(信息技术支持,如电脑)来获得任何个体单独无法获得的更高的成果。④

综上可以看出,这些相对独立的研究者们的研究各有其出发点与侧重点,从不同的研究取向对集体智慧的内涵进行探索,而围绕集体智慧内涵的集体智慧理论模型的提出也是各有其出发点与侧重点的。

----

① J.Lorenz, H.Rauhut, F.Schweitzer & D.Helbing, "How Social Influence can Undermine the Wisdom of Crowd Effect", *Proceedings of The National Academy of Sciences of the United States of America*, Vol.108, No.22(2011), pp.9020-9025.

② M.C.Schut, "On Model Design for Simulation of Collective Intelligence", *Information Sciences*, Vol.180, No.1(2010), pp.132-155. J.Ottino, "Engineering complex systems", *Nature*, Vol.427, No.6973(2004), p.399.

③ T.W.Malone, R.Laubacher & C.Dellarocas, "The Collective Intelligence Genome", *Ieee Engineering Managemant Review: A Reprint Journal for the Engineering Manager*, Vol.38, No.3(2010), p.38.

④ S.Georgi & R.Jung, "Collective Intelligence Model: How to Describe Collective Intelligence." in *Advances in Collective Intelligence*, J.Altmann, U.Baumöl, B.Krämer(eds.), Berlin, Heidelberg: Springer, 2011, pp.53-64.

二、集体智慧的分类模型

Atlee 最早对集体智慧进行类型划分,并希望能以之为开始促进集体智慧一般性理论——包含集体智慧相关的一切规律以及理论、实践、创新①。他将集体智慧区分为八种类型,分别是沉思性(对话)集体智慧、结构性(系统)集体智慧、发展性(学习基础)集体智慧、信息性(沟通基础)集体智慧、思维性(精神或意识基础)集体智慧、流动性(相互协调基础)集体智慧、数据性(群体定向)集体智慧和相关性(涌现基础)集体智慧。这八种形式的集体智慧可以在一个集体中独立地表现出来,但在大多数情况下是以各种方式——重叠或结合在一起——表现出来的。

沉思性(对话)集体智慧:群体使用对话、协商进行共同思考,个体一起发现和共享信息、批判逻辑和假设、探索含义、创造解决方案和心智模型。

结构性(系统)集体智慧:个体是系统或者全体成员的一部分,其智慧行为是由被建立的社会系统支持的。如环形放置的座位形式比成列放置的座位形式更促进平等与共享。

发展性(学习基础)集体智慧:组织、种族、生态系统、文化等都是由长时间运作的关系模式组成的。由于这些关系模式是共同演化的、内嵌于集体中的成熟模式,因此可以自动化的运用一些内嵌式的智慧,同时这些智慧也能用作分析和深层学习。

信息性(沟通基础)集体智慧:日常沟通中的信息流、数据库(包括图书馆、报纸、网络等)中集结着可以持续被使用的信息,这意味着某一时间和地点被创造和记录的知识可以在另一时间和地点被运用。全球性的信息使用权不仅促进了集体活动的多样化,还使得分散的人能够获得个体信息集结能力

---

① T. Atlee, "Co-intelligence, collective intelligence, and conscious evolution." In: Y. Benkler (eds.). *Collective intelligence: Creating a prosperous world at peace.* Oakton: Earth Intelligence Network, 2008, p.9.

之外的信息。

思维性(精神或意识基础)集体智慧:"智慧"是一种学习新事物,解决问题的能力,因此"集体智慧"这一名词最适合用来指代一种群体的思维形式,即一个群体通过理解、活动而获得的更高或更深层次的经验。但这种类型的集体智慧是现存的智力或意识的存取与协调,而不是通过群体协同创造一种新的能力。

流动性(相互协调基础)集体智慧:当个体间的界限消失,渗透进入一种关系或共享团体中,集体就能够像一个实体一样思考、感受、回应和行动。这种行为流或行为群是个体撇开独立性而根据关系中的简单规则形成的。甚至当个体是由计算机代理聚集成的类似"鸟群"或"机械蜂窝"式的群体的时候也会产生这种行为流或行为群。集体智慧作为一种高功能的集体认知能力和行为,行为流通常只是其一个维度。

数据性(群体定向)集体智慧:足够数量的群体成员在有目标、意图、调查或方向的情况下,如果不存在偏差性因素(如欺骗),即使群体成员不进行交流,也会产生卓越的集体问题解决能力或集体问题预测能力。

相关性(涌现基础)集体智慧:"相关性"是由量子物理学家和对话创新学者大卫·玻姆创造的术语,潜力(暗含的秩序)在变为现实(显现的秩序)的过程中会涌现一些现象,"相关性"就是这些现象涌现的动力,例如,一个人说了一些事情,另外一个人以误听的方式提供出了答案或意见。

集体智慧的另一种分类模型来源于 Lykourentzou 等人的研究,他们认为集体智慧系统需要拥有足够大数量的人,虽然其中的人能够按照个体目标行动,但群体行为旨在通过技术手段达到更高水平的智慧和团体利益[1]。在这种概念基础上,集体智慧系统被划分为两类:积极集体智慧系统和消极集体智

① I.Lykourentzou, D.J.Vergados, E.Kapetanios & V.Loumos, "Collective Intelligence Systems: Classification and Modeling", *Journal of Emerging Technologies In Web Intelligence*, Vol.3, No.3 (2011), pp.217–226.

慧系统(如图 1-1)。

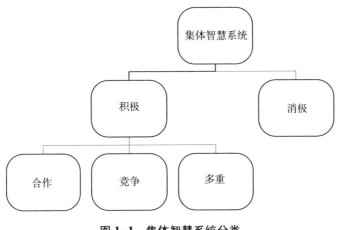

图 1-1　集体智慧系统分类

消极集体智慧系统指个体抛开系统的存在,而按照自身正常行为进行表现,但他们的行为可能会被集体智慧系统所利用,从而为系统中的成员提供指导、提示或协作成员行为,通过这样的方式成员们能够更容易地达成共享目标。几乎任何表现出集体心智、群体相似行为、共享目标但单独行动的大群体都能够表现出消极集体智慧。虽然消极集体智慧系统表现出了集体智慧,但由于其中的群体行为缺乏意识和意图,行为并不构成集体智慧本身。

积极集体智慧系统则更为特殊,在这种集体智慧系统中,群体行为不是预先存在的,是通过特定系统需求创造和协调产生的。网络百科全书——维基百科就是积极集体智慧系统的一个很好的例子,用户的行为并不是先于系统存在的,而是由系统创造和触发的,在这个系统中,分散的用户在彼此作出的贡献的基础上进行合作,创造百科文章。积极集体智慧系统可以被划分为三种类别:其一是合作型系统,在该系统中,个体通过与他人合作来达到团体或个体目标;其二是竞争型系统,系统通过触发竞争,来得到最佳解决方案;其三是多重型系统,指结合了合作类型和竞争类型的系统,在该系统中,集体智慧通过合作群体中的竞争来实现。

三、集体智慧的属性模型

Schut 认为集体智慧系统是复杂的。第一,集体智慧系统在不确定和未知环境中需要具有有效的适应性;第二,集体智慧系统能够自动化进行自我组织;第三,集体智慧系统应当能够表现出"涌现"行为。以此为前提,他提出集体智慧系统的三种功能性属性和五种定义性属性。功能属性包括适应性、规则和互动,这些属性使得集体智慧从系统中涌现出来;定义属性包括总体和局部、随机性、涌现、冗余信息、稳健,当一个系统表现出五种定义属性时,这个系统就是一个具备集体智慧的系统①。

功能性属性中,适应性是指个体或整个系统改变自身来适应环境。互动是指体统中的许多(甚至成千上万)的个体充满活力地进行互动,在复杂的系统中,除了个体互动外往往还需要考虑个体行为。规则是个体(或整个体统)行为的基本描述形式,描述了输入(观察)与输出(行为)间的连接。

定义性属性的总体和局部属性中,局部水平指系统中的个体,总体水平指作为一个整体的系统;总体与局部间的差异是用来对适应性、涌现等进行定位的。随机性指复杂系统通常会包含一些引发关键自我组织行为的随机性因素。涌现是一个较为令人费解的名词,简单来说就是"整体大于部分之和",当微观层次的互动中产生了宏观层次的相关突变时,一个系统就表现出了涌现。冗余信息意味着相同的知识在系统的不同地方被表征出来,这种知识可以是实际的知识(如规则),也可是信息本身。稳健与冗余信息紧密联系,主要是防止系统故障,如果某一知识在系统的多处被表征,就意味着如果系统失去了某些部分,知识仍然有可能留在系统中。

Lykourentzou 等人认为,集体智慧系统模型包括三种基本属性和与之相对

---

① M. C. Schut, "On Model Design for Simulation of Collective Intelligence", *Information Sciences*, Vol.180, No.1(2010), pp.132–155.

应的三种函数(如图 1-2)①。三种基本属性包括可能的个体行为集合、系统状态、团体目标和个体目标;与之对应的是用户行为期望函数、未来系统状态函数和目标函数。

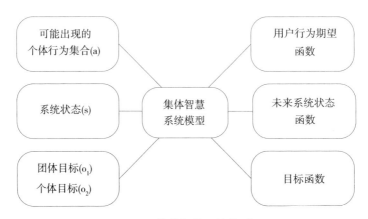

图 1-2 集体智慧系统模型

可能的个体行为集合(a):这个集合中包括个体用户能够回应系统的行为,以及行为对于待解决问题的可能影响。值得指出的是,个体可能表现的行为越少,集体智慧系统的可预测最佳解决方案越简单。系统状态(s):是指能够完全涵盖系统重要方面的变量的最小集合。团体和个体目标:团体目标(o_1)是指团体通过集体智慧系统的使用得到的益处,个体目标(o_2)是指用户能够预见的使用集体智慧系统的能够得到的益处。每一次特定的问题解决中,目标都需要被清晰地定义。

$$\vec{a}_{t+1} = f_1(\vec{s}_t, \vec{a}_t) \tag{1}$$

$$\frac{\Delta \vec{c}}{\Delta \vec{t}} = f_1(\vec{s}, \frac{\Delta \vec{a}}{\Delta \vec{t}}) \tag{2}$$

$$\vec{s}_{t+1} = f_2(\vec{s}_t, \vec{c}_t) \tag{3}$$

① I. Lykourentzou, D. J. Vergados, E. Kapetanios & V. Loumos, "Collective Intelligence Systems: Classification and Modeling", *Journal of Emerging Technologies In Web Intelligence*, Vol. 3, No. 3 (2011), pp.217-226.

$$\frac{\Delta \vec{s}}{\Delta \vec{t}} = f_2(\vec{s}, \frac{\Delta \vec{c}}{\Delta \vec{t}}) \tag{4}$$

$$\vec{O}_{1t} = f_3(\vec{o}_1, \vec{s}_t) \tag{5}$$

$$\vec{O}_{2t} = f_3(\vec{o}_2, \vec{s}_t) \tag{6}$$

集体智慧系统的三种函数是以上述所提的三种基本属性为自变量的(t代表时间):对于用户行为期望函数:当用户行为是分散的,则(1);当用户行为是连续的,则函数(1)变为(2)。对于未来系统状态函数:当用户行为是分散的,则可定义为函数(3);当用户行为是连续的,则函数(3)变为(4)。对于目标函数:团体目标函数可以定义为函数(5);个体目标函数可以定义为函数(6)。

四、集体智慧的基因组模型

Malone 等人根据 250 多例网络支持的集体智慧实例提出了集体智慧的基因组模型。这个模型包括四种相对较小的集体智慧建构模块——被称为"基因",这四种"基因"结合在一起就能被看作是集体智慧系统的基因组,不同的基因组合能够创造出不同种类的集体智慧系统[①]。

这四种基因可以为别用是什么基因、谁基因、为什么基因和怎么基因,可以用四个关键问题来进行解释:做什么、谁在做、为什么做、怎样做。

什么基因:通常被视为任务或目标,可以进一步被区分为两种基本基因——创造基因和决定基因,创造基因意味着系统中的行为者要产生一些新的东西;决定基因意味着系统中的行为者需要进行评估和选择。

谁基因:通常被视为集体智慧系统的成员,也可以被进一步区分为两种基本基因——管理基因和群体基因,管理基因指群体中具有权威的某人安排一个或一组人执行任务;群体基因指群体中任何一个选择去执行的人都可以去

① T.W.Malone, R.Laubacher & C.Dellarocas,"The Collective Intelligence Genome", *Ieee Engineering Managemant Review: A Reprint Journal for the Engineering Manager*, Vol.38, No.3(2010), p.38.

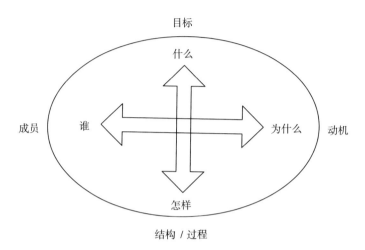

图1-3　集体智慧的基因组模型

执行任务。

　　为什么基因:可以简要被总结为动机,包括金钱、爱和荣誉。

　　怎么基因:通常可以用来描述组织的结构和过程。可以进一步被区分为集体基因、协作基因、群体决定基因、个体决定基因。集体基因和协作基因是与创造任务相联系的,当项目是由群体成员彼此独立创造的时候出现的是集体基因,当群体成员需要通过共同工作来创造一些东西,或者群体贡献过程存在重要依赖的时候产生的是协作基因。群体决定基因和个体决定基因是与决定任务相联系的,其中群体决定基因的重要变种包括投票、共识、平均和市场预测。

　　Malone等人认为,这四种基因可以用来理解并且建构集体智慧系统,通过系统地运用基因组,可以准确地建立某种集体智慧系统①。

　　① T.W.Malone,R.Laubacher & C.Dellarocas,"The Collective Intelligence Genome",*Ieee Engineering Managemant Review:A Reprint Journal for the Engineering Manager*,Vol.38,No.3(2010),p.38.

五、集体智慧的网络模型

Luo 等人对特定群体——网络社群的集体智慧进行研究,并建立了网络社群集体智慧的机制模型。他们将网络社群的集体智慧称为社群智慧,并认为社群智慧系统是一种以知识为基础的智慧系统[①]。具有三种基本特质:第一,是分布式功能,即储存信息和知识的记忆系统,类似人脑的记忆系统;第二,社群拥有解决问题的能力,即利用存储的知识来解决问题,并且能够表现出比任何一个社群成员都要高水平的智能;第三,记忆系统是动态发展的,类似于人类个体心智的发展。

为了阐明社群智慧系统的机制,他们用大脑对社群智慧进行类比,如果大脑是由相互连接的神经元组成的神经网络,那么社群智慧就可以看成是社群成员组成的神经网络,并且这种神经网络是一种超级线路网(图1-4)。

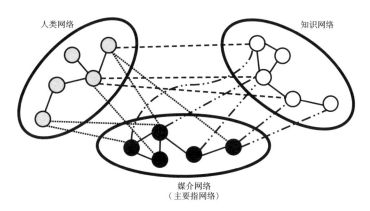

图1-4　社群智慧的超级线路网模型

这个社群智慧的超级线路网是一个三角交织的线路网,包括人类网络、知识网络和媒介网络(主要指网络)三部分。媒介网络主要是承载信息和知识、

① S.Luo,H.Xia,T.Yoshida & Z.Wang,"Toward Collective Intelligence of Online Communities:A Primitive Conceptual Model", *Journal of Systems Science and Systems Engineering*, Vol.18,No.2(2009),pp.203-221.

支持人类互动与沟通,它与人类网络交织形成了供人类沟通协作的虚拟空间;而实际的知识创造、共享和聚合则发生于人类网络中;知识网络是人类成员的集体活动产生的,是社群中集体知识的表征,包括知识成分的概念化和逻辑化的链接,是可以嵌入人脑和媒介网络中的。

这个模型同时进一步对知识网络模型进行了探索,建构了社群虚拟记忆模型,并认为社群解决问题的"智慧"过程是通过整合集体记忆中不同来源的知识而形成的;并且社群智慧需要以动态的观点来看待。

六、集体智慧的阶段模型

虽然国内集体智慧研究刚刚起步,但已有学者开始对集体智慧的机制进行探索。刘海鑫、刘人境认为集体智慧不是个体智慧的简单加和,而是通过大量的个体交流互动行为产生的新的智慧[1],他们将集体智慧系统包括集体智慧平台系统、用户个体智慧和用户间互动智慧三个要素。集体智慧平台系统是指允许用户自由参与及编写的网络平台,如维基百科、网络社区等;用户个体智慧是指用户自己拥有的,并且在集体智慧平台上将其贡献出来的知识和信息;用户间互动智慧是指不同用户在对同一问题或观点进行交流和互动的过程中所产生的增值智慧,包括合作和竞争两种形式。

集体智慧的形成经历三个阶段(图1-5)。第一阶段是吸引和激励分散的个体更多地参与集体智慧平台系统,并分享其拥有的知识和经验;在第二阶段是通过用户间的互动和交流,使用户之间相互影响、相互学习,从而丰富信息的内容,改进信息的质量,形成超越个体智慧简单累加的集体智慧;第三阶段,集体智慧被应用到实际的生产、生活对其有效性进行验证,并保存以便搜索和推荐。

---

① 刘海鑫、刘人境:《集体智慧的内涵及研究综述》,《管理学报》2013年第2期。

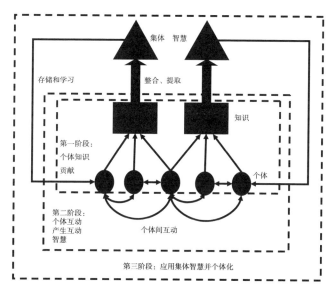

图 1-5　集体智慧形成的三阶段模型

七、集体智慧的过程模型

集体智慧作为一种从个体合作与竞争中涌现的分布式智力形式,体现在集结群体成员意见进而转化为决策的过程中,是以集结群体成员认知的群体成果的出现为标记的。而群体成员认知集结的过程是通过分布式认知的形式实现的,即个体认知通过各种中介产品和规则交互影响、螺旋上升的过程,其中能够为其他群体成员认知所接收并共享的个体认知是分布式认知,集体智慧就是在分布式认知中生成的。基于以上两点,提出集体智慧生成机制的过程模型(见图 1-6)。其中结构化信息、内容性信息与行为、信息节点是集体智慧生成的必需因素,群体气氛是集体智慧生成的影响因素。

过程模型包括四部分:第一,从个体认知到分布式认知:任务初期个体会根据对任务内容、任务情境的认知,产生一些独立的结构化信息、内容性信息与行为,这些信息中的一部分会通过中介(语言、神情、动作或其他工具)表达出来。同时同群体中的其他个体会针对这些表达出的信息做出一定的反应,

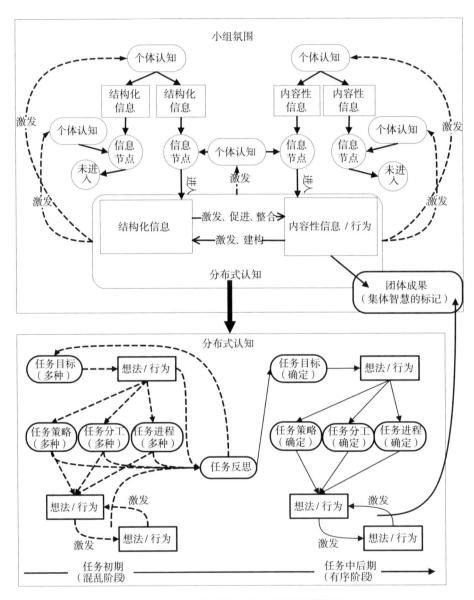

图 1-6　集体智慧生成机制的过程模型

即信息节点出现。这意味着某些结构化信息、内容性信息与行为会被有意识或无意识地忽略,即排除在分布式认知之外;而某些结构化信息、内容性信息与行为会以被赞同、被质疑或是被否定的形式进入分布式认知之中。

第二，个体认知与分布式认知的交互与循环：通过信息节点筛选，个体认知中的结构化信息、内容性信息与行为进入分布式认知，成为一种分布的、集结、共享的信息，进而又叠加进个体认知，激发个人认知产生更多的结构化信息、内容性信息与行为，再次被信息节点筛选。

第三，分布式认知——集体智慧的生成：个体认知与分布式认知的交互、循环过程中，分布式认知内部的结构化信息、内容性信息与行为也不断地进行着交互、激发。在结构化信息的指导下，内容性信息与行为不断被激发，填充结构化信息支撑的任务框架；同时从内容性信息与行为也会建构出新的结构化信息，补充或修正现有任务框架；在这种交互中，最终形成任务成果，这个集结群体成员个体智能的任务结果是集体智慧产生的标记，证明群体互动是带有集体智慧的过程，群体是具有集体智慧的。

结构化信息、内容性信息与行为从开始交互激发，到最终任务成果的出现，一般要经过两个阶段——混乱阶段和有序阶段。混乱阶段一般出现在任务初期，表现为进入分布式认知的结构化信息（任务目标、任务策略、任务进程或任务分工）、内容性信息与行为（想法/行为）是多种多样的、未达成共识的。在这些未达成共识的信息的交互中会产生多种认知冲突，从而引发任务反思（主要指针对结构化信息的反思）对这些冲突进行解决。在任务反思过程，结构化信息不断被推翻、重构、修正，最终形成一个确定的、公认的任务目标，即开始进入有序阶段。有序阶段的出现意味着进入任务中后期，表现为任何结构化信息（任务策略、任务进程或任务分工）都是针对确定的任务目标提出的，并迅速形成完整的任务框架，进而产生、激发内容性信息与行为（想法/行为）对任务框架进行填充，直至形成任务成果。有序阶段也会产生多种认知冲突，但主要是针对内容性信息与行为的。

第四，群体气氛——集体智慧生成的主要影响因素：集体智慧生成过程的每个环节都会受到群体气氛的影响作用，群体气氛是群体成员和环境交互而产生的特定群体属性，是群体成员对这种群体属性的共享感知。之所以集体智慧产生机制中只涉及群体气氛唯一一个影响因素,是因为对于群体气氛的知觉会直接影响群体成员的认知、态度、行为模式,从而对集体智慧的生成产生影响。其他诸如任务情境、任务类型、时间、性别、知识结构等其他因素都是通过群体气氛间接对集体智慧产生影响的。

第三节　集体智慧的激发与深入研究

在群体智慧中,个体组成的群体能够一起解决问题,参与者通过实时反馈回路互联,从而得以群策群力,做出决策和行动。统一体显著优于其中的单个个体以及简单的个体之和,即 1+1>2。其中包含的涌现是系统的普遍属性,激发群体智慧实现涌现,需要满足如下四个基本条件:第一,连接,群体中的个体彼此要知道,自己和他人都是这个群体中的。第二,流动性,个体之间要传递一些信息、想法、情绪,要有互动,甚至仅仅传递一些物质。第三,多样性,个体要做出独立的判断来保证独立性,从而确保整个组织的多样性。第四,规则性,个体与群体在无意识互动过程中还应加入适当的监控流程,甚至可以联合人工智能提供保障与支持。

深入研究可以从以下方面展开:第一,研究对象方面:合作创新中集体智慧的生成是由个体水平向群体水平的延伸,由于涉及群体动力、要考虑个体之间的相互作用及其影响,复杂而难以把握具有创新性和探索性。第二,研究内容方面:兼顾宏观与微观层面。基于组织文化环境和过程研究,探索“人—机—网络多重混合系统下的集体智慧”,进行互联网环境下群体协作涌现的群体智能与传统的群体智能的比较,尝试运用计算机支持的协同工作(Computer Supported Cooperative Work)和信息技术拓展现有研究,逐步探索“人—机—网络多重混合系统下的集体智慧”,以超越单纯运用个体智力、人工智能和一般网络社群的有限贡献。同时,兼顾基础与应用研究,提倡跨团队学科优势尝试构建软硬件结合的集成体系,在管理与技术层面辅助集体智慧的生成优化。第三,研究方法方面:基于实验社会心理学和文化人类学方向,将思辨性研究方法、现象学和实证性研究方法紧密结合,通过情境访谈、个案分析、系统观察、实验干预等多途径收集变量数据;并话语分析时提出抓取"关键性话语"进行情节聚焦分析以及过程互动分析,实现抽象概念的操作化分析并提升研究的生态学效度。采用微观发生法"聚焦"于认知变化的关键环节。采用社会计量探索组群互动模式与影响因素。将直接测量和间接测量技术相补充,结合社会事件录像与录音、社交游戏、情景模拟实验、社会模糊情景判断作业等技术进行测量。鼓励跨学科团队运用自身资源与体验展开行动研究。第四,应用方面:依据创新群体集体智慧生成制约因素的宏观与微观层面制定训练与管理方案,提高针对性。第五,本土化方面:创新群体集体智慧的发生及其作用机制相当复杂,不应套用西方的范式,而是贴近实际探寻理论原理。对集体智慧生成过程、进化趋势的基础与社会心理机制研究尤为关键。

从前文对集体智慧的分类模型、属性模型、基因组模型、网络模型、阶段模型和过程模型六种模型的梳理中不难看出,这些相对独立的研究者表面上提出的好像是不同的假设、强调不同的现象、发展不同的研究取向,但也开始在领域不同方面开始交叉,出现了相关的理论观点和应用实践。而整合来看这些理论模型,已经基本能够完整地对集体智慧的基本类型、系统结构、生成机制进行描述,并且可以根据这些理论进行集体智慧系统的建构。

移动互联网时代使得集体智慧研究领域迅速地崛起,可以说网络时代是一个需要把集体智慧看作是一种重要能力的时代,但遗憾的是,这个研究领域还处于分散化、碎片化的现状中,研究者们还需要继续从分散化的研究中寻求相关观点、相关现象或相关研究取向,或者创造新的观点、研究取向,推动集体智慧研究领域的整合化。

第二章 集体智慧生成机制的质性研究

第一节 集体智慧研究现状与意义

一、集体智慧研究现状

如前所述,伴随着互联网的发展与 Web 2.0 的兴起,小组协作现象愈发普遍。集体智慧这个概念愈发占据研究者的视野,相关领域的研究被众多学者寄予厚望,呈现出方兴未艾之势。麻省理工学院集体智慧研究中心创始人 Malone 曾在麻省理工开放课程"协作和集体智慧"中表示,只要有人的地方就会产生集体智慧,家庭、国家、公司、部族、团队至少有时会带着集体智慧行动。集体智慧作为一种共享的或者群体的智能,是集结众人的意见进而转化为决策的过程。在当今社会小组协作现象愈加普遍的大背景下,集体智慧领域研究发展的必要性、社会实践对集体智慧理论指导需要的迫切性愈加突显。

得益于集体智慧的多学科交叉背景,集体智慧的研究取向包罗万象,既包括纯粹的理论研究和概念研究,又包括仿真模拟、案例研究、实验、系统设计等多种形式。并且作为交叉学科领域,集体智慧研究通常涉及心理学、复杂性科学、认知科学、生物学、计算机科学等多种不同学科。然而,值得注意的是,有多位学者指出,集体智慧领域尚缺乏统一的、可以解释人类集体智慧的理论框架,集体智慧的研究领域本身有着碎片化的危险。从某种程度上说,集体智慧这一研究领域与心理学学科本身有着很多相通之处,同样是多学科的交叉,同样不存在一个统一的可解释理论框架,同样处于研究碎片化的现状与趋向中,同样"有着很长的一个过去却只有很短的一个历史",当然也同样有着足够的魅力吸引众多研究者沉浸身心的进行研究。

二、集体智慧生成机制研究的意义

作为新兴的研究领域,"现今却没有可以解释集体智慧如何工作的理论"①。也正因如此,在集体智慧领域中,关于集体智慧生成机制的研究一直处于核心地位。一方面,了解集体智慧的生成机制能够进一步探明集体智慧的工作机制,并且能根据其生成—工作过程进一步探寻集体智慧产生的影响因素,进而可以帮助人们更好地了解集体智慧;另一方面,集体智慧领域的碎片化主要因为目前尚且缺乏一个统一的理论框架,而通过对集体智慧生成机制的了解,能够在一定程度上加深人们对集体智慧的认识,进而推动该领域中的碎片化理论向整合理论方向发展。此外,对集体智慧生成机制进行研究,还能找到在集体智慧生成—工作过程中起到关键作用的变量,在此基础上,可以进一步筛选其中具体、可控的因素,从而对需要产生集体智慧的小组协作实践进行指导,促进小组协作更加智慧、高效地进行。

---

① J.Salminen,"Collective intelligence in humans:A literature review",2012,preprint arXiv:1204.3401.

第二节　分布式认知系统中集体智慧
生成的相关要素

一、分布式认知

作为一个 20 世纪 80 年代中期才被明确提出的概念,作为看待认知现象的一种全新的认知范式——分布式认知的内涵还未完全被界定,而相应的理论模型也仍然在发展中。

Cole 和 Engestrom 认为"分布式认知是指认知分布于个体内、个体间、媒介、环境、文化、社会和时间等之中"[1]。Salomon 认为"分布式认知是一个包括认知主体和环境的系统,是一种包括所有参与认知的事物的新的分析单元"。[2] Hutchins 认为"分布式认知表现在三个方面:第一,交流是分布式认知的必备条件,需要通过说、书写或其他途径将知识表征给他人;第二,共享的信息是集聚的信息;第三,分布式系统中的要素必须相互依赖以完成任务"。[3] Chuah、Zhang 和 Johnson 提出"分布式认知是一种对内部和外部表征信息进行加工的过程,'分布'意味着缺乏唯一的定位,各个要素都在各自发挥作用"[4]。

目前分布式认知理论已存在众多理论模型。其中较为经典的模型为 Cole

[1]　M.Cole & Y.Engeström,"A cultural-historical approach to distributed cognition"in *Distributed cognitions:Psychological and educational considerations*,G.Salomon(ed.),Cambridge:Cambridge University Press,1993,pp.1-46.

[2]　G.Salomon(eds.),*Distributed Cognitions:Psychological and Educational Considerations*,Cambridge:Cambridge University Press,1993,p.113.

[3]　E.Hutchins,"How a Cockpit Remembers Its Speeds",*Cognitive Science*,Vol.19,No.3(1995),pp.265-288.刘俊生、余胜泉:《分布式认知研究述评》,《远程教育杂志》2012 年第 1 期。

[4]　J.Chuah,J.Zhang & T.R.Johnson,Distributed Cognition of a Navigational Instrument Display Task,Proceedings of the Twenty First Annual Conference of the Cognitive Science Society.Mahweh,New Jersey:Lawrence-Erlbaumm,1999,Vol.789.

和 Engestrom 提出的活动系统模型和 Salomon 提出的交互模型。

活动系统模型(图 2-1)将分布式认知置于一个活动系统中,并将其看作是一个复杂的框架。其中"主体"为认知个体,"客体"为认知对象,"共同体"是认知个体组成的群体;活动系统模型认为"主体与共同体之间存在两种中介方式,一种是群体'中介产品'的全集;另一种是'规则'——一种参与者以及期望的正确的程序所能接受的互动的具体化和规范化的规范和措施。""劳动分工"是活动系统的参与者对于任务、权力和责任的一种持续的协商性分布。在这个模型中,平衡是一种例外状况,是必然状况,也是系统中变化着的动力之源。这种紧张、失衡和局部创新在时间的维度上累积,最终产生了整体上的质的转变。

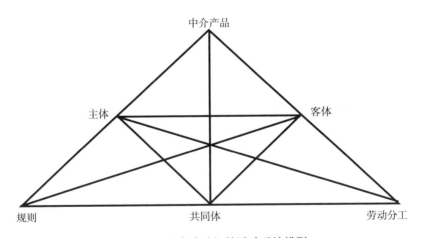

图 2-1　分布式认知的活动系统模型

交互模型(图 2-2)认为认知是一个在分布式环境中螺旋式上升的过程。在这个模型中认知个体既保持自己的独立身份,又在交互影响,在这汇总交互的过程中形成一个认知螺旋。这个模型蕴含了一个朴素的哲学思想即任何地方发生的任何变化自身最终要受到变化结果的影响而发生改变。

图 2-1、图 2-2 两个模型说明,认知是通过规则、分工、中介产品进行分布

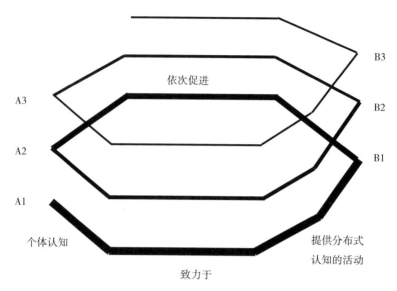

图 2-2　分布式认知的交互模型

的,分布过程可能是以螺旋的方式进行的①。

二、小组过程与氛围

(一)小组过程

小组(group)是由一定数量互动的个体组成,这些个体能够意识到相互的存在,并且认为他们是一个小组。团队(team)是一种其成员会朝向共同的组织目标的完成而相互影响的小组。从某种程度上来讲,小组是目标上较为零散的团队,或者是处于组合期、摸索期的团队,团队是小组的一种。因此,团队过程领域的研究也可以借鉴到小组过程的研究中来。就目前研究现状来说,小组研究领域正呈现出一种相对混乱的状态,这种混乱性在一定程度上正

① 周国梅、傅小兰:《分布式认知——一种新的认知观点》,《心理科学进展》2002 年第 2 期。

反应出 *McGrath* 等人的观点："小组是一个复杂的、适应性的、动态的系统。"①
每个研究都着眼于这个复杂动态系统中的某一点、或某一切面、或某些影响因
素,才使得整个过程看起来相对"混乱"。因此对于小组过程的研究必须综合
起来,并从中挖掘小组过程的全貌。

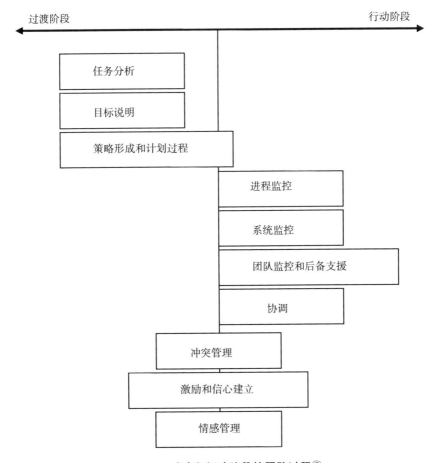

图 2-3　过渡和行动阶段的团队过程②

① J.E.Mcgrath,"The Study of Groups:Past,Present,and Future",*Personality and Social Psychology Review*,Vol.4,No.1(2000),pp.95-105.

② 周莹、王二平:《团队过程的研究现状》,《人类工效学》2007 年第 3 期。

Bales 最早提出团队过程分为社会情感行为和任务行为[1],这也是目前影响极大的团队互动过程观点。此后的团队过程研究较为多种多样。直到Marks 等人的综述性研究出现,他们在时间的维度上,将团队划分为过渡阶段和行动阶段,并以此对团队过程变量进行归纳分类[2](图 2-3)。过渡阶段包任务分析、目标说明、策略形成和计划过程,是根据目标进行总结评估和制订计划的阶段。行动阶段包括进程监控、系统监控、团队监控和后备支援以及协调,这是团队实现各个亚目标,完成团队任务的活动阶段。除此之外,在过渡阶段和行动阶段之间还存在一个中间阶段,在这个阶段中可能会存在冲突管理、激励和信心建立以及情感管理。Marks 等人的模型认为,具体的团队活动会受到团队类型的影响而产生巨的大差异。但是进程监控、系统监控、团队监控和后备支援、协调过程是各类型团队在行动阶段都会出现的。

West 等人的模型主要涉及的是团队过程变量本身,但实际中团队过程还会受到很多团队过程外因素的影响[3]。虽然 West 等人也提及了团队效能感、潜能、凝聚力以及情境知觉等变量,但相对来说还是不够的。而薛继东和李海基于团队创新对团队影响因素进行综述,进而将其归类为组织和团队过程两个维度,涉及的因素较为全面。其中的团队过程因素与 West 等人已提及的团队过程因素重合,而其中的组织维度因素则可以看作比较全面的团队过程的影响因素(表 2-1)[4]。

---

[1]　Robert F Bales,"A Set of Categories for the Analysis of Small Group Interaction",*American Sociological Review*,Vol.15,No.2(1950),pp.257-263.

[2]　Michelle A.Marks,John E.Mathieu & Stephen J.Zaccaro,"A Temporally Based Framework and Taxonomy of Team Processes",*The Academy of Management Review*,Vol.26,No.3(2001),p.356.

[3]　N.R.Anderson & M.A.West,"Measuring Climate for Work Group Innovation:Development and Validation of the Team Climate Inventory",*Journal of Organizational Behavior*,Vol.19,No.3(1998),pp.235-258.

[4]　薛继东、李海:《团队创新影响因素研究述评》,《外国经济与管理》2009 年第 2 期。

表 2-1 团队过程的影响因素

视角	影响因素	操作变量	
组织文化	团队规模	团队规模	
	团队异质性	关系导向属性	性别
			年龄
			个性
		任务导向属性	职业背景
			受教育程度
			知识和技能
			功能
	团队任务特征	程序化/非程序化任务	
		创新要求高/低的任务	
		任务相互依赖度	
	团队成员服务期限	团队成员服务期限	
	组组织文化(氛围)	挑战性	
		组织激励	
团队过程视角	团队冲突管理	建设性争论	
		少数派影响	
	团队反思	任务反思	
		社交反思	
	团队创新氛围	目标认同	
		参与安全	
		任务导向	
		创新支持	
	团队领导行为	关系型、变革型	
		参与型、指示型	

（二）小组氛围

在小组过程中，小组氛围对于组内一般行为规范及成员的行为模式具有重要的影响。Anderson 和 West 组织水平提出了团队氛围的定义："团队成员对其团队工作环境的共享感知"，并指出"要想在团队或群体水平上具有共享的感知和氛围必须存在三个要素：个体间的相互作用；共同的目标；相互依赖的任务。这三个要素并不必要同时满足"。[1] 小组氛围的研究呈现出多样化的特征，其维度划分存在不同的观点（表2-2）。

表2-2　团队氛围维度的划分

小组氛围的维度	学者
报酬定向、结构、温暖和支持、标准、责任	Schnake（1983）[2]
组织沟通、决策行为、工作目标、员工关心、团队建设及上级支持	Denison（1995）[3]
参与的安全性、对革新支持、目标认同以及愿景	West 和 Anderson（1999）[4]
目标导向、手段导向、奖励导向、任务支持和社会情绪支持	Brief 和 Guzzo（1996）[5]
信任、尊重、公开讨论、凝聚力和同事和谐	Jehn 和 Mannix（2001）[6]

① N.R.Anderson & M.A.West, "Measuring Climate for Work Group Innovation：Development and Validation of the Team Climate Inventory", *Journal of Organizational Behavior*, Vol.19, No.3 (1998), pp.235-258.

② M.E Schnake, "An Empirical Assessment of the Effects of Affective Response in the Measurement of Organizational Climate", *Personnel Psychology*, Vol.36, No.4(1983), pp.791-804.

③ D.R.Denison & A.K.Mishra, "Toward a Theory of Organizational Culture and Effectiveness", *Organization Science*, Vol.6, No.2(1995), pp.204-223.

④ N.R.Anderson & M.A.West, "Measuring Climate for Work Group Innovation：Development and Validation of the Team Climate Inventory", *Journal of Organizational Behavior*, Vol.19, No.3 (1998), pp.235-258.

⑤ B.Schneider, A.P.Brief & R.A.Guzzo, "Creating a Climate and Culture for Sustainable Organizational Change", *Organizational dynamics*, Vol.24, No.4(1996), pp.7-19.

⑥ Karen A.Jehn & Elizabeth A.Mannix, "The Dynamic Nature of Conflict：A Longitudinal Study of Intragroup Conflict and Group Performance", *The Academy of Management Journal*, Vol.44, No.2 (2001), pp.238-251.

续表

小组氛围的维度	学者
结构、标准、责任、认知、支持、承诺	Stringer(2002)①
创新与互动维度、沟通与参与维度、目标认同维度	庞涛(2003)②
领导风格、愿景目标、沟通合作、人际关系、参与保障	周晓(2006)③
创新、公平、支持、人际关系以及员工身份认同	谢荷锋、马庆国(2007)④
团队开放性与团队信任	孙海法、刘海山(2007)⑤
团队信任、团队认同和团队开放性	张可军(2009)⑥

通过对上表的汇集整理,对相同或相似的维度进行合并,可以得到小组氛围的涉及:报酬定向、形式结构、温暖和支持、标准、责任、工作环境、生产压力、人际关系、合作沟通、决策行为、目标认同、责任风险、互相信任、尊重、公开讨论、凝聚力、领导风格等。

三、性别结构与特征

(一)生理性别与性别角色

生理性别指的是男女活动中生物学的或解剖学的差异,生而为人,就生理性别而言,除双性人外,非男人即女人。而关于性别角色(或社会性别),以美国心理学会和牛津大学 2000 年出版的心理学百科全书的定义来看:"是由一

① Chris Stringer, "Modern Human Origins:Progress and Prospects", *Philosophical Transactions of the Royal Society of London. Series B:Biological Sciences*, Vol.357, No.1420(2002), pp.563-579.

② 庞涛:《中小高科技企业创业团队气氛及其影响因素研究》,浙江大学管理科学与工程专业 2003 年硕士学位论文。

③ 周晓:《风险投资项目团队气氛与团队绩效的关系研究》,暨南大学 2006 年硕士学位论文。

④ 谢荷锋、马庆国:《组织氛围对员工非正式知识分享的影响》,《科学学研究》2007 年第 2 期。

⑤ 孙海法、刘海山:《高管团队价值观,团队氛围对冲突的影响》,《商业经济与管理》2007 年第 12 期。

⑥ 张可军:《团队氛围、吸收能力对团队绩效影响机制研究》,华中科技大学企业管理专业 2009 年硕士学位论文。

定的文化所认定的适合于男性和女性的行为系统,同时还包括那些被看作是构成男性和女性的基本的态度和情感。"①

性别角色的研究众多,发展出的模型也不一而足,但接受范围最广泛要属是 Bem 提出的双性化模型②。这个模型是在社会赞许性的基础上,依据双性化概念提出的,进而 Bem 又将性别角色划分为男性化、女性化、双性化和未分化四种类型,并制定了第一个测量性别角色的量表。Bem 认为:"男性化特质和女性化特质不是位于单一维度的两极上,而是相对独立的特质,个体可以是双性化的,即可以是既具有男性特质也具有女性化特质。"根据 Bem 性别角色量表,性别角色划分中男性化的典型特征包括:自我信赖、维护自己的信念、独立的、武断的、个性坚强的、遒劲有力的、善于分析的、乐于冒险、易于作出决策的、愿意表明立场的、具有侵犯性、具有竞争心的、雄心勃勃。女性化的典型特征则包括:情意绵绵、值得赞赏的、忠诚的、对他人的需求敏感、有理解力的、有同情心的、乐于安抚受伤的感情、温和的、友好的、热爱孩子的、温文尔雅等。

(二)小组中的性别差异

性别差异历来是心理学领域内的研究热点,而小组中的性别差异,也一直为心理学、社会学、管理学研究领域所关注。Woolley 和 Malone 发现,女性性别会以社会敏感性为中介对集体智慧产生影响,换言之,"女性使得团队更加聪明"③。Levine 和 Moreland 发现,小组中会出现某些成员的个体人格无法解

---

① A.E.Kazdin, *Encyclopedia of Psychology*. NewYork:Oxford university Press,2000, pp.430–457.

② Sandra L Bem,"The Measurement of Psychological Androgyny", *Journal of consulting and clinical psychology*, Vol.42,No.2(1974),p.155.

③ A.W.Woolley, C.F.Chabris, A.Pentland, N.Hashmi & T.W.Malone,"Evidence for a Collective Intelligence Factor in the Performance of Human Groups", *Science*, Vol. 330, No. 6004 (2010), pp.686–688.

释的性质或者功能①。Martin 和 Fabes 发现,在儿童小组中,特定的性别结构、性别组合会诱发儿童相互间的特定性为,而这种行为在任何其他社会背景中或是参与者独自一人时,所不会出现的②。赵景慧发现性别分层线的激活,即团队成员察觉出他们分属于两个不同的性别小组,会对团队关系冲突、任务冲突和过程冲突产生影响③。由此我们可以推测,小组中成员的性别意识可能会诱发特定的行为从而对小组过程及结果产生影响。

此外,小组中成员个体的性别特质也会对小组过程、小组氛围、小组绩效等产生一定的影响。而这一领域也是研究成果较为丰富的(见表2-3)。

表2-3　小组中的性别差异研究

Baird(1976)④	女性更倾向表达,如表达对组织成员人际关系的关注,而男性更倾向工具性,对任务、事实和分析更关注
Dovidio 等(1988)⑤	女性能够更好地理解非语言线索并对他人的感受和思想作出准确推断,而男性会出现更多的控制性行为
Eagly(1990)⑥	女性的社会性成分对成员有很大的影响力。并且可以证明男性的领导风格更趋于任务导向型,女性的领导风格更趋近于社会导向型

①　J.M.Levine,R.L.Moreland & C.S.Ryan,"Group Socialization and Intergroup Relations"in *Intergroup Cognition and Intergroup Behavior*, C.Sedikides,J.Schopler & C.A.Insko(eds.),Lawrence Erlbaum Associates Publishers,1998,pp.283-308.

②　Carol Lynn Martin & Richard A Fabes,"The Stability and Consequences of Young Children's Same-Sex Peer Interactions", *Developmental psychology*, Vol.37,No.3(2001),p.431.

③　赵景慧:《性别分层线与团队创新绩效:团队冲突的中介作用》,山西大学应用心理学专业2011年硕士学位论文。

④　J.E.Baird,"Sex Differences in Group Communication:A Review of Relevant Research", *Quarterly Journal of Speech*, Vol.62,No.2(1976),pp.179-192.

⑤　J.F.Dovidio,C.E.Brown,K.Heltman,S.L.Ellyson & C.F Keating,"Power Displays between Women and Men in Discussions of Gender-Linked Tasks:A Multichannel Study", *Journal of personality and Social Psychology*,Vol.55,No.4(1988),p.580.

⑥　A.H.Eagly & B.T.Johnson,"Gender and Leadership Style:A Meta-Analysis", *Psychological bulletin*,Vol.108,No.2(1990),p.233.

续表

Schmid Mast(2001)①	全男性与全女性团队相比,女性组有更平等的行为、大致等量的会话、分享型的领导力
Carli(2001)②	在性别平衡团队中,男性与女性的影响作用相当,并且性别多样性更能促进团队过程与绩效
Fenwick 和 Neal(2001)③	男女成员人数相当或是女性多于男性人数的小组的管理模拟任务表现要优于性别同质性小组,并且这种性别的作用被更加有效的合作过程和合作规则所解释
Berdahl 和 Anderson(2005)④	女性小组有更多的平等行为,如成员间大致相当的沟通量及领导力的共享
Joshi 和 Roh(2009)⑤	在男性主导和性别平衡机构中,性别多样性更可视呈现消极的影响
Woolley 等人(2010)⑥	女性加强了团队的互动与沟通,同时平等而非专制的团队规则促进了团队过程
严文华(2001)⑦	男性与女性在非语言沟通与语言沟通方面均存在差异

由表 2-3 可知,大多数的研究者认为性别差异会通过不同的表达与沟通能力、不同的理解力、平等与分享行为的差异、领导风格的差异、对小组氛围的敏感性的差异,以及对小组氛围塑造的差异等来对小组过程产生影响。所以需要重点考虑特定性别组合对于小组行为的激发作用,以及不同性别或性别角色个体表现出的行为差异。

---

① M.S.Mast,"Gender Differences and Similarities in Dominance Hierarchies in Same-Gender Groups Based on Speaking Time",*Sex Roles*,Vol.44,No.9-10(2001),pp.537-556.

② L.L.Carli,"Gender and Social Influence",*Journal of Social issues*,Vol.57,No.4(2001),pp.725-741.

③ G.D.Fenwick & D.J.Neal,"Effect of Gender Composition on Group Performance",*Gender,Work & Organization*,Vol.8,No.2(2001),pp.205-225.

④ J.L.Berdahl & C.Anderson,"Men,Women,and Leadership Centralization in Groups over Time",*Group Dynamics:Theory,Research,and Practice*,Vol.9,No.1(2005),p.45.

⑤ Aparna Joshi & Hyuntak Roh,"The Role of Context in Work Team Diversity Research:A Meta-Analytic Review",*Academy of Management Journal*,Vol.52,No.3(2009),pp.599-627.

⑥ A.W.Woolley,C.F.Chabris,A.Pentland,N.Hashmi & T.W.Malone,"Evidence for a Collective Intelligence Factor in the Performance of Human Groups",*Science*,Vol.330,No.6004(2010),pp.686-688.

⑦ 严文华:《性别对组织沟通的影响》,《心理科学》2001 年第 5 期。

第三节　集体智慧生成过程及
性别影响因素研究

一、主题与框架

本研究旨在探索集体智慧的生成机制,并从中提取出集体智慧的影响因素,进而探索性别因素的影响作用。

首先,集体智慧是一种共享的、分布式的智力形式。Levy 表示,作为一种来源于多个个体的合作与竞争的分布式的智力形式,对集体智慧生成机制的探索也就是对分布式智能活动的探索[①]。Touzet 曾在一项关于非同步学习网络(Asynchronous Learning Networks)支持的研究生课程作业的研究中提出,可观察的分布式认知构成临时的个体或小组思想,这些思想的互动促进了讨论与观点的成熟,甚至产生元思想并具有反思性认知,并且他将整个过程看成是一个单独的集体智慧。由此可见,多位研究者将集体智慧与分布式认知联系在一起,故本研究认为集体智慧生成的机制可以借鉴分布式认知的理论模型[②]。

其次,集体智慧是产生于小组协作的过程中,且本研究将集体智慧置于小组互动过程中对其生成机制及影响因素进行探索。因此,小组过程(包括团队过程)及其影响因素是必须要纳入研究范围,进行分析与筛选的。值得指出的是,研究进行过程中,提取出小组氛围对于集体智慧的生成具有较明显的影响作用,因此小组氛围在研究中期被筛选成为需要重点参考的研究范围。

最后,集体智慧研究中最重要的成果之一是 Woolley 等人发现的一个重复性被验证的结果集体智慧 c 因素与小组满意度、小组内聚力、小组动机都不

---

① 　P. Lévy(eds.), *Collective Intelligence*: *Mankind's Emerging World in Cyberspace.* New York: Perseus Books,1997,p. 1.

② 　J. Touzet, Design of a Synchronous CMC System Supporting Persistent Discussion in Online Learning Communities, IASTED international conference on web-based education,2009.

相关,却与成员社会敏感性以及小组中的女性成分显著正相关①,甚至Woolley 等人做出了"女性越多越好"的推论②。但究竟女性成分对于集体智慧的影响是否还依赖于其他因素,并且是如何通过这些因素对集体智慧的产生发生作用的,却没有研究能够解释。因此,性别差异(包括生理性别与社会性别角色),尤其是小组互动相关的性别差异亦在本研究的范围之内。

在确定研究主题与目的,进而划定研究范围后,考虑到集体智慧的复杂性,质性研究方法更贴合本研究的主题与目的。因此,本研究进行了如下的研究框架设计(图2-4)。

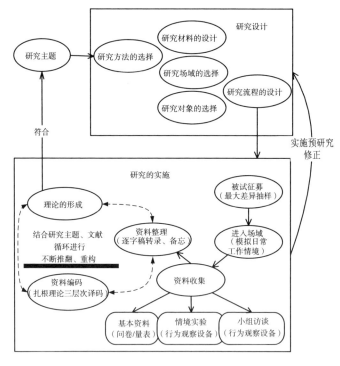

图2-4 研究框架

① A.W.Woolley,C.F.Chabris,A.Pentland,N.Hashmi & T.W.Malone,"Evidence for a Collective Intelligence Factor in the Performance of Human Groups", *Science*, Vol.330, No.6004(2010), pp.686-688.

② A.Woolley & T.Malone,"What Makes a Team Smarter? More Women",*Harvard Bussiness Review*,Vol.89,No.6(2011),pp.32-33.

二、方法与设计

本研究所选用的研究方法是质性研究,即以研究者本人为研究工具、在自然情境下采用多种资料收集方法对社会现象进行整体性探究、使用归纳法分析资料和形成理论、通过与研究对象互动对其行为和意义建构获得解释性理解的一种活动①。量化研究是在控制的条件下对事物本质的把握,主要通过测量、计算和演绎的方式达成。而质性研究则是对事物本质的解释性的理解,主要是通过研究者和被研究者之间的互动,对研究对象进行长期深入的观察来达成。虽然量化研究讲究严密、客观和控制,追求一个确定的可测量的"事实",但对于一个过程性或是情境性的问题,能够以量化的方式进行测量的只能是过程中或情境中的特定细节或静态切面。

而集体智慧是在自然情景中的通过复杂互动生成的,会受到个体因素、局部交互、环境背景等影响,为了能够对集体智慧的生成机制达到一个整体性的、解释性的理解,必须借助于质性的研究方法,并尽可能地控制研究的各个进程,确保研究的效度。研究方法包括采用扎根理论、情境实验和小组访谈法。由于情境实验属于非参与观察,可能存在一定的限制,故本研究在情境实验之外设计小组访谈,对集体智慧的产生过程中的一些难以观察的现象,如小组讨论参与者的动机、信任、关系等资料进行收集,作为情境实验所收集材料的补充和验证,并参与到后期的资料分析过程中。小组访谈时考虑了以下核心要素:第一,参加的群体是目标对象中的一种非正式组合,研究者要求参与者对于既定的主题陈述个人观点;第二,群体的组成性质相同而且都是小群体;第三,由一位受过训练的主持人负责引导讨论与回应;第四,目标在于刺激观点、感觉、态度和想法的出现,以获得参与者的主观经验;第五,此种讨论不能产生量化信息,或推论出更大的母群体。这些要素可以用于揭示某一群体

---

① 陈向明:《质的研究方法与社会科学研究》,教育科学出版社 2008 年版。

对一个特定问题或是特定现象的反应,或者是可以通过访谈对某一种研究形成假说和推论;此外,小组访谈还可以用来对定量研究方法进行补充和改善。最后小组访谈还可以用来解释并阐述其他一些定量研究方法的结果。

(一)对象与抽样方法

由于集体智慧的机制并不明朗,内部异质性很强,如果只抽取其中少数一两个个案进行研究,很难反映该现象的全貌。本研究在进行探索的时候期望能够尽可能广泛地收集关于团队过程的信息,因此在抽样策略上采取了最大差异抽样,即被抽取样本所产生的结果将最大限度地覆盖研究现象中的各种不同状况①。抽样范围确定在南开大学与天津大学本科生、硕士生、博士生内。由于质性研究并不考虑样本的"代表性"而是更关注样本的"可信度",因此本研究采取具体的抽样方式是"机遇抽样"②,并对性别、专业尽量进行随机组合,以保证样本的"可信度"。

本研究选取了南开大学与天津大学本科生、硕士生、博士生共36人。研究对象的生理性别分布为:男性19人(52.8%),女性17人(47.2%)。性别角色分布为:双性化24人(66.7%),女性化9人(25%),未分化3人(8.3%)。智力测验结果分布为:8—9题4人(11.1%),10—13题29人(80.6%),15—16题3人(8.3%)。专业分布为:人文社科类专业13人(36.1%),理工类专业16人(44.5%),交叉学科7人(19.4%),涉及社会学、人口学、信息与通信工程、行政管理、动物学、心理学、政治学与行政学、高分子、有机化学、财政学、会计学、英语应、应用化学、自动化、控制工程、刑法学、环境科学、分析化学、人力资源、经济学、临床医学、物理学等专业。学历分布为:硕士29名(80.6%),博士4名(11.1%),本科生3名(8.3%)。平均年龄23.9岁。

---

① 参见李晓凤、佘双好:《质性研究方法》,武汉大学出版社2006年版。
② 又称任意抽样、偶遇抽样、就近抽样,是一种非概率抽样。具体是按调查者的方便,任意抽选样本。

（二）场域与设备

为了尽可能模拟真实、自然的集体智慧产生情境，研究对象采用真实团队过程中会进行讨论，而研究场域也需确定在真实的团队环境中，并且在资料收集的过程中，尽可能地不对研究对象产生影响。所以，选择南开大学心理学系行为观察实验室作为研究场域。其理由如下：第一，平时用于上课、项目组讨论，环境是真实的团队讨论环境；第二，实验室配备行为观察全套设备，方便资料收集；第三，通过摄像头进行资料收集，对受试者干扰较小。

（三）材料与工具

1. 性别角色材料

除了探讨集体智慧的一般机制与影响因素之外，还需要对性别角色的影响作用进行探索，所以在研究的过程中需要对研究对象的生理性别与性别角色资料进行收集。生理性别资料连同一般人口学资料通过基本资料卡片的方式进行收集。性别角色资料则通过 Bem 性别角色量表进行收集。

2. 智力测量材料

虽然 Woolley 和 Malone 的研究中表明集体智慧的产生与被试的智力商数无关[1]，但考虑到可能是由于其研究中智力商数分布的差距不足够大引起的。实验中仍然对研究对象的智力进行测量，并在资料分析过程中予以考虑。实验中使用的智力测量采用瑞文高级推理测验。考虑到测验过长可能会对被试的情绪造成一定的影响，所以只选取了瑞文智力测验的偶数题。

3. 团队讨论材料

由于集体智慧的机制模糊性与内部的异质性，对于研究材料的选择如果过于狭窄也很难反映该现象的全貌，所以实验材料尽可能地覆盖所有团队任

---

① A. Woolley & T. Malone, "What Makes a Team Smarter? More Women", *Harvard Bussiness Review*, Vol.89, No.6(2011), pp.32-33.

务类型。目前对于团队任务划分较为全面也是应用最为广泛的任务分类是
McGrath 的任务环形图(见图 2-5)①。McGrath 将团队任务分为产生、选择、
决定、执行四种类型,并进而分别从概念/行为、合作/冲突两个维度出发,将四
种任务类型进一步划分为八种亚类型。

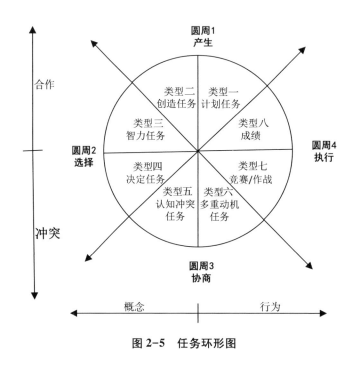

图 2-5 任务环形图

其中,产生类任务包括:计划性任务(产生计划)与创造性任务(产生想
法);选择类任务包括:智力任务(用正确答案解决问题)与决定任务(处理任
务,并决定倾向于或同意哪个答案是正确的);协商类任务包括:认知冲突任
务(解决观点冲突,非利益冲突)与多重动机任务(解决利益动机的冲突);执
行类任务包括:竞赛/作战(解决力量冲突;为胜利而竞争)与成绩(有客观或
绝对卓越标准的精神运动性任务)。

基于以上情况,实验选择了四种任务类型作为研究材料。产生类、选择

① J.E.McGrath,*Groups*:*Interaction and Performance.* Englewood Cliffs,NJ:Prentice-Hall,1984.

类、决定类、执行类任务均涉及,并且从理论/行为、合作/冲突的角度来看,全面地涵盖了行为合作型、概念合作型、概念冲突型、行为冲突型任务。具体来说,讨论任务分别为头脑风暴(类型二)、荒岛余生(类型四)、决策方案(类型六)和拼图游戏(类型八)。

(四)资料收集流程

资料收集的过程主要分为三个步骤,首先是基本资料收集(量表填答),进而是集体智慧产生的情境资料收集(情境实验),最后是辅助资料的收集(小组访谈)(如图2-6)。

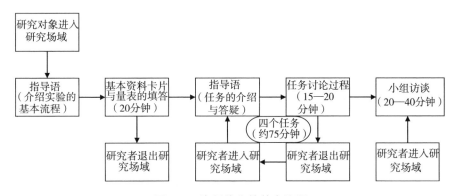

图2-6　资料收集的基本流程

为了尽可能地模拟真实的团队讨论情境,保证研究结果的代表性。研究前期进行预研究,参与研究预研究的对象为心理系研究生。预研究结束后针对其中的意外状况及研究参与者提出的专业建议对研究流程、研究材料、研究工具进行修正与完善。

被试分为关系取样(约占45%)、BBS招募(约占35%)、校园随机抽取(约占20%)三种,共36名(其中男性19名,女性17名)。参与研究前,研究对象被随机分为四人团队,并尽量保证团队内包含多种专业、性别组合多样化、组内成员不熟识。资料收集过程按照资料流程设计进行(如图2-7)。

（五）资料分析

所有资料主要借助于 QSR 公司的质化研究分析软件 Nvivo 8 进行分析。

首先，对研究对象的基本资料进行统计汇总。其次，根据 Bem 性别角色量表的评价标准对被试性别角色进行统计、分析。最后，根据瑞文高级推理测验的评分标准①对被试的智力成绩进行统计、分析。进而将三种资料分析结果进行汇集形成可运用的案例资料，并以案例的形式输入 Nvivo 质性研究软件中。

小组任务讨论视频转录为逐字对稿时叹气、笑声、较长时间的沉默，及其他可感觉的特殊音调等均进行备注，译码分析步骤如下：

第一步进行粗编码。由于研究资料包括 9 个小组的 36 个任务，每个任务 15—20 分钟，转录为文字稿后 7 万字左右，数量较大，对于三层译码造成困难。处理数据的过程中，首先对照视频的言语动作及非言语动作进行了近乎逐句的粗编码，并在粗编码的基础上进行三层译码。由于集体智慧协作的互动性，可以认为小组讨论过程中的任何互动言语动作、非言语动作都可能参与集体智慧的产生。而这种参与是通过言语的行为作用实现的。因此粗编码的依据主要根据言语的阐述、指令、承诺、表达和宣告作用进行的阐述类如"提出想法"、指令类如"任务分工"、表达类如"赞扬"、宣告类如"同意"等。

第二步进行开放式译码。数据处理针对集体智慧的生成机制与影响因素进行了两次不同方向的开放式译码。对于集体智慧生成机制的探索以单句的开放式译码为主，对言语与非言语的直接作用进行概念化。对于集体智慧影响因素以及性别影响因素作用的开放式译码以情节译码为主，对言语与非言语的间接作用进行概念化。

第三步主轴译码。在主轴译码的过程中主要是依据各种文献资料，对开

① 瑞文高级推理测验尚无全国常模，故只记录正确题数（共 18 题）。

放式译码得到的概念进行聚拢和修剪,进而形成了范畴。

第四步选择性译码。结合文献对范畴进行分析与归纳,得到主范畴,并理清主范畴之间的关系和脉络,将其按照一定的逻辑连接起来。初步得到集体智慧的生成机制及影响因素。

分析过程中不断参考文献及访谈资料,帮助进行译码及发掘隐藏信息。

三、效度说明

质性研究基于主观的、解释性的和情境性的数据,而定量化研究努力去控制或是消除这样的元素,因为它们被看作是混淆因素和额外因素,这种冲突使得量化研究的效度标准并不适用于质性研究。质性研究的效度多指其研究结果是否可接受的、可信赖的或是可靠的,Maxwell将质性研究的效度分为五类:描述效度、诠释效度、理论效度、推论效度、评价效度①。质性研究效度仅具有程度上的差异,而非全或无的绝对状态,研究者所做的只能是努力将无效之处减至最低,并将效度提至最高。本研究从描述效度与诠释效度、研究者角色三个方面说明研究的效度。

(一)描述效度

描述效度是只对外在可观察到的现象或事物进行描述的准确程度,即记述的真实准确度,没有编造、选择性描述或是歪曲事实。描述效度在某种程度上已经把信度包含在内,类似于真实度。首先,从研究场域的选择、资料收集工具的选择、研究流程的设计上都本着最大程度还原真实集体智慧产生情境,对研究对象的干扰尽可能地降到最低的原则,在事实的还原上是确保真实性的。其次,收集一切发生在现场的资料,而不是从先入观念出发选择性地进行记录,确保资料的完整性。最后,资料的处理上,对于第一手的视频资料,采用

---

① J.A.Maxwell,"Understanding and Validity in Qualitative Research",*Harvard Educational Review*,Vol.62,No.3(1992).pp.279-301.

逐字转录的方式,并且对明显的笑、沉默等非语言信息进行标记,以确保没有编造或是歪曲事实。

(二)诠释效度

诠释效度是指研究者了解、理解、表达被研究对事物所赋予意义的"确切"程度,即研究能够站在参与者和受试者本身的立场去掌握情境、事件所赋予的意义、解释,类似于保真度。由于情境实验属于非参与观察,资料收集采用视频摄录的方式,受限于此,可能无法真正观察到全部发生的现象或事件,从而导致无法准确地从研究对象的角度去解读集体智慧的生成。因此,为了准确地理解研究对象,从研究对象的角度把握集体智慧生成的过程,设计了小组访谈环节,在资料整理与分析的过程中不断参考,以确保译码的准确度。

(三)研究者角色

在质性研究中,研究者对研究的影响体现在研究中的资料收集的每一个过程中:研究场域的选择、资料收集工具的选择,以及情境实验中指导语、任务答疑、小组访谈与研究对象的互动中;也会出现在资料分析的每一个过程中:逐字稿的撰写、三层次译码、对译码的删选及理论的归纳提取。因此,质性研究要求研究者在研究过程中应当时刻保持警醒,并以一种"完全客观是不可能的,但是可以把主观性降至最低"的态度进行研究。

本研究中,为了尽可能降低研究者对研究的影响,采取了以下措施:第一,在研究场域的选择和资料的收集、工具的选取上,充分听取多位专家的建议并通过预研究的过程进行确定;第二,在情境实验中尽可能少地与研究对象进行接触,不对讨论过程做任何干扰;第三,在小组访谈中尽可能地遵循研究对象的思路开展,让研究对象自主阐述;第四,在逐字稿的撰写中,尽可能地囊括每一个细节;第五,在三层译码及删选、归纳提取理论的过程中广泛参考各种理论研究,同时辅以小组访谈作为验证,并在反复将编码与现存多种理论进行比对,确保编码的准确性与全面性;第六,在整个研究资料分析的过程中,不采用任何预设,尽可能地避免研究者原有观念和观点对理论建构的影响。

四、结果讨论

(一)集体智慧的生成机制

由于9个小组的相同任务的粗编码大致相同,故按照任务类型将Nvivo项目进行合并,得到四种任务的Nvivo项目;并按任务进行概念化和范畴化,得到初步的概念群和范畴群;继而再将这些概念群和范畴群进行萃取整合和重新归类,提取出核心范畴。在此基础上对四种任务类型的核心范畴进行分析,归纳出集体智慧的生成机制。

1.单句译码

(1)认知合作型任务

通过对任务一的粗编码进行开放性译码分析,最终从资料中抽象出个21个概念:任务目标、任务策略、任务分工、(任务规则水平的)认知冲突的解决、总结、任务时间与进度、做决定、团队反思、提出疑问或征询意见、提出想法、对疑问或质疑进行解释、被激发的想法、同意与赞扬、否定与反驳、质疑、闲谈、沉默、笑、打断或抢话、忽略他人意见或同时说话、信息不共享。

进一步对概念进行主轴译码挖掘出11个范畴:任务目标、任务策略、任务分工、任务进程、任务反思、想法或解决方案、同意、反对、质疑、氛围、打断或不顾及他人(见表2-4)。

表2-4　任务一开放译码及主轴译码

原始资料举例	概念化	范畴化
"咱们应该多想几点,因为1点才1分,一共25分。"	任务目标(a1)	任务目标(A1)
"咱们先分几类吧,先分几个大类,然后,几个小类。"	任务策略(a2)	任务策略(A2)

集体智慧在合作创新中的生成与应用

续表

原始资料举例	概念化	范畴化
"你,书记员。"	任务分工(a3)	任务分工(A3)
"不用反驳,咱们讨论问题,能够自圆其说就行。"	(任务规则水平的)认知冲突的解决(a4)	任务进程(A4)
"也就是说,大点包括教育、科技、政治、经济。"	总结(a5)	
"还有多长时间?" "(答案)还是不够。"	任务时间与进度(a6)	
"折中我们选第三个吧,不要把时间浪费在审题上。"	做决定(a7)	
"咱说的好像是发散的,没有形成一个系统。"	任务反思(a8)	任务反思(A5)
"为什么细胞工程更发达?""不能只站在猫的角度想,也应该站在猪的角度想。"	提出疑问或征集想法(a9)	想法或解决方案(A6)
"那就没有那些男性的名人只有女的了呗。"	提出想法(陈述、疑问或质疑)(a10)	
"因为它可以随意穿梭,而且不带有虚假性存在,未来也可以为现在所用,因果关系可能因为这个改变。"	对疑问或质疑进行解释(a11)	
"外观?那有好多呢。猫的眼睛……"	被激发的想法(a12)	
"对对!""yeah!"	同意与赞扬(a13)	同意(A7)
"不是不是。猪跑起来也是很快的。""不能细化,一细化男性产品就多了。"	否定与反驳(a14)	反对(A8)
"这个你怎么自圆其说啊?"	质疑(a15)	质疑(A9)
"(沉默约1分钟)"	沉默(a17)	氛围(A10)
"(尴尬的笑)""(一起大笑)"	笑(a18)	
"打住吧,快写吧,别浪费时间。"	打断或抢话(a19)	打断或不顾及他人(A11)
"(第8次4人同时说话)"	忽略他人意见(a20)	
"(答题说明只放在自己面前)"	信息不共享(a21)	

选择性译码通过对 11 个范畴的继续分析,同时结合 21 个概念、原始资料记录、访谈记录,并结合相关文献,归纳出四个核心范畴:结构化信息、内容性信息、信息节点、团队氛围。结构化信息包括任务目标、任务策略、任务分工、任务进程、任务反思,内容性信息包括想法或解决方案、信息节点包括同意、反对、质疑、打断或不顾及他人,团队氛围包括氛围。

(2)认知冲突型任务

通过对任务二的粗编码进行开放性译码分析,最终从资料中抽象出个 24 个概念:任务目标、团队目标任务策略、任务分工、(任务规则水平的)认知冲突的解决、悬置冲突、总结、任务时间与进度、做决定、团队反思、提出疑问或征询意见、提出想法、对疑问或质疑进行解释、被激发的想法、同意与赞扬、否定与反驳、质疑、闲谈与题外话、沉默、笑、关系冲突、打断或抢话、忽略他人意见或同时说话、信息不共享。

进一步对概念进行主轴译码挖掘出 12 个范畴:任务或团队目标、任务策略、任务分工、任务进程、任务反思、想法或解决方案、同意、反对、质疑、任务外谈话、氛围、打断或不顾及他人(见表 2-5)。

表 2-5　任务二开放译码及主轴译码

原始资料举例	概念化	范畴化
"我们首先要确定选人的标准,最终目的是让更多的人存活。"	任务目标(a1)	任务或团队目标(A1)
"不行,我跟你说,假如我们这样的话我们团队就失败了。"	团队目标(a2)	
"咱现在先把每个人留下的理由写下来,然后最少的那两个不能达到咱要求的,明白我的意思吗。"	任务策略(a3)	任务策略(A2)
"不如咱们换一个人记录吧。"	任务分工(a4)	任务分工(A3)

原始资料举例	概念化	范畴化
"现在我们四个人同意一个大方向,有三个人同意的话,我们就按照这个大方向。"	(任务规则水平的)认知冲突的解决(a5)	任务进程(A4)
"——我觉得我们先确定一个留或者走的标准吧? ——没时间了,咱们先把每个人留下来的理由写下来吧。"	悬置冲突(a6)	
"可以从两方面说,一个是逃生人重要程度,一个是留下人的生存能力。"	总结(a7)	
"整理整理吧,就是。"	任务时间与进度(a8)	
"嗯,对。就这样愉快地决定了。"	做决定(a9)	
"很多案例是这样的,我们的出发点是什么?"	任务反思(a10)	任务反思(A5)
"现在剩2、3、4、5、6,选谁? 默认能活。"	提出疑问或征询意见(a11)	想法或解决方案(A6)
"企业家和歌星主要是振奋人心。"	提出想法(陈述、疑问或质疑)(a12)	
"流浪汉也可以出去,但是流浪汉再出去后找到救援的可能性要比宇航员低。"	对疑问或质疑进行解释(a13)	
"对,有一个生存技能的,而且孕妇不能上去,还需要有人来照顾。"	被激发的想法(a14)	
"哦。"(三人恍然大悟的赞同)	同意与赞扬(a15)	同意(A7)
"我不太同意,我觉得做橡皮球的一定是一个对社会有贡献的人。"	否定与反驳(a16)	反对(A8)
"但是这是一个吊篮,他需要一个操作能力的人的。流浪汉他有什么能力。"	质疑(a17)	质疑(A9)
"高分子有机,你是医学院?"	闲谈与题外话(a18)	任务外谈话(A10)
(思考性沉默)	沉默(a19)	氛围(A11)
"哈哈。"(主动笑)	笑(a20)	
"那你的意思是就让他们留在荒岛上就挂了?"	关系冲突(a21)	

续表

原始资料举例	概念化	范畴化
"医学家不是医生。"(抢话)	打断或抢话(a22)	打断或不顾及他人(A12)
"我们每个人的出发点不一样,我觉得我们应该先定……"(其他人继续争论)	忽略他人意见(a23)	打断或不顾及他人(A12)
(答题说明只放在自己面前)	信息不共享(a24)	

选择性译码通过对 12 个范畴的继续分析,同时结合 24 个概念、原始资料记录、访谈记录,并结合相关文献,归纳出四个核心范畴:结构化信息、内容性信息、信息节点、团队氛围。结构化信息包括任务目标、任务策略、任务分工、任务进程、任务反思;内容性信息包括想法或解决方案、信息节点包括同意、反对、质疑、打断或不顾及他人,团队氛围包括任务外谈话和氛围。

(3)行为冲突型任务

通过对任务二的粗编码进行开放性译码分析,最终从资料中抽象出个 23 个概念:任务目标、任务策略、任务分工、认知冲突的解决、悬置冲突、总结、任务时间与进度、做决定、团队反思、假设问题情境、提出疑问或征询意见、提出想法、对疑问或质疑进行解释、被激发的想法、同意与赞扬、否定与反驳、质疑、闲谈与题外话、沉默、笑、关系冲突、打断或抢话、忽略他人意见或同时说话、信息不共享。

进一步对概念进行主轴译码挖掘出 13 个范畴:任务目标、任务策略、任务分工、任务进程、任务反思、想法或解决方案、同意、反对、质疑、任务外谈话、关系冲突、氛围、打断或不顾及他人(见表 2-6)。

表 2-6 任务三开放译码及主轴译码

原始资料举例	概念化	范畴化
"我们最后要达到什么目的。"	任务目标(a1)	任务目标(A1)
"只要不违反这两条都行。"	任务策略(a2)	任务策略(A2)

续表

原始资料举例	概念化	范畴化
"你们先想你们自己的,我把我这个完善一点。"	任务分工(a3)	任务分工(A3)
"最关键的是记者,业务员和难民都不成问题,因为难民一定要吃,面包一定要销毁,所以就得跟记者说,是不是?"	认知冲突的解决(a4)	任务进程(A8)
"要不然就是,我们没办法讨论出一个理想的方案,讨论个还行的就行了。"	悬置冲突(a5)	
"激起民愤的方案。"	总结(a6)	
"我们应该说一下应该怎么安置难民了。"	任务时间与进度(a7)	
"报告吧,就这样吧。"	做决定(a8)	
"我觉得(已经讨论好的方案)想得有些极端。"	团队反思(a9)	任务反思(A5)
"(在纸上画)就是,好,我对面来了一群难民,我要不要下车跟他们说这车是面包。"	假设问题情境(a10)	想法或解决方案(A6)
"咱说说每个人的方案吧。"	提出疑问或征询意见(a11)	
"一种情况是,不是我要给难民吃的,是我们掌控不了局势,难民来哄抢的,这样可以吗?"	提出想法(陈述、疑问或质疑)(a12)	
"公关,不能叫贿赂吧?"	对疑问或质疑进行解释(a13)	
"还无形中给公司做宣传。"	被激发的想法(a14)	
"好,那就是这个方案了。"	同意与赞扬(a15)	同意(A7)
"这是要求不能报道。"	否定与反驳(a16)	反对(A8)
"这是个偏远地区,再调面包过来不太现实。"	质疑(a17)	质疑(A9)
"下一个题会是什么题?"	闲谈与题外话(a18)	任务外谈话(A10)
"(尴尬沉默)"	沉默(a19)	氛围(A11)
"(众人笑)"	笑(a20)	
"那报道没啥事儿我把记者灭口了也没啥事儿。"	关系冲突(a21)	关系冲突(A12)

续表

原始资料举例	概念化	范畴化
"那过期面包就知道了(从中插话)。"	打断或抢话(a22)	打断或不顾及他人(A13)
"(四人同时说话)"	忽略他人意见或同时说话(a23)	

选择性译码通过对 13 个范畴的继续分析,同时结合 23 个概念、原始资料记录、访谈记录,并结合相关文献,归纳出四个核心范畴:结构化信息、内容性信息、信息节点、团队氛围。结构化信息包括:任务目标、任务策略、任务分工、任务进程、任务反思,内容性信息包括:想法或解决方案、信息节点包括同意、反对、质疑、打断或不顾及他人,团队氛围包括任务外谈话、关系冲突和氛围。

(4)行为合作型任务

通过对任务四的粗编码进行开放性译码分析,最终从资料中抽象出个 19 个概念:任务目标、任务策略、任务分工、认知冲突的解决、任务时间与进度、做决定、团队反思、陈述自己的任务状态、行为调整、寻求帮助、提供帮助、同意与赞扬、否定与反驳、质疑、闲谈与题外话、沉默、笑、倦怠、打断或抢话。

进一步对概念进行主轴译码挖掘出 12 个范畴:任务目标、任务策略、任务反思、任务分工、任务进程、任务反思、任务言语与行为、同意、反对、质疑、任务外谈话、氛围、打断或不顾及他人(见表 2-7)。

表 2-7　任务四开放译码及主轴译码

原始资料举例	概念化	范畴化
"咱们不能争取拼完,拼个边就行。"	任务目标(a1)	任务目标(A1)
"先把脸拼起来,我觉得脸比较好拼。"	任务策略(a2)	任务策略(A2)
"就是一人一个角吧。"	任务分工(a3)	任务分工(A3)

续表

原始资料举例	概念化	范畴化
"一个人先找边,两个人找颜色。"	认知冲突的解决(a4)	任务进程(A4)
"这个效率太慢了。"	任务时间与进度(a5)	
"一个人先找边,两个人找颜色。"	做决定(a6)	任务反思(A5)
"这个肯定比那个图案大。"	团队反思(a7)	
"对我也在找黄和粉的。"	陈述自己的任务状态(a8)	任务言语与行为(A6)
"我觉得咱两个应该一个方向。"	行为调整(a9)	
"有没有一个绿色的?"	寻求帮助(a10)	
"你要找什么眼睛。"	提供帮助(a11)	
"哦,先找边是啊。"	同意与赞扬(a12)	同意(A7)
"我觉得应该先把嘴找出来。"	否定与反驳(a13)	反对(A8)
"这个肯定比那个图案大。"	质疑(a14)	质疑(A9)
"我没玩过这种,我玩是四方,图案是不一样的。"	闲谈与题外话(a15)	任务外谈话(A10)
(沉默,互通有无时说话)	沉默(a16)	氛围(A11)
"(哈哈)你又换了一个人。"	笑(a17)	
"不想拼,小孩的话让我拼这个,我老了。"	倦怠(a18)	
"别别别别别,或者如果还有其他策略,比如显然有嘴的。"	打断或抢话(a19)	打断或不顾及他人(A12)

选择性译码通过对 12 个范畴的继续分析,同时结合 19 个概念、原始资料记录、访谈记录,并结合相关文献,归纳出四个核心范畴:结构化信息、内容性信息与行为、信息节点、团队氛围。结构化信息包括任务目标、任务策略、任务分工、任务进程,内容性信息包括任务言语与行为,信息节点包括同意、反对、质疑、打断或不顾及他人,团队氛围包括任务外谈话和氛围。

2.集体智慧的生成机制

(1)集体智慧生成机制的关键概念

通过对四种任务的三层译码进行分析发现,虽然四种任务的概念群与范畴群有所出入,并且参考点①各有侧重,但总体来看,概念群与范畴群基本重合,并且对这些范畴进行整理,均可以按照结构化信息、内容性信息(与行为)、信息节点、团队氛围四个核心范畴进行提取归类。

结构化信息范畴具体包括任务目标、任务策略、任务分工、任务进程和任务反思。任务目标是承载了团队所期望的最终成果的信息。任务策略是承载了可以达成任务目标方案的信息。任务分工是指导小组成员进行不同工作的信息。任务进程是推动任务朝向目标进行的信息,本章中的任务进程信息包括通过以任务规则或目标来解决冲突、时间规划、任务进度提醒、总结或决定等方式推动任务进行。任务反思是对任务目标、任务策略、任务分工、任务进程等信息的重新思索、修正的信息。结构化信息支撑起小组任务的流程结构,指导内容性信息(或行为)有方向、有条理、高效地被提出、被激发,填充这些流程结构,从而促进集体智慧的生成。

内容性信息范畴具体包括构成最终任务成果的具体想法、方案以及针对这些想法、方案的反思。这些想法、方案、反思可以是主动以陈述、疑问或质疑的方式提出的;也可以是被动地对他人进行解释的过程中提出和被激发的。内容性行为则是直接构成任务成果的行为,包括了自主行为、寻求帮助及给予帮助的行为、行为调整等。狭义地说,小组的任务成果是由内容性信息与行为直接构成的,集结了小组成员意见的任务成果的出现,标志着小组成员作为一个整体的互动是带有集体智慧的过程,或者说该小组是具有集体智慧的。

信息节点范畴具体包括同意、反对、质疑、打断或不顾及他人(造成信息的曲解或是忽略)等态度类或立场类言语与非言语行为。这些态度或立场既可以针对结构化信息,也可以针对内容性信息与行为的。信息节点相当于个人认知与分布式认知之间的通道,通过信息节点,个体认知中的结构化信息、内容性信息与行为或被排除在分布认知之外,或以不同的形式进入分布式认

---

① 使用 Nvivo 软件编码过程中被编码为不同节点的资料片段。

知。集体智慧是通过分布式认知的方式集结个体认知,最终得以运作、生成的。信息节点控制结构化信息、内容性信息与行为能否进入或以何种方式进入分布式认知,是各种信息交互、激发的重要节点,也间接控制集体智慧的生成。

此外,单句译码的过程中也产生了小组氛围这一核心范畴,具体包括:笑、沉默、倦怠、闲谈等。小组氛围是指小组互动过程的环境属性。团队氛围并不直接构成任务成果,更多的是一种宏观的影响作用,不仅影响到内容性信息与行为,甚至会影响到结构化信息、信息节点。并且需要指出的是,单句编码过程中归纳出的核心范畴——团队氛围中所包含的范畴或概念对于小组互动过程来说是有限的,还需要通过情节编码进一步挖掘。

(2)集体智慧的生成机制

集体智慧作为一种从个体合作与竞争中涌现的分布式的智力形式,体现在集结小组成员意见进而转化为决策的过程中,是以集结小组成员认知的小组成果的出现为标记的。而小组成员认知集结的过程是通过分布式认知的形式实现的,即个体认知通过各种中介产品和规则交互影响,螺旋上升的过程。所以能够为其他小组成员认知所接收(肯定的接收或否定的接收)的个体认知,是参与分布式认知过程的个体认知。

基于以上两点,本研究将集体智慧置于分布式认知的过程中,尝试建立集体智慧生成机制的一般模型(图2-7)。其中结构化信息、内容性信息与行为、信息节点是集体智慧生成的必需因素,群体气氛是集体智慧生成的影响因素。

总体而言,集体智慧的生成大致可以分为三步:个体认知进入分布式认知,个体认知与分布式认知的交互循环和分布式认知的混序进程。

①个体认知进入分布式认知

在任务初期,个体会根据任务内容或任务情境的认知,或多或少地产生一些独立的结构化信息、内容性信息。这些信息中的一部分会通过中介(语言、

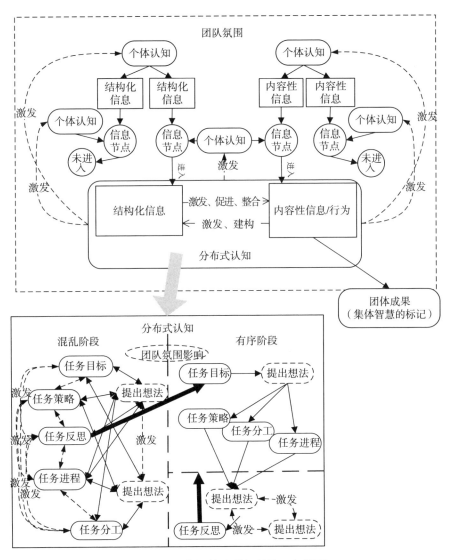

图 2-7 集体智慧生成机制的一般模型

神情、动作或其他工具)表达出来,同时小组中的每个成员的个体认知也充当着信息节点的角色。某些表达出来的结构化信息或内容性信息与行为会被有意识或无意识地被忽略,则被排除在分布式认知之外,而某些结构化信息或内容性信息会以被赞同、被质疑或是被否定的形式进入分布式认知之中。

②个体认知与分布式认知的交互、循环

当携带个体结构化信息或内容性信息与行为的小组成员的个人认知进入分布式认知后,就成为一种分布的、集结的、共享的信息形式,这种信息形式会继续对小组成员的个体认知产生反作用。这种作用可以是单纯的叠加进个体认知,也可以是激发个人认知产生更多的结构化信息或是内容性信息与行为。新的结构化信息或内容性信息与行为又会继续通过信息节点的筛选,从而进入分布式认知。通过这样的形式,个体认知与分布认知交互影响,不断循环。

③分布式认知的混序进程

在个体认知与分布式认知的交互、循环中,分布式认知内部,结构化信息与内容性信息与行为也不断地进行着交互与激发。在结构化信息的指导下,内容性信息与行为不断被提出、被激发,填充结构化信息支撑的任务框架。同时,从内容性信息与行为也可能会建构出新结构化信息,补充或修正现有的结构化信息。在这种交互中,最终形成任务成果。这个集结小组成员个体智能的任务结果是集体智慧产生的标记,证明小组互动是带有集体智慧的过程,小组是具有集体智慧的。结构化信息、内容性信息与行为从开始交互激发到最终任务成果的出现,一般要经过混乱和有序两个阶段。

混乱阶段常出现在任务初期。任务初期,小组成员结合自身的知识、经验对任务产生的想法、行为(内容性信息与行为)、任务目标、任务策略、任务进程或任务分工(结构化信息),通过信息节点进入分布式认知中。由于这些信息并没有形成共识,因而是混乱的交杂在一起的。同时,个体又会被这些混杂信息中给出的某一部分激发,进而产生新的个体认知,再次混杂进入分布式认知中。在这种混乱的交互过程中,会产生多种认知冲突,这些冲突可能是针对内容性信息的,但大多数是针对结构化信息的。同时,小组也会不断地解决这些认知冲突。任务反思就是在解决认知冲突的过程中产生的,通过不断的任务反思,结构化信息不断进行推翻、重构、修正,直到一个确定性的公认的任务目标出现,则意味着进入有序阶段。

当明确的任务目标形成之后,针对这个任务目标会有诸多想法、方案或行为(内容性信息与行为)出现。此时,小组成员提出的任务策略、任务分工、对任务进程的把握,甚至对任务目标的修正(结构化信息)都是围绕这个任务目标的,分布式认知开始进入有序阶段。这一阶段也会有认知冲突的出现,但相对于混乱阶段会少得多,并且主要是针对内容性信息的。有序阶段的理想状态是,针对任务目标迅速形任务策略、任务进程计划、任务分工,支撑起任务框架。进而遵循既定的结构化信息,内容性信息不断地被提出、被激发,填充进入任务框架,不断丰富完全,进而形成任务成果。一般情况下,在有序阶段也会存在一定的任务反思,但这种任务反思不会涉及任务目标的推翻与重构。

最后,值得指出的是,正如 Malone 在集体智慧的公开课上所说,一个群体也可能会带着"集体愚蠢"行动,即个体认知与分布式认知的交互,并不一定是带有集体智慧的过程,小组产生的最终成果也不一定是带有集体智慧的成果。如果分布认知过程一直处于混乱的阶段,或是最终任务成果只是源于某一个体的认知,都不能说明这个小组产生了集体智慧。

(二)集体智慧的影响因素

1.情节译码

为了全面地挖掘小组氛围因素,首先对项目资料进行逐一的概念化,再将所有小组的所有任务进行合并(包括相似概念的合并),得到 19 个概念:民主的领导、专制的领导、未形成明显的领导、(闲谈或笑)建立关系、安抚感情、沉默、竞争、管理秩序、善于分析、倦怠或未卷入、强烈的参与感、认知冲突、关系冲突、冲突的悬置或解决、(为自己、替他人)解释、维护自己的信念、开放接纳、忽略拒绝、寻求帮助与提供帮助。进而在此基础上进行范畴化,归纳出 5 个范畴:领导风格和关系的建立与维护、任务投入、参与感、冲突、沟通(见表 2-8)。

表 2-8 开放译码及主轴译码

原始资料举例	概念化	范畴化
"前六个,你们觉得一定要走一个的话,走谁? 一定要走孕妇吗? 能达成一致吗?"	民主的领导(a1)	领导风格(A1)
"等下来,首先第一个孕妇是走还是留。"	专制的领导(a2)	
"未形成明显领导(研究者备注)。"	未形成明显的领导(a3)	
(沉默)	沉默(a4)	关系的建立与维护(A2)
"你现在是上课啊,还是去医院实习啊?""咱们两个的意见是一致的。"(手拍肩)	(闲谈、笑)建立关系(a5)	
"那不一定。(哈哈哈)"	安抚感情(a6)	
"你说撕标签的话,这个可行性、逻辑条理性?""说理由。"	合作或竞争(a7)	
"这样的话我们三个说出一个答案,你在说出一个答案。这是一个没有效率的团队。"	管理秩序(a8)	
"所以冲突点在于如何不让记者发现。"	善于分析(a9)	任务投入(A3)
"最讨厌拼图了。(笑)"	倦怠,未卷入(a10)	参与感(A4)
(任务结束后仍要求继续拼图)	强烈的参与感(a11)	
"你们的思维都集中在岛上,就那一小波人!"	认知冲突(a12)	冲突的感知与解决(A5)
"你不要那么悲观好不好?"	关系冲突(a13)	
"那我们就假设他知道的时候怎么办,不知道的时候怎么办。"	冲突的悬置或解决(a14)	
"她说的是猪可食用。"	(为自己、替他人)解释(a15)	沟通(A6)
"这个逃生工具默认的就是一定能逃脱成功。"	维护自己的信念(a16)	
"不一定是沟通策略…那歪招也行。"	开放接纳(a17)	
(多人同时说话)	忽略拒绝(a18)	
"还是分开把,翻倒别人的颜色给他们。"	寻求帮助与提供帮助(a19)	

选择性译码通过对五个范畴的继续分析,同时结合 18 个概念、原始资料

记录、访谈记录,并结合相关文献,归纳出三个核心范畴:小组关系、任务认同、互动方式。小组关系包括领导风格、关系的建立与维护,任务认同包括任务投入和参与感,互动方式包括冲突感知与解决、沟通。

2.集体智慧生成的影响因素

(1)小组氛围的三个维度

综合 Anderson 和 West[①] 的观点,认为小组氛围是小组成员和环境交互而产生的特定小组属性,是小组成员对这种小组属性的共享感知。通过情节的三层译码进行分析、归纳,最终得到小组氛围影响集体智慧生成的三个维度——小组关系、任务认同和互动方式。这三个维度分别涉及小组的关系、任务和沟通,与 Schneider 和 Barlett 的观点,即"团队氛围是团队成员在共同工作中形成的对人际、任务、沟通的知觉和期望"[②]是符合的。

①小组关系

小组关系具体包括:领导风格和关系的建立与维护。领导作为一种重要的小组角色,其与小组成员之间的角色分工就是一种重要的小组关系,其行为模式即领导风格,相比其他小组成员的行为模式会更大的影响小组成员的行为模式。Hanlon 认为,领导是创造一个理想的气氛,以刺激个人及组织发挥潜在能力,将个人及组织的能力导入适宜的方向。[③] 最早研究领导风格的 Lewin (1890—1947)将领导风格划分为独裁型、民主型和放任型。本章中主要把领导风格归纳为民主的领导风格、专制的领导风格及没有形成明显的领导。

人际关系被许多研究者(见表2-2)纳入小组氛围的维度划分中,所谓人

---

① N.R.Anderson & M.A.West, "Measuring Climate for Work Group Innovation: Development and Validation of the Team Climate Inventory", *Journal of Organizational Behavior*, Vol. 19, No. 3 (1998), pp.235-258.

② B.Sehneider & C.J.Barlett, "Individual Differences and Organizational Climate: The Research Plan and Questionnaire development." *Personnel Psychology*, Vol.21, No.3(1968), pp.323-333.

③ 曹花蕊、崔勋:《领导风格对员工组织承诺的影响研究》,《山西财经大学学报》2007 年第9 期。

际关系,主要指小组成员交往关系,包括认识而产生吸引或者抗拒、合作或竞争、领导或服从等关系。由于涉及的是临时组建的任务小组,故人际关系主要体现在关系的建立与维护层面,包括沉默、(闲谈或笑)建立关系、安抚感情、合作或竞争、管理秩序等。小组成员对于这些关系的察觉——关系的建立(沉默、建立关系、安抚感情)、关系状态(合作或竞争)、关系的维护(管理秩序)会极大地影响自身的行为模式。

②任务认同

任务认同主要涉及参与感。根据 Tajfel 对内群体认同的定义"个体认识到自己属于特定的社会群体,同时也认识到作为群体成员带来的情感和价值意义"。[1] 本章中将任务认同定义为个体将小组任务的完成视为自己的责任,在任务的完成过程中获得情感和价值意义,并认为参与感是小组任务认同的外在表现。当小组成员对任务认同时会表现出较强烈的参与感,如对待任务态度认真、全神贯注、执着结果(如追问研究者任务答案或在任务结束时仍要求继续等)。而当小组成员对任务并不认同的时候,则会外露出一系列倦怠的情绪、言语或行为。

③互动方式

互动方式具体包括:冲突的感知与解决、沟通。将互动方式作为团队氛围的维度的研究相对较少,表 2-2 中,可以看作互动方式维度的仅仅包括 Schnake 所提出的温暖和支持[2]、庞涛所提出的创新与互动维度[3]。其原因在于,研究者们更愿意将互动方式看作是一种团队过程。但在章节的资料分析过程中发现,小组成员对小组互动方式的察觉会极大地影响自身的个体行为

① H.Tajfel,M.G.Billig,R.P.Bundy & C.Flament,"Social Categorization and Intergroup Behaviour",*European journal of social psychology*,Vol.1,No.2(1971),pp.149-178.

② M.E.Schnake,"An Empirical Assessment of the Effects of Affective Response in the Measurement of Organizational Climate",*Personnel Psychology*,Vol.36,No.4(1983),pp.791-804.

③ 庞涛:《中小高科技企业创业团队气氛及其影响因素研究》,浙江大学管理科学与工程专业 2003 年硕士学位论文。

模式(如多次被打断的个体为争夺话语权,最后也会开始打断别人),因此将互动方式也归纳到小组氛围中。

冲突的感知与解决包括对两种冲突类型的感知(认知冲突和关系冲突)以及对冲突的回应方式(冲突的悬置和冲突的解决)。其中,认知冲突可能会引发关系冲突,关系冲突也可能衍生认知冲突;冲突的悬置一般是小组成员意识到冲突的存在,迫于时间或其他因素,进行下一阶段任务;冲突的解决可以是折中、新策略或者简单的少数服从多数。

参与沟通是众多研究都意识到的团队氛围[1],主要是指认知、情感等信息在小组成员之间的表达、传递与接纳。研究中涉及的沟通主要有积极的沟通和消极的沟通两种:积极的沟通如(为自己、替他人)解释、开放接纳的态度、提出帮助或提供帮助;消极的沟通如维护自己的信念、忽略拒绝。沟通方式对于小组过程中各种信息的流动起到了关键性的作用。

(2)小组氛围对于集体智慧生成的影响作用

小组氛围是小组成员和环境交互而产生的特定小组属性,是小组成员对这种小组属性的共享感知。小组成员对团队氛围作为一种团队的属性,其各个维度之间存在着动态交互的关系,并在这种动态交互中,寻求着一种稳定的状态。而团队氛围对于集体智慧生成的影响主要通过其对小组成员的认知、态度、行为模式的影响实现,具体过程参型(见图2-8)。

小组氛围是由小组成员能够感知到的认知、态度、行为模式构筑的,受其影响,同时小组氛围又会对小组成员的认知、态度、行为模式产生反作用,二者是相互影响、相互依存的关系。作为小组氛围三维度的小组关系、任务认同与互动方式对集体智慧的生成均有一定影响。

①小组关系对集体智慧生成的影响

团队关系对于集体智慧生成的影响主要体现在结构化信息、内容性信息

---

① Daniel R.Denison & Aneil K.Mishra,"Toward a Theory of Organizational Culture and Effectiveness",*Organization Science*,Vol.6,No.2(1995),pp.204-223.

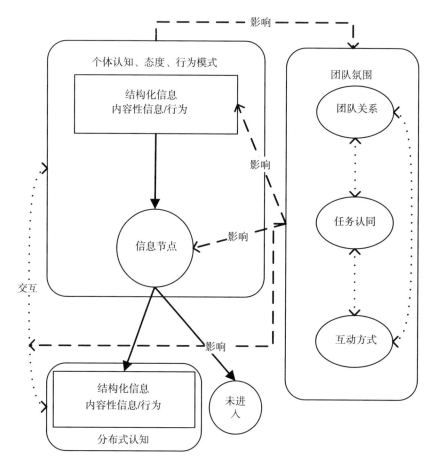

图 2-8 小组氛围对集体智慧生成影响模型

与行为的涌现以及信息节点的控制上。

首先,领导风格对于集体智慧生成的影响。在民主的领导风格及没有形成明显领导的小组氛围中,小组更容易涌现出多样化的结构化信息、内容性信息与行为;专制的领导风格的小组氛围中,小组结构化信息、内容性信息与行为更加单一化。民主的领导风格的小组氛围中,信息节点多为赞同、质疑,各种信息更容易进入分布式认知。在没有形成明显领导以及专制的领导风格的小组氛围中,信息节点中的反对、打断或不顾及他人相对较多,各种信息相对较难进入分布式认知,进行交互。

其次,关系建立与维护对于集体智慧生成的影响。关系建立(沉默、建立关系、安抚感情)、关系维护(管理秩序)过程中,结构化信息、内容性信息与行为涌现相对较少,小组成员倾向于使用赞同、质疑来控制个体认知与分布式认知之间的交互。而较稳定的关系状态(合作或竞争)中,结构化信息、内容性信息与行为涌现相对较多,且合作的关系状态中信息节点中的赞同、质疑相对较多,竞争的关系状态中信息节点中的反对、打断或不顾及他人较多。

②任务认同对集体智慧生成的影响

任务认同对于集体智慧生成的影响体现在结构化信息、内容性信息与行为的涌现、信息节点的控制以及个体认知与分布式认知的交互上。当小组成员认为小组任务能为其带来较高的情感和价值意义时,即任务投入度高、参与感强烈的小组氛围中,结构化信息、内容性信息与行为涌现相对较多;而任务投入度低、参与感较弱的小组氛围中,结构化信息、内容性信息与行为涌现相对较少,且相较于任务认同度高的情况,此种小组氛围中的信息节点会更多地以同意的方式出现,而个体认知间、个体认知与分布式认知的交互较少。

③互动方式对集体智慧生成的影响

互动方式对于集体智慧生成的影响也体现在结构化信息、内容性信息与行为的涌现、信息节点的控制以及个体认知与分布式认知的交互上。

首先,冲突的感知与解决对于集体智慧生成的影响。相比认知和谐,认知冲突的小组氛围中,结构化信息、内容性信息与行为涌现相对较多,信息节点中质疑、反对、打断或不顾及他人较多,个体认知与分布式认知的交互较为充分。相较于关系和谐,关系冲突的小组氛围中,偏离任务目标的结构化信息、内容性信息与行为涌现相对较多,信息节点中质疑、反对、打断或不顾及他人较多。个体认知与分布式认知的交互较为充分。相较于冲突的悬置、冲突的解决的小组氛围中,结构化信息、内容性信息与行为涌现相对较多,信息节点中质疑、反对较多,个体认知与分布式认知的交互较为充分。

其次,沟通对于集体智慧生成的影响。积极的沟通如(为自己、替他人)解释、开放接纳的态度、提出帮助或提供帮助能够促进个体认知与分布式认知的交互。消极的沟通如维护自己的信念、忽略拒绝则会阻碍个体认知与分布式认知的交互。

综上,小组氛围(小组关系、任务认同、互动方式)对集体智慧生成的影响作用是通过其对于小组成员的认知、态度、行为模式的影响实现的,主要体现在结构化信息、内容性信息与行为的涌现,信息节点的控制,以及个体认知与分布式认知的交互上。但值得指出的是,由于各种信息交互的复杂性,并不能直接断言结构化信息、内容性信息与行为的涌现越多越利于集体智慧的生成,抑或同意、质疑、反对、打断或忽略哪种类型的信息节点更利于集体智慧的生成,因此也并不能直接断言哪一种小组氛围更利于集体智慧的生成。合理控制团队氛围对于集体智慧生成的影响,还需要结合具体的情境、任务类型或其他因素进行考虑。

(三)性别因素对集体智慧生成的影响

1.性别的影响

集体智慧生成于复杂的动态小组环境中,其间小组成员会涌现出各种行为,可以发现小组成员的行为模式,在跨任务的小组讨论过程中是具有相对稳定性的。因此,试图通过对生理性别、性别角色与特定行为模式进行关联,进而探索性别因素对于集体智慧生成的影响作用。具体方式为,首先对每个案例的典型开放译码(出现频次较高或较为固定的行为模式)进行汇集,由于性别因素的影响作用可以是直接作用于集体智慧的生成过程的,也可以以小组氛围为中介进而影响集体智慧的生成,故在对典型开放译码进行汇集的过程中,既包括单句译码,也包括情节译码;其次将生理性别、性别角色与特定行为模式进行关联(见表2-9)。

表 2-9　性别与行为模式关联

	典型开放译码（单句）	典型开放译码（情节）
女（生理） （17 人）	提出想法(13)、同意与赞扬(10)、笑(9)、任务目标(6)、质疑(6)、做决定(3)、认知冲突的解决(2)、总结(2)、打断或抢话(2)、任务策略(2)、对疑问或进行解释(1)、闲谈与题外话(1)、否定与反驳(1)、任务时间与进度(1)	维护建立关系（10）、善于分析(8)、替他人解释(8)、维护自己的信念(4)、民主的领导(3)、对他人需求敏感(1)、倦怠(1)、冲突的悬置或解决(1)
男（生理） （19 人）	提出想法(18)、同意与赞扬(10)、任务目标(8)、质疑(7)、做决定(5)、任务策略(4)、笑(4)、否定与反驳(3)、打断或抢话(2)、任务分工(1)、提出疑问或征询意见(1)、忽略他人意见(1)、关系冲突(1)、沉默(1)认知冲突的解决(1)	善于分析（11）、维护建立关系(8)、维护自己的信念(6)、民主的领导(4)、替他人解释(4)、竞争心(4)、专制的领导(2)、对他人的需求敏感(1)、目标不认同(1)倦怠(1)
女性化 （9 人）	提出想法(7)、同意与赞扬(6)、被激发的想法(2)、笑(4)、任务目标(1)、任务策略(1)、对疑问或质疑进行解释(1)、任务时间与进度(1)、打断或抢话(1)、质疑(1)	替他人解释（4）、维护建立关系(5)、对他人需求敏感(1)、维护自己的信念(2)、善于分析(3)、民主的领导(1)
双性化 （24 人）	提出想法(21)、同意与赞扬(14)、任务目标(11)、笑(8)、做决定(7)、质疑(7)、任务策略(4)、否定与反驳(4)、总结(3)、打断或抢话(3)、认知冲突的解决(3)、闲谈与题外话(1)、任务分工(1)、提出疑问或征询意见(1)、任务时间与进度(1)、忽略他人意见(1)、关系冲突(1)、被激发的想法(1)、	善于分析（14）、维护建立关系(12)、维护自己的信念(6)、民主的领导(5)、竞争心(4)、他人解释(3)、专制的领导(2)、对他人的需求敏感(1)、替冲突的悬置或解决(1)、目标不认同(1)
未分化 （3 人）	提出想法(3)、质疑(2)、笑(1)、任务目标(1)、任务策略(1)、做决定(1)、沉默(1)	倦怠(2)、善于分析的(1)、民主的领导(1)、维护建立关系(1)、维护自己信念的(1)

（1）生理性别

由表 2-9 可知,不同性别小组成员的典型单句开放译码及典型情开放节译码大体一致,个别译码的频率差异则体现出男性与女性小组成员的行为模式的倾向性差异。

就男性与女性小组成员的共同处来看,两种性别出现最多的行为均为提出想法(内容性信息与行为)、同意与赞扬、质疑(信息节点)、任务目标(结构化信息)。这些信息的交互已经足以勾画出集体智慧产生的概括流程,此过程中,两种性别出现最多均为建立维护关系(小组关系)及分析性行为(任务认同),这两种行为涌现与交互,对于建立维持团队结构、推动任务进行扮演着必需且基础性的作用。因此,在小组任务进行所需的基础性行为中,两种性别并不存在大的差异。

而对两种性别的不同之处可以发现,小组成员中的女性的"笑""总结""替他人解释"等行为是明显多于男性的;而男性表现出的"关系冲突""竞争心"在女性小组成员的行为表现中并不明显。从某种程度上来说,"笑"体现了女性小组行为中的关系定向;"总结""替他人解释"则体现了女性对于其他小组成员行为或观点的理解力,同时也反映了女性小组成员的开放性与接纳性。而"关系冲突""竞争心"则体现了男性较为强烈的自我意识与自我表现倾向,即不够"关系定向"的。

两种性别在集体智慧产生的所需的关键行为(内容性信息与行为、信息节点、结构化信息)、小组氛围(小组关系、任务认同)上不存在差异,但在细节行为方面,女性小组成员较男性小组成员表现出较多的关系定向行为、开放与接纳行为。

(2)性别角色

由于本章中的研究对象的性别角色只包括女性化、双性化、未分化,因此性别角色对于集体智慧的影响的讨论也只限于这三种性别角色。

首先,由表2-9可以看出,三种性别角色的行为模式在一定程度上是与其性别角色①相符的。其次对比三种角色的相同之处,性别角色为女性化、双

———————

① Bem性别角色量表所界定的性别角色。

性化、未分化的小组成员均较多的出现了提出想法（内容性信息与行为）、同意与赞扬、质疑（信息节点）等行为模式。进而对比三种性别角色行为模式的不同之处可以发现，女性化小组成员较多的出现建立维护关系的行为（小组关系）、为他人解释（互动方式）、较少出现专制的领导（小组关系）、有关任务目标、策略的行为（结构化信息）；双性化小组成员则较容易出现任务目标行为（结构化信息）、竞争心、专制的领导（小组关系）；未分化小组成员则容易出现倦怠行为（任务认同）。

三种性别角色在集体智慧生成的产生所需的关键性行为（内容性信息、信息节点）上的典型行为模式是大致相同的。但女性性别角色的结构化信息行为相对较少。小组氛围层次来讲，女性化小组成员的行为更适合与营造开放、对等、共享的小组关系与互动方式；双性化小组成员的行为则更倾向于个体化、竞争性的小组关系与互动方式；未分化小组成员则更容易在团队认同上出现消极态度。故可以推测，双性化、未分化小组成员的行为更容易支撑起集体智慧产生的完整流程，而女性化小组成员的行为则从小组氛围层次促进个体认知与分布式认知的交互，从而对集体智慧的生成产生影响。

2. 性别组合的影响

将各个行为模式与不同的性别组合进行关联，可以得到表2-10中的结论，由此表可知，不同性别组合的小组的典型单句开放译码和情节开放译码存在一定的差异性，这种差异性体现出不同的性别组合的小组中的行为模式倾向性的差异。

首先，对不同性别组合小组行为模式的相同之处进行归纳发现，其中的提出想法（内容性信息与行为）、任务目标、任务策略（结构化信息）出现的频次均较高；分析性行为（任务认同）、替他人解释（互动方式）等行为模式也均有较高频次的出现。

表2-10 不同性别组合与行为模式关联

	典型开放译码（单句）	典型开放译码（情节）
单一性别 （四女、四男）	提出想法(14)、同意与赞扬(9)、笑(7)、任务目标(5)、做决定(4)、质疑(3)、任务策略(2)、被激发的想法(1)、对疑问或进行解释(1)、总结(1)任务时间与进度(1)、沉默(1)	维护建立关系(12)、善于分析的(6)、替他人解释(5)、民主的领导(4)、维护自己的信念(3)、倦怠(2)、对他人需求敏感(2)专制的领导(1)冲突的悬置或解决(1)
性别不平衡 （三女一男、三男一女）	提出想法(11)、同意与赞扬(9)、任务目标(5)、质疑(5)、笑(4)、任务策略(3)、做决定(2)、总结(1)、闲谈或题外话(1)、任务分工(1)、被激发的想法(1)、任务时间与进度(1)	善于分析的(8)、维护建立关系(4)、替他人解释(4)、维护自己的信念(3)、民主的领导(1)
性别平衡 （二女二男）	提出想法(7)、否定与反驳(4)、任务目标(4)、打断或抢话(4)、认知冲突的解决(3)、同意与赞扬(3)、做决定(2)、笑(2)、质疑(2)、任务策略(1)、忽略他人意见(1)、关系冲突(1)、被激发的想法(1)	竞争心(4)、善于分析的(4)、为他人解释(3)、维护自己的信念(3)、维护建立关系(2)、民主的领导(2)专制的领导(1)、目标不认同(1)

而对比三种不同性别组合典型行为模式的不同之处发现，单一性别小组较常出现同意与赞扬（信息节点）、笑、建立维护关系、对他人需求敏感（小组关系）、倦怠（任务认同）等典型行为；性别不平衡小组较常出现同意与赞扬、质疑（信息节点）等行为；性别平衡小组较常出现否定与反驳、质疑（信息节点）、竞争心（小组关系）等行为。

三种性别组合在集体智慧生成的产生所需的关键性行为（内容性信息与行为、结构信息）上是大致相同的；就小组氛围层次来讲，三种性别组合小组过程中均出现有利于任务认同、开放互动方式的行为出现。三种性别组合行为模式的差异性主要体现在信息节点及小组关系上；单一性别小组、性别不平衡小组较常出现同意与赞扬类型的信息节点，小组成员的行为更多地投入小组关系的建立与维护中,并且性别单一小组容易出现不利于任务认同的倦怠行为;而性别平衡小组更容易出现否定与反驳类型的信息节点,小组成员的行为更多地投入自我表现而不是小组关系的建立与维护中,更易出现关系冲突。

综述生理性别、性别角色、性别组合对集体智慧生成的影响,可以发现,性别因素对于集体智慧的影响主要体现在两个方面:一是直接对集体智慧生成的必需信息及其交互流程产生影响;二是通过小组氛围对集体智慧的生成产生影响,如图 2-9 所示。

图 2-9　性别角色对集体智慧生成的影响

其中生理性别对于集体智慧生成的影响主要体现在女性小组成员更多的关系定向行为与开放接纳的互动方式上。性别角色对于集体智慧生成的影响主要体现在双性化、未分化小组成员相较于女性化成员更容易产生携有结构化信息的行为,而女性化小组成员的行为更多地投入对小组关系的建立与维护上。最后性别组合对于集体智慧生成的影响主要体现在信息节点、小组关系上。

综上,通过设计情境实验并收集集体智慧生成的情境资料,进而使用扎根理论的三层次译码结合相关文献进行归纳探索,得到了关于集体智慧生成机制、集体智慧影响因素、性别因素对集体智慧生成影响的基本结论:第一,集体智慧产生的一般机制是:个体认知中的结构化信息、内容性信息与行为通过信息节点进行交互,形成分布式认知;分布式认知对个体认知产生一定的反作用,形成循环;分布式认知中的结构化信息、内容性信息与行为交互激发,进而从内容性信息与行为中产生集体智慧;整个过程都受到小组氛围的影响。第二,小组氛围包括小组关系、任务认同、互动方式三个维度,通过影响小组成员的认知、态度和行为模式进一步影响集体智慧的生成,主要体现在结构化信息、内容性信息与行为的涌现,信息节点的控制,以及个体认知与分布式认知的交互上。第三,性别因素对于集体智慧的影响分别包括生理性别、性别角色与性别组合的影响作用,主要体现在两个方面:一是直接对集体智慧生成的必须信息及其交互流程产生影响,二是通过小组氛围对集体智慧的生成产生影响。

值得指出的是,首先,本章对集体智慧小组性别影响的研究属于质性研究,相对概括化,对集体智慧生成机制中的一些细化进程、影响因素的积极或消极作用还需要设计相关量化研究进行进一步的探索。其次,这样的研究局限主要集中在集体智慧生成影响因素的探索上,虽然探索出的集体智慧生成的影响因素仅包括小组氛围、性别因素,但实际上在研究资料的归纳与分析过程中已经能接触到研究中探索能力范围之外的其他印象因素。例如,各小组规模相当、任务时间固定,在一定程度上回避了小组规模、任务时间对于集体智慧生成的影响作用。但通过归纳与分析过程中发现,这两个因素也是集体智慧生成过程中的重要影响因素。另如,虽然研究只涉及了小组成员的智力探讨,但实际小组过程中可感知小组成员的知识结构对于集体智慧生成的影响作用是要高于智力的影响作用的。最后,通过研究场域的选择、资料收集工具的选择、研究流程的设计上严格把控,并设计小组访谈过程对研究资料进行挖掘、验证,尽可能地保证研究的描述效度与诠释效度。但对于整个研究效度的提升还有赖于编码过程的控制,囿于时间及人力在编码过程中只采用了研究者与现存理论的交叉验证,并没有涉及不同研究者的交叉验证。

第三章　合作学习小组中集体智慧生成机制的混合方法研究

第一节　合作学习与集体智慧

合作学习（cooperative learning/collaborative learning）是一种既古老又富有生命力的学习方法，被认为是解决信息爆炸时代的学习困境的最有希望的途径。随着社会环境和科技的发展变化，研究者们仍在积极探索提高合作学习效率和效果的方法。尽管教育心理学在学习和教育方法的变革中还没有起到研究者们预想中的作用，但随着交叉学科研究的推广，人类的学习行为和规律也引起了各个研究领域的重视。

通讯技术，尤其是互联网的发展和应用突出了群体在问题解决中的作用。合作学习、集体智慧、合作创新、人工智能、全球脑等概念渐渐为人们所熟知。但是"合作"这个被赋予了巨大期许的概念，并不总是"无往不利"的，越来越多的实证研究表明，在某些条件下，采用合作的工作方式反而降低了效率。那么，何时应该依靠个人的能力，以及何时更适合依靠群体的智慧，成为合作学习的研究课题中一个重要的难题。为破解合作行为的"黑匣子"，探索群体合作进行问题解决和决策中表现出的稳定的行为特质，有必要从不同角度对群体或小组的合作行为中集体智慧的存在和作用进行研究。研究合作学习中的集体智慧的产生和协同作用,不仅有利于合作学习研究的深入,也有利于集体智慧的研究发展。

一、合作学习

(一)合作学习的含义

一般认为,课堂学习(classroom learning)的学习活动主要可以分为个别化学习、竞争学习、合作学习三种类型。与合作学习相关的名词主要包括:协同教学法(team teaching)、同侪学习(peer learning)、同侪协助学习(peer assisted learning)、小团体学习(small group learning)和团队工作(group work)。在合作学习中,通常 Collaborative learning 指小团体或大团体的学习皆可;而 cooperative learning 是针对小团体的学习①。本章主要涉及的是小团队的合作学习。

合作学习是一个多层面的复合性概念,它既是一种学习法,也是一种教学法,其教学理论和策略在不同国家都得到广泛的研究和应用。对于合作学习的定义,不同的研究者各有侧重,这里主要总结合作学习研究领域的两位代表人物的观点。

明尼苏达大学合作性学习研究中心的约翰逊兄弟(Johnson. D. W. & Johnson,R)的五因素理论。他们认为合作学习是通过运用小组,使学生共同活动以最大限度地促进他们自己以及他人的学习,主要包括五个基本要素:积极的团队互赖关系(positive group interdependence),包括设计队名、建立学习目标、建立积极互赖的报酬系统等方式;面对面的交互作用(face-to-face interaction);个体责任(individual accountability),是指小组的成功基于每个组员的

---

① P. J. Tsai, G. J. Hwang, Tseng, C. R. Judy & G. H. Hwang, "A computer-assisted approach to conducting cooperative learning process", *International Journal of Distance Education Technologies*, Vol.6, No.1(2008), pp.49-66.

成功,每一组员都要完成学习目标;有效和高效率的团体历程(effective and ef-ficient group processing);以及合适的人际间与团体的社会技能(suitable inter-personal and group social skills)。[①]

约翰霍普金斯大学的斯莱文教授(Slavin.R.E.)认为合作学习是通过学生在小组中彼此之间有效分工和合作实现的,并以小组的总成绩和表现作为对学生进行评价和奖励的依据。因此,所有不同的合作学习的方法都包含着共同的思想,即学生通过共同活动来学习,且学生不仅要为自己的学习负责,也要为他人的学习负责。合作学习通过给学生机会讨论教师所呈现的信息和练习其演示的技巧,对教师的教学与指导起到了补充作用。

综合斯莱文、约翰逊以及各国合作学习的研究者的观点,合作学习是指学习者通过分工合作,一同作业以完成共同的学习目标的过程。合作学习的含义主要包括以下几个层面的内容:合作学习是以小组为基本形式的一种教学活动,需要将学生分组(二人或二人以上);合作学习强调师生、学生之间的互动,合作学习者相互合作、分享资源、互相依赖;合作学习以完成共同目标为导向,活动围绕其共同目标进行;合作学习要求达成个人学习成就和小组目标;合作学习通常以小组为单位进行评价和奖励,其依据是团队取得的成绩;合作学习的适用范围包括不同年级和不同学科的领域,使用对象包括不同国家、地区和种族的师生。

(二)合作学习法

合作学习法是当代影响最为广泛的教育革新之一,对合作学习的研究为教育心理学者重新尝试指导教育实践、对传统教育方式进行改革提供了契机,因此,从20世纪70年代起,课堂情境中的合作学习成为教育心理学中发展最为蓬勃的研究领域之一。

---

① D.W.Johnson & R.T.Johnson,"Making cooperative learning work",*Theory into Practice*,Vol. 38,No.2(1999),pp.67-73.

合作学习法最具代表性的是学生小组学习法(STL)。学生小组学习法是由约翰霍普金斯大学开发并研究成功的合作学习技术,是最普遍使用、适用于各学科的方法。在合作学习法的实验研究中,有半数以上涉及学生小组学习法①。斯莱文认为,在所有的学生小组学习法中,有三个概念具有核心作用:小组奖励、个体责任和成功的均等机会。首先,学生小组学习法的评价与奖励以小组的成绩为依据,每个小组,只要达到了预定的标准,就可以获得认可或其他形式的奖励,而不必为争取不多的奖励进行竞争。因此,有时所有的小组都能获得奖励,而有时没有一个小组达到标准。虽然奖励是以小组为单位的,但是个体责任意味着小组的成功取决于所有组员的个人学习,这样小组成员的活动便集中于互助和互教,以保证小组中的每个成员在没有他人帮助的情况下,也能为测验或其他形式的评价活动做好准备。成功的均等机会是指学生可以通过在自己以往的表现水平上有所提高来对小组做出贡献。这就保证了快、中、慢的学生能得到均等的挑战,在学习中尽其所能,而且所有组员的贡献都会受到重视。

此外,为了保证合作学习的效果,还有其他要素,如异质分组。所谓异质分组即在分组时使得小组成员多样性和差异化的分组标准,根据学生的性格、性别、种族、学习能力和特长的差异进行合理分配,从而保证在小组互动中,每个小组成员之间能交流不同的观点看法,且每个成员都能最大限度地为小组贡献自己的力量。

学生小组学习法中,有四种已经得到充分的开发和实证研究的验证:包括学生小组成就区分法(STAD);小组游戏竞赛法(TGT);小组协力教学法(TAI);合作统整阅读法(CIRC)。需要注意的是,这四种方法的适用范围不同,其中,学生小组成就区分法使用最普遍,适合于大多数学科和年级水平(最适合教导单一观念或单一正确答案的情况);小组游戏竞赛法也是普遍适

---

① R.E.斯莱文、王坦:《合作学习的研究:国际展望》,《山东教育科研》1994 年第 1 期。

用的教学法,最适合用来教导有完整定义、单一正确答案的教材,如数学运算及应用、语言用法和科学概念等;小组协力教学法适用于三至六年级的数学教学,通过结合合作学习与个别化的教学,以合作学习团体奖励结构,来解决个别化教学中的问题;合作统整阅读法适用于三至五年级的写作和阅读教学,通过学习合作策略,提高学生的阅读理解与写作能力①。

(三)合作学习的研究

合作学习的理论基础主要是认知理论,社会学习理论和动机理论。合作学习对学生学业成绩、学习动机、社会关系等方面的影响已经得到了大量实证研究的支持②,实证研究提供了许多积极的证据,表明合作学习法在城市、农村和城郊的学校中,以及针对不同种族的学生都取得了成功,具有良好的效果和广泛的适用性。但是,合作学习法的研究也面临许多质疑,例如合作学习的适用范围,合作学习的实际应用效果远不如实验室效果理想,等等。对合作学习的效果的实证研究的结果并不全是积极的,有许多研究的结果是混合的,甚至是消极的③。

许多研究者,如黄国祯、王坦等,对可能造成合作学习未能发挥预想效果的因素进行了探讨,主要包括:团体的成熟度,可能是小组合作的时间不足,团

---

① R.E.斯莱文、王坦:《合作学习的研究:国际展望》,《山东教育科研》1994 年第 1 期。

② R.E.Slavin, "Research on Cooperative Learning: Consensus and Controversy", *Educational Leadership*, Vol.47, No.4(1989), pp.52-54. R.J.Stevens & R.E.Slavin, "The Cooperative Elementary School: Effects on Students' Achievement, Attitudes, and Social Relations", *American Educational Research Journal*, Vol.32, No.2(1995), pp.321-351. N.B.Graves & T.D.Graves, "Creating a Cooperative Learning Environment: An Ecological approach", in *Learning to Cooperate, Cooperating to Learn*, R. Slavin, S.Sharan & S.Kagan(eds.), Boston: Springer, 1985, pp.403-436.

③ S.D.Gregor & E.F.Cuskelly, "Computer mediated communication in distance education", *Journal of Computer Assisted Learning*, Vol.10, No.3(1994), pp.168-181. C.Hughes & L.Hewson, "Online Interactions: Developing a Neglected Aspect of the Virtual Classroom", *Educational Technology*, Vol.38, No.4(1998), pp.48-55. A.Soller, "Supporting Social Interaction in an Intelligent Collaborative Learning System", *International Journal of Artificial Intelligence in Education*, Vol.12, No. 1(2001), pp.40-62.

体成员之间缺乏有效的合作;搭便车现象,由于小组成员会获得相同的奖励,会出现依赖某些成员的表现,而一些成员不需要努力即可受益的现象;认为不公平而失去努力的动机,反而对成员的学习动机产生了消极作用;过度强调小组成员的一致性;缺乏小组工作技巧和人际沟通技巧;小组的构成缺乏足够的成员异质性。

针对合作学习的效果和效率,Kirschner 和 Paas 等人[1]以认知负荷理论[2]作为理论基础,通过对高中生的生物学科学习的实验研究,比较了合作学习和个体学习的利弊。他们的研究发现,问题解决(problem solving)的任务中,合作学习者的成绩和效率高于个体学习者,而在样例学习(worked-example study)的任务中个体学习者的成绩和学习效率更高。这一研究结果的前提是,与样例学习相比,问题解决对学习者的注意要求更高的认知负荷。进一步的研究表明,学习任务的复杂性是控制合作学习效率的重要因素,应对高复杂性的学习任务时,小组学习成员的表现优于个体学习者;而在低复杂性的学习任务中,小组学习与个体学习的学生的表现没有显著差异,个体学习的效率更高。通过对这一系列交互假设的验证,Paas 等人提出了"集体工作记忆"(collective working memory effect)的概念,认为当个体有限的工作不足以应付复杂程度高的任务时,小组成员通过交流和互动拓展了他们的工作记忆容量,形成了集体工作记忆效应,从而提高了学习的效率和成绩。

随着合作学习研究的不断深入,作为合作学习基本单位的小组及其作用机制引起越来越多学者们的关注,有关研究将有助于合作学习的理论建构和

---

① F. Kirschner, F. Paas & P. A. Kirschner, "Task Complexity as a Driver for Collaborative Learning Efficiency: The Collective Working-Memory Effect", *Applied Cognitive Psychology*, Vol.25, No.4(2011), pp.615-624.

② F. Paas, A. Renkl & J. Sweller, "Cognitive Load Theory: Instructional Implications of the Interaction between Information Structures and Cognitive Architecture", *Instructional Science*, Vol.32, No.1(2004), pp.1-8. J. Sweller, "Cognitive Load during Problem Solving: Effects on Learning", *Cognitive Science*, Vol.12, No.2(1988), pp.257-285.

实际应用。

二、群体表现和群体决策

合作学习是教育心理学研究的热门课题之一。教育心理学本身就是一门跨学科的科学,研究者们为了探索他们所研究的问题,引入许多理论流派和其他心理学领域的观点,如社会心理学的研究成果、认知心理学的理论建构等,都为教育心理学的发展起到了推动作用。因为合作学习是以小组的活动为基本形式来实现的,所以参考对群体互动(group interaction)、群体表现(group performance)和决策(decision making)的研究,将有利于解答合作学习的研究和应用中所面临的难题。

(一)群体表现的含义

根据美国明尼苏达大学的约翰逊兄弟的观点,在合作学习中,为了面对面讨论,组员人数不宜过多,通常二至六名。通过小组内成员间的相互协作,交流不同意见,讲究团队精神,共同完成学习任务。合作学习中的小组(group)或是团队(team)的概念,与心理学中的小群体(small group)的概念息息相通。

通过群体合作来进行观点产生(idea generation)、问题解决和决策等,已经是人类生产和生活中常见的活动形式,不只存在于课堂中,而是表现在我们生活的方方面面,无论是政策、法规的产生,还是公司产品的设计,都是群体合作的结果。Arrow 认为群体是一个复杂开放的系统,受到各种相互作用的以及非线性的多重因素影响[1]。McGrath 对于群体的定义则都强调群体成员之间的互动、相互依赖和理解[2]。而对于小群体的定义并没有确定的标准。一般来说,如果群体成员之间能面对面地一起工作就被称为小群体。

---

① H.Arrow,M.S.Poole,K.B.Henry,S.Wheelan & R.Moreland,"Time,Change,and Development the Temporal Perspective on Groups",*Small Group Research*,Vol.35,No.1(2004),pp.73-105.

② J.E.McGrath,*Groups:Interaction and Performance.* Englewood Cliffs,NJ:Prentice-Hall,1984.

尽管课堂情境中的小组与群体存在差异：对小组的研究通常聚焦相对长期的群体在多元化的任务中的表现，且经常是倾向于应用科学的学者进行这方面的研究；对小群体的研究，则与之相反，主要是由社会心理学家主导的基础研究，研究对象通常是实验情境下的临时小组。但是，对小群体的表现和决策的研究成果，仍然为我们了解学习小组中成员的互动和决策过程提供了启发①。

（二）团队表现和决策

合作是人类群体处理超出个体能力范围的问题的有效方式，但合作经常遭到很多质疑，遇到难题，其中较为突出的就是群体中的个体或成员间有效的信息共享和互动。成员间的信息共享和互动，有时会带来负面影响。在群体任务中，群体决策任务根据问题是否有正确答案这一标准，可以分为智力任务、判断任务和观点产生任务三种。而影响群体在决策中的表现的因素是多方面的。

群体决策过程可以被分成问题识别、形成备择方案和评价备择方案三个阶段。观点产生属于第一阶段，在这一阶段，进行决策任务的个体或群体通过详尽细致地分析与识别，提出多种解决问题的方案，以便从中选出最佳的方案。众所周知的头脑风暴法（brainstorming）是观点产生的最主要的技术之一。但是，从20世纪80年代起，头脑风暴的神话开始被破除，大量实证研究表明，在运用头脑风暴法所产生的观点，无论是数量还是质量方面，名义群体都优于互动群体②。互动群体是指成员之间通过彼此的互动和交流以获取新的信息和产生新观点的群体；名义群体是指成员事先并不知道是同属于某一个群体，因而在整个观点产生的过程中，成员之间没有互动，事后研究者才将

---

① N.L.Kerr & R.S.Tindale, "Group Performance and Decision Making", *Annual Review of Psychology*, Vol.55, (2004), pp.623−655.

② J.E.McGrath, *Groups: Interaction and Performance.* Englewood Cliffs, NJ: Prentice-Hall, 1984.

个体单独工作时产生的观点集中起来。因此,也可以说,进行头脑风暴的群体在观点产生方面的表现远逊色于同等数量的个体。研究者认为,造成这种现象主要有三个因素:产生式障碍(production blocking)、社会惰性(social loafing)和评价顾虑(evaluation apprehensions)。一些实证研究也表明,这些因素也是阻碍合作学习发挥理想效果的消极因素。浙江大学心理学系的郑全全等人在前人研究的基础上,考察了群体规模、群体类型与信息交流方式三者对观点产生的影响与交互作用。他们的研究发现,匿名性和平行沟通是促进群体成员产生大量创新观点主要原因。而这两点在面对面交流的互动群体中较难实现①。

在群体决策中,如何整合众人的观点作出选择和判断,也是研究者关注的重点。为研究群体决策的策略,Bahrami 首先设计了一系列简单的认知决策的任务,考察两人小组在群体决策中的集体决策(collective intelligence)现象。通过数据分析,Bahrami 的研究团队提出了四种群体决策的策略,认为自信是影响小组成员进行群体决策的重要因素②。随后 Koriat 等人在 Bahrami 研究成果的基础上,利用了一系列更复杂的决策任务如常识判断等,对互动群体和名义群体的群体决策策略进行了研究③。他们发现,"两个头脑好过一个"是有适用条件的,群体决策的正确率并不总是高于个体。影响群体决策的重要因素也不是自信,而是主观自信。在问题较为简单时,主观自信的程度与正确率呈正比,因此群体决策优于个体决策;当问题较为困难时,群体中判断错误的个体往往多于正确的个体,这个时候,主观自信使得判断错误的个体坚信自己的决策是正确的,因此,群体决策的正确率反而低于个体。

---

① 郑全全、李宏:《面对面和计算机群体决策在观点产生上的比较》,《心理学报》2003 年第 4 期。

② B.Bahrami,K.Olsen,P.E.Latham,A.Roepstorff,G.Rees & C.D.Frith,"Optimally Interacting Minds",*Science*,Vol.329,No.5995(2010),pp.1081-1085.

③ A.Koriat,"When Are Two Heads Better than One and Why?",*Science*,Vol.336,No.6079 (2012),pp.360-362.

当小组在进行决策任务的过程中,如何拓展产生观点的深度和广度,以及如何正确地应用决策的策略,成为提高小组表现和工作效率的重要研究课题。

三、合作学习与集体智慧

如前文所述,集体智慧是一种广泛存在的现象,在动物和人类群体中均有体现。正如蜜蜂"侦查员"通过"舞蹈"报告地点这一过程中的公平通信网络模式,提高了整个蜂群的效率,人类在应对同时发生的复杂的社会、科技和经济变化时,也需要通过合作,运用"集体智慧商数(Group IQ)"[1]。"集体智慧商数"(或"合作商数")如果能像"个人"智商(IQ)那样被测量,则可能确定略微增加的、由参加集体的每一个新个体所增添的智能——关注于人工智能的理论家尤其对此感兴趣——利用度量来避免群体思维和愚蠢行为。而更关注人类行为的学者,如汤姆·阿特利认为,集体智慧可以有助于克服群体思维和个人认知偏差,从而使群体在任务流程中的合作成为可能,同时还能明显地提高智力表现。

不同领域的研究者已经从各个角度验证和测量集体智慧,通过测量群体表现来考察集体智慧是最常见的方法,如 Woolley 等人的研究;除此之外,还包括测量群体的交互记忆[2],以及群体的凝聚性,如群体规范[3]等。认知负荷理论的提出者 Sweller 等人从进化论视角指出人类具有通过与他人沟通来改善自身认知结构、拓展自身工作记忆容量的能力,形成集体工作记忆效应。这

① Engelbart & C.Douglas, "Toward Augmenting the Human Intellect and Boosting our Collective IQ", *Communications of the ACM*, Vol.38, No. 8(1995), pp.30–32.

② R.L.Moreland & L. Myaskovsky, "Exploring the Performance Benefits of Group Training: Transactive Memory or Improved Communication?" *Organizational Behavior & Human Decision Processes*, Vol.82, No.1(2000), pp.117–133. D.W.Liang, R.L.Moreland & L.Argote. "Group Versus Individual Training and Group Performance: The Mediating Role of Transactive Memory" *Personality and Social Psychology Bulletin*, Vol.21, No.4(1995), pp.384–393.

③ C.W. Langfred, "Is Group Cohesiveness a Double-Edged Sword? An Investigation of the Effects of Cohesiveness on Performance." *Small Group Research*, Vol.29, No.1(1998), pp.124–143.

成为研究和测量集体智慧的新观点①。

前人的研究都指向一点,人与人之间的沟通与合作是集体智慧产生的重要因素。同时,集体智慧作为一种稳定的群体特质,是研究和预测群体行为和表现的重要指标。Woolley 等人的研究反映出:与集体智慧密切相关的因素都与人与人之间的言语沟通和非言语沟通相关,如话题分布的平均性、社会敏感度等,这些因素也和小组的表现密切相关,反观之,小组成员的个体智力水平,与集体智慧没有显著相关,同时也不能预测小组的表现。但是也有人对Woolley 的研究提出质疑,因为在 Woolley 的实验中,研究的小组都是随机分配的临时小组,如果是组员相互熟悉的、相对长期的小组,那么群体的表现将与小组成员的智力水平相关。这一问题十分有实际意义,因为 Woolley 的研究团队更多着眼于计算机技术支持下的名义团体和更容易进行平行沟通的群体,而在合作学习的研究应用中,则需要研究相对稳定的异质小组的合作机制。

四、问题提出与方法论

(一)问题的提出

依据前人研究结果,可以提出四个主要的研究问题:第一,了解小组学习的课堂教学模式,小组学习或合作学习在课堂中的实际应用和面临的问题,探讨集体智慧因素是否能帮助解答这些问题。第二,研究学习小组中集体智慧存在的证据,探究在成员被有意安排、相对稳定和熟悉的小组中是否也存在集体智慧。第三,探索集体智慧的一种表现形式——小组中的集体决策,并尝试能否用集体决策现象解释小组在问题解决中遇到的问题。第四,因为创造力

---

① F.Paas & J.Sweller,"An Evolutionary Upgrade of Cognitive Load Theory:Using the Human Motor System and Collaboration to Support the Learning of Complex Cognitive Tasks",*Educational Psychology Review*,Vol.24,No.1(2012),pp.27-45.

(creativity)也是智力(intelligence)的一个重要因素,但是前人研究表明,小组合作形式例如头脑风暴反而会阻碍观点的产生和思维发散①,在本章研究的最后一部分,将学习小组的创造潜能与个体进行比较。

(二)混合方法研究

1. 研究方法的选择

为了研究以上问题,验证研究假设,探索学校教育情境下的学习小组的行为机制,决定采用混合方法研究(mixed methods research),灵活运用质性研究方法和量化研究方法,考察学习小组中的集体智慧。

在选择研究方法的过程中,研究者首先提出有意义的研究问题,从研究问题出发,选择研究方法。根据本章各项研究主要涉及以下几种研究问题类型。

(1)概括性问题和特殊性问题。概括性问题是"只想某一特定人群的,对这一人群具有一定普遍意义"的研究问题。研究的抽样方法是从这一特定人群中抽取有代表性的样本进行调查;特殊性问题是指研究只针对一个特殊的个案所呈现的问题进行探讨。在质性研究中,概括性问题和特殊性问题都可能出现,但是使用质性研究方法研究特殊性问题的情况更多,因为个案虽然不能证实整体的情况,但是可以提供认识事物的新方式,因此在质性研究中,特殊性问题的研究更有价值。

(2)差异性问题和过程性问题。差异性问题的研究集中于事物或事情的相同点和不同点以及异同点之间的关系。过程性问题的研究重点则在于事情的动态变化,主要研究事情发生和发展的过程。一般情况下,差异性问题更适用于量化研究方法,而过程性问题更适用于质性研究方法。

(3)因果性问题。因果性问题主要探讨事情的前因后果,通常以"为什么"作为开头的研究问题。因果性问题主要研究某一现象产生的原因,一般

---

① P.B.Paulus & H.C.Yang,"Idea generation in groups:a basis for creativity in organizations", *Organizational Behavior & Human Decision Processes*, Vol.82, No.1(2000), pp.76-87.

认为,这类研究问题比较适用于量化研究方法。但是,因为其研究的现象可能非常复杂,量化方法研究可能忽视其中的一些非因果关系的因素。

研究问题的类型与内容、隐含的前设和研究所期待的结果等密切相关①,据此对本章的主要研究问题进行总结,可以发现研究问题中既有概括性问题,如学习小组中的集体智慧,也有特殊性问题,如某一小学在教学中应用的小组学习的情况;既有差异性问题,如不同小组类型的观点产生与发散思维,也有过程性问题,如课堂教学中的小组学习的过程;研究中还有因果性问题,如为什么学习小组的问题解决过程中存在集体智慧。这就意味着在研究过程中,有些研究问题适用于质性研究方法,而有些问题适用于量化研究方法,或者研究的问题需要将质性研究与量化研究相结合,才能达到研究的目的。

本研究对研究方法的选择进行了权衡:首先,质性研究特别适合研究教育,因为质性研究方法利于从日常教育教学活动中发现研究问题,能够深入教育内部进行探究;其次,质性研究的研究设计较为灵活,适合教育的实践要求,最后,质性研究其自下而上的研究路线有利于教育研究的创新,为整体考察教育问题、有效探究教育对不同群体的意义提供了有效途径。但是,量化研究又有着不可替代的优点。定量研究,又称量化研究(quantitative research),是一种对事物可以量化的部分进行测量和分析,以检验研究者本身对于该事物的某些理论假设的研究方法。量化研究具有客观性、准确性、可重复性等优点,是心理科学研究中广泛使用的主流的研究范式。因此,量化研究对寻找集体智慧存在的证据,验证集体智慧的存在的研究过程十分重要。

因为混合方法研究以研究问题为"驱动",提倡综合调配或混合量化研究和质性研究,从而在同一研究中实现两种研究范式的交叉,体现两者的优势,其诉求与此次研究目的和问题十分契合,因此,在本章中进行混合方法研究。

---

① J.A.Maxwell,"Understanding and Validity in Qualitative Research",*Harvard Educational Review*,Vol.62,No.3(1992).pp.279-301.

2. 混合方法研究

混合方法研究作为一种研究范式,被称为继量化研究和质性研究之后的"第三种教育研究范式"。它虽然是在质性和量化两种研究方法范式的争论中产生的,但并不是两种研究方法简单的叠加和妥协,而是在同一研究项目中,通过合理的调配和混合两种范式来合并质性研究和量化研究的优点,增加交叉性优势,压缩非重叠性弱点。因此,混合方法研究独树一帜,成为教育研究运动的"第三次浪潮"。

混合方法研究作为一种研究路径,也有区别于其他研究路径的特征。

(1)在单一研究项目中既使用质性研究方法也使用量化研究方法:通常认为定量和定性的研究方法是相互对立的,但是整合这两个对立面从而为共同的研究目的服务正是混合方法研究的核心思想。在混合方法研究的过程中,既有质性研究的部分也有量化研究的部分;在数据收集和分析中,既收集定量的数据也收集定性的数据,用不同的方法处理不同类型的数据。

(2)重视三角互证:在混合方法研究中,研究设计非常重要。混合方法研究的关键是如何利用两种方法结合的互补优势,以及如何将两种方法融合到一起。研究结果需要从不同角度进行印证,因此三角互证十分重要,它不仅为混合两种方法的研究过程和结果提供了辩护,还充分体现了不同研究方法相互结合的优势。

(3)强调研究问题的解决,注重实用主义:混合方法是"问题驱动"的,正因为将研究问题置于一切之前,所以才能不拘泥于质性研究方法范式和量化研究方法范式的框架,打破常规。研究者使用具有不同的哲学基础的方法,只要它们的使用能够对解决研究问题产生实用价值就可以。

3. 混合方法研究的基本流程

混合方法研究强调研究方法的适用性和目的性。虽然同时集合了质性研究和量化研究的优点,但是混合方法研究并不适用于所有的研究问题,因此,在选用混合方法研究之前一定要解释选用混合方法的目的,对研究问题要有清楚的认知,对准备使用的方法进行清晰和详尽的思考,认真考虑是否有必要使用混合方法来进行研究。

　　混合方法研究程序设计包括确定研究问题、确定研究目的、选择研究方法、收集资料、分析资料、解释资料、使数据合法化、得出结论并撰写最终报告等步骤①,如图3-1。虽然研究步骤有一定的顺序,但研究者仍可以根据实际情况,跳过某个或某些步骤,沿多个方向进行研究。混合方法研究要求研究者以务实的态度来对待研究,不武断地只注重某种单一的方法,但是这种灵活运用的形式对研究者提出了较高的要求,需要充分的理论准备和一定的培训。

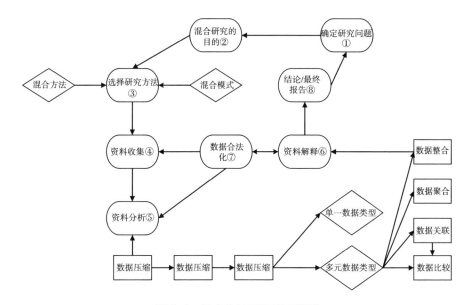

图 3-1　混合方法研究程序模型

---

　　①　田虎伟:《混和方法研究——美国教育研究方法的一种新范式》,《比较教育研究》2007年第 1 期。

第二节　合作学习课堂教学模式的质性研究

本节主要使用质性研究方法,对公立小学 D 小学的课堂小组学习的模式进行研究。数据收集主要通过深度访谈,辅以对教案、教学笔记的内容分析,以及通过使用观察法对学校环境和师生互动进行观察获得。数据分析借助软件 Nvivo 8 和 Excel 2003 进行。

一、研究场所及样本选取

(一)研究场所

选择研究团队成员故乡城市中的一所公立小学作为研究场所:D 小学始建于 1961 年,经历了近五十年的发展,其规模在 J 市名列第三。现已成为省级标准化小学。学校校园布局规范,环境优美整洁。学生的教室与教师办公区同在主教学楼,便于教师管理和照顾年龄较小的小学生。

学校教学设施较为齐全,办学条件日趋现代化:已经开设电脑教室、多媒体教室、语音室、图书阅览室、音乐舞蹈室、实验室等。学校现有 19 个教学班,分为五个年级,在校学生 1100 人,招生原则为就近入学原则。班级的学生分配较为合理,每个班学生男女分布较均衡。同年级中,各个班级学生的平均成绩和表现差异较小,没有“快班”和“慢班”之分。班级内座位按照学生高矮排列,定期调换座位;年级考试不排名次,“歧视差生”的现象较少。

D 小学有教职工 66 人,学历达标。其中,中学高级教师 11 人,小学高级教师 41 人,小学一级教师 7 人,省、市、区骨干教师、优秀教师近 20 人。学校在目标管理、教育科研、现代教育技术等方面取得了优异的成绩,获得黑龙江省“九五”学前教研科普先进单位、J 市“计算机教育”先进单位、J 市美术教育基点校、J 市红旗大队、J 市“九五”期间教育科研先进单位等荣誉称号。

学校定期组织教师观看教育专家的讲座,开展课堂教学研讨等,促进教师学习先进的教学方法和策略。德育方面,D 小学向学生教授《弟子规》,经常要求学生在课前集体背诵;教育技术方面,D 小学主张推广"尝试教学"的理论和教学模式建构的培训学习,取得了较好的效果。在尝试教学模式下的课堂教学中,经常引导学生通过分组讨论、小组合作的方式进行学习。

因为 D 小学是 J 市最早的尝试教学实验基地,曾经得到尝试教学法创始人、小学数学教学专家邱学华老先生的亲临指导。"在全市尝试教学风生水起的时候,学校又确立了新的科研课题——《尝试创新教学模式的构建》,开始了新一轮'尝试教育'的探索和实践。"邱学华是中国尝试教学理论和教学法的创立者,是中国当代著名的小学数学教学专家,其尝试教学法的主要特点是"先练后讲",教学理论主张"三个为主",即"学生为主""自学为主"和"练习为主"。他认为尝试教学法中主要有四个方面在起作用:第一,教师充分发挥主导作用;第二,学生充分发挥主体作用;第三,教科书的示范作用;第四,学生间的相互作用。

尝试教学法通常分为五个步骤,包括出示尝试题、自学课本、尝试练习、学生讨论、教学讲解。应用尝试教学法的新授课(以小学数学四年级新授课为例)的一般结构分为六个阶段:第一阶段,基本训练,五分钟左右;第二阶段,导入新课,两分钟左右;第三阶段,进行新课,五分钟左右,此阶段包括的内容:出示尝试题、自学课本、尝试练习、学生讨论、教师讲解;第四阶段,巩固练习,六分钟左右;第五阶段,课堂作业,十分钟左右;第六阶段,课堂小结,两分钟左右。

D 小学以数学学科为主要实施对象,组织全校教师学习尝试教学理论,促使教师将"请不要告诉我,让我先试一试"的核心理念入脑入心。通过学习邱学华教授的《尝试教育理论》并运用于课堂教学实践,教师转变了传统的教学观念,时刻关注教学实践的现实问题,以"习惯导行,尝试导学"为目标,在尝试学习的过程中指导学生掌握学习方法,激发学生学习的欲望,培养学生学习的兴趣,逐渐养成乐于表达、合作学习等学习习惯。

（二）取样和参与者

本节研究中一位重要的参与者是 D 小学的 Y 校长。Y 校长今年 46 岁,有二十多年教龄(教龄是指教师从事教学工作的连续累计时间),专业技术职务(职称)为小学特级教师。她为人和蔼可亲,热心助人,与同事关系融洽,受到学生的尊敬。在研究者进入 D 小学进行调查研究的过程中,Y 校长提供了大量帮助,为研究工作的展开和深入创造了非常有利的条件。

本节在研究样本选取中主要考虑的因素是教学经验,教学经历和教学科目三个方面,抽取了三年级和四年级的七位班主任和一位科任老师参与深度访谈,其基本情况如下:

Z 老师,女,43 岁,教龄 22 年,2000 年 9 月被评为小学高级教师。任班主任,主要教学科目为语文和数学。第一学历为中师毕业。目前学历:哈尔滨师范大学中文系。

G 老师,女,38 岁,教龄 17 年,2000 年被评为小学高级教师。任班主任,主要教学科目为语文和数学。第一学历为中师毕业。目前学历:哈尔滨师范大学中文系。

L 老师,女,35 岁,教龄 15 年,2002 年 9 月被评为小学一级教师。任班主任,主要教学科目为语文和数学。目前学历:哈尔滨师范大学中文系。

X 老师,女,35 岁,教龄 15 年,2008 年被评为小学高级教师。任班主任,主要教学科目为语文和数学。第一学历为中师毕业。目前学历:哈尔滨师范大学中文系。

Y 老师,女,43 岁,教龄 23 年,1999 年 9 月被评为小学高级教师。任班主任,主要教学科目为语文和数学。第一学历为中师毕业。目前学历:哈尔滨师范大学中文系。

Z 老师,女,42 岁,教龄 22 年,2000 年 9 月被评为小学高级教师。任班主任,主要教学科目为语文和数学。第一学历为中专毕业。目前学历:黑龙江大学中文系。

H 老师,女,43 岁,教龄 23 年,1999 年 9 月被评为小学高级教师。任班主任,主要教学科目为语文和数学。第一学历为中师毕业。目前学历:黑龙江省学院中文系。

S 老师,女,43 岁,教龄 22 年,2000 年 9 月被评为小学高级教师。任科任课老师。第一学历为中专毕业。

二、数据搜集与分析

(一)深度访谈

搜集数据的主要方法是深度现象学访谈。深度访谈是一种无结构的、直接的、个人的访问,需要调查员掌握高级技巧,在访问过程中深入地访谈被调查者。鉴于研究者是研究新手,经验和技巧不足,所以针对一些具体研究问题时,如影响小组学习或学生合作学习的效果的因素,研究者部分采用了半结构访谈的形式。

本节对参与者进行三次访谈:第一阶段,访谈一,聚焦于参与者的个人经历和生活史,包括一些开放性问题,鉴于研究主题是小组学习,因此访谈侧重于教师对教学法,尤其是小组学习应用的经验和知觉。例如:访谈指导:我对您的教学经验十分感兴趣,您能谈谈您在教学中使用过哪些方法,尤其是让学生们自己合作学习的方法? (进一步追问:您是从何时起开始使用这种教学方法的? 您认为效果如何? 学生的反馈怎样? 等等。)第二阶段,访谈二,主要关注参与者当前和近期经历的具体细节,基于这些经验,参与者可能形成的最终观点。第三阶段,访谈三,要求研究参与者反思以往经验的意义。

本研究在一周之内对参与者进行访谈,通过逐步接触与参与者熟悉起来,并给参与者反思自身经历的时间。

（二）内容分析

抽样时间为 2012 年。

样本选择方面，第一，从学校教务处获得访谈参与者的教案，年级主要为三年级和四年级，科目为数学和语文，时间跨度为一学期。共计获取教案的课堂案例 81 例，其中 25 例涉及小组学习。第二，借用教务处老师的听课笔记，年级为一至五年级，科目包括语文、数学、音乐、美术和体育，时间跨度为一年，其中听课对象包括参与访谈的教师。共计获取听课笔记的课堂案例 117 例，其中涉及小组学习的 36 例。

类目构建方面，以一篇教案或听课笔记为分析单位，在以往研究的基础上建立类目信息，先对 10 篇教案和 15 篇听课笔记进行试分析，然后增删修改原有的类目。用修改后的类目进行分析，得到以下类目：

（1）类型：教案、听课笔记。（2）教学科目：语文（作文、阅读理解、诗歌欣赏和背诵）、数学、音乐、美术（绘画和手工）、体育（体育课和活动课等）、其他科任课。（3）基本信息：课题、课时、周节、教法、学法、教具、学具。（4）具体信息：教学目标、教学重点、教学难点。（5）教学方法：小组学习、竞争学习、个体学习、尝试学习。（6）教学过程：课前准备—导入—新授—小结—作业。（7）教师反思：课后记事、自评。（8）旁观者评价：评语、建议。（9）教师角色：引导语、示例、板书设计、时间分配、与学生互动。（10）学生角色：课堂纪律、积极性、学习效率、领悟情况、成绩和表现、对教师的反馈、学生之间的互动。

（三）数据分析

借助软件 Nvivo 8 和 Office 软件 Excel 2003 对收集到的数据进行转录，编码和分析。转录由研究者独立完成，在访谈结束后当天及时进行转录，转录的环境安静、放松。数据的编码主要分为四个步骤：

第一,粗编,首先在掌握整体信息的基础上对转录的文稿进行拆分,把涉及课堂设计的部分提取出来,逐步归纳出组成该过程的因素,对这些因素进行命名,分析各因素的先后顺序以及它们之间的关系,同时,把其中有关评估标准和影响因素的访谈内容找出来,放入后面以便进行深入分析;第二,开放编码,根据粗编的结果,针对小组表现的影响因素和小组学习中的评估标准,对筛选的内容进行逐段逐句的阅读研究,提取各个部分中的重点语句和关键信息,组成初步的参考点;第三,主轴编码,在开放编码后,对所得到的参考点进一步进行归纳和概括,将属于同一意义层次的概念进一步归类,赋予概念词更大的解释力,从而对现象进行更为精确和全面的解释;第四,选择编码,对主轴编码中得出的概念词进一步分析和归纳,发展成几个核心类别。

酌情依据后续阶段的分析对之前阶段的编码进行调整。收集整理资料的过程与编码分析的过程是同步进行的,且相互交叉、重叠发生,不断进行修正。在整个研究过程中贯穿着对研究效度和研究伦理的探讨。

三、小组合作学习的课堂教学模式与小组表现评估

(一)小组合作学习课堂教学模式建构

1.尝试教学中的小组合作学习

因为 D 小学正在引进邱学华的尝试教学法,所以大部分研究参与者都在访谈中提到"尝试教育""让学生尝试"等,而对教案和听课笔记的分析显示,在使用了小组学习和讨论的课堂教学案例中,大部分也使用了尝试教学的教学模式。因此,研究者对研究问题进行了进一步调整,结合尝试教学法的背景,首先对尝试教学中的小组学习进行探讨。

研究中的一个重要发现是:尝试教学法促进了小组学习和合作学习在小学教育中的应用。主要表现在以下两个方面。

第一,尝试教学法的理论引导教师和学生发现小组学习的作用。尝试教

学法是以学生为主体的教学法,主张让学生自己练习和尝试,以此来学习新知识、巩固学习成果,在这一过程中,对于教师来说,分组学习成为有效的课堂管理模式;对于学生来说,与小组其他成员的互动和合作提高了他们练习和讨论的效果。因此,使用尝试教学的班级,在课堂教学,尤其是新授课中,更频繁地进行小组学习。

G:学生自己学的话,用小组讨论就省事多了,他们自己就会分析问题,自学……通过他们小组汇报和讨论,他们自己就容易找到重难点……

Z:先让他们自己练习,分组汇报……一个小组里,每个学生汇报的时候,其他组员会帮着补充和回答……

L:先让他们自己尝试,合作学习……

第二,尝试教学法的课堂教学结构具有实用性,利于小组学习在课堂的应用。尝试教学法是对旧的课堂教学结构进行了改革,摸索出了"五步六结构"的教学模式,有合理的时间表给教师和学生,尤其是教师提供了明确而详细的指导,从而提高了课堂效率,同时克服了小组学习在课堂教学中容易拖沓、不易分配时间等问题,帮助教师和学生更好地利用小组合作完成学习目标。尝试学习法对进行新课阶段的提示:新课时间只有 15 分钟左右,必须突出重点,集中全力解决关键问题,不东拉西扯,拖泥带水。另外,一堂课的教学内容不能太多,宁可少些,但要学得好些:

学生自己讨论、练习的时候,老师得掌握时间,小孩儿的注意力和接受能力就那么大,时间长了反而不好,看差不多了就让他们坐好。老师要注意一堂课授课内容的容量,要突出重点,让学生明白关键在哪里,再让他们自己练习。

同样,小组学习也对尝试教学法在课堂的实际应用中起到了积极的影响。原因主要有三点:学生通过分组讨论、组员合作的方式,更快、更好地自主学习、掌握新知识;同时,部分落后学生通过组员的互助及时跟上了班级的进度,能较好地完成学习目标,大大节省了教师用于监督和关注这部分学生的精力;小组成员间的沟通与讨论过程促使学生更深入地思考所学知识,学生对知识进行了第二次加工,记忆更牢固。

G:他们是一个团队,学生之间互相教,有的学生有了发现,立刻兴奋地告诉其他同学。

Z:小组中有学生思维活跃,带动其他同学……

Z 的学生:我说是这样的……然后我同桌想出来了,他讲给我听……

G:讨论之后,这些结果是他们自己发现的,印象就特别深刻……

2. 小组合作学习的课堂教学模式

在 D 小学,大部分教师没有接受过合作学习的理论和教学法的培训,也没有读过相关专著。但是作为一种自 20 世纪 80 年代以来,在世界各国广泛推广和应用的教学策略,合作学习的理念深入人心,大部分教师对合作学习或小组学习的模式都较为熟悉,并在教学实践中自觉或不自觉地摸索小组学习的教学方法。研究发现,在 D 小学,小组学习的课堂教学模式包括九个主要步骤:选择适当的主题和叙述具体的教学目标;进行异质分组(4—5 人);妥善安排学习(教室)空间;适当分配教材及学生角色;解释作业任务,以单一的共同作品或一篇报告作为小组共同学习的材料;随时观察;督导学生的合作技巧;最后综合汇总。这 9 个步骤中,教师和学生的角色都要发挥作用,教师和学生、学生和学生互相影响和协调。

这一过程中,研究者深入探讨和总结了以下需要重点关注的四个问题:

第一,小组形成。班级内将学生分成相对稳定的,长期的学习小组(每组三至六人)。班级座位安排为"秧田"式,为方便学生讨论,分组方式是按座位分组,通常前后座组成一组。但是在安排座位的时候,已经考虑到学生的异质性,除了按身高安排座位,还将男女生、成绩较好的和成绩较差的学生进行交又分布,尽量保证每个小组的成员的异质性。因此,并不是随意分组。

第二,小组学习的适用范围。适用的教学内容有难度适中,需语言沟通的、可以让学生间进行交流和互助的学习内容,如小学语文的阅读、小学四年级数学课。不适用的教学内容有过于简单的内容,学生自己就能很快掌握,"一点就通的","没有必要进行小组学习";对现阶段学生来说,有一定难度,需要自己领悟,难以用言语解释的内容,如立方体的空间想象。

第三,小组学习的作用。积极作用包括促进学生对知识的深加工、促进学生主动学习和对知识的建构、调动学生积极性(动机)、增加学生成就感(动机)、活跃课堂气氛、减少老师的部分工作量(如对落后的学生的单独指导等);消极作用包括不适用于部分教学内容、教师监控学习进度有难度、对老师和学生提出更多要求。

第四,小组表现的主要影响因素。首先,小组中"领导者"的角色对小组表现有重要影响。"领导者"不一定是小组长,可以是学生自主认可和配合的小组中的某位成员。"领导者"通常具有聪明、思维活跃、性格外向、能带动其他同学等特点。其次,小组中有个别表现消极的学生时——这类型学生通常的问题为不愿学习和思考,他/她会拉低小组的成绩,但是小组其他成员的动机和学习不会产生明显影响,其他成员依然能够积极参与学习活动。但是学生反应有一种现象:当小组成员人数较少时(二至三人),有组员表现为自私、不愿与他人分享信息时,对小组的学习氛围和沟通会产生较大影响,学生认为在这种时候"不如自己学自己的"。再次,及时反馈和奖赏会对小组的表现产生积极影响。这种反馈既包括来自教师的评价和肯定,也包括其他学生的评价和良性建议。最后,合理的分工和良好的沟通是影响小组表现的重要积极因素,尤其当不同小组的"实力"相当时(即组员的平均成绩、智力和表现无明显差异)。

(二)小组表现的评估标准

课堂教学中,评估由教师为主、全班同学共同参与(学生的评价方式以赞扬表现优异者、给出建设性意见等积极评价方式为主），评价标准是主观的、动态的、适应性的，根据不同小组任务而产生变化，并无固定的评估标准。经过归纳和分析，学习小组表现的评估标准（见表3-1）。

表3-1　学习小组表现的评估标准

指标	内容
准确性	报告或呈现内容是否正确；理解是否准确（"到位"）；描述是否精确
功能性	是否完成任务；是否能对负责的子课题进行有效的讲解；是否能让其他同学和老师理解和认可他们的观点；是否为班级的学习目标完成作出贡献
流畅性	是否能对问题做出流畅的反应；呈现的内容与课堂的问题是否有效地衔接
技术性	主要评价报告的设计和言语的组织；呈现的作品；完成的任务是否有难度
创新性	是否提出了新的、更好的或是更简便的方法和思路；是否提出了与众不同的看法；是否能对问题进行变通

在课堂教学过程中，以上评估标准中的指标和内容根据具体的问题被灵活选取和组合，用于对小组表现和成果的评估。教师会根据具体情况采用学生互评的方式，对小组表现的改善有积极的促进作用。

四、研究效度和伦理

（一）研究效度

首先，由于内容分析部分由研究者独立完成，在第一次分析的两个星期之后，由研究者对其重新进行分析，对分析结果进行检验。其次，本节研究中主要使用反馈法和参与者检验法对结论的效度进行检验。反馈法中，选择了一位具有24年教龄，长期从事教育一线工作和管理工作的高级教师作为研究对象。该教师对本研究所涉及的问题有着丰富的实践经验，并且该教师没有参与到本研究的调查和分析过程之中，在一定程度上保证了反馈观点的独立性。

反馈者基本同意本研究得到的初步研究结果。参与者检验法中,研究者将本研究的结果反馈给了全部参与本研究的被试者,征求他们对研究结果的意见。针对参与者反馈出的不同观点,对结果进行了进一步讨论与修改。最后,通过三角互证法保证研究的效度。三角互证法是质的研究中保证效度的方法。这种方法可用来检验不同的资料来源或不同资料的收集方法。它通过比较不同来源的信息,以确定它们是否相互证实,其目的是为了评价资料的真实性。在本节研究中,主要通过访问教师、观察学生和查询学校记录三个途径收集资料和数据,比较不同来源的信息,包括来自研究者、学生和教师的,以确定信息的真实性和有效性。

（二）研究伦理

在研究过程中,研究者在研究的伦理上主要注意三个方面:第一,公开自己研究者的身份,保证参与者是在了解了研究的基本内容的前提下,自愿加入到研究中来的。第二,访谈和收集数据的过程是在平等、友好的氛围中进行的,研究者尽量保证参与者畅所欲言,没有心理负担。第三,对于所收集的数据和参与者的信息,研究者尽最大的努力进行保密处理,除去必要的论文写作和研究报告,不随意泄露访谈内容,在转录后彻底删除所有资料,且论文中所有可能出现的姓名都做匿名处理。

五、对集体智慧的研究启示

通过本节研究,研究者对学校教育中的小组学习有了更全面、更深刻的了解。研究发现,小组成员的人格特质、学习动机、能力等个体因素仍然是影响小组表现和小组学习效果的重要因素,但这些因素对小组学习的表现力的预测有限。在小组学习中,还有一些我们可能忽略或是没有考虑到的因素存在。在调查过程中,研究参与者多次提到了"合作""集体"等词语,参与者已经意识到在小组学习中,小组的集体行为是十分重要的。

　　X 老师:合作非常重要。

　　L 老师:一个小组是一个整体。

　　G 老师:一个小组的学生们当然是要合作……成果是整个小组的,现在都讲究集体智慧……

　　研究的参与者主动在访谈中提到"集体智慧"这个词语,尽管参与者可能对集体智慧的概念和界定并不十分清楚,这说明参与者在教育实践中已经意识到,小组学习中存在着集体智慧,而这种因素对小组的学习和表现十分重要。集体智慧强调的是一个集体或团队在面对新的问题或困境时,通过沟通和合作解决问题的能力。小组学习中的集体智慧,即是通过组员之间的言语沟通来将多个头脑的智慧变成一个整体的过程。以上研究已经表明,能良好沟通的小组有更好的表现,能带动组员进行讨论和信息交换的个体对小组的贡献比较大。但是,小组学习中是否真的存在集体智慧,集体智慧又是如何在小组学习中发挥作用的,这是接下来的研究要探索的问题。

第三节　合作学习小组集体智慧及其影响因素的量化研究

一、小组表现中的集体智慧及其影响因素

　　为了检验课堂学习小组的活动中是否有集体智慧,通过实证研究,提供小学课堂的学习小组活动(主要是问题解决的过程)中集体智慧存在的证据。

(一)研究对象

　　研究对象为 D 小学四年级学生。共 97 人参与研究,分成 2—6 人的固定小组,共计 35 个小组。男生 53 人,女生 44 人,男女分布较为均衡。年龄为 10—12 周岁。小组分组有两种情况:第一种为班级原有固定分组,已经形成

相对长期的和稳定的合作关系,每组 3—6 人,每班 10—15 组;第二种为同桌组成二人小组,同桌都在同一固定学习小组,平时交流较多。

(二)任务与材料

1.个体智力测验

测验问卷题目选自斯坦福—比奈量表和瑞文推理测验。要求参与者在 10 分钟内完成包括 15 道题目的测验。每题记为 1 分,满分 15 分。经预实验检测,问卷具有较理想的信度和区分度。

2.小组任务和标准测试任务

为了尽量贴近学生平时学习中会遇到的小组学习任务类型,并出于时间控制、全面考察不同能力等方面的考虑,本书研究中的小组主要进行五个类型的小组任务:言语与视觉推理、应用题、瑞文标准智力测验、图画填充测验。每一类包括 6—12 道题目,由小组在规定时间内完成;第一类,言语与视觉推理,检验词汇、语义提取、言语和抽象推理的能力;第二类,应用题,主要测量数的概念、语文阅读能力、数学计算能力、工作记忆和解决问题的能力;第三类,瑞文标准智力测验,测验观察力,工作记忆和清晰思维的能力。第四类,图画填充测验,测量视觉辨认能力,对物体要素的认知能力,扫视后迅速抓住缺点的能力。第五类,标准测试任务,选自比奈—西蒙智力测试中的数学题,每次标准测验的题目在预实验中经过检验,难度相近,具有较好的信度和效度。

小组任务的题目来源为斯坦福—比奈量表、小学团体智力筛选测验、韦克斯勒儿童智力量表、瑞文推理测验。

3.组员自评量表

该量表为五分量表,包括四个测试题,两个正向测试题,两个反向测试题。还有一个填空题,调查"小组领导者"的特质。

以下所陈述的情况或想法是否符合你们小组的情况? 备选答案

中有 5 个描述等级,从第 1 级"非常不符合"到第 5 级"非常符合",请在最合适的等级上划"√"。

非常不符合　不太符合　无所谓符不符合　比较符合　非常符合

1-----------2-----------3--------4--------5

正向测试题:我们小组中每个人都积极发言和沟通;我们小组的答案是大家一起商量出来的。反向测试题:我们小组中主要是一两个人发言和决定答案;我们小组中几乎没有人发言,大家各写各的。

我们小组的答案经常是根据某一位同学的答案得出的,因为他/她(　　　　)

(三)研究步骤

首先,选取四年级一个班级进行预研究,主要任务包括:学习掌握课堂节奏、监控实验过程;估计和调整实验时间(课时 40 分钟,能利用的时间只有 30 分钟左右,学生注意力很难集中 20 分钟以上);筛选实验材料(根据正确率、标准差,挑选有适度挑战性和区分度的问题和任务);检验调查问卷的信度和效度。其次,在班级所在教室实施正式研究,学生按座位坐好,由班主任将研究者介绍给学生,研究者向学生们简单介绍自己和本项调查的要求,宣读指导语。其中,第一步是让学生独立完成基本情况调查,包括人口统计学变量、班级和学号等。第二步是让学生独立完成简短的个人智力测验。第三步是让学生以小组为单位,完成一系列任务,每项任务都有时间限制。每项任务结束后,学生被要求完成最后三道选自比奈—西蒙智力量表的题目,作为标准测试的任务。第四步是请参与者独立填答一个简短五分量表,对小组内沟通的情况进行自评。整个研究过程历时最多五个课时。最后,在一周之内对参与者进行结果的反馈和随机的访谈,了解参与者在小组活动中的感受,进行记录,并结合量化研究的数据进行分析。

（四）结果与讨论

使用 SPSS 13.0 和 Office 的 Excel 2003 对数据进行分析整理。

1.描述性统计

小组成员个人智力测验得分的描述性统计（见表 3-2）。在个人智力测验中，小组成员的最高分为（8.51±1.72）分，处于中高水平；小组成员最低分为（5.66±1.76）分，处于中低水平；小组成员的平均得分为（7.09±1.50）分，处于中等水平。同组内组员得分通常有差异，说明小组成员具有异质性。

表 3-2　小组成员个人智力测验得分的描述性统计

	组员最高分	组员最低分	组员平均分
Mean	8.51	5.66	7.09
SD	1.72	1.76	1.50

不同任务中小组得分的描述性统计（见表 3-3）。在言语与视觉推理任务中，小组得分为（7.42±1.52）分；在应用题任务中，小组得分为（5.77±1.43）分；在瑞文标准智力测验任务中，小组得分为（5.94±1.28）分；在图画填充测验任务中，小组得分（5.71±0.83）分。

表 3-3　不同任务小组得分的描述性统计

	言语与视觉推理	应用题	瑞文标准智力测验	图画填充测验。
Mean	7.42	5.77	5.94	5.71
SD	1.52	1.43	1.28	0.83

注：N=35 个小组。

2.个体智力与小组不同任务表现之间的相关分析

小组成员的个体智力与小组不同任务得分的相关分析（见表 3-4）。组员最高分与小组在不同任务中的得分正相关，但是无显著相关（$p<0.05$）；组

员的平均分与小组在不同任务中的得分正相关,其中,与图画填充测验的得分显著正相关。

表3-4　个体智力与小组不同任务得分的相关分析

	言语与视觉推理	应用题	瑞文标准智力测验	图画填充测验
组员最高分	0.12	0.05	0.03	0.17
组员平均分	0.06	0.16	0.10	0.27*

注:N=35个小组, * p<0.05, ** p<0.01, *** p<0.001。

进一步考察小组不同任务得分之间的关系,分析小组进行不同任务的得分的相关矩阵(见表3-5)。言语与视觉推理和图画填充测验的得分之间存在显著正相关($p<0.05$);应用题与图画填充测验之间也存在显著正相关($p<0.05$)。小组进行不同任务的得分的平均项目间相关系数为$r=0.10$,为正相关。

表3-5　小组不同任务得分的相关矩阵

	1、言语与视觉推理	2、应用题	3、瑞文标准智力测验	4、图画填充测验
1	1			
2	0.12	1		
3	0.07	-0.14	1	
4	0.17*	0.28*	0.07	1

注:n=35个小组, * p<0.05, ** p<0.01, *** p<0.001。

3. 小组中集体智慧存在的统计学证据

根据Woolley等人的研究[1],参照他验证集体智慧存在的三个主要步骤,

---

[1]　A.W.Woolley, C.F.Chabris, A.Pentland, N.Hashmi & T.W.Malone, "Evidence for a Collective Intelligence Factor in the Performance of Human Groups", *Science*, Vol. 330, No. 6004 (2010), pp.686-688.

用量化研究,通过数据分析对学生的学习小组在问题解决的任务中集体智慧存在的统计学证据进行考察:

第一步,见表3-5,计算小组在不同任务之间的得分,它们的平均项目间的相关为正相关($r=0.10$)。

第二步,通过对小组在不同任务中的得分进行因子分析,得到的第一个因子占总特征值的32.53%,基本达到智力测验中检验一般智力的30%—50%的标准。可以认为发现了与一般智力相类似的,可以代表群体解决问题的一般能力的"集体智慧",Woolley将其称为c因素。而且,得到的c因素能显著预测小组在标准测验任务中的表现($B=0.928,p<0.05$)。需要注意的是,在因子分析中,虽然Bartlett球形检验$q<0.05$,说明项目之间存在相关,可以进行因子分析。但是本部分研究中因子分析的KMO值为0.569,按照标准,0.60以下的KMO值为不适合因子分析,应达到0.7以上才比较理想。而且第二个因子对特征值的贡献达到29%,与第一个因子的差异不大,没有Woolldy等人的研究中的数据理想(第一个因子贡献43%以上,第二个因子只贡献18%)。原因可能是本次使用的小组任务安排还不够合理,需要进一步调整;也可能是由于任务数量只有四个,数量较少,样本不够大,无法得到更加理想的结果;还有可能是由于小学生的注意力不容易集中,容易产生疲劳情绪,因此在不同任务的表现中不够稳定。

第三步,首先,小组成员的个人智力和c因素不存在显著相关(组员最高分与c因素相关系数$r=-0.07,p=0.69>0.05$;组员平均分与c因素相关系数$r=-0.09,p=0.61>0.05$)。且组员最高分和组员平均分都不能显著预测小组在标准测验任务中的的得分。其次,同时用小组成员的个人智力和c因素来预测小组在标准测验任务中的表现。个人智力的组员最高分和组员平均分都不能显著预测小组在标准测验任务中的表现(组员最高分:$\beta=0.16,p=0.62>0.05$;组员平均分:$\beta=-0.12,p=0.70>0.05$)。c因素则能显著预测小组的表现($\beta=0.47,p=0.009<0.01$)。

以上验证,说明与组员的个体智力水平相比,c 因素能显著预测小组在问题解决任务中的表现,说明小组在合作进行问题解决时,存在一种稳定的特质,类似于个体的一般智力能够预测个体的行为和能力一样,这种特质就是集体智慧。

4.影响小组中集体智慧的因素

通过小组自评量表对小组合作中的沟通情况进行分析,发现小组沟通情况的得分与小组在不同任务中的表现存在正相关,但是不显著($p>0.05$);与 c 因素存在正相关,但是不显著($p>0.05$)。结合第二节中的质性研究的访谈分析和对参与者的访谈,我们发现,小组中的有效沟通,领导者和小组成员的积极性对小组成绩的影响最明显。

Woolley 与 Miller 等人的研究中认为,小组成员中女性成员所占的比例、小组成员的社会敏感性和小组成员沟通过程中话题转换在小组成员中分布的平均性,与集体智慧有显著相关。分析指出,女性的社会敏感度更高,有利于小组的沟通,所以女性成员的比例会显著影响小组的表现和小组的集体智慧①。但是,在有的分析中发现,女性成员的比例与小组表现的相关不显著($p>0.05$),女性成员比例与小组的沟通情况的得分的相关也不显著($p>0.05$),其原因可能是由于样本中小组为异质小组,男女成员的比例均较为均衡;研究结果进一步显示,由小组自评得出的对小组贡献较大的成员当中,女生占54.3%,与男生所占比例相近,这说明在小组活动中女生对小组的贡献没有明显优于男生。

Woolley 等人提出的女性成员比例和话题转换的平均性是显著影响集体智慧和小组表现的因素,最终体现的是有效的沟通对集体智慧的产生和小组

① A.W.Woolley,C.F.Chabris,A.Pentland,N.Hashmi & T.W.Malone,"Evidence for a Collective Intelligence Factor in the Performance of Human Groups", *Science*, Vol.330, No.6004 (2010), pp.686-688.G.Miller, "Social Savvy Boosts the Collective Intelligence of Groups", *Science*, Vol.330, No.6000(2010),p.22.

105

合作的重要性。其他学者对 Woolley 的研究结论持质疑态度,认为其研究的样本是临时组成的小组,因此成员间沟通的效率成为小组合作的表现的重要影响因素,但是 Woolley 的研究结论不适用于成员之间彼此熟悉的长期小组,他的理论低估了小组成员的个体智慧贡献的重要性。本节同时分析了小组成员的个体智力与小组表现的关系,发现在稳定、长期的异质小组中,小组成员的平均个体智力和最高智力得分都与不同任务的小组表现呈正相关,其中,小组成员的平均智力与小组在图形补完任务中的表现正相关显著,其他相关不显著。说明个体智力对小组表现确实有一定影响,小组表现基于小组成员对小组成绩负责这一前提,因此小组成员的能力对小组的表现十分重要。但是在需要小组合作完成的任务中,小组成员的智力水平和小组成员间的沟通都是影响小组表现的重要因素。

"三个臭皮匠赛过诸葛亮",人类很早就发现了合作的作用,通过合作来完成复杂的工作。人类在进化过程中发展出了复杂的信息交换和交流的系统,通过与其他群体成员的互动与沟通,实现了多个独立的头脑的智慧的结合。但是,两个头脑是否真的比一个头脑要好呢?研究者对集体决策的作用仍然存在争议,下一个研究主题就是探索小组的集体决策过程。

二、小组集体决策

(一)研究对象

研究对象为 D 小学四年级学生。共 135 人参与研究,分成 2—6 人的固定小组,共计 45 个小组。男生 69 人,女生 66 人,男女分布较为均衡。年龄为 10—12 周岁。参与研究者的视力或矫正视力以及身体健康水平均处于正常范围内。小组有两种情况:第一种为班级原有固定分组,已经形成相对长期的和稳固的合作关系,每组 3—4 人,每班 10—15 组;第二种为同桌为一组,同桌都在同一固定学习小组,平时交流较多。

（二）任务与材料

第一部分:瑞文推理测验中的非文字智力题——渐进性矩阵图呈现的推理测试题。测验要求受试者根据大图案内图形的某种关系去思考、去发现,看哪一个小图案填入大图案中缺失的部分最合适,使整个图案形成一个合理完整的整体。每个矩阵图呈现 2—3.5 秒,按逐渐增加难度的方式排列出现,题目难度越高,呈现时间越长。

第二部分:韦氏智力测验中的图画填充题目:"我给你看一些图片,每一个图案都缺失一重要部分,仔细看。将缺失的部分找出来告诉我。现在看这一张图,图中缺失的重要部分是什么?"

每张图片呈现 1.5 秒,按逐渐增加难度的方式排列出现。所有题目都只有一个正确答案。

（三）研究步骤

首先,选取四年级一个班级进行预研究,主要任务包括:学习掌握课堂节奏、监控实验过程;筛选实验材料(根据正确率、标准差,挑选有适度挑战性和区分度的问题和任务);根据学生的反应调整实验材料呈现的时间;调整问卷结构和指导语。

其次,在班级所在教室实施正式研究。学生按座位坐好,由班主任将研究者介绍给学生,研究者向学生们简单介绍自己和本项调查的要求,宣读指导语。具体包括三步:第一步是对学生进行训练,呈现两个瑞文标准测验的题目请学生回答,然后呈现正确答案,必要时讲解选择正确答案的思路。第二步是呈现实验材料,让学生先在个人答卷上做答并写出自己认为正确的答案,并评估自己答案的正确的概率(0—100%,评估其主管自信)。第三步是个人作答后,再进行小组讨论,得出小组的答案并评估其正确概率(0—100%)。如自己意见仍与小组不同,在个人答题卡上单独记录。第二、第三步执行完毕后,再进入下一题;按照这一作答程序,依次呈现实验材料,请学生完成个人问卷和小组问卷。整个研究过程需要一个课时(40分钟左右),在安静、光线充足、温度舒适的教室进行。

最后,在一周之内对参与者进行结果的反馈和随机的访谈,了解参与者在小组活动中的感受,进行记录,并结合量化研究的数据进行分析。

(四)结果与讨论

使用SPSS 13.0和Office的Excel 2003对数据进行分析整理。通过对参与者的决策过程的考察,探讨小组的决策过程中的集体决策。数据分析主要分为三个部分:其一是小组成员各自的判断和主观自信;其二是讨论后小组合作作出的决策和对其决策正确率的评估,即小组的主观自信;其三是讨论后小组成员各自的判断和主观自信。

Bahrami认为,在两人小组进行的简单认知任务的判断中,小组中的两个成员通过言语沟通等社会交流手段,使得两个大脑接受的视觉信号和判断可以用于共同决策,这就是集体决策效应。在这当中,他分析的四种小组决策模型中,小组成员的信心成为小组决策的重要依据,他的研究结论指出:当不知真相为何而举棋不定时,不妨按照小组中信心最高的人的判断进行决策,得到的结果往往是正确的[①]。Koriat以及Hertwig等人在Bahrami的研究的基础上,进一步指出,问题的困难程度和主观自信才是真正影响小组判断的因素[②]。

本研究分析了小组成员讨论前的平均正确率,小组成员中最高正确率和最低正确率,小组决策的正确率,以及小组讨论后的正确率。研究发现,

---

① B.Bahrami,K.Olsen,P.E.Latham,A.Roepstorff,G.Rees & C.D.Frith,"Optimally Interacting Minds",*Science*,Vol.329,No.5995(2010),pp.1081-1085.

② A.Koriat,"When Are Two Heads Better than One and Why?",*Science*,Vol.336,No.6079 (2012),pp.360-362.R.Hertwig,"Tapping into the Wisdom of the Crowd—with Confidence",*Science*, Vol.336,No.6079(2012),pp.303-304.

小组讨论后的正确率低于小组讨论前的平均正确率,小组决策的正确率比小组成员讨论前的平均正确率略高,但是没有显著差异。小组成员讨论前的平均正确率、小组成员中最高正确率和最低正确率都不能预测小组决策的正确率。

研究观察到小学生学习小组进行决策的三种模式:

第一,主观自信模式:每次决策采用主观自信最高的成员的答案。这种模式得到的小组决策的正确率,在困难题目(瑞文测试和图形补完测试的后一半题目)上的表现低于小组实际的正确率;在简单题目(前一半测试的题目)上的表现高于小组实际的正确率。

第二,实力模式:小组中正确率最高的成员,每次决策都依照他的判断,这种模式得到的小组决策正确率略低于小组实际的决策正确率,但二者没有显著差异($p > 0.05$)。

第三,投票模式:适用于二人以上的小组,根据小组成员各自的判断结果,依照选择人数最多的答案进行判断,当有两个或两个以上的答案得到的"投票"相同时,按小组实际答案记录。该模式下小组决策正确率在易错题目(正确率60%以下的题目)的判断上,显著低于小组的实际正确率($p < 0.05$)。

小组成员需要迅速扫视实验材料,并做出判断,考察了扫视图形发现问题、逻辑推理、工作记忆和问题解决方面的能力,是一个复杂的决策过程。小组成员通过言语沟通和交流,做出了共同判断。其中的决策机制还有待进一步研究。

三、小组观点产生和创造力

(一)研究对象

研究对象为 D 小学四年级两个班级的学生。每班有 40 人参与研究。A

班女生 19 人,男生 21 人,B 班女生 22 人,男生 18 人。男女分布较为均衡。

A 班的学生有固定的学习小组,已经形成相对长期的和稳固的合作关系,每组 3 人或 4 人,全班共 12 组,有 11 组学生参与研究。B 班也有相对稳定的学习小组。A、B 两班学生的平均成绩和课堂表现接近。在个人智力检验中,A、B 两班学生的成绩没有显著差异。

(二)任务与材料

托兰斯创造思维测验(TTCT)中的问题。托兰斯创造思维测验是由美国明尼苏达大学的托兰斯(E.P.Torrance)等人于 1966 年编制而成,是目前应用最广泛的创造力测验,适用于各年龄阶段的人。主要考察流畅性、灵活性、独创性、精确性这几个变量。

例:①竹筷有多少种用法? ②将这个图形补完并为图命名或讲故事:人。

答题要求:努力想他人之未所想。想出尽可能多的点子。为你的想法提供细节,让其完整。在规定时间内如果已经作答完毕,你可以继续为你的想法添加细节,或安静地坐着。

(三)研究步骤

研究者向每名学生提供一张 B5 白纸,要求其在纸上填写个人基本情况,包括人口统计学变量、班级与学号。

A 班学生按班级的学习小组分组讨论作答,要求每人尽量准备一支不同颜色的笔用于回答问题。B 班学生进行独立作答,参与者之间没有交流,B 班与 A 班设有相同的研究条件和时间限制。

A 班和 B 班的座位安排布局相同,答题结束后,由研究者按 A 班小组的座位分布,人为地将 B 班对应座位上的参与者组成名义小组。对 A 班的互动小组和 B 班的名义小组的成绩进行比较。

（四）分析方法

产生的有效观点的数量是衡量观点产生方法优劣的一个重要指标。有效观点数为总的观点数减去重复观点数以后的观点数值。下文所指观点数均为群体所产生的有效观点数。由于群体规模有三人和四人小组两种，因此，用每种实验条件下产生的有效观点的平均数量来比较更为恰当。群体产生的有效观点的平均数为群体产生的有效观点数除以群体成员数所得到的观点数值。

借助以上两类分值分析互动小组和名义小组在创造力任务上的表现差异。

（五）结果与讨论

互动小组和名义小组产生观点平均数的描述性统计，如表3-6。互动小组产生有效观点平均数（1.75±0.47）个，名义小组产生有效观点平均数（2.98±0.92）个。互动小组和名义小组所产生观点平均数的差异分析。独立样本 t 检验中，$t(20) = -3.95, p < 0.001$。互动小组产生的观点平均数显著少于名义小组的观点平均数。

表3-6　互动小组和名义小组产生观点平均数的描述性统计

	互动小组	名义小组
M	1.75	2.98
SD	0.47	0.92
Min	1	1.75
Max	2.67	4.67
N	11	11

衡量个体创造力有多种方法，使用发散思维来测量创造力是使用时间最

长、应用范围最广的测量方法之一①。本次研究采用托兰斯创造思维测验中的问题,通过研究参与者产生的观点数量来衡量创造力。

对观点产生数量的分析结果表明:名义小组在创造力的表现上优于互动小组。采用互动小组讨论的 A 班产生的观点的总数为 42 个,而采用名义小组讨论的 B 班产生的观点的总数达到 81 个,几乎为 A 班的两倍;对两个班级中各个小组分别的比较也表明,名义小组产生的观点数几乎为互动小组的两倍。这与之前的实证研究的结果相吻合②。

与答卷内容分析相结合的方式对 A 班和 B 班表现的分析结果表明:产生式障碍仍然是阻碍小组观点产生和创造力的重要因素。产生式障碍指在群体的互动中,当某个成员阐述自己观点的同时对其他成员的观点产生和组织过程产生了阻碍。其他成员只能选择努力记住自己已经产生但还没有机会表达的观点,以免发生遗忘;或是被迫去听别人的观点,结果导致注意力分散或妨碍继续产生新的想法,以致所产生的观点被遗忘,继而影响整个群体观点产生的效果。Nijstad③ 等的研究表明产生性障碍对观点产生确实有阻碍作用,若阻碍时间较长,则会干扰观点产生过程的组织;若阻碍时间较随机,则会降低观点产生过程的灵活性。本研究中,互动小组的成员提出观点的重复率达到30%,远远高于名义小组的 12.1%;当有某名成员提出较多的观点时,在互动小组中其他成员能提出的新观点的数量远远低于名义小组的,但是互动小组中的成员会对小组已产生的观点进行更多的细节加工。这些现象表明了产生式障碍在小组的观点产生中的作用,同时也为我们寻找克服产生式障碍的阻

---

① B.A.Hennessey & T.M.Amabile, "Creativity", *Annual Review of Psychology*, Vol. 61, No. (2010),pp.569-598.郑全全、李宏:《面对面和计算机群体决策在观点产生上的比较》,《心理学报》2003 年第 4 期。

② 郑全全、李宏:《面对面和计算机群体决策在观点产生上的比较》,《心理学报》2003 年第 4 期。

③ B.A.Nijstad & P.B.Paulus, "Group Creativity:Common Themes and Future Directions" in Group creativity:Innovation through Collaboration,P.B.Paulus & B.A.Nijstad(eds.), Oxford University Press,2003,pp.326-339.

碍作用,发挥互动小组的优势,为提出设想的广度和深度进行改善的方法提供了启示。

为解决学习小组中观点产生的障碍,继而促进学习小组中学生的创造力的发挥,建议在需要观点产生和发散思维的学习任务中,尝试采用"六六讨论法"这种合作学习法。六六讨论法是以脑力激荡法作基础的团体式讨论法。将大团体分为六人一组,只进行六分钟的小组讨论,每人一分钟,再回到大团体中分享及作最终评估。具体操作程序是:第一,选定题目,确定讨论主题;第二,分组,六人一小组;第三,任务分配,推选主席与记录员(兼报告人);第四,静思,静思一分钟;第五,发表,每人发言一分钟;第六,归纳,主席总结;第七,报告,分组上台综合报告。这种方法在课堂学习的情境下最大限度地促进了平行沟通,继而促进群体成员产生大量创新观点。

第四节　集体智慧的产生、作用与研究展望

一、集体智慧的产生

首先,研究者关心的问题是集体智慧在学习小组的活动中的产生。前人的研究表明,在小组互动过程中,有效的沟通是产生集体智慧的重要条件。结合本章的结果,我们可以认为,集体智慧是通过组员之间言语和非言语的沟通产生的,使得多个头脑可以通过合作形成一种整体性的能力来解决问题。

通过验证基于个体智力测量的集体智慧理论模型[1],本研究通过实证研究对小组在不同任务中的表现进行调查,得到了集体智慧存在的统计学证据。Woolley 认为小组的集体智慧是和个体智力测量中的一般智力一样的一种稳

---

[1] A.W.Woolley,C.F.Chabris,A.Pentland,N.Hashmi & T.W.Malone,"Evidence for a Collective Intelligence Factor in the Performance of Human Groups", *Science*, Vol. 330, No. 6004 (2010), pp.686-688.

定的特质。但集体智慧的产生和作用受到多种因素的影响。小组成员间有效的沟通及相关因素,如话题转换分布的平均性、小组成员的社会敏感度等,对集体智慧有和小组表现有显著影响,集体智慧的产生需要一定的条件:首先,小组需要具有共同的目标;其次,需要小组成员间有效的沟通和社会互动。这一结论在其他角度的研究中也得到了验证,Pass 与认知负荷理论的提出者 Sweller 等人从进化论视角对认知负荷理论进行升华,指出人类的认知结构是需要改善的,当面对超出个人能力范围的问题时,人类能够通过与其他人沟通和分享信息,来减少个体处理复杂问题时的认知负荷,形成集体工作记忆,拓展了个体有限的工作记忆广度,从而能够解决更复杂的问题。[1] 集体工作记忆效应的形成,就是集体智慧的一种表现形式。英国的神经科学家 Bahrami 发现,群体不仅在问题解决中存在集体智慧,在群体决策过程中,通过互动和沟通,还会形成集体决策效应,从而实现了两个甚至多个头脑的结合[2]。

已有许多研究者对小组或群体的行为与互动从各个角度进行了研究,提出了多种理论模型解释群体的机制。在对群体的研究中,研究者提出了许多与集体智慧紧密联系的概念,如分布式认知、心智共享、交互记忆等,这些概念在群体的应用研究,包括在学校教育的应用中都引起了研究者的重视。但是集体智慧与这些概念有本质的不同。

(一)交互记忆系统

交互记忆系统(transactive memory system)是团队成员之间形成的一种彼此依赖的,用以编码、储存和提取不同领域知识的合作分工系统。它是一种知识管理系统。交互记忆系统的提出是基于外援记忆(external memory)这一概

① F.Paas & J.Sweller, "An Evolutionary Upgrade of Cognitive Load Theory: Using the Human Motor System and Collaboration to Support the Learning of Complex Cognitive Tasks", *Educational Psychology Review*, Vol.24, No.1(2012), pp.27-45.

② B.Bahrami, K.Olsen, P.E.Latham, A.Roepstorff, G.Rees & C.D.Frith, "Optimally Interacting Minds", *Science*, Vol.329, No.5995(2010), pp.1081-1085.

念。以往心理学对记忆的研究都聚焦于个体记忆的编码、储存和提取过程,而忽略了人类具有借助外部储存媒介来保存记录的倾向,如电话号码本、备忘录、档案资料等。"人们每天的大多数记忆任务都是借助外部储存来完成的。"但人与这些外援记忆的交流是单方向的——人根据目录在外部储存媒介中检索目标信息①。Wegner 观察到,群体中的个人相互依赖记忆某些信息,从而使得每个人掌握的信息和知识容量极大地增加。据此,Wegner 提出交互记忆(Transactive Memory,TM)概念,指的是对来自不同知识领域的信息进行编码、储存、检索和交流活动的共享的认知劳动分工,它通常是在亲密关系基础上发展起来的②。在工作群体中,当个体了解到其他成员的专长时,获取和编码与专长相关信息的责任就会通过内隐或外显的方式分配给最合适的专家成员,此时交互记忆就产生了③。在对异质小组的学习过程的研究中,研究者观察到了蕴含着强烈的交互记忆系统意识的分工现象,这种分工的机制是小组工作效率的重要保证。

交互记忆可以作为测量集体智慧的指标之一。交互记忆也是解释团队知识处理过程的一个机制,但是它与集体智慧不同,交互记忆可以看作是集体智慧产生过程的一部分和重要基础之一。前人研究表明,经过训练建立交互记忆系统的小组表现优于对照组④。Lewis 等研究者,对课堂学习中的交互记忆系统的作用和与小组表现的关系进行了研究⑤。经过二十多年的研究,交互记忆系统的模型建构已经较为成熟,群体中的交互记忆可以通过标准化量表

---

①　张钢、熊立:《交互记忆系统研究回顾与展望》,《心理科学进展》2007 年第 5 期。

②　D.M.Wegner,"Transactive memory:A contemporary Analysis of the Group Mind"in *Theories of Group Behavior*,B.Mullen & G.R.Geothals(eds.),New York:Springer,1987,pp.185-208.

③　N.Michinov & E.Michinov,"Investigating the Relationship between Transactive Memory and Performance in Collaborative Learning", *Learning and Instruction*,Vol.19,No.1(2008),pp.43-54.

④　D.W.Liang,R.L.Moreland & L.Argote."Group Versus Individual Training and Group Performance:The Mediating Role of Transactive Memory"*Personality and Social Psychology Bulletin*,Vol.21,No.4(1995),pp.384-393.

⑤　Lewis & Kyle,"Measuring Transactive Memory Systems in the Field:Scale Development and Validation".*Journal of Applied Psychology*,Vol.88,No.4(2003),p.587.

进行测量。交互记忆量表也可以作为测量集体智慧的参考工具。

（二）分布式认知系统

分布式认知观点认为，认知分布于个体内、个体间、媒介、环境、文化、社会和时间等之中。分布式认知的观点考虑到认知活动的全貌，为集体智慧在心理学中的研究提供了新的研究思路。分布式认知理论认为认知分布于个体大脑内，而大脑是一个复杂的动态系统，具有社会性。一种基于大脑的学习理论以人类大脑的结构和功能为基础，把人的学习过程与大脑的自然学习过程类比。在群体的研究中，分布式认知的观点主要强调认知的社会性，认为认知分布于由多个个体、工具、环境组成的较复杂的系统中。Vygotsky 的文化历史理论是为分布式认知理论奠基的理论基础之一，该理论认为，个体认知不仅与社会和文化有交互作用，而就存在于社会和文化情境之中。因此，分布式认知的分析单元不是个体，而是以共同参与认知加工的各元素间的功能性关系为基础的认知过程。我们可以认为，集体智慧是这一认知过程的结果或功能的体现。针对研究中的学习小组，分布式认知可以用于解释小组成员的个体智慧贡献和个人信息处理能力，也能够解释成员间社会互动中的信息处理过程。

需要注意的是，小组的社会互动和信息共享并不总是有利于提高小组的表现，研究四证明，由于产生式障碍等因素的阻碍作用，面对面互动小组的观点产生和发散思维的表现远逊于名义小组。郑全全等人的研究表明，以计算机为中介的决策群体较之面对面小组，可以产生更多数量的有效观点[①]。因为计算机群体决策具有三个优点：匿名性，成员无拘束和更平等地参与；平行沟通，交互式的以计算机为中介的讨论使成员同时分享信息，节省时间和抑制优势成员主宰讨论；电子登录，成员输入的观点可被在线记录，随时备查，减少

---

① 郑全全、李宏：《面对面和计算机群体决策在观点产生上的比较》，《心理学报》2003 年第4 期。

了信息超载和记忆障碍。计算机媒介的作用为减少面对面小组互动中阻碍集体智慧的因素,提供更适于小组活动和学习的环境提供了新的思路。在创新与创造的研究领域,计算机技术的作用越来越受到重视;在教育实践中,计算机媒介的应用也越来越广泛。

分布式认知的理论和在应用科学研究领域的成果为集体智慧的应用提供了启示。分布式认知的思想在人机交互领域有广泛的应用,为研究计算机支持的协同工作中的共享信息是如何表征及如何使用的提供了一个理论框架。而集体智慧的基本问题就是研究如何使人们和计算机联系起来,从而使其能"集体地"行动,比任何个体、团体和计算机都表现得更有智慧。集体智慧在产业界的应用,如 Web 2.0 工具,Linux、MySQL Database 和火狐浏览器等开放源代码软件的开发;Wikipedia、百度知道等网络百科的流行以及利用互联网进行知识管理的威客模式等,都是新通讯技术尤其是计算机平台支持下的利用集体智慧来促进企业在创新、决策等方面的表现。同时,分布式认知的观点给团体心理学研究也提出了新问题。例如,是否集体活动大于个体活动之和?团体知识大于其中任一成员的知识? 团体间成员如何交互作用? 等等。[①] 这些问题,也正是集体智慧的研究者致力于回答和解决的,通过研究集体智慧的作用,这些问题将得到更深层次的讨论。

二、集体智慧的作用

集体智慧的作用包含甚广,小至解题算数等具体问题解决,大至预测股票市场、全球脑等社会动态和变革。在群体心理学、教育技术、学习心理学、人机互动等领域,集体智慧的研究都有重要的理论意义和广阔的应用前景。

尽管对群体的智慧和决策的研究一直饱受争议,但是集体智慧强调多个个体如同一个整体一样进行活动和发挥功能,并在这一过程中表现出智慧,因

---

① 周国梅、傅小兰:《分布式认知——一种新的认知观点》,《心理科学进展》2002 年第2 期。

此具有集体智慧的群体并非"乌合之众"。有许多生动的例子可以说明,如美国太空总署的"点击者"项目,利用数万互联网用户的力量完成陨石的清点任务。这项工作是极其耗时和困难的,但那些普通志愿者却完成得非常出色,他们的专业程度不逊于任何一名专业人员;而对网络的海量数据进行挖掘,并最终依靠集体智慧的力量对未来事件,如地球未来的气候状况、股票市场、产品销售、政治走向、药物治疗效果等作出精确的预测。

在学习与教育领域,很早就有学者指出,合作学习这一重要的教学方式的变革,使得集体智慧最大化,从而提高学生的学习动机、学习效率和学习效果。考虑到学习的实际情境,研究者更关注规模较小的群体。Kirschner 和 Paas 等人在认知负荷理论的理论框架下提出的集体工作记忆效应为解释小组合作学习与个体学习的适用条件提供了理论模型①。本章研究的结果符合这一理论的预期:当任务相对简单、适合个体认知活动时,不需要群体成员间的互动即可由个体完成,这一类学习任务不适合小组学习,因为讨论和社会互动反而占用了成员的认知资源,降低了学习效率,使得小组的学习效率和效果低于个体的;当任务相对复杂,超出个体的信息处理能力时,小组成员的互动可以促进成员的动机、帮助成员进行任务分配和借助于他人的记忆和知识贡献,从而使得对个体来说困难的任务对于小组来说变得容易解决。Sweller 与 Paas 从进化心理学的视角对这一理论和实证研究的结果进行了进一步的分析。他们指出,言语和非言语沟通是人类在漫长的群居生活中进化得到的初级能力,所需认知负荷少;而对复杂问题的解决则涉及需要更多认知负荷的次级能力和次级知识。因此,人类在处理复杂问题时,倾向于通过运用初级能力进行社会互动,帮助减少需要的次级能力所要求的认知负荷。但是当言语沟通需要解释次级知识时,所要求的认知负荷也变多,因此个体在沟通当中可能出现记忆障

---

① F. Kirschner, F. Paas & P. A. Kirschner, "Task Complexity as a Driver for Collaborative Learning Efficiency: The Collective Working-Memory Effect", *Applied Cognitive Psychology*, Vol.25, No. 4(2011), pp.615-624.

碍、信息超载等现象,反而降低效率①。由此可以推论出,为使小组学习中集体智慧的作用最大化,首要条件是需要选择合适的任务和目标,使得小组成员间的互动能最大限度地帮助降低对个体的认知负荷要求,帮助提高学习效率和效果。

集体智慧的应用主要集中于计算机技术平台支持的创新、决策及知识管理三个方面。得到大部分研究者认可的是,借助群体的智慧是一把双刃剑,群体的优势可以帮助解决许多对于个体来说困难和复杂的问题,但同时,群体效应和群体的愚蠢行为也可能带来负面的结果。如何避免群体的消极影响,使"失控"的群体能够像一个整体一样有序地活动和发挥功能,表现出集体智慧,是社会科学研究者最关心的话题之一。本章通过实证和实验研究,模拟群体决策中集体智慧的形成过程,试图发现和探索一些新的规律,并从团体创新的角度,研究了群体互动对小组的创造力的影响。这些研究仍然停留在表面性的探索,虽得到一些结果,但还缺乏对群体决策过程各要素间的相互作用机理,特别是对集体智慧的产生机制的进一步探究。

影响集体智慧的因素是多方面的,既有促进集体智慧的产生和作用的因素,如群体成员多样性、对成员贡献的激励、密集交流结构(dense communications structure),以及合理的任务分配、任务模块化等;也有阻碍集体智慧的产生和作用的因素,如偏见、文化边界等。在本章中,主要从三个方面对集体智慧发挥作用的条件和影响因素进行了探讨:问题解决过程中小组的沟通的分布平均性、小组的有效沟通、小组成员的个体智慧贡献等因素;群体决策中小组成员的主观自信和决策环境,即问题的困难程度和小组成员面临的压力;团体创新的小组互动中的产生式障碍等。

基于本章中的研究结果,可以得出结论:平等的、有效的沟通是小组中集

---

① F. Paas & J. Sweller, "An Evolutionary Upgrade of Cognitive Load Theory: Using the Human Motor System and Collaboration to Support the Learning of Complex Cognitive Tasks", *Educational Psychology Review*, Vol.24, No.1(2012), pp.27–45.

体智慧涌现的重要的促进条件,而不良的团队互动与沟通阻碍了集体智慧的产生和发挥积极作用。小组集体决策研究的结果与研究假设和前人研究的理论预期相符,主观自信和决策环境共同作用于集体决策。但是对于个体和群体决策的比较研究,得到了一系列复杂的、混合的结果,虽然两者的差异在统计学意义上不显著,但是研究者观察到一些有代表性的案例,如当群体中大部分成员作出错误的选择时,少数作出正确选择的个体一般情况下有两个出路:一是向群体妥协,对自己的选择的信心降低,转而支持群体的答案;二是坚持自己的意见,但是群体协商的结果通常是顺应大部分成员的意见,最终群体决策的结果都是错误的。在这一过程中,除主观自信对群体决策的影响之外,还有许多其他因素的作用,对于群体决策中的集体智慧的研究,仍然在探索和起步阶段。而在社会现实中,许多决策问题并没有确定的、事实上的正确答案,这使得评判群体决策更加困难。

三、集体智慧研究展望

互联网永远改变了人类的生产和生活模式。信息爆炸、全球化时代的到来也在潜移默化地影响着人们的学习和认识这个世界的方式。计算机等新的通讯技术为信息共享和群体互动提供了新途径。我们可以认为,便捷的通讯工具既放大了群体的智慧,也放大了群体的愚昧。

根据研究对象和领域的不同,我们可以将未来的集体智慧的研究分为两个方面。一是社会科学家所关注的人类群体互动和表现,人的个体智慧仍然是集体智慧的源泉,人的学习和观点是推动智慧涌现的基础,而现代通讯媒介等技术使得人学习新知识和获取信息的成本降低、效率提高,在网络平台中,我们的视野空前开阔,思想空前自由。二是人机互动的研究,涉及人—机—环境系统,这是人工智能的研究者,以及致力于通过集体智慧预测市场等复杂的社会和自然现象的研究者所关注的领域,也是未来研究的发展趋势。

根据群体规模划分,集体智慧的研究可被分为对小群体的研究和对数量庞大、结构松散的群体的活动的研究。研究现状表明,大部分对小群体进行的研究是为了模拟集体智慧产生的条件和机制,未来的研究发展方向是探讨计算机平台支持的大规模群体的集体智慧。

在发展与教育心理学的研究领域,合作学习是过去的二十年中最深刻的变革,而网络技术将为未来的人类学习带来新的变革。虚拟学习社区、移动学习、数字化教育、开放教科书、开放式教育、数字化图书馆等开放的教育资源等将为我们带来合作学习的全新模式,集体智慧将深入学习的方方面面,教育将进入前所未有的自由和开放的时代。

第二编

集体智慧在合作创新中的两种重要表现

第四章　人类集体智慧之
团队创造力

　　创造力作为现今我国发展战略政策的一部分,并不能通过智力的测量直接得到,智力作为人的固有能力只是为创造力提供可以发展的条件。创造力与智力相比,可以在生活、工作、研究中得到更好的利用,通过创造性思维得到的工作成果要比只有高智力的人得到的成果更具有适应性和创造性。因此,如何提高创造力是一直以来人们希望做到的。对个体创造力的提升是从对创造力进行讨论就开始的。心理学家发现并不是只有固定的人群可以具有较高的创造力,普通的个体也可以通过一些方法或是自身的性格特征可以具有更高的创造力,或是具有提高创造力的空间;随着团队、组织、集群等一系列团体协作备受关注,如何提升团队绩效,也成为了管理学的研究命题,但是绩效的提升依然不够,因此团队创造力的提升成为了重点。

　　随着任务难度和复杂度的增加,个体无法通过一个人的努力来完成任务,因此需要组成团队,团队成员共同努力去实现同一个价值目标。在团队中,团队成员可以明确地定义为具有明显差异的团队角色和责任分配,拥有任务相关的知识,并且相互依赖,即为了完成目标必须依赖其他成员个体。因此团队中的成员个体处于相同的环境中,但是个体的知识结构、技能、以往经历以及观点都是不同的;因此理解团队的信息加工过程、合作和作为一个整体进行的行为活动是非常重要的,从而可以探查到团队如何更具有创造性地完成任务。

第一节 个体与团队创造力的内在关联

一、创造力及其神经基础

关于创造力的研究拥有一段神秘而悠久的历史,但是,作为心理学概念的研究,这段历史是短暂的。创造力一直依附在诗人的情怀中、画家的笔触间还有优美的音符里,所以一直被世人认为是文学家、画家、音乐家等艺术大师独有的重要特征;甚至在作为心理学概念的一段时间里,同样被普遍认为是优秀人才才具备的特殊能力。在那段悠久的历史中,创造力被赋予了神秘的信仰,给予神性;创造力作为心灵过程,让任何人都不期望用科学严谨的方法研究她,这也让创造力的研究在现代科学中举步维艰。由于创造力的研究一直陷在神秘学的泥沼中,让它不具有心理学的理论基础,很难得到科学证明。即便如此,从1950年开始,心理学家们开始对创造力产生了更多的兴趣。研究方法十分多样,并且从多个层面理解创造力的本质,揭示人格特征、思维方式、情感、认知、社会特征对个体以及群体创造力(团队创造力和组织创造力)的影响。主要目的是利用这些因素提高个体或者群体的创造力,让人们拥有更高水平的生活品质,产生更多创造性成果。

(一)创造力的实质

创造力由于它的复杂性并没有一个明确的定义。从不同的角度研究,创造力的定义也会不同。"格式塔"角度的定义认为创造性的观点是重新构建,产品产生角度认为创造力是产生新产品的能力,审美角度认为人具有创造性地表达自己的需求,思维角度认为问题解决的创造性体现在思维过程本身以及其他一些定义。当前的创造力研究中存在一个普遍被接受的定义:创造力普遍被认为是一种能力,它可以产生新颖的(novel,原创的、意想不到的)、实用或者合适的(useful/appropriateness,考虑到任务或问题解决的条件限制的同时具有使用价值的)的工作成果。工作成果可能是创造性的观点、想法、问题解决的方式、任务完成产生的作品,等等。经过多年的心理学研究,普遍认为创造力具有两个层面:个体层面(individual level)和社会层面(social level)①。但是,由于创造力在经济管理学中的应用和研究,创造力还涉及团队创造力(group creativity)、组织创造力(organizational creativity)。

创造力经常与创新(innovation)和智力(intelligence)同时出现在文献中,下面对他们的关系做出总结。创新的英文也具有革新的含义,它是创造力在团队或组织中得到的良好应用,从而产生的最佳成果;创造力是所有创新的根源②。智力与创造力之间的关系经过了很多实验研究,主要观点认为平均值以上的智力为高层级的创造力提供了必要的条件;但是当智力达到了平均值后,人格特征更可以预测个体的创造力③。

创造力作为心理过程,它的根源在大脑之中。意识产生于大脑,这是现代科学最重要的共识之一。当意识重新作为心理学命题进行研究的时候,关于创造力的研究也更加丰富。首先需要阐述的就是,使用神经科学方法探索创造力的神经基础,这也是创造力的认知科学的基础。

(二)神经科学研究

创造力是产生新颖的、实用的工作成果的能力。"产生"表明了创造力不

①　武欣、张厚粲:《创造力研究的新进展》,《北京师范大学学报(社会科学版)》1997 年第 1 期。

②　T.M.Amabile,R.Conti,H.Coon,J.Lazenby & M.Herron,"Assessing the Work Environment for Creativity",*The Academy of Management Journal*,Vol.39,No.5(1996),pp.1154-1184.

③　E.Jauk,M.Benedek,B.Dunst & A.C.Neubauer,"The Relationship between Intelligence and Creativity:New Support for the Threshold Hypothesis by Means of Empirical Breakpoint Detection",*Intelligence*,Vol.41,No.4(2013),pp.212-221.

是静态的、固化的能力,而是作为认知过程产生了创造性的工作成果。大脑是认知的基础,所有的认知过程都与大脑中的神经网络交互作用有关。通过对创造力的大脑功能和神经网络的分析,可以了解创造力的认知基础,更可以进一步证明创造力是通过认知过程实现的能力。就如同 Pfenninger 和 Shubik 在文献中所说:任何关于创造力的理论研究都应该与同一时期对大脑功能的理解同步进行,创造力的脑机制研究应该成为发展创造力理论的基础①。也就是说,创造力的理论研究也应该建立在创造力脑机制研究的基础之上。

首先,大脑的静息态 fMRI 成像分析可以了解在不进行任何活动和刺激的情况下,全脑的神经网络特征。在这种静息状态下大脑仍然处于激活状态,Raichle 等人发现了此时的大脑默认活动模式(Default Mode),而提供这种活动模式的神经网络称为默认网络(Default Mode Network)②。默认网络的作用是使大脑在不进行任何信息加工任务的状态下,回归到基本状态(baseline state)③。近期 Beaty 等人研究发现:下前额皮层(inferior prefrontal cortex)与默认网络的功能联结越强,个体的创造力越强。下前额皮层与工作记忆有关。Beaty 还总结了关于发散性思维的任务相关的 fMRI 成像研究,发现与关于认知控制的脑区额下回(inferior frontal gyrus)、顶叶下回皮层(inferior patietal cortex)相关④。发散性思维涉及工作记忆能力和言语等高级认知过程,这些也支持创造性认知过程。因此,从神经科学研究也可以发现创造力与发散性思维之间的关系。

---

① Valerie Shubik & Karl Pfenninger,"The Origins of Creativity",*University of Pittsburgh*,Vol. 16,No.1(2001),pp.95-97.

② 伊涛、傅先明、钱若兵:《默认网络的静息态功能性磁共振成像研究》,《国际神经病学神经外科学杂志》2011 年第 2 期。杜培锋、杨剑、吕胜富、钟宁:《静息态脑区的活动特征研究》,《北京教育学院学报(自然科学版)》2011 年第 2 期。

③ 李雨、舒华:《默认网络的神经机制、功能假设及临床应用》,《心理科学进展》2014 年第 2 期。

④ R.E.Beaty,M.Benedek,R.W.Wilkins,E.Jauk,A.Fink,P.J.Silvia,et al,"Creativity and the Default Network:A Functional Connectivity Analysis of the Creative Brain at Rest",*Neuropsychologia*,Vol.64,No.(2014),pp.92-98.

其次,从大脑的结构 MRI 成像进行分析,可以了解大脑基本结构,如脑区大小、灰质体积等。有研究发现从神经解剖学角度分析,默认网络也对创造力起到重要作用。Kuehn 研究发现腹正中前额皮层(默认网络的中心区域)的灰质体积与创造力的一般独特性维度成正比[1]。除此之外,眶额叶外侧的左侧体积越小,创造性成就越高;右侧角型脑回皮层厚度越高,创造性成就越高[2]。

对正常被试进行的静息态和功能 MRI 成像分析,是从全脑角度进行的神经网络与创造力的关联。对经历过脑创伤的患者被试大脑功能和神经网络进行研究,可以确定特定脑区对创造力的直接影响。这些脑创伤主要是中风或者癌变造成的。通过对患者的大脑进行分析,Zaidel 发现艺术的产生与大脑多个脑区的功能具有关联,单一的脑区受损并不一定会影响到与艺术有关的认知过程或者能力,如创造力[3]。这表明创造性认知过程并不存在于特定的某个脑区中,它需要多个脑区功能的交互联系产生创造性成果。也就是说,创造性认知过程包括了一系列的基础认知过程。研究著名案例有 Phineas Gage,他的大脑额叶由于一次事故受损。通过对比受损前后的行为和认知模式,发现了从前没有的特征。患者大脑受损部位位于额叶,额叶主要由前额皮层组成,它可以分为腹内侧前额叶皮层(VMPFC)、背外侧前额叶皮层(DLPFC)。经过对案例的分析发现,腹内侧前额叶皮层区域负责一个人的内在价值观和社会标准。创造力具有两个属性——新颖、实用。因此,这一脑区负责判断一个新的想法是否合适,即创造力的第二个属性。创造力可以产生

① S.Kühn,S.M.Ritter,B.C.N.Müller,R.B.Baaren,M.Brass & A.Dijksterhuis,"The Importance of the Default Mode Network in Creativity—A Structural MRI Study",*The Journal of Creative Behavior*,Vol.48,No.2(2014),pp.152–163.

② R.E.Jung,J.M.Segall,H.J.Bockholt,R.A.Flores,S.M.Smith,R.S.Chavez & R.J.Haier,"Neuroanatomy of Creativity",*Human Brain Mapping*,Vol.31,No.3(2010),pp.398–409.

③ D.W.Zaidel,"Creativity,Brain,and Art:Biological and Neurological Considerations",*Frontiers in Human Neuroscience*,Vol.8,No.(2014),pp.1–9.

新颖、合适的工作成果,一个新的想法是否合适于一项任务或者解决一个问题,就是这一脑区进行判断的;另一方面,背外侧前额叶皮层负责工作记忆(working memory),工作记忆缓冲区是认知弹性、抽象性思维、策略规划的先决条件①。这些研究表明了创造性认知过程涉及的脑区,以及他们都与哪些认知过程有关。

神经科学的研究可以帮助我们了解关于创造力理论的正确性,建立创造力的认知过程。由于创造力与默认网络的功能以及结构都显著相关,说明创造力作为人的一个特质在没有问题、任务的时候依然存在。与各个脑区的显著相关说明创造力与这些脑区负责的认知功能显著相关,工作记忆、抽象性思维、认知弹性、策略规划、内在价值观的判断等。甚至有研究人员认为学习这些信息可以提高个体的创造力,让本来不具有操作性的神经科学研究可以直接提高个体的创造力,虽然这一项目依然有待开发②。

二、个体创造力研究

(一)人格与动机

在一段时期中,创造力被认为是少数艺术家、科学家或成功的企业家才具备的特殊能力。最初,很多研究通过传记研究方法,将这些特殊人群的个体特征与创造力建立关联,试图了解到底哪些人格特征让他们拥有这一特殊能力③。从认知层面研究创造力,发现产生创造性成果的过程也是由一系列认知过程组成的,这表明创造力是所有人都存在的认知过程而并不是特殊能力。

① R.Arden,R.S.Chavez,R.Grazioplene & R.E.Jung,"Neuroimaging Creativity:A Psychometric View",*Behavioural Brain Research*,Vol.214,No.2(2010),pp.143-156.

② B.Onarheim & M.Friis-Olivarius,"Applying the Neuroscience of Creativity to Creativity Training",*Frontiers in Human Neuroscience*,Vol.7,No.656(2013),pp.1-10.

③ H.E.Gruber & D.B.Wallace,"The Case Study Method and Evolving Systems Approach for Understanding Unique Creative People at Work" in *Handbook of Creativity*,R.J.Sternberg(Ed.),Cambridge:Cambridge University Press,1999,pp.93-115.

尽管创造力属于所有人,创造力对于个体而言有强有弱,那么具有什么人格特征的个体创造力更高成为了研究的重点。甚至有观点认为心理学家应该将对人格特征的研究作为重中之重。如 Guilford 所说,创造力的研究对于心理学家而言就是创造性人格的研究①。

人格特征与创造力相关性的研究一般使用传记研究方法和心理测量方法。这里主要对心理测量方法的研究进行总结。在较早的研究中,Feist 发现有创造力的人更加自主、内向、乐于分享新的经验、自信、乐于自我接纳、有志向、有敌意、冲动②。创造力高的人群的确具有特定的人格特质,这一点让一部分心理学家倾向寻找创造性人格。创造性人格的研究发现,人格特质中开放性、直觉、外向性与创造力成正比③。两个研究共同发现具有开放性人格的人创造力也会更强;测量创造力的一个重要标准是发散性思维的能力,而研究发现开放性人格特质与发散性思维能力显著正相关。更具体的研究中,Furnham 在研究中使用三个量表对创造力进行测量,发散性思维流畅性量表(Divergent Thinking Fluency)、自评创造力量表、创造力行为的传记式量表(Biographical Invertory of Creative Behaviours,BICB);他发现,轻度焦躁特质与三个创造力标准都显著相关,开放性与创造力显著相关,可以认为具有开放性以及轻度焦躁特质的个体具有较高的创造力④。

创造力个体层面的研究除了人格特征的相关性以外,创造力与个体的内在动机也具有显著的正相关。内在动机可以被描述为:在工作中追求个人实现,被好奇心驱动,对新奇事物抱有开放性,重视工作中的关系(on-the-job re-

---

①　J.P.Gulford,"Creativity",*The American psychologist*,Vol.5,No.9(1950),pp.444-454.

②　G.J.Feist,"A Meta-Analysis of Personality in Scientific and Artistic Creativity",*Personality and Social Psychology Review*,Vol.2,No.4(1998),pp.290-309.

③　U.Wolfradt & J.E.Pretz,"Individual Differences in Creativity:Personality, Story Writing, and Hobbies",*Uwe Wolfradt;Jean E.Pretz*,Vol.15,No.4(2001),pp.297-310.

④　A.Furnham,M.Batey,K.Anand & J.Manfield,"Personality, Hypomania, Intelligence and Creativity",*Personality and Individual Differences*,Vol.44,No.5(2007),pp.1060-1069.

lations)①。创造力既是一个有意识的认知过程,也是无意识的、自动化的认知过程。因此,个体自身对个体创造力的影响与外部环境施加的影响相比,更能提高个体创造力。在 Amabile 的研究中发现:在团队中,上级监督机制以及过强的凝聚力会降低个人的内在动机,从而抑制个体创造力②。团队也会对个体创造力产生影响,这个影响是起间接作用的;团队自主动机提高个体的内在动机,内在动机提高个体的创造力。Hon 应用自我决定理论建模来检测内部动机,发现在预测个人创造力时,团队中的自主性动机起到了关键性作用③。个体会将团队动机作为自身内在动机表现出来,虽然是环境施予个人的影响,但基于自我决定理论,这一影响个体被作为自己本身做出的决定接纳了。

除此之外,一部分研究认为创造力与自我效能感相关。Bandura 认为强烈的自我效能感(self-efficacy)是产生创造性成果的必要条件。在 Ford 的个体创造性活动的模型(model of individual creative action)中,自我效能是关键的动机性因素。同时,创造的自我效能可以更好地解释:内在动机和创造力目标设定怎样影响创造性成果的产生④。

(二)社会关系网络

上一个部分是个体特征对个体创造力的影响,这一节则是个体的社会特征对个体创造力的影响。社会心理学家认为创造力是社会过程(social process)。如 Simonton 所说,一个成功的社会心理学家研究创造力,应该要求

① S.Sacchetti & E.C.Tortia,"Satisfaction with Creativity:A Study of Organizational Characteristics and Individual Motivation",*Journal of Happiness Studies*,Vol.14,No.6(2013),pp.1789-1811.

② T.M.Amabile,R.Conti,H.Coon,J.Lazenby & M.Herron,"Assessing the Work Environment for Creativity",*The Academy of Management Journal*,Vol.39,No.5(1996),pp.1154-1184.

③ Hon & H.Y.A.,"Shaping Environments Conductive to Creativity:The Role of Intrinsic Motivation",*Cornell Hospitality Quarterly*,Vol.53,No.1(2012),pp.53-64.

④ P.Tierney & S.M.Farmer,"Creative Self-Efficacy:Its Potential Antecedents and Relationship to Creative Performance",*The Academy of Management Journal*,Vol.45,No.6(2002),pp.1137-1148.

将创造性个体置于人与人交互的关系网络中①。Jill E.Perry 描述了个体特征与社会特征的关系:社会网络为创造性成果的产生提供了机会,而个体特征决定了如何利用这个机会②。个体社会网络特征对创造力的影响是流动的,一方面影响着创造力,另一方面又被创造力影响。这一特点在随后的综述中会提到。

社会网络特征包括:社会网络的多样性、文化规范、网络结构的紧密性。社会层面的研究,将个体视为社会网络中的个体,因此个体具有社会网络给予他的特征。个体的社会网络特征主要包括:关系强度、社会网络位置。

首先,社会关系网络的一个基本特征是,关系的联结强度与个体创造力相关。这一部分的研究主要基于 Granovetter 的弱连结强度理论(strength-of-weak-ties theory)。人际关系的联结强度可以通过交往时间、感情、相互亲密度与相互服务进行表征③。他发现社会关系网络中的关系联结对创造力具有显著的潜在影响。根据这一理论,发现社会关系网络中充满弱连接(weak ties),即不频繁的进行人际交往、交往时间短、有限的亲密度的关系联结。因此较弱的关系联结可以促进创造性想法的产生。根据繁殖理论(Generation Theory),新的观点来自于旧观点的相互关联与相互交流中④。因此,产生创造性成果需要一定量的信息,将他们作为旧观点或者信息来创造新观点。具有弱关系联结的个体,只能通过重复性很低的关系网络获取信息。相较于具有强关系的个体,他们获得的信息冗余度低,不会重复获取同样的信息,使得他们获得

① Dean Keith Simonton, "Creativity: Cognitive, Personal, Developmental, and Social Aspects", *American psychologist*, Vol.55, No.1(2000), p.151.

② J.E.Perry-Smith & C.E.Shalley, "The Social Side of Creativity: A Static and Dynamic Social Network Perspective", *The Academy of Management Review*, Vol.28, No.1(2003), pp.89-106.

③ M.S.Granovetter, "The Strength of Weak Ties", *Mark S. Granovetter*, Vol.78, No.6(1973), pp.1360-1380.

④ R.Epstein, C.E.Kirshnit, R.P.Lanza & L.C.Rubin, "'Insight' in the Pigeon: Antecedents and Determinants of an Intelligent Performance", *Nature*, Vol.308, No.5954(1984), pp.61-62.

新信息的效率更高。获得更多的信息才能创造出具有创造性的成果①。

其次,个体在社会网络中的位置也会对个体创造力产生影响。社会网络位置可以分为中心(centrality)和外围(peripheral)。有研究表明,接近中心位置(centrality)可以提高创造力,但是高于一般程度的中心位置会阻碍创造力,因为个体过于位于中心位置会意识到更多地关系冲突导致焦虑②,过多的焦虑和冲突会扼杀创造力。研究发现,外围位置的个体具有很多外部联结创造力水平会更高;相反的,位于中心的个体并且外部联结很少的个体也会表现出较高的创造力水平③。Amabile 的研究发现过强的凝聚力会阻碍创造力,这一点与关于社会网络位置的研究不谋而合。Amabile 更侧重整体的关系联结强度普遍较高,分析的是整体。不过,都表明了不论个体或团队过强的信息集中而不是信息延伸都会抑制创造力的发挥。

Perry 提出了螺旋模型(Spiraling Model),个体的社会网络位置对创造力的影响是循环式的。外围位置的个体会有较高的创造力,创造力水平会给个体带来更多的声望和地位。这让原本对社会网络环境还不够熟悉的个体在网络中的位置发生改变,从网络的外围进入到网络的中心。而中心位置个体的创造力很多情况下被所处的环境和接收到的有限信息抑制住了④

(三)认知过程

心理学的认知理论认为创造力是一系列的认知过程。创造性认知过程之

---

① M.S.Granovetter, "The Strength of Weak Ties", *Mark S. Granovetter*, Vol.78, No.6(1973), pp.1360-1380.

② J.M.Podolny & J.N.Baron, "Resources and Relationships: Social Networks and Mobility in the Workplace", *American Sociological Review*, Vol.62, No.5(1997), pp.673-693.

③ J.E.Perry-Smith, "Social Yet Creative: The Role of Social Relationships in Facilitating Individual Creativity", *The Academy of Management Journal*, Vol.49, No.1(2006), pp.85-101.J.E.Perry-Smith & C.E.Shalley, "The Social Side of Creativity: A Static and Dynamic Social Network Perspective", *The Academy of Management Review*, Vol.28, No.1(2003), pp.89-106.

④ J.E.Perry-Smith & C.E.Shalley, "The Social Side of Creativity: A Static and Dynamic Social Network Perspective", *The Academy of Management Review*, Vol.28, No.1(2003), pp.89-106.

中包含了哪些基本或高级的认知过程是这一小节将要进行总结的。为了研究创造性思维,需要了解与创造力有关的认知因素是怎样在一起进行工作的。所以,关于创造力认知过程的研究不仅包含了研究都有哪些认知因素,还包含了这些认知因素经过怎样的过程在一起工作最后得到创造性想法、成果①。

创造性认知过程与问题解决认知过程有很多相似之处,甚至一些模型是根据问题解决认知模型建立的。问题解决是基于记忆中的信息,通过多种解决途径进行研究②。一般认为,问题解决过程可以分为四个基本表征:问题表征(representing)、计划(Panning)、执行(Executing)、控制(controlling)③。Bransford 与 Stein 设计了问题解决模式:问题识别、问题表征、策略选择、策略应用、结果评价。同样,还有研究从问题解决的基础认知因素进行分析④。Wang 发现问题解决这一认知过程包括了很多低层级的认知过程:抽象提取、搜索、学习、做决定、推理、分析、内部信息表征的综合⑤。

虽然创造性认知模型一般都建立在问题解决认知过程基础之上的,创造性认知过程具有自身的特征。首先,Finke 提出创造力的生成探索模型,认为创造性认知过程包括产生和探索两个部分⑥。对创造性认知过程更进一步细化。Runco 提出创造力的认知过程:问题寻找过程(problem finding process)、

① M.A.Runco & I.Chand,"Cognition and creativity",*Educational Psychology Review*,Vol.7,No.3(1995),pp.243-267.

② V.Chiew & Y.X.Wang,"Formal description of the cognitive process of problem solving",Proceedings of the Third Ieee International Conference on Cognitive Informatics,2004,pp.74-83.

③ 高文:《一般的问题解决模式》,《外国教育资料》1999 年第 6 期。

④ John D Bransford,Robert D Sherwood & Tom Sturdevant,"Teaching Thinking and Problem Solving",in *Series of Books in Psychology.Teaching Thinking Skills*:*Theory and Practice*,J.B.Baron & R.J.Sternberg(eds.),New York:Henry Holt & Co.,1987,pp.162-181.

⑤ Y.Wang & V.Chiew,"On the Cognitive Process of Human Problem Solving",*Cognitive Systems Research*,Vol.11,No.1(2008),pp.81-92.

⑥ R.A.Finke & K.Slayton,"Explorations of creative visual synthesis in mental imagery",Memory & cognition,Vol.16,No.3(1988),pp.252-257.周丹、施建农:《从信息加工的角度看创造力过程》,《心理科学进展》2005 年第 6 期。

设想过程(ideational process)、评价过程(evaluation process)①。Feldhusen 考察了创造性思维和成果的三个部分:元认知过程、信息基础、人格变量,认为他们交互地操作着创造力过程②。Lopez-Ortega 总结的创造力的认知过程:计划、设定策略,发散性探索,选择性注意,整合(combination),解决③。由于创造性成果的产生需要以个体所具备的信息作为基础,Basadur 以信息理解和信息使用作为创造性认知活动的两个维度,将创造性认知过程分为:产生(generation)、概念化(conceptualization)、最佳化(optimization)、实施(implementation)④。

通过对以往研究中问题解决认知过程和创造性认知过程的模型总结,可以将创造性认知过程总结为:问题(任务)界定、发散性探索与想法生成、评价总结过程。

1.问题界定

产生创造性成果的前提是对获得的任务或者问题进行界定,设定处理、解决策略。这是一个经过深思熟虑的认知过程,决定了其他认知过程需要处理怎样的任务或者解决什么问题。在 Runco 的模型中,这是问题寻找的过程(problem finding process)。考查面对哪种特定性质的问题决定了策略的选择。这是对接下来的认知过程进行准备,确定下面需要进行的方向和结构。在进行创造力的实验研究时,研究者会通过操作被试者对问题的感知来增强他的创造性思维。这是因为创造性成果源自于问题寻找和问题界定过程⑤。

---

① M.A.Runco & I.Chand,"Cognition and creativity",*Educational Psychology Review*,Vol.7,No.3(1995),pp.243-267.

② J. F. Feldhusen, " Creativity: A Knowledge Base, Metacognitive Skills, and Personality Factors",*The Journal of Creative Behavior*,Vol.29,No.4(1995),pp.255-268.

③ O.López-Ortega,"Computer-Assisted Creativity:Emulation of Cognitive Processes on a Multi-Agent System",*Expert Systems with Applications*,Vol.40,No.9(2013),pp.3459-3470.

④ M.Basadur & G.A.Gelade,"Modelling Applied Creativity as a Cognitive Process:Theoretical Foundations",*Korean Journal of Thinking & Problem Solving*,Vol.15,No.2(2005),pp.13-41.

⑤ M.A.Runco & S.O.Sakamoto,"Experimental Studies of Creativity"in *Handbook of Creativity*,R.J.Sternberg(ed.),Cambridge:Cambridge University Press,1999,pp.62-92.

创造性认知过程在这一步继承了传统的问题解决的认知过程。这一过程中,可以将复杂、难以解决的问题界定成为可以解决的一个或几个新问题,然后选择策略可以为问题解决过程提供很好的基础①。问题界定也是需要方法进行的,Hargadon 认为使用传统的方式定义问题,不会产生新的问题定义;因而也不会提高问题解决的可能性,所以需要类比推理的方法。②

2. 发散性探索与想法生成

发散性探索过程主要使用发散性思维对问题解决的方法或成果进行探索,提供更新颖和更实用的观点、作品。Lopez-Ortega 使用自己总结的认知过程对创造性成果产生的过程进行计算机模拟,发散性探索是建立在关于创造力的认知过程这一模型中的一个重要主体(agent)③;它通过计划主体接收初值信息,然后创造主要的临时作品。这里的临时作品就是探索后的成果,这是还未被评价的作品。

在这里需要强调创造力与发散性思维之间的关系。创造力与发散性思维紧密相关,它是测量创造力的一个重要标准;在创造力的个体层面中将会提到,创造力与人格特征相关,开放性就是一个重要的创造性人格特征,同时实验表明开放性与发散性思维也显著相关④。

在 Finke 建立的模型中,产生和探索是创造性认知的过程。开始时建构前发明结构的心理表征,它作为一个思想的种子产生;探索过程即是找到有意义的方式对前发明结构做出解释。如果通过最初的探索就找到了解决问题的方法,即可直接产生结果;若没有找到,那么需要选择放弃最初的前发明结构

---

①　武欣、张厚粲:《创造力研究的新进展》,《北京师范大学学报(社会科学版)》1997 年第 1 期。

②　A.B.Hargadon, "Group cognition and creativity in organizations", *Research on Managing Groups and Teams*, Vol.2, No.1(1999), pp.137-155.

③　O.López-Ortega, "Computer-Assisted Creativity:Emulation of Cognitive Processes on a Multi-Agent System", *Expert Systems with Applications*, Vol.40, No.9(2013), pp.3459-3470.

④　U.Wolfradt & J.E.Pretz, "Individual Differences in Creativity:Personality, Story Writing, and Hobbies", *Uwe Wolfradt*; *Jean E.Pretz*, Vol.15, No.4(2001), pp.297-310.

或者修改结构,重新进行探索过程①。

探索后将零散的观点进行整合并产生想法、问题解决的方法、创造性产品。在 Lopez-Ortega 模型中就有整合(combination)这一过程,它负责通过整合探索主体产生的初级临时作品,创造、回收、储存次级临时主体。而且对于一个团队,成员在完成过探索阶段后产生的观点必然具有重复特征,分析整合过程也是对多个个体的创造性成果进行总结。这一过程也是随后创建的认知模型的一部分。

3. 评价总结过程

创造力产生的工作成果具有两个特征:新颖、实用。评价总结过程就是对创造性成果的第二个特征进行评价的过程。得到一系列新颖独特的想法并不能说明具有创造力,这些想法需要进行评价、验证来确保它们符合任务或者问题所限定的条件来实施它们②。

Runco 提出创造力不仅体现在发散性思维中,整合、评价过程也展现了创造力③。根据之前的认知模型总结,评价过程相当于问题解决的控制过程。控制过程是对当前状态的评价,并对其他过程实施监控和调节。这些模型中的评价过程都是为了保证得到结果的正确性和合理性。同样,对于创造力的认知过程而言,评价是保证创造性成果的可用性的重要一步。

评价过程具有神经科学基础,这一认知过程会激活腹内侧前额叶皮层,该脑区负责人的内在价值观和社会标准的判断。说明评价过程对于创造力的实现是必不可少的。

---

① R.A. Finke & K. Slayton, "Explorations of creative visual synthesis in mental imagery", Memory & cognition, Vol.16, No.3(1988), pp.252-257.周丹、施建农:《从信息加工的角度看创造力过程》,《心理科学进展》2005 年第 6 期。

② M.C. Makel & J. A. Plucker, "Creativity" in *Handbook of Giftedness in Children*), P. S. I. (eds.), US:Springer,2008,pp.247-270.

③ Mark A Runco, "Idea Evaluation, Divergent Thinking, and Creativity", in *Perspectives on Creativity Research. Critical Creative Processes*, M. A. Runco (eds.), New York:Hampton Press, 2003, pp.69-94.

三、团队创造力研究

前面部分是从个体层面和社会层面对个体创造力的研究做出的总结。这一部分则是将环境放在了团队或组织结构中,通过对环境、组织结构的考察,对创造力进行研究。

(一)团队创造力的实质

团队是指两个或更多的具有差异性的人们,进行动态的、相互依赖的、适应性的交流,完成一个普遍的且有价值的目标或任务;团队中的每个人被安排了特别的角色、特定的工作去完成,并且他作为团队成员的时间是有限的。团队成员可以明确地定义为具有明显差异的团队角色和责任分配,拥有任务相关的知识,并且相互依赖,即为了完成目标必须依赖其他成员个体[1]。

团队创造力也是创造力这一概念放置在了团队层面中,但是团队创造力并不是个体创造力的叠加。有研究应用计算机模拟这一方法,发现在团队中引入具有较高创造力的个体并不会增强团队的创造力[2]。所以可以认为团队创造力并不是团队中每个人的个体创造力的简单加和,它与个体以怎样方式进行交互、个体间具有怎样的关联、整个团队认知活动的进行有关。就如同大脑的神经网络,意识的产生也并不是各个神经元之间的单调联结,其间也包含了更加具有动力学因素的相互作用一样。所以团队中每个成员个体也如同神经网络中的神经元一样,相互间的联结、联结模式以及神经元本身的特征交织在一起动态地影响了大脑的活动,大脑中的每一个刺激都是这种相互作用的

①　E.Salas,T.L.Dickinson,S.A.Converse & S.I.Tannenbaum,."Toward an understanding of team performance and training" in *Teams*: *Their training and performance*,R.W.Swezey & E.Salas(eds.),Ablex Publishing,1992,pp.3–29.

②　Adrián Bresó, Alfonso Pérez, Javier Juan-Albarracín, Juan Martínez-Miranda, Montserrat Robles & Juan Miguel García-Gómez, "Creation of Creative Work Teams Using Multi-Agent Based Social Simulation",ICAART,2013,pp.211–218.

结果。团队完成一项创造性任务产生创造性成果也是这样个体特征、团队交流过程、团队认知活动之间相互作用的结果。

学者将团队创造力的定义归为会聚观点和整体观点两类:会聚观点注重"个体特征",认为团队创造力的核心要素是个体创造力,团队创造力是个体创造力的函数,主要受个体创造力的影响以及团队过程、规模、特性和内外环境的影响①以及任务的影响②;整体观点则注重"群体特征",认为团队创造力是团队层面的属性且是其所专有的③。

（二）团队交流与知识共享

团队的任务完成必然伴随着团队成员的内部交流,以及团队与团队之间的交流。团队创造力体现在完成任务获得的成果的创造性上,这个过程需要整合团队所有成员完成相应责任分配的认知活动获得的信息,包括了团队交流。除此之外,创造性成果产生的核心也在于知识,新的知识只能通过拥有不同背景、不同专业领域知识的个体间相互交流产生,因此团队创造性成果的产生也不能例外,所以团队交流也是为知识的给予与获得提供了桥梁、黏合剂的作用④。

关于团队交流对于团队创造力的影响,发现高频率的团队交流会产生共

---

① M.M.Crossan & M.Apaydin,"A Multi-Dimensional Framework of Organizational Innovation:A Systematic Review of the Literature", *Journal of Management Studies*, Vol. 47, No. 6（2010）, pp.1154-1191.张景焕、刘欣、任菲菲、孙祥薇、于颀:《团队多样性与组织支持对团队创造力的影响》,《心理学报》2016 年第 12 期。

② J.G.Lu, M.Akinola & M.F.Mason, "'Switching on' Creativity:Task Switching can Increase Creativity by Reducing Cognitive Fixation", *Organizational Behavior and Human Decision Processes*, Vol. 139（2017）,pp.63-75.

③ 王黎萤、陈劲:《国内外团队创造力研究述评》,《研究与发展管理》2010 年第 4 期。

④ J.Kratzer, O.T.A.J.Leenders & J.M.L.v.Engelen, "Stimulating the Potential:Creative Performance and Communication in Innovation Teams", *Creativity and Innovation Management*, Vol. 13, No. 1 （2004）,pp.63-71.

同产出阻碍(mutual production blocking)①,会限制认知能力②。成员个体的社会网络特征也是通过团队内部交流表征的,从而影响了个体的创造力,个体在团队内的创造力也会反作用于成员在团队内的交流频率,因为创造力高的个体获得更多的荣誉后社会网络位置也会发生变化,反而降低了个体创造力③。

交流是一种社会行为,团队作为一个小型的社会网络,这种行为是不可避免的,而且创造性成果的产生依赖于成员间的交流,这种交流不仅整合了成员个体认知活动成果,而且为知识共享提供了前提。知识共享是将两种知识共享行为与知识共享态度概念化,知识给予、收集,知识共享的渴望、意愿。新的知识只能在以往的知识中产生,因此创造性成果的产生也依赖与成员个体的知识结构,团队中知识多样性也会影响团队创造性成果的产生④。团队成员根据自己所有的多样性的知识分享信息、获得信息,进行团队认知活动,完成团队任务,产生创造性成果从而向外表征团队创造力的大小。知识共享通过团队交流影响着团队创造力。

(三)团队认知

团队环境对团队创造力的影响在于外部,而创造力作为一个认知过程,团队层面的认知方式、过程、结构都会对团队创造产生影响。创造性的问题解决

① W.Stroebe & M.Diehl,"Why Groups are less Effective than their Members:On Productivity Losses in Idea-generating Groups", *European Review of Social Psychology*, Vol. 5, No. (1994), pp.271-303.

② Bernard A Nijstad & Wolfgang Stroebe,"How the Group Affects the Mind:A Cognitive Model of Idea Generation in Groups", *Personality and Social Psychology Review*, Vol. 10, No. 3 (2006), pp.186-213.

③ J.E.Perry-Smith & C.E.Shalley,"The Social Side of Creativity:A Static and Dynamic Social Network Perspective",*The Academy of Management Review*, Vol. 28, No. 1 (2003), pp. 89 – 106. J. E. Perry-Smith,"Social Yet Creative:The Role of Social Relationships in Facilitating Individual Creativity",*The Academy of Management Journal*,Vol.49,No.1(2006),pp.85-101.

④ L.H.Pelled, K.M.Eisenhardt & K.R.Xin,"Exploring the Black Box:An Analysis of Work Group Diversity,Conflict and Performance",*Administrative Science Quarterly*, Vol.44, No.1 (1999), pp.1-28.

是团队任务重要的一部分,很多关于个体或团队创造力的心理学研究都会用到问题解决任务,对个体或团队创造力进行检测。Reiter-Palmon 等人将基于对问题解决的团队认知的理解,建立在个体的问题解决认知过程的基础上;将我们对个体认知过程的认识拓展到了团队和小组层面①。创造性问题解决的问题可以有多种答案,多种解决方法和多种可能的解决方案。个体层面的问题解决认知过程在之前个体创造力的认知基础一节已经阐述;团队层面的问题解决认知过程的核心也在于问题界定、发散性探索与想法生成、评价总结。

除了基于个体认知过程的团队认知,Cooke 等人提出交互团队认知(Interactive Team Cognition)的概念,认为团队认知产生于个体间的交互中,个体通过交流、协商、决策等一系列互动造成这样一种团队认知动态模型的涌现②。团队认知虽然建立在个体认知的基础上,但并不是个体行为的静态叠加,而是从简单的静态中涌现出的动态认知模型。因此,团队交流不仅是团队认知的一部分,可以说是团队认知的基础。

四、个体与团队创造力的关联整合

综合关于创造力的研究,从对创造力的本质——神经科学研究,到揭露团队创造力的本质;有些把研究的重心放在了个体特征、创造力对团队产生创造性成果的影响上,有些把研究重心放在了团队作为一个整体,而完成任务的一系列认知过程是这个整体进行的活动,通过认知活动产生了创造性成果。实际上这两种倾向并不矛盾,团队是由成员个体组成的小型社会网络,而一个团队会根据成员个体的差异性分配适宜的角色,根据自身的特征和知识、技能储

---

① R.Reiter-Palmon, A.E.Herman & F.J.Yammarino,"Creativity and Cognitive Processes:Multi-level Linkages between Individual and Team Cognition", *Research in Multi Level Issues*, Vol.7, No.07 (2015), pp.203-267.

② N.J.Cooke,"Team Cognition as Interaction", *Current Directions in Psychological Science*, Vol.24, No.6(2015), pp.415-419. N.J.Cooke, J.C.Gorman, C.W.Myers & J.L.Duran,"Interactive Team Cognition", *Cognitive Science*, Vol.37, No.2(2013), pp.255-285.

备为团队这个整体创造成果,而这个成果是团队作为一个整体共同的追求。

通过综述可以了解到个体创造力受到个体层面特征与社会网络特征影响,而在一个团队中,社会网络特征又是通过个体所处团队内的交流表征的,交流的频率、交往时间、亲密度影响力个体在社会网络中的位置,外围位置的个体与其他团队成员有知识共享的行为创造力也会更高;团队创造力是通过团队完成任务产生的创造性成果进行表征的,完成任务需要进行团队认知活动,认知活动也是团队交流,交流中成员个体间的知识共享,不仅整合了成员参与认知活动产生的成果,也相互给予、收集知识,影响了个体创造力,因为个体创造力的大小与知识的多样性相关。因此团队产生创造性成果受到个体创造力、个体特征、个体社会网络特征、团队交流、知识共享以及团队认知活动共同的影响。

对于传统的心理学研究方法,并不能将个体社会网络特征与作为整体的团队以及通过交流完成的认知活动以及知识共享整合在一起进行研究。但是团队创造力并不是任何因素单独作用的结果,因此需要建立模型,在模型中建立起团队内成员个体、知识共享、团队交流、团队认知之间的关系。通过计算机模拟模型,可以观察到具有适应性特征的团队创造力变化。通过这样的变化,可以了解到使得团队产生适应性变化的原因以及稳定团队创造力的因素。

五、团队创造力模拟的理论基础

(一)复杂网络理论

复杂网络(complex network)是具有自组织、自相似、吸引子、小世界、无标度之中全部或部分特征的网络,它由诸多节点和连接节点与节点之间的边组成①。根据具有的不同特征,复杂网络可以分为如下类型:规则网络、随机网

---

① 赫南、李德毅、淦文燕、朱熙:《复杂网络中重要性节点发掘综述》,《计算机科学》2007 年第 12 期。

络、小世界网络、无标度网络。现实中存在很多复杂网络的实例,比如互联网、生物网络、大脑神经网络、流行病传播模型等。这些网络具有相同的特征:这些网络中各个节点之间的联结是具有多样性的,网络可以将局部之间的相互联结演化成为全局的行为模式,各个网络之间同样也进行着动态的交互作用①。

复杂网络中,节点表示真实世界中不同的个体,节点的连边表示各个个体之间的关系,通过边相连的两个节点被看作是相邻的。网络分析通常会对网络的局部和全局特征进行分析,平均路径长度 L,表示网络中节点的分离程度,从中可以体现网络的全局特征。聚集系数 C,表示网络中各个节点与相邻所有节点之间连边的数量占相邻节点之间最大可能连边的数目比例,表现出了网络的聚集性,反映的是网络的局部特征。介数反映的是相应节点或者边在网络全局中的作用和影响。

复杂网络模型中,在社会学应用较广的是小世界网络。复杂网络的研究起始于有规则网络以及随即网络,但是许多生物学的、技术的、社会学网络介于规则网络与随即网络之间②。小世界模型就是从规则网络变化成为随即网络,介于两者之间的复杂网络模型。模型中每一个人与另外一个人产生联系只需要通过很少的几个熟人,它来自于六度分离(six degrees of separation)模型③。这一特性很好地应用到了社会网络分析中。除此之外,复杂网络还广泛应用于统计物理学、计算机网络科学、神经生物学、基因控制网络、生态学以及其他重要学科和自组织网络之中。

---

① 马骏、唐方成、郭菊娥、席酉民:《复杂网络理论在组织网络研究中的应用》,《科学学研究》2005 年第 2 期。

② D.J.Watts & S.H.Strogatz, "Collective Dynamics of ' Small-World ' Networks", *Nature*, Vol. 393, No.6684(1998), pp.440-442.

③ D.J.Watts & P.Bak, "Small Worlds:The Dynamics of Networks between Order and Randomness", *Physics Today*, Vol.53, No.11(2000), pp.54-55.

（二）复杂适应性理论

复杂适应性系统（Complex Adaptive System，CAS）是 Holland 基于复杂网络建构的。他的基本思想是适应性产生复杂性。在整个系统中，个体与个体、个体与环境之间相互作用。个体为生存而适应，通过适应改变自身的属性、改变周围的环境，这些改变让系统复杂化。在系统复杂化的同时，个体为了适应这一复杂性通过交流、学习、积累、改变，产生新的属性、新的结构、新的行为模式。系统就建立在复杂性促成适应性，适应性诞生复杂性这一循环往复之上。

复杂适应性系统建立于 Holland 的遗传算法（Genetic Algorithm）基础上。遗传算法受到达尔文进化论的启发，它是一种具有迭代特征的自适应性概率搜索算法①。复杂适应性系统中主体在适应、演化的过程中需要注意四个特征：聚集（aggregation）、非线性（non-linearity）、流（flows）、多样性（diversity）；还有三个演化机制：标识（tagging）、内部模型（internal model）、积木（building blocks）。

聚集特征是为了简化系统将主体聚集起来成为新的单独的主体，但是主体间的相互作用又涌现出复杂行为。非线性特征表现出了系统中主体主动产生的适应性，而这种非线性的表现使得系统复杂化。流表征了个体与环境之间的相互作用，将他们视为物质流、能量流、信息流。多样性特征是指个体之间的差别，个体类型之间的多样性，即个体的分化。

系统的演化机制中标识是对个体的标识，目的是为了实现信息交流。内部模型可以直接从中判断出主体所处的环境，隐式模型只表现主体当前的行为，显式模型则为外显的表示内部结构用于探索主体环境。积木机制让我们通过重复使用系统中简单的部分获得经验，系统的复杂性在于原有积木的重新组合方式。

---

① 谭跃进、邓宏钟：《复杂适应系统理论及其应用研究》，《系统工程》2001 年第 5 期。

这些特征以及系统的演化机制表现出了理论的基本思想,适应性产生复杂性。利用复杂适应性系统理论,延伸出基于主体的模型以及基于多主体的模型。创造力是一个复杂的认知过程,也是有意识或者无意识产生创造性想法、成果的能力。它与个体人格特征、内在动机、情绪、思维方式有关;也与社会关系网络中与其他个体的关系联结强度、在网络中的位置也有关,这些特征还会被创造力影响,从而得到动态的结果。创造力产生想法、成果既可能是有意识,通过认真思考得到的;也可能是在无意识的情况下,自主产生的。创造力具有这些特征使得创造力具有难以预测的复杂性。虽然有研究基于繁殖理论,用操作性实验进行创造力的研究,但是只能部分地说明创造力的特征。根据创造力的认知过程建立模型进行计算机模拟只能更清晰地得到创造力认知过程是怎样被实现的,依然不能通过模拟预测得到怎样的创造性成果①。

（三）基于多主体的模型建立

基于主体(agent-based)的技术是复杂适应性理论的新取向。它将主体进行封装,不考虑主体的内部结构,只关注主体与其他主体或环境之间的关联②。基于主体的复杂适应性系统的建模是自下而上的。模型中包含主体(Agent)、主体的行为规则、主体与主体之间交互作用的规则。

主体在其他中文文献中也会称为经济人、智能体,主体可以是具有生命的也可以是不具有生命的环境主体,主体可以是一个个体也可以是群体。每个主体具有自身的属性特征、主体的行为规则。

一般社会网络模型的建立过程:通过观察现实社会中的现象,建立合理的假设;通过该假设选择建立主体模型以及建立主体之间的相互作用规则、行

---

① M.A. Boden, (1998). "Computer Models of Creativity" in *Handbook of Creativity*, R. J. Sternberg(ed.),Cambridge:Cambridge University Press,pp.351-372.

② 黄天辰、韩京才:《基于 Agent 技术的复杂适应系统分析与建模》,《计算机仿真》2005 年第 9 期。

为;基于假设建立主体与规则的模型,观察模型产生的动态结果;根据结果验证假设,得到结论并对现实社会中的现象作出解释;最后,通过修改主体模型中的属性特征或者主体间的行为规则,得到属性或规则对整个模型的影响[1]。

有研究从建立具有高创造力的团队开始,建立创造力模型,发现增加新的高创造力个体并不能提高整个团队的创造力[2]。研究中,建立了一个工作团队的模型。建立了管理主体和员工主体。管理主体的行为是创建一个创造性团队;员工主体的行为是寻找工作。管理主体需要建立创造性团队、考虑受限制的成本、进行谈判选择管理者、可能会被其他管理者候选人替换。员工主体具有角色多样性特征,主管、助理、技术人员和学者,拥有多样性的人格特征。主要行为流程是,管理主体与员工主体设定谈判协议:管理主体需求具有多样性的员工、提供预算,员工主体接受邀请并根据角色得到工资,测量现阶段的团队创造力(初始值为0)。

有的研究将认知过程设置为主体建立创造力模型。Lopez-Ortega 通过音乐任务对创造力的认知过程进行模拟,使用了计划主体、探索主体、整合主体、选择主体、解决主体作为模型的主体,将创造性个体作为活动者(具有生命的主体)。主体具有自身的属性、自身的行为,也会与其他的主体进行互动,在进行模拟前需要对这些变量进行规定。主要流程是,创造性个体定义项目〔产生种子参数(sp)、探索属性(eo)〕,传递给计划主体;计划主体展示初始概念空间变量,使种子参数和探索属性有效化(传递给探索主体);探索主体接收到 sp,产生、重复产生并储存初级临时作品;整合主体通过整合初级临时作品产生、重复产生并储存次级临时作品;选择主体回收初级或次级临时作品,按照创造性个体的要求重复产生初级或次级临时作品,它为临时作品的评价

<hr />

[1]　张江、李学伟:《人工社会——基于 Agent 的社会学仿真》,《系统工程》2005 年第 1 期。

[2]　Adrián Bresó, Alfonso Pérez, Javier Juan-Albarracín, Juan Martínez-Miranda, Montserrat Robles & Juan Miguel García-Gómez, "Creation of Creative Work Teams Using Multi-Agent Based Social Simulation", ICAART, 2013, pp.211–218.

建立模板,并储存临时作品的评价;解决主体为初级和次级临时作品排名,从创造性个体接收决定,储存最后作品,并结束创造性项目①。

第二节 团队创造力模型的建构

一、理论框架

团队创造力模型一般基于社会网络结构或认知过程进行构建。创造力是产生合适、新颖的产品的能力。个体创造力是个体产生具有创造性成果的能力,产生创造性成果的认知活动是在大脑中完成的,与个体的性格、内在动机、知识等个体层面特征相关,也与个体在社会网络中的联结强度、位置相关,个体网络特征由于通过团队交流产生个体间知识共享行为,从而影响了个体创造力。将团队中的个体特征和整体结构结合创造力认知过程进行建模,可提高系统的复杂性,基于个体水平、社会水平、认知水平的理论架构创建团队创造力模型将更加全面、有效。

本研究中的团队创造力通过团队完成问题解决任务获得的解决问题方法的创造性进行表征。团队是由两个及以上人数个体组成的,相互间合作地并且适应性地追求共享的价值目标;团队成员可以明确地定义为具有明显差异的团队角色和责任分配,拥有任务相关的知识,并且相互依赖,即为了完成目标必须依赖其他成员个体。对于团队创造力而言,团队作为一个小型的社会,网络即是团队的大脑,每个成员个体是其中的神经元,成员间的交流相当于神经元间的信号传递,传递的信号即是知识(信息),而团队作为整体完成认知活动。与大脑不同的是,成员个体、团队交流、知识共享是相互影响的关系,成员个体社会网络位置基于成员间交流的频率、时间、亲密度建立,个体创造力受到社会网络

① O.López-Ortega,"Computer-Assisted Creativity:Emulation of Cognitive Processes on a Multi-Agent System",*Expert Systems With Applications*,Vol.40,No.9(2013),pp.3459-3470.

位置的影响,而在团队内部高创造力个体会受到更多的荣誉,交流方式改变后,社会网络位置随之改变,从而影响到个体创造力;在这个个体社会网络位置与团队交流方式的相互作用中,知识是其中影响的媒介,社会网络位置处于外围且与团队外个体有更多交流的个体有更高的创造力,是由于这样的个体拥有的知识冗余程度更低,提取多样性信息更容易。然而,当个体在团队这个社会网络中获得更多交流机会时,获取的知识更冗余,从而降低了个体创造力。

二、模型建立

团队成员个体组成的三个小组:控制组、探索组、分析组,包括了动态的成员交流以及问题解决任务的认知过程。

模型建立在作为社会网络的团队的基础上,其中团队成员具有他们的个体层面特征以及社会网络特征。个体特征包括个体性格特征的外向、开放性、内在动机、信息库,个体创造力取决于前三个特征以及信息库中非常识性信息的个数。社会网络特征主要是个体在社会网络中的位置,中心位置个体(centrality)、外围位置个体(periphery),基于综述中个体创造力的社会层面的阐述,处于中心位置的个体适合于控制组中对问题进行界定,而外围位置个体适合于探索组进行发散性探索并生成想法,分析组成员在团队中处于中间位置并不会对团队创造力产生特定影响。

除了静态的团队结构,该模型具有动态特征。基于螺旋模型,得出结论,外围位置个体较高的创造力会为它带来声望和地位,因此社会网络位置会发生改变,团队交流模式也会发生变化。交流是在团队成员间进行的,同时由于是对现实团队的模拟,也会有团队内成员与其他团队的成员的交流。以往研究证明与其他团队的交流可以接收到更加多样化的信息,提高创造力。创造力的认知过程:问题界定与策略选择过程、发散性探索和想法生成过程、评价总结过程。首先,当团队接受一项新的任务或者需要解决一个新的问题时,认知模型的具体实现过程为:

其一,通过问题界定与策略选择过程将问题通过一定方式分解为可以被理解的问题,并设定具体策略这样可以探索出更多的解决方法或是新的想法。

其二,通过发散性探索过程,基于具体的策略发散性的寻找新的信息,这些信息可以是零碎的、多样的、没有限制的。

其三,通过评价总结过程,对整合后的方案和成果做出评价,将具有独特性和实用价值的内容作为最终方案或成果提交。

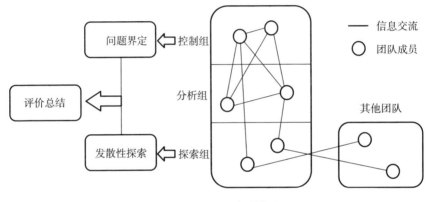

图 4-1　团队创造力模型

图 4-1 为研究的团队创造力模型,团队作为一个小型社会网络,团队成员间的连线为成员之间的基于交流的知识共享。而团队成员根据自身特征、创造力与社会网络特征分组,分配适宜的认知活动。在模型中团队交流通过知识共享体现。

第三节　团队创造力模型的计算机模拟

为了更好地验证模型,该研究基于复杂适应性系统理论,建立基于多主体的模型并对它进行计算机模拟。复杂适应性系统理论基于复杂网络建立,认为适应性产生复杂性。这一点是社会中个体行为模式复杂化产生的原因——适应。模型中包含了团队成员信息交流以及参与问题解决任务的认知过程。个体进入团队后,随着交流与问题解决任务的完成,成员个体的社会特征会改变,交流模式会改变。对于这一模型的模拟可能会产生适应性结果,团队创造力会发生变化。对该模型的模拟会体现出复杂适应性系统理论提出的适应性概念。

基于理论,需要建立主体、主体间的行为规则,依此来进行模拟。所使用的模拟软件是 NetLogo5.2①,它是一个多主体可编程的模拟工具。优势在于可以对于随时间变化的涌现行为进行模拟,所以可以应用于社会科学类的研究。

在模拟的过程中,模型中的内容需要被抽象表征。本章的模拟中团队创造力通过完成问题解决任务得到解决问题方法的创造性界定。首先建立主体,主体是由团队内根据成员特征分配完成认知活动的小组,有控制组、探索组、分析组。团队的问题解决任务中,问题、知识、解决方法通过一个数组表征,个体的知识也通过数组表征,个体社会特征通过交流次数表征,知识共享行为是交流的内容。

一、主体及行为规则的建立

(一)主体建立

主体是带有自身属性、自身行为的智能体。在计算机语言中用类来代表模型中的主体。主体(agent)的直译应该是代理人,即是对某个个体、群体、环境的概念化表征。在使用 NetLogo 模拟时有两种类型的主体,一种是有"生命"的主体,成为海龟主体(turtle agent);一种是没有生命的主体,称为瓦片主体(patch agent)。基于模型,需要建立三个海龟主体。海龟主体是团队模型中的三个小组:控制组、探索组、分析组。三个主体可以表示为 controlgroup、explorationgroup、analysisgroup。他们各自具有自己的属性,即是个体的人格特质、内在动机、社会网络位置、知识。

---

① 　U. Wilensky, NetLogo.*Center for Connected Learning and Computer-Based Modeling*, Northwestern University, Evanston, IL, 1999.

表 4-1 控制组个体特征

特征	描述
conchara-ex	控制组个体人格中外向性特征
conchara-op	控制组个体人格中开放性特征
conintrmot	控制组个体内在动机特征
coninfor [ ]	控制组个体知识
conindicrea	控制组个体创造力

每个小组的成员个体特征在模拟中的表示与控制组相同,但是团队内每个成员个体的具体特征数据是随机的。其中人格、内在特征是[1,5]内的随机数。个体创造力的数据是人格特征与内在动机与非常识性知识之和。个体的知识的数组分为常识性知识、非常识性知识。

（二）主体行为建立

主体的行为主要是根据主体属性产生创造力的初始值以及认知任务涉及的参数。各个主体产生的信息不同,可以根据不同任务具有不同的行为模式。

主体基于上述的模型进行交互,因此主体间的行为规则是通过模型建立的。

1. 控制组主体接受新的任务（问题）,根据问题的数组区间以及成员自身的信息库中的数组进行界定,输出各个成员定义的新的数组区间,并区分常识性区间、非常识性区间。

2. 探索主体根据控制组界定的问题区间,基于成员个体的信息库数组区间得到问题解决方法的数组区间。与常识性区间、非常识性区间进行比较,得到既符合问题界定区间又符合非常识性区间的合适且新颖的创造性成果区间。

3. 当团队创造力即创造性成果区间的大小低到一定程度（可控）,团队会移除个体创造力最低的成员,引入新成员。

4. 成员交流通过向成员个体信息库数组区间中相互加入新的数字。

表 4-2　主体行为

行为	描述
com-control；com-analysis；com-exploration	团队交流
define-problem	问题界定
divergent-exploration	发散性探索
evaluation-resolving	评价
transfer	成员流动

团队交流的内容是个体间的知识共享,即相互给予、收集对方的知识信息,在模拟中即是数组的数字。由于问题本身即是一个数组,问题界定即是让控制组个体的知识数组对问题数组进行编辑,形成未来对问题解决方法的评价方案,即常识性问题解决与非常识性问题解决数组。发散性探索即是从探索组个体的知识中随机选择。最终对探索得到的问题解决数组进行评价。而既在问题解决数组内的又在非常识性问题解决数组内的数字,代表的是一个创造性问题解决方法。

二、模拟流程及编程

由于模拟是在 NetLogo 软件平台上编程,所以与实验研究不同的是,模拟尽量在现实可能会存在的情况下进行。编程是静态的,对于团队成员的个体特征以及社会网络特征采用随机赋值的方式进行界定,团队交流是通过信息库交换信息进行,问题解决任务是对于一组数组的编辑,通过最后经过交流以及团队成员对于数组的编辑(认知过程)输出的数组(作为问题解决方法)与常识性信息和非常识性信息进行评价,从而得到团队创造力。因此,团队创造力在研究中的界定即是模拟中团队最终输出的数组中与非常识性信息库中数字重复的数量。

对于模型的模拟本身的编程是静态的,但是由于系统的复杂程度较高,所以得到的团队创造力会随着团队交流以及完成问题解决任务的时间计次

(tick)而发生变化,而本章主要对于这样的变化进行观察。为了让模拟更具可操作性,一些关于团队成员特征以及其信息库、交流次数的变量都是可控的,可以通过对这些变量进行改变,观察团队创造力的变化趋势。

NetLogo 中的模拟编程分为三个部分:第一部分是对全局变量和主体的设定;第二部分是建立(setup)主体,其中包括主体的一切基础属性的建立;第三部分是根据建立的主体间规则,运行程序(go)。研究模拟了团队在完成创造性问题解决任务时所产生的成员间交流、认知任务和成员流动。其中成员交流主要体现在信息交流中,主体与主体之间交换信息并存储在自己的信息库中,而研究中主体的信息库通过一个特定区间的数组表示,信息库的大小(数组长度)是可控的。问题解决任务在 NetLogo 中抽象模拟,问题同样通过一个区间的数组表示,在主体执行认知任务的过程中,数组会被重新界定并最后通过主体得到数个代表解决方法的数组。最后通过对比常识信息库和非常识信息库中的数字,来判定团队产生的创造性(非常识但符合问题界定区间)的解决方法的数量,从而得到团队创造力的大小。

在 NetLogo 中,具体的模拟主体与主体行为的关系,如图 4-2。

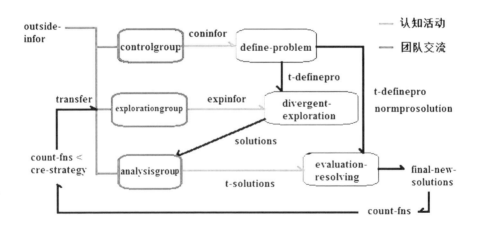

图 4-2　模拟的主体与主体行为

（一）对全局变量和主体的设定

全局变量包括了在整体程序中都会用到的变量,如常识信息、非常识信息等。在 NetLogo 中主体并不是单个个体,而是许多个体的集合,通过 breed 界定。研究中的主体包括三个:控制组(control group)、探索组(exploration group)、分析组(analysis group)。

（二）setup 的编写

在 NetLogo 的界面部分有两个按键是必需的,即是 setup 和 go。Setup 是在运行主程序前建立主体相关的各个属性初始值的部分,如果存在瓦片主体,也是在显示图形的界面中产生初始图像。

研究中,首先建立各个主体都需要的信息库,其中包括常识信息、非常识信息,以及在主体与主体的交流过程,探索组主体中的个体会产生的与组外交流的信息库。其理论依据在综述中的个体创造力的社会层面中表述为,进行发散性探索任务的个体,如果在社会网络中处于边缘位置且与团队外成员进行交流,会具有更高的创造力。而创造力与信息库大小具有正相关性。

对三个主体的属性建立。包括主体中的个体个数(可控)、个体创造力,影响了信息库大小以及常识信息的比例。研究中,首先建立信息库,常识信息库为[1,10],非常识信息库[11,20],团队外信息库[5,30]。在建立主体中个体信息库时,根据个体创造力大小给个体随机赋予一定数量的常识、非常识信息(数字)。

（三）go 的编写

go 是使用 NetLogo 进行计算机模拟时的主要程序。主体使用什么规则、主体与主体间的关系都是通过 go 来进行的,最终得到想要收集的数据以及群体涌现的行为。在研究中,涉及了主体间的交流、主体所要完成的认知过程以及成员流动过程。

1. 主体间的交流

在模拟中,主体中的个体间的交流通过信息交流来抽象表达。其中包括主体内部的个体与个体间的交流,这样的交流由于主体本身共享了创造力相对大小的属性,所以信息库具有较高的重复性;以及包括主体与主体间个体交流,即团队内交流;同时还存在团队与外部的交流,团队外交流抽象表示为与团队外信息库的信息交流,团队外信息库中包含了团队内部成员没有的数字。不论交流方式为何,增加信息库中信息的次数是可控制的。模拟中的交流通过在个体信息库(数组)中增加其他个体信息库中的数字进行的。如此一来,各个体都会有常识性、非常识、团队外信息,根据交流次数和创造力的不同,三种信息的比例会有差异,从而得到不同的个体信息库结构。

2. 认知过程的模拟

认知过程包括:问题界定、发散性探索与想法生成过程、评价总结过程。在问题界定过程中,行动的主体是控制组主体,主体中的个体依次使用自己的信息库对问题区间进行重新定义。研究中,问题区间定义为[1,10]。对于一个数组来说可以表征一组数字特征的即是最小值、平均数、最大值,对于问题区间的界定也是通过提取个体信息库中的最小值、平均值、最大值对问题区间做数字运算。发散性探索过程在模拟中主要是探索组所完成的认知任务。探索组根据自己的信息库,搜索可能的解决方法。分析整合过程则是将上一过程得到的数据整理在一起并去除掉重复的。最后对团队创造力的评价,是将得到的解决方法数组与根据常识性信息形成的常识性解决方法进行比较,既符合问题界定区间,又不在常识性解决方法区间的数字则可看作是创造性解决方法。

3. 成员流动

成员流动即是团队成员的离开以及新成员的加入。在模拟中当团队创造力被发现降低到一定水平时即会有成员离开并加入新成员,创造力降低的程度是可控的。

三、数据采集结果

在 NetLogo 中,行为空间(Behavior Space)可以进行模拟实验并收集数据。它是一个 NetLogo 里的集成工具,可以多次运行模型,系统改变模型的配置,并记录每一次的运行结果。

(一)直接运行

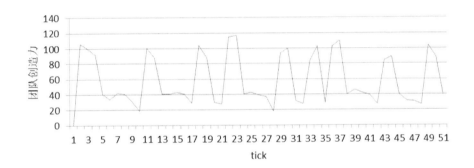

图4-3　建立一次主体后运行得到的团队创造力的变化

1.一次运行结果

将各个可控变量设置为中间值,来得到一次运行结果,目的是通过图像来观察初步模拟的运行结果。

表4-3　可控变量设置

变量	值	变量	值
con-num	5	con-in-num	10
ana-num	5	ana-in-num	5
exp-num	5	exp-in-num	5
con-norm-num	7	t-com-num	20

续表

变量	值	变量	值
ana-norm-num	5	incom-max	10
exp-norm-num	3	crea-max	100
t-infor-num	10	cre-strategy	30

团队创造力在本次模拟中是通过团队创造性解决方法的数量进行定义的。因此可以在这样的变量设定下,随着模拟中 go 运行次数的增加,团队创造力会呈现出并不单一的变化模式。可以观察到它从一开始的逐渐增加到降低,而后再次增加并持续一小段时间后,再次降低。这样的变化规律并不是完全预先设定好的,而是由于主体与主体间的交流以及整个模拟的行为方式所涌现出的行为变化。其中团队创造力的降低是由于交流次数的增加而导致信息库中信息的重复,所产生的现象;随后团队创造力的增加又是由于团队成员的流动接受了新成员而使团队的信息库得到了新的补充。可以初步验证假设,即团队创造力会随着交流、完成团队认知过程而下降;除此之外各个组别成员随着时间推移产生流动,可以提高团队创造力。

2.多次运行结果

一次运行并不能完全表现模拟的可信度,因此在 10 次模拟后得到图像的相关度可以初步判断模拟的可信程度。

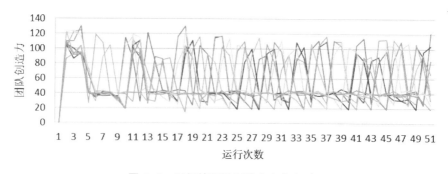

图 4-4　运行的团队创造力变化(10)

可以观察到多次重复模拟的数据并不会完全一致,但是数据的变化模式是一致的。

表 4-4　多次测量的 Pearson 相关系数

	测量 1	测量 2	测量 3	测量 4	测量 5	测量 6	测量 7	测量 8	测量 9
测量 2	.344**								
测量 3	-.043	-.062							
测量 4	.402**	.311*	.152						
测量 5	.163	.534**	-.017	.322*					
测量 6	.093	.207	.197	.289*	.390**				
测量 7	.167	.081	.078	.524**	.090	.036			
测量 8	.302*	.758**	.011	.389**	.570**	.149	.108		
测量 9	.157	.158	.254*	.148	.078	-.059	.180	.085	
测量 10	.668**	.167	.147	.135	.095	.038	.031	.294*	.086

注: * 表示相关显著 $p<0.05$, ** 表示相关显著 $p<0.01$。

并不是每次测量的相关性都在统计学上具有显著意义,这说明了模拟不够稳定,但是多次测量的相关系数具有较高的显著水平,也说明模拟的行为变化模式是一致的。

(二)团队创造力策略改变

1. 一次运行结果

团队创造力策略(cre-strategy)变量决定了是否进行成员流动或是在团队创造力降低到多少时进行成员流动。

当 cre-strategy=0 时,即只有在团队创造力为 0 时才会发生成员流动。

当团队不存在成员流动时,团队创造力会降低并且不会再次提高。与之前的直接运行相比,团队若是想要保持一定的团队创造力需要在一定时间后让团队成员保持流动。

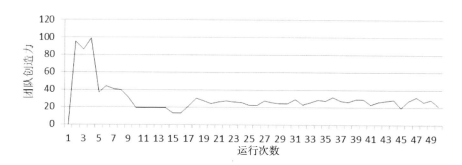

图 4-5　cre-strategy=0 时团队创造力的变化

2.多次运行结果

多次(10次)运行结果：

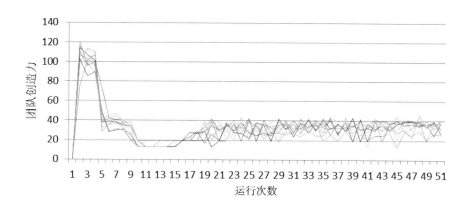

图 4-6　cre-strategy=0 时团队创造力的变化(10 次)

表 4-5　多次测量的 Pearson 相关系数

	测量1	测量2	测量3	测量4	测量5	测量6	测量7	测量8	测量9
测量2	.877**								
测量3	.886**	.918**							
测量4	.886**	.912**	.910**						
测量5	.874**	.844**	.850**	.847**					

	测量1	测量2	测量3	测量4	测量5	测量6	测量7	测量8	测量9
测量6	.897**	.905**	.857**	.885**	.860**				
测量7	.890**	.927**	.918**	.919**	.931**	.928**			
测量8	.907**	.934**	.915**	.922**	.926**	.917**	.954**		
测量9	.913**	.911**	.867**	.920**	.854**	.923**	.909**	.921**	
测量10	.895**	.923**	.901**	.879**	.869**	.932**	.947**	.921**	.881**

注: ** 表示相关显著 $p<0.01$。

多次测量的结果,进行 Pearson 相关性检验发现每一个测量的相关性在统计学意义上高显著。与之前直接运行的多次运行结果相比,多次测量的相关性更为显著。原因应该是引入新成员后,由于新成员的信息是随机的所以每次测量的团队创造力的变化无法确定,所以各次测量的相关性并没有高度显著。

四、分析与讨论

模拟可以从定性的角度将以往的心理学实验研究无法全部涉及的研究内容放在一起进行,虽然不能如实验研究一样具有较好的内外效度,但是可以从定性角度比较整体地把握团队创造力在团队完成任务的过程中的变化。模拟基于特定的团队模型进行,经过一次及多次测量,虽然模拟结果不够稳定,但是团队创造力的变化趋势是一致的。还可以继续考察模拟对于认知过程的抽象是否全面,以及改变可控变量,来观察模拟的团队创造力变化曲线是否会发生变化。计算机模拟在心理学的研究中并不多见,而近几年趋于成熟,所以对于团队创造力的模拟是必要的。

直接运行与控制团队创造力策略变量相比,特点是为保持团队创造力需要成员定期流动。这一团队创造力的变化并不是在编程中预先设定的,而是由于团队成员间的信息交流以及社会网络特征的变化对团队认知过程产生了影响,从而使团队创造力发生了改变,这一改变是由于系统的复杂性得到的适应性变化,而让系统的适应性策略即是成员流动,让个体创造力不高的成员离开,引入新的创造力高的个体。

为了确定模拟的稳定性,进行了多次测量,并进行了 Pearson 相关性检验。虽然直接运行多次测量的相关性并没有理想的统计学意义上的高显著,但是这种相关性可以证明多次测量的团队创造力的变化模式是一致的,而多次测量的不稳定是由于每次团队创造力的下降随运行次数的程度是不同的,引入新成员的时机不同,所以导致团队创造力的提升时的运行时机也不同,不存在成员流动时的多次测量所有结果的相关性都具有统计学意义上的高显著。可以说明,模拟在重复测量的情况下也是稳定的。

本章的计算机模拟方法可以定性地证明,根据前述的模型,团队创造力会随着认知任务完成的次数——在真实情况下即是团队组成的时间长度——的变化而降低;只有引入新成员加入时团队创造力才会提高。这一变化的源头在于团队成员个体的社会网络特征会随着时间变化并降低个体创造力,也会影响团队交流,使得个体的信息库冗余。团队成员间的信息交流,使得团队整体的信息库冗余,从而降低了团队创造力。而新成员的加入引入了新的信息,从而刺激了团队创造力的提升。

第五章　人机集体智慧之计算机
支持下的合作创新

第一节　计算创造力新进展

　　自 20 世纪 50 年代以来,人工智能与人类创造力两个领域的研究与应用呈现相互促进、共同发展的态势①,例如,深度学习、卷积神经网络、计算机生成系统的探索,可以为心理学研究者理解人类创造力提供信息;而心理学对人类创造力内涵、过程和影响因素的研究则易于被计算机领域的学者消化吸收,用以理解人类创造力的核心认知本质,并融入人工智能创造力研发工作中,有望与心理学工作者携手开创出基于人类创造力认知原则的人工智能研究新方向②。其中,计算创造力(computational creativity)正是基于计算机与心理学跨学科视角形成的人工智能研究新方向,计算创造力通过对创造力进行计算机建模、模拟或复制,探讨创造力研究中的理论和实践问题,涉及人工创造力、机器创造力、创造性计算、人工智能创造(artificial creativity, mechanical creativity,

---

　　①　S. DiPaola, L. Gabora & G. McCaig, "Informing Artificial Intelligence Generative Techniques Using Cognitive Theories of Human Creativity", *Procedia Computer Science*, Vol. 145 (2018), pp.158–168.

　　②　陈浩、冯坤月:《AI 产生创造力之前:人类创造力的认知心理基础》,《中国计算机学会通讯》2017 年第 3 期。

creative computing,AI creation）等相关概念，并且跨越艺术、科学和工程学多个学科界限，受到人工智能、计算机科学、哲学、心理学以及特定创新领域，例如艺术、音乐、推理和文学的影响。其目标是构建具有人类创造力的程序或计算机；更好地了解人类创造力、为人类创造性行为制定算法；设计能够增强人类创造力的程序。其研究领域既包括计算机的自主创造，也包括计算机与人类共同创造者的合作①，前者是实现强人工智能的重要保障，后者所涉及的人机协同下的混合增强智能（hybrid-augmented Intelligence）则是新一代人工智能的典型特征，也是人工智能新发展的重要方向，可以细分为两类基本形式：一类是人在回路的人机协同混合增强智能，另一类是将认知模型嵌入机器学习系统中，形成基于认知计算的混合智能②，两种形式均是实现真正意义上的人机协同、互相促进的重要路径。混合增强智能的有效应用意味着价值创造和竞争优势，其技术属性和社会属性为人类社会发展和科学探索带来生机，也为个体与群体创造力研究与应用开辟了新领域。

可以将计算创造力模型划分为计算创造力生成模型、计算创造力协作模型以及计算创造力评估模型。计算创造力生成模型利用通过算法实现对于人类创造过程的模拟产生出新颖的、有用的产品，模型使用的算法通常是对人类进行创造力活动过程中认知活动的模拟，但是目前人工智能领域使用的数据驱动的算法同样可以达到很好的效果。计算创造力协作模型则是通过对人机交互的手段来实现对于人类创造力进行增强的目的。计算创造力评估模型的目的则是实现对于创造力产品的评估，计算创造力评估模型不仅仅是对计算

---

① A.Jordanous,"Four Pppperspectives on Computational Creativity in Theory and in Practice", *Connection Science*,Vol.28,No.2（2016）,pp.194−216. A.Jordanous,"Co-Creativity and Perceptions of Computational Agents in Co-Creativity",ICCC'17−Proceedings of the Eighth International Conference on Computational Creativity,2017,pp.159−166.

② N.Zheng,Z.Liu,P.Ren,Y.Ma,S.Chen,S.Yu,et al.,"Hybrid-Augmented Intelligence:Collab-oration and Cognition", *Frontiers of Information Technology & Electronic Engineering*,Vol.18,No.2（2017）,pp.153−179.

机创新生成的或人机协同创新产生的创新产品进行评估,也包含使用计算机算法实现对人类创造力评估能力的模拟。

第二节　计算创造力协作模型

一、基于可拓学的计算认知模型

大多数问题解决的理论都更加注重明确的过程,这使得问题解决以一种十分审慎的方式进行①。然而,对于定义不明确或复杂的问题,求解者需要产生一些创造性的想法,而不是仅仅在给定的问题空间中寻找解决方案。大多数计算创造力模型关注的是如何模拟创造性思维的产生,但是解决问题的创造性过程不仅包括创造性想法的产生,还包括问题的表达和准备、想法的评估和选择等。可拓学是一门新的交叉学科,它研究用形式化模式扩展事物、规则和发展创新的方法的可能性,并用于解决矛盾问题②③④,可拓学提供了一种称为可拓创新方法的系统方法,以帮助人们完成"发现问题、建立问题模型、分析问题、生成问题解决策略"的过程。

可拓学引入了表示信息的基本元素的概念。如果把观念看作是一些物体的心理表征形象,那么观念可以由一些基本元素或它们的组合来表示。因此,在可拓学中,观念生成的概念可以定义为由给定的基本元素生成某些基本元素。创意生成是创造性解决问题的关键步骤。许多创造性技巧都有目的性,

---

①　H.Sébastien & S.Ron, "Incubation, Insight, and Creative Problem Solving: A Unified Theory and a Connectionist Model", *Psychological review*, Vol.117, No.3(2010), pp.994–1024.

②　W.Cai, C.Y.Yang & G.Wang, "A New Cross Discipline-Extenics", *Science Foundation in China*, Vol.13, No.1(2005), pp.55–61.

③　X.Y.Tu, "Extenics-the New Discipline About Researching 'Contradictions Transformation, Exploration and Innovation'", *Engineering Science*, Vol.12(2000), p.97.

④　C.Y.Yang, "Overview of Extension Innovation Methods", in *Extenics and Innovation Methods*, Cai W(eds.), London: CRC Press, 2013, pp.11–19.

但缺乏正确的、形式化的表征,缺乏可靠的问题解决理论基础。在可拓学中,概念生成的创造性技术称为可拓创造性概念生成方法。不同于其他尚未形式化的创意技术,可拓创意生成方法可以通过一组可拓规则来表示。在可拓学中,扩展规则包括扩展规则、共轭规则、传导规则、基本元素的逻辑演算规则和变换的运算规则。在创意支持系统的引导下,用户可以选择一些扩展规则来产生创意,即用户可以通过应用发散规则等方法从中获得新的创意。通过应用扩展规则,该系统不仅仅是一个动态的展示系统,它提供了一个框架来组织用户的思想,甚至可以通过扩展推理自动生成新的思想[1]。另一方面,由于用户的思维过程是通过可拓规则在创造性支持系统中的应用过程来进行的,因此可以通过用户的计算认知模型来检测或预测用户认知状态的变化。

Chen 等人通过建立基于可拓学的认知模型实现对于人类记忆能力的模拟,根据他们的观点,记忆能力是计算创造力系统中的关键一环,并且在将模型用于人类创造力支持系统中取得了很好的效果[2]。

二、生物启发式设计模型

自然环境一直是激发工程师和设计师设计灵感的来源[3],生物启发式设计模型正是基于对自然环境中事物的变化发展规律而提出的,用以增强设计师创造力的模型,该模型的核心包括进化、发育和共同进化三类过程。在这个框架中,工程学负责提供一个设计活动的目的或者一个需要解决的设计问题。生物学负责提供灵感,用以提高工程设计的创造性、最优性和稳健性的过程。计算机科学为解决复杂的工程问题提供模拟物理现象和生物过程的算法和数

---

① C.Y.Yang & W.Cai,"Knowledge Representations Based on Extension Rules",7th World Congress on Intelligent Control and Automation,2008,pp.1455-1459.

② Z.Chen,X.Jia & Z.Xiao,"A Computational Cognitive Model of User Applying Creativity Technique in Creativity Support Systems",*Procedia Computer Science*,Vol.55(2015),pp.818-824.

③ R.Kicinger,T.Arciszewski & K.D.Jong,"Evolutionary Computation and Structural Design:A Survey of the State-of-the-Art",*Computers & Structures*,Vol.83,No.23/24(2005),pp.1943-1978.

据结构①。通过对自然启发式的进化、发展和共同进化过程进行数学算法模拟来增强工程系统的最优性、新颖性和健壮性。在进化过程的模拟中,通过使用基因、基因组、遗传和变异等概念与设计过程中的实体部分进行相互对应,通过对进化过程的迭代模拟来实现结构的稳固和增强。发育过程通过对胚胎发育和细胞分裂的数学过程进行模拟,不过在此过程中考虑到不同生物具有的发育形态,需要对发育过程设立一定的发育规则。共同进化过程可以被看作是一个包含共同进化的子系统或种群的给定系统的动态平衡,该系统对于设计产品与设计环境之间的相互作用进行模拟,此过程通过不同方案之间的相互博弈筛选出最优的解决方案。

Kicinger 和 Arciszewski 通过使用生物启发式设计模型对工程建筑进行设计模拟来增强建筑设计师的设计灵感,在他们的研究中,他们除了实现生物启发式模型三个最核心的过程之外还提出了一种整合的模型,这种整合的模型可以针对多目标的设计问题提出解决方案②。

三、基于遗传算法树结构的创造力支持模型

该模型基于一般遗传算法中的树结构而不是已知的二进制串进行表示。模型可以生成两种对象:一种是利用一般数学表达式生成的二维草图形状;另一种是利用复变函数和一般数学表达式生成的三维图像。在每个阶段,都采用了进化遗传算法。通过设计者与系统之间的交互,可以创造出设计者无法轻易创造出来的新设计。此外,设计师的创造力可以通过观察进化过程来激发。

---

① T.Arciszewski & J.Cornell, "Bio-Inspiration: Learning Creative Design Principia", Workshop of the European Group for Intelligent Computing in Engineering, 2006, pp.32-53.

② R. Kicinger & T. Arciszewski, "Bioinspired Computational Framework for Enhancing Creativity, Optimality, and Robustness in Design", *Journal of Computing in Civil Engineering*, Vol.23, No.1(2009), pp.22-33.

在这种遗传算法中可以通过对于函数参数的限制来确保最终设计的形式,这样使设计者有权选择自己喜欢的设计,从而引导系统进化出符合设计者期望的设计。因此,进化算法的一个重要组成部分就是非收敛性。如果设计形式失去了多样性,聚集在一个单一的形态上,设计的新颖性就无法得到保证[1]。

第三节　混合增强智能下的合作创新研究

一、国内研究亮点

目前,针对混合增强智能下的计算创造力,国内学者已将计算机模拟引入团队创造力研究,并探讨了团队创造力的计算机支持方案。其中,祖冲、曾晖和周详对团队创造力认知模型进行了基于多主体的计算机模拟,考察团队执行创造性问题解决任务时,知识共享过程中团队创造力的动态变化[2]。高水平的团体创造力需要有效的互动过程、最佳的群体构成与体验,以及支持创新和心理安全等便利背景,电子头脑风暴和个人书写头脑风暴(brain-writing)、个体与群体创新交替进行的混合式头脑风暴是团队合作创新的有效模式[3]。周详等人分析了协同创新中头脑风暴法受认知、社会和动机因素影响而面临的生产阻塞、评价担忧和搭便车者等问题,建议通过设计较好的计算机支持下的协同创新工具加以控制和解决[4],例如美国的电子头脑风暴系统 EBS、创造

① H. Liu & X. Liu, "A Computational Approach to Stimulating Creativity in Design", International Conference on Computer Supported Cooperative Work in Design, 2006, pp.344−354.

② C. Zu, H. Zeng & X. Zhou, "Computational Simulation of Team Creativity: The Benefit of Member Flow", *Frontiers in psychology*, Vol.10(2019), p.188.

③ R. Korde & P.B. Paulus, "Alternating Individual and Group Idea Generation: Finding the Elusive Synergy", *Journal of Experimental Social Psychology*, Vol.70(2017), pp.177−190.

④ 周详、任乃馨、曾晖:《协同创新中头脑风暴法的缺陷及其计算机支持解决方案》,《企业管理》2018 年第 3 期。

开发协同工具 EDC、日本的 Caretta、德国的 i-LAND(投影墙、独立创作台、合作台和公共椅)、台湾的思想风暴幻 ISC 等。

二、国内外研究现状比较

国外学者早期较为关注计算创造力的评估与个体创造力模拟与评估,具有较丰富的研究基础,包括语言创造力(包括故事创作、隐喻和明喻、笑话、新词等)、音乐创意、视觉和艺术创造力,解决问题的创造力等主题,近十年开始关注群体合作创新的计算机模拟与评估①。而对于混合增强智能下的团队合作创新研究与国内研究类似,均处于起步阶段,哈佛大学 Amabile 专注于工作环境如何影响创造力和动机研究 45 年,曾提出创造力与创新理论,创造力、动机和工作环境的评估方法,以及维持和促进创新的系列方案,最近应邀撰稿重申人工智能创造力研究在组织行为研究中的文献匮乏,并提出现有知识、文化、价值观和道德标准将如何制约 AI 创造力,能否开发出比人类更好的 AI 创造力以便在防止人类领导者犯错的同时维持组织的创新目标等问题,建议组织行为学者尽快展开研究②。

三、未来研究方向

未来研究将兼顾方法与内容的创新。方法上,可采用高频率跟踪问卷调查的方法——日记与体验抽样法(Daily Diary and Experience Sampling Method-

① P.B.Paulus,D.S.Levine,V.Brown,A.A.Minai & S.Doboli,"Modeling Ideational Creativity in Groups:Connecting Cognitive,Neural,and Computational Approaches",*Small Group Research*,Vol.41,No.6(2010),pp.688-724.T.Veale & G.Li,"Distributed Divergent Creativity:Computational Creative Agents at Web Scale",*Cognitive Computation*,Vol.8,No.2(2016),pp.175-186.M.Al-Rifaie,F.F.Leymarie,W. Latham & M. Bishop,"Swarmic Autopoiesis and Computational Creativity",*Connection Science*, Vol. 29, No. 4 (2017), pp. 276 - 294. A. Jordanous, "Co-Creativity and Perceptions of Computational Agents in Co-Creativity",ICCC'17-Proceedings of the Eighth International Conference on Computational Creativity,2017,pp.159-166.

② T.M.Amabile,"Creativity,Artificial Intelligence,and a World of Surprises",*Academy of Management Discoveries*,Vol.6,No.3(2020).

ology,DD & ESM),结合可穿戴技术采集部分关键数据,该方法不仅有助于描述和揭示人自身与外在的动态变化过程,如情感、认知、个体行为、人际互动、工作事件等变化,还可用于评估其他稳定特征例如个性对于个体内部动态过程和反应的跨层次影响作用。此外,可借助协作虚拟环境(collaborative virtual environment)进行实验研究,将被试设置于多人互动下的环境,可触发感官、认知和社会问题,利于了解深刻复杂的人机交互作用。内容方面,通过跨学科合作拓展研究内容,开展"人—机—网络多重混合系统"下的团队创造力及其影响因素研究。同时,现有创造力的一些重要心理学概念尚未在创造力计算机模型中出现,例如,内在动机,人类创造力的重要动机是从创造这一行动中获得愉悦感的内在动机。又如,创造力的治疗作用(therapeutic impact of creativity),创造性活动对创造者具有治疗作用①,此类概念均对未来的计算机模拟和算法变革提出挑战。

---

① S.DiPaola,L.Gabora & G.McCaig, "Informing Artificial Intelligence Generative Techniques Using Cognitive Theories of Human Creativity", *Procedia Computer Science*, Vol. 145,(2018), pp.158-168.

第三编

合作创新的认知与社会性影响因素

第六章　个体创造力的环境影响因素

　　个体创造力是指个体自身进行创造的能力或潜力。Sawyer 把个体创造力的发挥定义为一个制造新奇且有用的东西的过程①。该过程中个体的某种感悟和洞察力会突然从无意识层面闯入意识层面,这一时刻被称为"啊哈时刻"(aha moment),即顿悟。早期研究关注个体创造力及其内在影响因素,发现个体智力、人格特质和认知过程能够促进或是损害自身创造力的产生和发挥。

　　需要是创造之母,创造性思维也会被社会问题和社会机遇所激励②。随着跨文化研究的兴起,以及哈佛大学心理学家 Amabile《创造力的社会心理学》一书的出版③,有关于个体创造力的研究不仅再局限于个体心理学领域,而是转向促进个体创造力发生发展的环境与文化因素,从家庭环境、学校环境、组织氛围与组织文化、社会环境与社会文化等角度考察个体创造力产生与发展的社会心理机制④。

---

　　①　R.K.Sawyer(eds.) , *Explaining Creativity:The Science of Human Innovation*, New York:Oxford university press,2006,p.295.

　　②　C.E.Ashton-James & T.L.Chartrand, "Social Cues for Creativity:The Impact of Behavioral Mimicry on Convergent and Divergent Thinking", *Journal of Experimental Social Psychology*, Vol.45, No.4(2009) ,pp.1036–1040.

　　③　T.M.Amabile, "Social Psychology of Creativity:A Consensual Assessment Technique", *Journal of Personality & Social Psychology*,Vol.43,No.5(1982) ,pp.997–1013.

　　④　M.A.Runco, "Creativity", *Annual Review of Psychology*, Vol.55(2004) ,pp.657–687.

第一节　家庭和学校环境中的影响因素

　　Simonton 在家庭环境背景中对个体创造力进行研究,发现具有杰出创造力的个体具有多样性的生活经验,而并非在生活条件最好的家庭中成长。一方面,逆境可以使得个体的意志力得到磨炼;另一方面,多样的生活经验也使个体避免思维定式,其思维很少受到束缚和局限①。也有研究者提出父母教养方式是创造性思维的重要影响因素,如张景焕在研究父母教养方式、自我概念与创造思维的关系时发现:父母温暖、理解显著正向预测初中生的创造思维,父母惩罚、严厉显著负向预测初中生的创造思维;在自我概念的三个维度中,只有自我认同在父母温暖、理解/父母惩罚、严厉与创造思维间起中介作用②。此外,部分研究结果显示家庭环境的知识性、创意自我效能与创造力之间呈显著正相关,创意自我效能在家庭环境、创造性个性倾向间、家庭环境的知识性与创造性思维的独创性间、家庭环境的知识性与创造力间起完全中介作用③。

　　衣新发等人研究了学校背景下学生创造力的影响因素④,从组织理念、工作方式、资源提供、团队运作、领导效能、学习成长和环境气氛七个方面对于学校组织创新气氛进行衡量。研究发现,学生创造力各个成分之间及其与学校的创新氛围之间有着显著的正相关关系,而且无论是学生的创造力测验成绩还是教师对于创新氛围的评价,都会随着学生年龄的增加而下降。一方面,可

---

　　①　D.K.Simonton, "Creativity. Cognitive, Personal, Developmental and Social Aspects", *The American psychologist*, Vol.55, No.1(2000), pp.151-158.

　　②　张景焕、李建全、郑雪梅、张舜、刘桂荣:《父母教养方式对初中生创造思维的影响:自我概念的中介作用》,《心理与行为研究》2014 年第 2 期。

　　③　王晓玲、张景焕、初玉霞、刘桂荣:《小学儿童家庭环境,创意自我效能与创造力的关系》,《心理学探新》2009 年第 5 期。

　　④　衣新发、蔡曙山、刘钰:《文化因素影响创造力的实证研究》,《社会科学论坛》2010 年第 8 期。

能是由于创造力具有独立于智力、知识发展的内在逻辑;另一方面,也说明中小学的教育体制中可能存在一些固有的成分,使得学生的创造力随着时间的推延而日趋降低。比如,在部分中小学教育当中对于正确答案的一味追求,使得学生的思想日趋封闭,致使他们对于外来的新异思想无法抱有开放性心态,其思维的固化程度也逐渐加深。这种不接纳异文化的心态容易使学生在发展的过程中变得墨守成规,缺少探索性的尝试,从而阻碍其创造力发展。

第二节　组织环境中的影响因素

一、与同事和领导的关系

有研究结果显示,团队内部同事的支持程度越高,员工的创造力也越高,即同事支持是实现和提升员工创造力的重要前提。并且同事对于个体创造力的影响可能是间接的,内部动机和积极情绪在其中起到了重要的中介作用[①]。

郭佳梅等人的研究发现,变革型的领导风格对于员工创造力起到促进作用[②]。领导支持是实现和提升员工创造力的重要前提,员工内部动机和积极情绪在领导风格与员工创造力的关系中起到中介作用。领导者如果能够做到善于倾听、征求下属意见、具有高自我效能感,也会对于其手下员工创造性行为具有正面的激励[③]。也有研究者提出,当个体处于竞争的组织氛围中的时

---

① T.M.Amabile,R.Conti,H.Coon,J.Lazenby & M.Herron,"Assessing the Work Environment for Creativity",*The Academy of Management Journal*,Vol.39,No.5(1996),pp.1154–1184.J.M.George & J. Zhou,"When Openness to Experience and Conscientiousness Are Related to Creative Behavior:An Interactional Approach",*The Journal of applied psychology*,Vol.86,No.3(2001),pp.513–524.

② 郭桂梅、段兴民:《员工—组织关系、内在动机与员工创造性——中国企业的实证研究》,《人力资源管理》2008 年第 3 期。

③ M.R.Redmond,M.D.Mumford & R.Teach,"Putting Creativity to Work:Effects of Leader Behavior on Subordinate Creativity",*Organizational Behavior and Human Decision Processes*,Vol.55,No.1 (1993),pp.120–151.

候,即与同事之间的关系紧张时,会表现出更高水平的创造力①,即同事间是竞争关系而非支持关系时,员工的创造力更易得到发挥。

二、组织氛围

按照组织对员工的支持程度进行划分,组织氛围可分为两大类:支持型氛围和控制型氛围。支持型氛围就是组织之中各层级之间的信息公开自由地交流,员工掌握对于自己工作的自主权,同事和领导支持自己的活动;而控制型氛围则是组织限制资源使用、员工的活动和职权范围,并且控制信息的流动,领导加强监督、监管。有研究证明,支持型的组织氛围与员工的创造力之间存在显著的正相关,且员工个人的内部动机和心理投入在其中起到中介作用,说明支持型的组织氛围可以使员工的自我效能感和心理投入得到显著增强,继而增加自身创造力的发挥②。

按照组织内部的时间紧张度进行划分,组织氛围可分为时间压力型和宽松型组织。创新是一个需要大量时间精雕细刻的过程,如果员工处于一个没有足够时间进行创造的组织当中,在时间紧迫感的重压之下,会无法全身心投入到创作的过程中③。

此外,组织中环境的公平与否也会影响员工创造力的发挥。有研究表明组织公平和员工创造力存在显著的正相关,员工的投入程度在其中起到中介作用,人格的主动性在其中起到调节作用。说明员工会因组织的公平对待而增加自己为组织贡献新鲜想法的动力,并且更加投入地工作,甚至是投身非组

---

① C.E.Shalley & G.R.Oldham, "Competition and Creative Performance:Effects of Competitor Presence and Visibility",*Creativity Research Journal*,Vol.10,No.4(1997),pp.337-345.

② 王端旭、洪雁:《组织氛围影响员工创造的中介机制研究》,《浙江大学学报(人文社会科学版)》2011年第2期。

③ T.M.Amabile,J.S.Mueller,W.B.Simpson,C.N.Hadley,S.J.Kramer,L.Fleming,et al,Time Pressure And Creativity In Organizations:A Longitudinal Field Study,HBS working Paper,2003,pp.2-73.

织硬性要求的创造性活动中。

还有研究综合考察员工创造力的组织氛围影响因素中的多个维度——组织文化、员工参与、知识共享和程序公正[1]。研究发现，个体创造力与灵活的组织文化、员工的参与度和知识的共享是相关的，其中知识的共享与团队合作性和程序公正相关，且在团队合作和程序公正与员工创造力之间起到中介作用。这一结果说明，团队间的合作和组织的公平程度的增加，是通过加强了个人与团队内外成员之间知识、信息的共享，从而提高了个体的创造才能。

三、组织机制

培训机制方面，Perry-Smith 和 Shalley 研究中发现企业举办的培训，特别是战略培训有助于培养员工养成产生创意点子的习惯，从而激发个体的创造性思维并提高问题解决能力[2]。

奖励机制方面，当员工有突出业绩表现时，组织应该给予适当的奖励，但是如果外在的报酬奖励过多，便会适得其反。对于员工创造力的激励应主要通过促进其内部动机的产生，并辅以外部动机共同进行激励[3]。这一奖励机制是通过与个体层面影响因素中的内在动机交互作用，共同影响员工创造力的发挥。

信息反馈机制方面，Zhou 和 George 在研究中证明组织中的信息反馈可以有效地提高员工创造力，但是领导的负面反馈可能会阻碍员工创造力的发挥[4]。可能的解释，是员工的自我效能感会因为领导的负面反馈而大大降低，

---

[1]　P.Schepers & P.T.Van den Berg,"Social Factors of Work-Environment Creativity",*Journal of Business and Psychology*,Vol.21,No.3(2007),pp.407-428.

[2]　J.E.Perry-Smith & C.E.Shalley,"The Social Side of Creativity:A Static and Dynamic Social Network Perspective",*The Academy of Management Review*,Vol.28,No.1(2003),pp.89-106.

[3]　张剑、岳红:《我国企业创造性组织情境因素研究》,《科学学研究》2007 年第 3 期。

[4]　J.Zhou & J.M.George,"When Job Dissatisfaction Leads to Creativity:Encouraging the Expression of Voice",*The Academy of Management Journal*,Vol.44,No.4(2001),pp.682-696.

导致创意的点子无法形成,或是因为自己创意的点子得不到支持而无法继续推行。

第三节　社会文化环境中的影响因素

一、跨文化经验

　　文化是一把双刃剑:一方面,它含有的一系列约定俗成的学习方式能够帮助社会中的个体更快习得并调整他们的社会行为;另一方面,当个体只接触一种文化的时候,这个文化中的学习方式和传统的知识就会限制个体创造力的扩展[①]。跨文化经历亦是一把双刃剑:一方面当个体身处外国环境中时,在缺少熟悉的语言、食物和行为规范的情况下可能经历文化冲击、感到焦虑和迷茫;另一方面,文化的冲击也可以为个体提供一个获得新视角的机会,学会新的思考问题的方式并获得多种解决问题的方法。

　　跨文化经验是指任何直接的或者间接的、与带有外国文化的元素或个体相遇或是有交互作用的经历,有研究证明,暴露在外国文化之中能够促进个体创造力的发挥,跨文化经历与良好的创造表现创造力支持下的认知活动具有正相关关系[②]。良好的创造表现包括在问题解决任务中表现出的创造性洞察力、产生相距甚远却合理有效的二者间的联系以及产生有创意的故事和发散性的点子等;创造力支持下的认知活动包括对于非传统知识的接纳和在样本任务中从外国文化中扩充想法等。

　　Leung 等人采用"邓克尔蜡烛难题"测试来自于 40 个不同国家商学院的学生,结果表明在控制"大五"人格因素后,他们在国外生活的时间能够对其

---

　　① C.Y.Chiu & Y.Hong(eds.) ,*Social Psychology of Culture* ,New York:Psychology Press,2006, p.237.

　　② A.K.Y.Leung,W.W.Maddux,A.D.Galinsky & C.Y.Chiu,"Multicultural Experience Enhances Creativity:The When and How" ,*The American psychologist* ,Vol.63 ,No.3(2008) ,pp.169-181.

创造力作出预测。研究还考察了个体卷入程度的影响,结果表明跨文化经验
与个体创造力间的联系在个体卷入程度深的情况下作用明显,即在国外居住
一段时间相对于粗略的国外经历(如短程的旅行)对个体的创造力发挥有更
显著的促进作用。因为相对于旅游者或短时间的参观者,在国外居住的经历
在性质和数量上都与国内经历有所不同,个体会遭遇大量的诱因和机会,促使
其在认知和行为上进行自我调整以应对变化,即需要改变自己来适应新的文
化。而且区分浅度跨文化经历和深度跨文化经历的重点在于个体带有何种心
态融入异国文化中去,当个体对于异国文化的开放程度和接纳程度高,并且积
极地思考和对比本国文化和异国文化的不同之处时,跨文化经验对于个体创
造力的益处能得到更好地发挥。相反,如果是被动地暴露在异文化当中,封
闭、顽固地拒绝适应新环境,那么即便是在国外居住多年,也可能对于个体创
造力毫无益处,甚至会产生相反效果①。

　　还有研究在此基础上证明文化对比的重要作用②。被试在五种不同的实
验处理条件下看幻灯片:(1)只看中国文化;(2)只看美国文化;(3)同时观看
呈现的两种文化;(4)看融合后的两种文化;(5)不看幻灯片。之后要求其为
儿童写一篇与灰姑娘有关的新颖的故事,来检验其创造力。研究发现文化对
比对于创造力的进程至关重要,无论是何种程度的跨文化经验,只要能够做到
使两种文化同时呈现并将它们进行积极地对比,都会对个体创造力产生巨大
的影响。

　　跨文化经历对于扩展个体创造力的益处体现为以下五个方面:第一,人们
可以直接从外来的文化中学习新的思想和概念;第二,能从相同的形式和浅层
的行为表面下看到其多元的作用和含义;第三,动摇已经程式化了的知识结

---

①　W.W.Maddux,A.K.Y.Leung,C.Y.Chiu & A.D.Galinsky,"Toward a More Complete Under-standing of the Link between Multicultural Experience and Creativity",*The American psychologist*,Vol. 64,No.2(2009),pp.156-158.

②　A.K.Y.Leung & C.Y.Chiu,"Multicultural Experience,Idea Receptiveness,and Creativity", *Journal of Cross-Cultural Psychology*,Vol.41,No.5-6(2010),pp.723-741.

构,继而提高以往难以接触到的知识的易接近性;第四,提升从外文化的资源中获取点子的洞察力;第五,唤醒个体对于事物间联系的探索精神,并且在整合不协调想法的过程中提升认知的复杂性①。

此外,社会环境中的一些因素还会对个体创造力的发挥产生一定负面作用。有研究证明死亡恐惧被唤起是一种不利于创新的因素,因为这时人们往往更加依赖自己文化中的相关知识②。Leung 等人的研究亦证明个体处于时间压力、寻求固定答案和依附于传统知识的情境下,跨文化经验和个体创造力间的关系会被削弱③。

二、社会互动——模仿

创造性问题解决中的辐合思维和发散思维能够满足不同的社会需要:辐合思维促进合作与协调,发散思维则促进即兴创作、革新和从多角度考虑问题。行为模仿可以视为创造思维的社会线索:在社会互动的过程中,如果个体被互动对象模仿,就会为以合作等社会需要为标志的辐合思维提供线索;如果不被模仿,就会为以即兴创作和革新等社会需要为标志的发散思维提供线索。

Ashton-James 和 Chartrand 进行了一项实验,控制个体在五分钟内的社会互动是否被模仿,随后测量个体的辐合和发散思维能力,考察在创造进程中个体社会互动的影响,尤其是行为模仿所起到的作用②。结果表明,在互动中被模仿被试的"模式识别任务"成绩显著高于非模仿组,而在"新产品标签任务"中,非模仿组的成绩要显著高于模仿组。

社会适应不仅需要我们具备与框架中的其他个体相连的能力,也需要我们跳出框架进行思考。被模仿是与自我解释和从属关系中的独立性相连的,

---

① A.K.Y.Leung, W.W.Maddux, A.D.Galinsky & C.Y.Chiu, "Multicultural Experience Enhances Creativity:The When and How", *The American psychologist*, Vol.63, No.3(2008), pp.169-181.

② C.E.Ashton-James & T.L.Chartrand, "Social Cues for Creativity:The Impact of Behavioral Mimicry on Convergent and Divergent Thinking", *Journal of Experimental Social Psychology*, Vol.45, No.4(2009), pp.1036-1040.

这能够加强辐合思维能力;而缺少人际之间的模仿则是与独立的自我构想、社会排斥和不顺从相联系的,这能够加强发散思维能力。

三、社会规范与社会身份认同

创造是社会的产物,而不仅仅是个人或是一个组织的产物。对于个体创造力的定义本身就具有主观性,而共享一个文化的群体会认定什么思想、行为或是产品是具有创造力的。

有研究通过操纵组织规范和社会身份认同,分析二者对于创造行为的影响[1]。研究表明,当个体被要求与他人共同制造一个创新产品时,他们会表现出对于组织内部规范的顺从;而当他们被要求独自完成相同任务的时候,便会偏离组织规范,即从背离组织规范的角度进行创新。此外,社会身份具有很明显的作用,社会规范不仅影响集体的创造力展现,当个体有着强烈的群体身份认同时,即便是要求每个个体单独进行创造,个体也会依照着集体认同的创造力规范行动。

这一研究不仅整合了个体层面和社会系统层面对于个体创造力的影响,即从身份认同(个体层面)和社会规范(社会层面)的交互作用进行考察,而且启示研究应该把个体创造力视为社会系统的产物,将个体的身份认同和社会中盛行的规范、价值、行为联合在一起进行共同探讨。

四、情绪

情绪是一种复杂的心理活动。从功能主义的角度来说,情绪活动及其引发的一系列生理心理活动在人类适应环境的过程中起到了重要作用。情绪的社会建构理论则进一步指出,这种适应与个体所处的社会文化系统密

---

① I.Adarves-Yorno,T.Postmes & S.A.Haslam,"Creative Innovation or Crazy Irrelevance? The Contribution of Group Norms and Social Identity to Creative Behavior", *Journal of Experimental Social Psychology*, Vol.43, No.3(2006), pp.410–416.

切相关,情绪活动是"在社会文化系统中获得的,与人当时的社会角色相适应的有用的习惯"。[①] 作为一种重要的社会文化因素,情绪对创造力的影响至关重要。

既有研究显示,情绪可以从多方面对个体创造力产生影响。首先,情绪可以直接或经由自我效能感间接影响动机,从而影响个体创造力。有学者指出,情绪可以影响工作投入,由此对创造力产生间接影响。[②] 根据情绪的认知调拨模型,情绪可以传递关于当前处境的信息,从而提升或降低个体完成任务的内在驱力。[③] 另有研究者发现,情绪中的积极情绪还可以显著正向预测个体的创造力效能感,并通过"积极情绪→创造力效能感→工作卷入→员工创新行为"这一路径对创造力结果产生影响。[④]

其次,情绪可以直接影响个体的信息加工方式进而影响个体创造力。Baas、Dreu 和 Nijstad 在一项元分析中指出,积极情绪和消极情绪通过不同的认知路径影响了创造力的不同维度,积极情绪通过提高个体认知灵活性,扩大认知范围,提高加工速度从而提高认知流畅性和独创性反应,而消极情绪则可以通过提高认知持久性从而让个体产生更多的创造性成果。[⑤]

除情绪状态外,个体处理情绪的能力通常也与创造力呈现出一定程度的相关关系。情绪智力(Emotional Intelligence)与情绪创造力(Emotional Creativity)是个体与处理情绪有关的两种较为核心的能力。其中,情绪智力更侧重于描述个体遭遇情绪相关问题时通过分析找到"最佳答案"的能力;情绪创造

---

① 乔建中:《情绪的社会建构理论》,《心理科学进展》2003 年第 5 期。

② 艾树、汤超颖:《情绪对创造力影响的研究综述》,《管理学报》2011 年第 8 期。

③ J.M.George & J.Zhou, "Understanding when bad moods foster creativity and good ones don't: the role of context and clarity of feelings", *Journal of Applied Psychology*, Vol. 87, No. 4 (2002), pp.687-697.

④ 周文莉、顾远东、唐天真:《积极情绪对研发人员创新行为的影响:创造力效能感与工作卷入的中介作用》,《科研管理》2020 年第 8 期。

⑤ M.Baas, C.D.Dreu & B.A.Nijstad, "A meta-analysis of 25 years of mood-creativity research: hedonic tone, activation, or regulatory focus?", *Psychological Bulletin*, Vol. 134, No. 6 (2008), pp.779-806.

力则更侧重于描述个体从一般事件中分离并产生一种新的情绪反应的能力。① 例如,具有高情绪智力的个体更可能会利用他所了解的关于情绪与绩效之间关系的知识,将工作安排在他处于积极情绪的时候。而一个具有高情绪创造力的个体则更可能会在遭遇痛苦时通过某些具有创造性的方式,将这种情绪巧妙地宣泄出来。

既有研究显示,员工情绪智力可以正向预测其创造力。高情绪智力的员工更能识别自己的情绪,并且可以促进自己产生并保持积极情绪,进而提高个体的创造力任务表现;而在消极情绪状态下,高情绪智力的员工则会进行内省,从而有利于发现更具创造力的解决方案。② 此外,理论上,高情绪智力的个体往往具有更高的元情绪水平,而高元情绪水平的个体通常会表现出更高的自我效能感③和适应水平④,进而提高其作业绩效。与情绪智力相似,情绪创造力也可以正向预测个体创造力。王国猛等人发现,情绪创造力与员工创新行为之间存在显著的中等强度的正相关,他们认为这是因为当情绪创造力带来的情绪创新与个体所处情境相符时,员工自我效能提升,更乐于从事创新活动,从而表现出更多的创新行为。⑤ 此外,情绪创造力也有利于消除人际冲突、促进心理健康,从而为创新行为提供支持。

评估个体是否具有情绪层面的创造力,主要要看他的情绪反应和情绪管

① Z.Ivcevic,M.A.Brackett & J.D.Mayer,"Emotional intelligence and emotional creativity", *Journal of Personality*,Vol.75,No.2(2010),pp.199-235.
② 段锦云、田晓明、王先辉:《情绪智力对员工创造力的影响》,《科研管理》2013年第8期。
③ H.Costa,P.Ripoll,M.Sánchez & C.Carvalho,"Emotional intelligence and self-efficacy:effects on psychological well-being in college students", *Spanish Journal of Psychology*,Vol.16,No.e50(2013),pp.1-9.
④ 周详、黄慧、白学军:《元情绪对高一学生学习适应性及成绩的影响》,《中国特殊教育》2010年第8期。
⑤ 王国猛、孙吴信宜、郑全全、赵曙明:《情绪创造力对员工创新行为的影响:情绪社会建构理论的视角》,《心理科学》2016年第1期。

理是否必须符合三个主要标准,即新奇性、准备性和真实—有效性。① 情绪创造力的准备性是指个体能够为他人考虑、能关注到个人及他人情绪状态并试图更好更充分地理解他人的趋势。情绪创造力的新奇性是指个体当下的情绪和采取的行为在与他之前相比的情况下,以及与社会广泛认可和接受并习以为常的典型的情绪类型和行为取向比较的情况下,是否能具有较高的新颖性。情绪创造力的真诚—有效性是指个体的这种情绪的反应的改变能够适配个体当下所处的环境,能够帮助个体脱离困境或者产生更好的效用。此外,这种有效性还指的是个体在面对人际冲突或者压力情境的情况下,能够有效地帮助个体脱离困境,引发新的应对机制和措施,直接有效地作用于解决产生情绪的问题。情绪创造力的真诚性(authentic)是指个体在情绪层面的创造性的表达和反应,不仅仅是一种简单的通俗意义上的复制或者效仿,而是要反映出个体对世界独特的个人特色的价值观和自己的信仰,是对自我感受和情绪体验的真实表达。而元情绪是个体对自我情绪的觉知、体验、评价、描述与监控的能力,元情绪具有体现生命自觉的自我意识特性和统领各种情绪相关事务的执行功能特性,并在情绪明晰度、注意度与强度三方面存在差异。

从干预角度着想,可注重元情绪和情绪创造力建设,亦可尝试通过促进社会—情绪能力的发展为创新行为提供支持,社会—情绪能力的发展是个体了解和掌控自己的情绪、觉察他人的情绪和需要、开展良好的人际互动,做出负责任的决定、有效地处理各种问题的学习过程。良好的自我意识、自我管理和自我尊重是社会—情绪能力的基础,社会性意识和人际关系管理技能作用于社会—情绪能力与环境互动的层面,做出负责任的决定和创造性地解决问题是社会—情绪能力的终点。

---

① J.R. Averill, "Individual Differences in Emotional Creativity: Structure and Correlates", *Journal of Personality*, Vol.67, No.2(1999), pp.331-371.

第四节　智能时代的影响因素

一、外部交互记忆系统对问题解决的促进

人类的记忆之间可以相互交流,使得人类记忆可以通过借助外部资源来为自己服务。交互记忆系统的提出基于外援记忆(external memory)这一概念,研究者经常关注的不仅仅是在记忆的过程中大脑内部发生了什么,还包括在一次谈话过程中或者谈话交流之后,大脑是否扩展了其记忆系统。Sparrow等人围绕互联网是否已经成为人类的一大交互记忆系统这一问题,进行了一系列的实验,结果显示当面临困难问题时,人们会首先想到借助手机和电脑搜索知识,而不是回忆信息本身和增强回忆。[①] 手机、电脑和互联网已经成为外部或交互记忆的一种主要形式,将信息存储于人们自身以外的互联网中已经逐渐成为一个流行的趋势,人们正不断学习和记忆电脑都"知道"哪些东西,通过外部交互记忆系统的协助来提升自身问题解决能力。

二、计算机支持下的人机协同创新

科技的发展从网络化到信息化再到大数据和人工智能,其显著特征是应用和技术并重,实际应用催生了新技术的出现,而技术的发展则推动应用不断前进。人工智能技术的发展已经给社会生活带来了新的变革:重复性、记忆类工作面临逐渐被人工智能技术取代,人类可以更多地专注于各类创新性工作。2019年2月,世界银行在《2019世界发展报告:工作性质变革》中论述新一代人工智能的影响时提道:"在'可被编码的'重复性工作中,机器最容易取代工人的作用。非重复性工作要求工人具备高超的分析技能、练达的人际关系处

[①] B.Sparrow, J.Liu & D.M.Wegner, "Google Effects on Memory: Cognitive Consequences of Having Information at Our Fingertips", *Science*, Vol.333, No.6043(2011), pp.776–778.

理技能或者对灵敏性要求很高的手工技能,比如团队工作、关系管理、人员管理和护理工作等,对从事这些工作的工人,机器人可以发挥辅助作用。"人机交互属于跨学科领域,起源于计算机科学家和工程师以及社会学家和心理学家的研究,在过去 20 年里显示出其重要学术与应用价值。国务院《新一代人工智能发展规划》(2017) 和教育部《高等学校人工智能创新行动计划》(2018)指出,新一代人工智能"呈现出深度学习、跨界融合、群体智能、人机协同、群智开放、自主操控等新特征",其技术属性和社会属性对人类社会发展和科学探索带来生机,也为群体智慧与合作创新研究提出了新挑战。团队创新等高效率合作创新有赖于优质创新群体和创新联盟的建立[①],其集体智慧生成与应用是实现合作创新的基本保证,国内学者已将计算机模拟引入团队创造力研究,并探讨了团队创造力的计算机支持方案,后续研究可进一步聚焦人机交互与团队合作创新的前沿科学问题,整合跨学科视角,借助多重研究范式考察混合增强智能取向下团队创新过程各因素的交互作用机制,并依据相应研究结果在行为决策理论指导下进行干预研究,探索混合增强智取向下个体与团队创造力提升的行为与政策助推方案。

随着创造力研究中社会心理学视角的介入,研究者从关注个体创造力的人格特征影响因素和创造力的认知加工过程,逐渐扩展到研究个体所处的各层环境背景对于创造力的作用,以及个体内部和外部因素的交互影响。这一视角的转换不仅促使研究者以更加全面的角度来考察个体创造力的产生和发挥机制,也极大地提升了创造力相关研究的实践意义:可以更好地从上述各层面——家庭、学校、组织、社会文科与科技环境中找到促进个体创造力发挥的因素,并通过干预等手段对其进行积极改善,使个体的创造力得到更大程度的发挥,也促使创造成果具有更高的新颖性与实用性。

---

① 熊励、孙友霞、蒋定福、刘文:《协同创新研究综述——基于实现途径视角》,《科技管理研究》2011 年第 14 期。

第七章　合作创新中观点固着与
评价顾虑的交互作用

以往关于团队创新与合作创新的研究在创新过程、理论体系、创新气氛、评估干预创新等方面尚存不足,由此,本研究聚焦影响合作创新的社会性因素和认知加工过程,采用小组创意生成、评价顾虑诱发和孵化的研究范式,通过系列实验探究团队类型、评价顾虑和孵化间隔对团体创造力的影响。

第一节　合作创新的多重影响因素

一、合作创新的促进与阻碍因素

合作创新是组织中的常见现象,指以群体为单位,群体成员将所掌握的创新资源和信息进行有效汇聚,通过人员与资源的广泛交互,实现群体内和群体间的深度合作与创新①。当代群体创造力理论主要关注创造性群体绩效的认知因素、社会因素和动机因素,高水平的群体创造力有赖于最佳的群体构成、有效的互动过程、群体体验以及支持创新和心理安全等便利背景,促进合作创

---

① R.K.Sawyer & S.DeZutter, "Distributed creativity:How collective creations emerge from collaboration", *Psychology of Aesthetics*, *Creativity*, *and the Arts*, Vol.3, No.2(2009), pp.81-92. B.A.Hennessey & T.M.Amabile, "Creativity", *Annual Review of Psychology*, Vol.61(2010), pp.569-598.陈劲、阳银娟:《协同创新的理论基础与内涵》,《科学学研究》2012年第2期。

新的研究也围绕以上因素展开。有研究者发现,计算机支持下的电子头脑风暴和个人书写头脑风暴(Brain-writing)等方式可以消除社会性抑制对合作创新绩效的不良影响,面对面与电子或书写会议的交替进行是促进合作创新的理想选择①。Korde 和 Paulus 提出了个体与群体创新交替进行的混合式头脑风暴是合作创新的有效模式②;周详比较了合作学习群体中互动小组和名义小组在创新观点产生任务中的表现,建议在合作学习等群体活动中通过策略选择和规则设置促进集体智慧③。此外,许多与创新过程相关的因素可以同时具有促进和抑制的双重效果,如群体互动、新思想接触、消极情绪、多样性、约束、断层线和群际互动等都可能阻碍和促进创造力,这些双重作用也增加了合作创新研究的复杂性。

对合作创新的研究较多聚焦于团队创造力,Anderson 等将团队创造力影响因素分为团队特征、过程、领导和任务特征四类④,团队特征主要指团队成员的人口统计学特征因素;团队过程指团队成员间不断交互、旨在将团队的努力顺利输出的过程;团队领导指团队领导的风格,也是重要的前因变量;团队任务特征主要指团队任务的难易程度、紧迫程度等;国内学者还注意到多元文化经验、信任等因素对创造力的影响⑤,以及团体创造力与个体创造力转化的

① V.Santos,A.Goldman,D.Martins & M.Cortés,"The Influence of Organizational Factors on Inter-Team Knowledge Sharing Effectiveness in Agile Environments",2014 47th Hawaii International Conference on System Sciences,2014,pp.4729-4738.

② R.Korde & P.B.Paulus,"Alternating individual and group idea generation:Finding the elusive synergy",*Journal of Experimental Social Psychology*,Vol.70(2017),pp.177-190.

③ 周详、张泽宇、曾晖:《长期合作学习小组中的集体智慧及其影响因素研究》,《心理与行为研究》2018 年第 2 期。

④ N.Anderson,K.Potonik & J.Zhou,"Innovation and Creativity in Organizations:A State-of-the-Science Review and Prospective Commentary",*Journal of Management*,Vol. 40, No. 5 (2014),pp.1297-1333.

⑤ 杨阳、万明钢:《创造力研究新进展:多元文化经验对创造力的影响》,《当代教育与文化》2012 年第 5 期。贡喆、刘昌、沈汪兵、王贤、石荣:《信任对创造力的影响:激发、抑制以及倒 U 假设》,《心理科学进展》2017 年第 3 期。

条件①。

值得关注的是，团队协作并不总是能提升创造性的产出。以往研究对两种团队模式下的创造性产出进行了比较，一组为参与者共同完成任务，且过程中发生真实的人际交互（实际团体）；另一组为同等数量的个体单独完成任务（名义团体）。研究结果发现实际团体比名义团体所产生的想法更少，即在实际团体与名义团体之间存在"生产力赤字"（productivity deficit）。

二、团队创意"生产力赤字"的成因

团队创意"生产力赤字"现象可通过多种社会因素和认知因素来解释，例如生产阻塞、认知超载、工作记忆、固着、部分线索抑制、输出干扰、社会比较、评价顾虑等，其中固着和评价顾虑是较为重要的两个因素。

固着（fixation）指"阻止或妨碍成功完成各种认知操作的现象，认知操作涉及记忆、解决问题和产生创造性想法等"②。Kohn 和 Smith 认为固着指：由于以往经验或不适当的解决途径，导致个体无法顺利进行问题解决或记忆检索③，个体的最近经验、领域知识，或其暴露于刺激中都有可能导致固着。固着效应最早在实验心理学研究中被描述④，Andemson 认为个人可能无意识地将注意力放在某个对象或任务的某些方面中，而忽视了其他方面。研究者围绕固着现象，相继开展了功能固着、设计固着和合作性观点固着等方面的探索，Duncker 将功能固着描述为在问题解决过程中发生的，妨碍个体用新的方式使用对象的一种心理阻塞现象⑤。设计固着指盲目遵守限制概念设计输出

---

①　罗玲玲：《论团体创造力与个体创造力转化的条件》，《理论界》2007 年第 4 期。

②　R.A.Dodds & S.M.Smith, "Fixation", in *Encyclopedia of Creativity*, M.Runco & S.Pritzker (Eds), London, UK: Academic Press, 1999, pp.725-729.

③　N.W.Kohn & S.M.Smith, "Collaborative Fixation: Effects of Others' Ideas on Brainstorming", *Applied Cognitive Psychology*, Vol.25, No.3(2011), pp.359-371.

④　R.E.Adamson, "Functional Fixedness as Related to Problem Solving: A Repetition of Three Experiments", *Journal of Experimental Psychology*, Vol.44, No.4(1952), pp.288-291.

⑤　K.Duncker, "On Problem Solving", *Psychological Monographs*, Vol.58, No.5(1945).

的一套思想或概念,或过度依赖先前存在的设计的特征等现象①。Smith 认为合作性观点固着由团体其他成员的想法引起,是社会互动的结果,在团队中看到或者听到他人的想法会限制个体贡献自己的想法。尽管暴露在其他人的想法中可能存在益处,比如使个体受到启发,但同时也存在不利的一面,个体在团队中听到其他成员的想法后,可能会过多关注或限制在这一类别的想法中,尤其是当这类想法本身有缺陷时,可能产生意想不到的消极后果②。如果一个创意生成小组会议的主要目的是产生尽可能多的不同想法,那么固着将会导致团队的生产力下降。

团队创意生成中的固着在理论上与个体创造性问题解决过程中的固着十分相似,即当一个刺激被引入时,个体的思绪会固着在该刺激上。个体创造性问题解决和团队创意生成中固着的差别在于固着刺激的来源:个体单独解决问题时,固着的诱发刺激可能来自一个示例或者个体以往的经验;而在团队创意生成中,固着的诱发刺激则是来自于其他成员贡献的想法。由此,从团队类型来看,发生实际交互的团队(实际组)可能比未发生真实交互的团队(名义组)产生更少的创造性观点。

此外,评价顾虑(evaluation apprehension)也是团队创新生产力的重要影响因素,评价顾虑是指在团队中个体由于担心他人的负面评价而减少观点的表达。Collaros 和 Anderson 的研究设置了三种实验条件,在高评价顾虑条件下,四名小组成员分别被告知其他三个成员都是专家;低评价顾虑条件下,四名小组成员分别被告知他们组中有一名成员是专家,而对照组的参与者没有收到有关其同一小组成员的信息。结果发现,对照组产生了最多的想法,而高评价顾虑小组观点产出最低。实验后的调查表明,当一个人感觉到自己被越

---

① R.J.Youmans & T.Arciszewski,"Design Fixation:Classifications and Modern Methods of Prevention",*AI EDAM*,Vol.28,No.2(2014).129-137.

② S.M.Smith & J.Linsey,"A Three-Pronged Approach for Overcoming Design Fixation",*The Journal of Creative Behavior*,Vol.45,No.2(2011),pp.83-91.

来越多的专家包围时,所感受到的威胁就越来越多,这会阻碍他们提供更多的想法①。

三、孵化间隔在应对"生产力赤字"中的作用

孵化效应(incubation effects)是克服固着的一种方法。孵化指的是将"把问题晾在一边"作为解决问题的一种方法与步骤。已有研究发现孵化间隔不仅使个体对顿悟问题产生"新鲜视角"和新的解决方案②,也有利于个体在记忆检索中进行新尝试。解决问题和记忆检索的理论机制非常相似,孵化间隔可以提供时间或空间的上下文变化,允许对不同项目进行编码与采样③。如果一个团体在解决某个具体问题时固着在某一特定范围内,无法产生更多、更广泛的想法,孵化间隔可能有助于改善这种情况。"延时孵化"范式(delayed incubation)是被使用最多、最广泛的孵化效应研究范式。在这一范式中,实验组被试依次进行"目标任务(阶段一)——孵化阶段(内插任务或休息)——目标任务(阶段二)",而对照组被试则持续完成该目标任务。Paulus 等人在研究休息对个人书面头脑风暴的影响时也发现了孵化效应④,其设置了三种实验条件,两组在任务中穿插了休息(休息时长及顺序略有差异),而另一组参与者在无休息的条件下进行了 36 分钟的持续创意生成任务。Paulus 在比较三种条件最后 10 分钟的小组表现时发现,休息条件下的参与者相比于无休息状态下的参与者产生了更多的想法。此外,Lu 等人的研究发现,在需要发散

① P.A.Collaros & L.R.Anderson,"Effect of Perceived Expertness upon Creativity of Members of Brainstorming Groups",*Journal of Applied Psychology*,Vol.53,No.2(1969),pp.159-163.

② E.Segal,"Incubation in Insight Problem Solving",*Creativity Research Journal*,Vol.16,No.1 (2004),pp.141-149.

③ S.M.Smith & E.Vela,"Incubated Reminiscence Effects",*Memory &Cognition*,Vol.19,No.2 (1991),pp.168-176.

④ P.B.Paulus,T.Nakui,V.L.Putman & V.R.Brown,"Effects of Task Instructions and Brief Breaks on Brainstorming",*Group Dynamics：Theory*,*Research*,*and Practice*,Vol.10,No.3(2006), pp.206-219.

思维或聚合思维的创造力任务中,不断进行任务切换可以通过减少认知固着来提高创造性产出①。

本章通过考察观点固着在合作创新中的表现、探索团队类型与评价顾虑对团队创造力的交互作用、对比不同形式的孵化间隔对消除观点固着的影响,为合作创新的基础研究与实践应用提供支持。

第二节 观点固着与评价顾虑对团队创意的影响研究

本研究通过 2(名义组 vs.实际组)×2(无评价顾虑 vs.有评价顾虑)的实验设计,获得小组与个体的创意生成数据,评估不同的设置(名义组与实际组,有或无评价顾虑)对于创意的数量、类别、新颖性的影响。验证团体创意生成过程发生的生产力赤字(即实际团体比名义团体产生更少的想法)。通过测量其他因变量如产生想法所属的类别,获得观点固着的间接证据,被固着的团体应该更有可能将他们的想法生成限制在较少的类别里,因为他们被"卡在"这些类别上。另外,通过对实验指导语的操作,启动被试的评价顾虑,验证评价顾虑会使团体成员倾向于提供更少的想法,并考察观点固着和评价顾虑对团体创造力的交互作用。

一、研究方法

(一)参与者、任务与材料

招募 178 名在校大学生被试者参加实验,获得有效数据 160 份,被试者被

---

① J.G.Lu,M.Akinola & M.F.Mason,"'Switching On'creativity:Task Switching Can Increase Creativity by Reducing Cognitive Fixation",*Organizational Behavior and Human Decision Processes*,Vol. 139(2017),pp.63~75.

随机分到四个实验情境中的一种。被试年龄范围 19—23 岁,男女各半,之前均未参加过类似实验,实验后获得现金报酬。

创意想法生成话题为"请列出能改善你所就读大学的方法",同类话题已用于其他创造力研究①。运用微信平台作为被试进行实验和提交创意的工具。

(二)设计与程序

采用 2(名义组 VS)×2(实际组无评价顾虑 VS 有评价顾虑)实验设计,被试被随机分配到四个实验条件中的一个,实验条件分别为无评价顾虑—名义组、无评价顾虑—实际组、有评价顾虑—名义组和有评价顾虑—实际组。

在实际组情境下,被试者以两人为一个小组共同完成创意生成任务,在微信群中一起向主试提交各自的创意,实际组成员暴露于他人观点之中。在名义组情境下,被试单独进行创意生成任务,在微信界面单独向主试提交自己的创意,未暴露于他人的观点之中。在有评价顾虑情境下,被试被告知实验结束后,其他被试会对他们的创意进行评价。在无评价顾虑情境下,被试被告知他们创意没有优劣之分,且不会受到任何评价。

实验开始前给被试发送实验指导语和实验任务:一个创意生成话题("请列出能改善你所就读大学的方法")。在接下来的 20 分钟内,被试通过微信将他们的想法随时发送给主试,完成任务期间不会收到来自主试的沟通或反馈。实际组情境下,被试可以看到其他小组成员提供的想法。

---

① R.L.Marsh,J.D.Landau & J.L.Hicks, "Contributions of Inadequate Source Monitoring to Unconscious Plagiarism during Idea Generation", *Journal of Experimental Psychology*: *Learning*, *Memory*, *and Cognition*, Vol.23, No.4(1997), pp.886-897.P.B.Paulus, T.Nakui, V.L.Putman & V.R.Brown, "Effects of Task Instructions and Brief Breaks on Brainstorming", *Group Dynamics*: *Theory*, *Research*, *and Practice*, Vol.10, No.3(2006), pp.206-219.V.L.Putman & P.B.Paulus, "Brainstorming, Brainstorming Rules and Decision Making", *The Journal of Creative Behavior*, Vol.43, No.1(2009), pp.29-40.J.Baruah & P.B.Paulus, "Category Assignment and Relatedness in the Group Ideation Process", *Journal of Experimental Social Psychology*, Vol.47, No.6(2011), pp.1070-1077.

（三）数据处理

对于四种实验条件，实验者结合已有研究和现有数据将生成的每个想法归入 30 种类别。如果被试提交的单一条目中同时包含两个想法，将会对该条目进行适当地划分和分类（例如，"修复人行道和给宿舍装空调"将被编码为分别属于"改进"和"宿舍"类别的两个想法），数据分析中不包含重复或非严肃的想法。

创建名义组时，将来自名义组条件下的两名参与者的数据随机分配为一组，其想法按时间顺序排列。实际组和名义组中，对被其他参与者重复的任何想法均进行删除处理。160 名被试共生成了 2159 个想法，分属于 30 个类别。想法新颖性根据如下公式进行计算：类别 X 的新颖性分数=（想法总数/落在类别 X 下的想法数）/（想法总数/100）①。因此，若该类别下的想法越少，新颖性分数则越高。

二、研究结果

（一）评价顾虑与团队类型对想法数量的影响

为检验不同评价顾虑和团队类型条件下被试想法的数量是否存在显著性差异，进行两因素方差分析，结果表明，评价顾虑的主效应显著，$F_{(1,76)} = 55.876$，$p<0.001$，无评价顾虑组产生观点数量显著高于有评价顾虑组；团队类型的主效应不显著，$F_{(1,76)} = 1.774$，$p>0.05$；评价顾虑与团队类型的交互效应显著，$F_{(1,76)} = 6.525$，$p<0.05$。简单效应分析结果显示，在无评价顾虑条件下，名义组比实际组产生更多的想法。但在有评价顾虑条件下，名义组和实际组产生的想法数量未见显著差异。

---

① N.W.Kohn & S.M.Smith，"Collaborative Fixation：Effects of Others' Ideas on Brainstorming"，*Applied Cognitive Psychology*，Vol.25，No.3(2011)，pp.359–371.

表 7-1　四种条件下被试想法的数量

	无评价顾虑		有评价顾虑		合计	
	M	SD	M	SD	M	SD
名义组	36.05	4.54	20.05	4.16	28.05	9.17
实际组	29.85	9.68	22.00	8.49	25.93	9.83

（二）评价顾虑与团队类型对想法类别的影响

为检验不同评价顾虑和固着条件下被试想法的类别是否存在显著性差异，进行两因素方差分析，结果表明，在被试想法类别方面，评价顾虑的主效应显著，$F(1,76)=30.886$，$p<0.001$，无评价顾虑组产生观点类别数显著高于有评价顾虑组；团队类型的主效应显著 $F(1,76)=6.419$，$p<0.05$，名义组所产生的观点类别数显著高于实际组；评价顾虑与团队类型的交互效应不显著 $F(1,76)=2.946$，$p>0.05$。

表 7-2　四种条件下被试想法的类别统计

	无评价顾虑		有评价顾虑		合计	
	M	SD	M	SD	M	SD
名义组	16.35	2.03	11.90	2.34	14.13	3.12
实际组	13.75	3.61	11.40	2.70	12.58	3.37

（三）评价顾虑与团队类型对想法新颖性的影响

对不同评价顾虑和固着条件下被试想法的新颖性是否存在显著性差异进行方差分析，结果表明，在被试想法新颖性方面，评价顾虑的主效应不显著，$F(1,76)=3.566$，$p>0.05$；团队类型的主效应不显著，$F(1,76)=0.091$，$p>0.05$；两者的交互效应同样不显著，$F(1,76)=0.035$，$p>0.05$。

表 7-3　四种条件下被试想法的新颖性统计

	无评价顾虑		有评价顾虑		合计	
	M	SD	M	SD	M	SD
名义组	1.48	0.40	1.26	0.40	1.37	0.41
实际组	1.43	0.65	1.25	0.35	1.34	0.52

　　以上结果显示,发生实际交互的小组产生观点类别数显著低于名义组,这可能是由于实际组被试受到另一名团队成员发出的观点的影响,产生了"固着"现象,即个体在团队中见到其他成员的想法后,可能会过多关注或限制在这一类别的想法中。如果一个创意生成会议的主要目的是产生尽可能多的不同想法,那么固着将会导致团队的生产力下降。评价顾虑对于创意观点数量和类别的主效应均显著,这意味着在评价顾虑条件下,被试观点的表达受到阻碍;同时,评价顾虑可能使被试采用更加保守的策略,为了避免消极评价而不去尝试拓宽观点的类别。此外,团队类型与评价顾虑在想法的数量生产力方面存在交互作用,无评价顾虑时,合作性观点固着导致创新团体在生成想法的数量方面表现欠佳,不及个体单独完成任务时的表现;有评价顾虑时,合作性观点固着则导致创新团体在生成想法的数量方面的表现与个体单独完成任务时的表现都欠佳,且差异不显著。相比无评价顾虑的情况,有评价顾虑时,团队类型对合作创新想法数量生产力的影响较弱。

第三节　孵化间隔对观点固着的影响研究

　　第二节的研究中初步验证了合作性观点固着的假设,即真实交互的小组成员彼此暴露于他人的观点中,会使其过多关注或限制在这一类别的想法上,从而降低整个团队的创造性产出。在此基础上,本实验旨在探索创意生成中消除固着的方法。在创造性问题解决和记忆检索中,已有研究者使用孵化间隔来缓解固着①。创意生成期间的休息可能会让个人或团体在会谈期间的表现更有成效,Paulus 和 Nakui 等的早期研究发现孵化间隔可以提高生产力②,但在实验设置时对控制组和实验组没有给出等效的初始想法时间,这可能会影响其结果分析,本实验试图改进此种方法的不足。此外,孵化的遗忘固着假说认为孵化间隔有助于其去除固着,从而促进解决问题③。以往研究还发现,在两个任务之间来回切换能够提高个体创造力,切换任务令被试以“新视角”去看待问题④。因此,在进行创意生成任务中发生固着的情况下,孵化间隔的存在有利于提高合作创新的生产率并减轻固着的可能性,孵化间隔中进行认知任务也有助于消除固着。本研究着重探讨两种孵化方式(休息 vs.认知任务)对于消除固着的作用。

一、研究方法

(一)参与者、任务与材料

创意想法生成任务与大学有关,共招募 80 名在校大学生被试者参加实验,年龄范围在 19—23 岁,男女各半,之前均未参加过类似实验,实验后获得现金报酬。创意想法生成话题同第二节,“请列出能改善你所就读大学的方法”,实验同样在微信平台上完成。

---

① B.A.Browne & D.F.Cruse,"The Incubation Effect:Illusion or Illumination?",*Human Performance*,Vol.1,No.3(1988),pp.177-185. S.M.Smith & S.E.Blankenship,"Incubation Effects",*Bulletin of the Psychonomic Society*,Vol.27,No.4(1989),pp.311-314.

② P.B.Paulus,T.Nakui,V.L.Putman & V.R.Brown,"Effects of Task Instructions and Brief Breaks on Brainstorming",*Group Dynamics:Theory,Research,and Practice*,Vol.10,No.3(2006),pp.206-219.

③ S.M.Smith & S.E.Blankenship,"Incubation and the Persistence of Fixation in Problem Solving",*The American Journal of Psychology*,Vol.104,No.1(1991),pp.61-87.

④ J.G.Lu,M.Akinola & M.F.Mason,"'Switching on'Creativity:Task Switching can Increase Creativity by Reducing Cognitive Fixation",*Organizational Behavior and Human Decision Processes*,Vol.139(2017),pp.63-75.

(二)设计与程序

将被试随机分到以下四种条件的小组:对照组,固着—立即,固着—放松,固着—任务,每组 20 个被试。每种条件下参与者均单独完成创意生成任务。三个固着条件下,参与者在创意生成过程的一分钟、三分钟、五分钟和七分钟处会收到主试呈现的示例,并被告知该示例是来自其他被试的想法。这些示例想法来自于第二节中所收集的数据结果,选取想法出现频率最多的四个类别,每个类别呈现一种想法,此外还有三个备用想法,若前一个想法已经被被试提出,则使用备用想法,以此来启动合作创新中观点固着的发生。对照组条件下的参与者不会收到主试呈现的任何想法。在对照组和固着—立即条件下,要求参与者连续 20 分钟执行创意生成任务,中间不间断。在固着—放松条件下,要求参与者在 10 分钟后停止执行创意生成任务,开始进行休息。在固着—任务条件下,要求参与者在 10 分钟后停止执行创意生成任务,转而去完成一系列认知任务。五分钟后,要求这两组被试继续执行之前的创意生成任务,并要求不能提交任何以前生成过的想法。10 分钟后,第二次创意生成任务结束。

(三)数据处理

收集被试在实验前 10 分钟和最后 10 分钟产生的每个想法,并将其归入第二节研究中所使用的 30 个类别之一。为验证给予被试的示例想法对固着发生的启动效果,本研究中引入了一致性分析,即考察被试有多少想法落在了跟示例想法相同的类别下,个体的一致性分数 = 该个体示例类别下的想法数/该个体想法总数①。本实验将被试的表现分为前 10 分钟与后 10 分钟分别进行分析。

———————————

① N.W.Kohn & S.M.Smith,"Collaborative Fixation:Effects of Others' Ideas on Brainstorming", *Applied Cognitive Psychology*,Vol.25,No.3(2011),pp.359-371.

二、研究结果

对前 10 分钟内不同分组被试产生想法的数量、类别、新颖性、一致性进行方差分析,结果显示,不同分组被试产生想法的数量差异达到边缘显著,$p = 0.076$;不同分组被试产生想法的一致性方面存在显著性差异,$p < 0.001$。不同分组被试产生想法的类别和新颖性方面不存在显著差异,$ps > 0.1$。事后多重比较显示,在产生想法的一致性方面,对照组显著高于固着—立即、固着—放松、固着—任务组,后三组彼此不存在显著差异。

对后 10 分钟内不同分组被试产生想法的数量、类别、新颖性、一致性进行方差分析,结果显示,不同分组被试产生想法的数量、类别、一致性方面存在显著差异,$ps < 0.001$。不同分组被试产生想法的新颖性不存在显著差异 $F(3, 79) = 0.291$,$p = 0.832$。

事后多重比较结果显示,在产生想法的数量方面,对照组与固着—放松组之间存在显著性差异,$p = 0.038$;对照组与固着—任务组之间存在显著性差异,$p < 0.001$;固着—立即与固着—放松、固着—任务之间存在显著性差异,p 值均小于 0.001;固着—放松与固着—任务组之间差异显著,$p = 0.035$。在产生想法的类别方面,对照组与固着—任务组之间存在显著性差异,$p = 0.008$;固着—立即与固着—放松、固着—任务之间存在显著性差异,p 值分别为 0.002 和 0.000;固着—放松与固着—任务组之间差异显著,$p = 0.045$。在产生想法的一致性方面,对照组与固着—放松组之间存在显著性差异,$p = 0.013$;与固着—任务组之间存在显著性差异,$p < 0.001$;固着—立即与固着—放松、固着—任务之间存在显著性差异,p 值分别为 0.018 和 0.000;固着—放松与固着—任务之间存在显著性差异,$p = 0.041$。

对全 20 分钟内不同分组的被试产生想法的数量、类别、新颖性、一致性进行方差分析,结果显示,不同分组的被试产生想法的数量、类别、一致性方面存在显著差异,p 值均小于 0.01。不同分组被试产生想法的新颖性不存在显著差异 $F(3,79) = 1.326,p = 0.272$。

事后多重比较结果显示,在产生想法的数量方面,对照组与固着—放松组之间存在显著性差异,$p = 0.027$;与固着—任务组之间存在显著性差异,$p < 0.001$;固着—立即与固着—任务之间存在显著性差异,$p = 0.001$;固着—放松与固着—任务组之间差异显著,$p = 0.044$。在产生想法的类别方面,固着—立即与固着—放松之间边缘显著,$p = 0.053$;与固着—任务之间存在显著性差异,$p = 0.001$;固着—放松与固着—任务组之间差异显著,$p = 0.050$。在产生想法的一致性方面,对照组与固着—立即组之间存在显著性差异,$p < 0.001$;与固着—放松组之间存在显著性差异,$p = 0.003$;固着—立即与固着—放松、固着—任务之间存在显著性差异,p 值均小于 0.001;固着—放松与固着—任务组之间差异边缘显著,$p = 0.061$。

第四节　合作创新中的固着效应及其缓解建议

本章中进行了两个实验,目标在于观察创意生成过程中个人和团体之间的表现差异,以及探索团队类型和评价顾虑对创新生产力的综合作用;以及检查孵化间隔期进行不同活动对缓解创意生成中的固着的影响差异,探索两种孵化方式(休息/内插认知任务)是否能够起到降低创新生产力赤字的作用。

一、观点固着和评价顾虑的影响

本章的目标之一是在前人研究基础上,进一步验证合作团体创意生成活动过程中的"生产力赤字"现象,以及作为生产力赤字重要影响因素的团队类型和评价顾虑对生产力赤字的综合作用。根据两个实验的累积结果,证实了创意生成过程中生产力赤字的发生以及固着与评价顾虑的影响。

第二节研究中观察到了与前人研究一致的生产力赤字现象[1][2],研究显示,实际团队比名义团队生成的想法数量更少,所涉及的类别也更少,这可能由两方面原因促成。首先,在合作创新小组的社会互动过程中,彼此看到对方的观点会导致成员产生比各自独立完成时更少的想法,想法类别数也会减少,成员倾向于探索和其他成员同样的类别;其次,真实团队中由于顾忌可能会受到组内其他成员的评价,个体也会倾向于提供更少的想法,或者提供和其他人类似的想法,不论是源自他人评价的评价顾虑还是源自对他人观点的固着,都是导致生产力赤字的重要影响因素,也是涉及情绪与认知双加工机制的社会性因素。

有研究发现,在参与者被提示他们在团队中的表现将与团队其他成员作比较时,就能发生评价顾虑[3]。实验中用提示存在外部评价的指导语启动了被试的评价顾虑,名义组在无评价顾虑时比有评价顾虑时产生了更多的想法,涉及更多的类别。说明实际团体在进行创意生成过程中发生了想法的交换,暴露于其他人的想法之中会导致团队成员之间彼此寻求一致,从而限制了他们去探索更多领域。当存在评价时,由于担心来自其他人的可能评价,参与者会倾向于较少贡献自己的想法,并贡献更多与其他人相一致的想法。

本研究通过指导语提示被试存在外部评价,来启动被试的评价顾虑,其主效应显著,在启动评价顾虑的情境下,名义组与实际组产生观点的数目及类别数都有所下降,这也与以往研究结果一致[4]。值得一提的是,评价顾虑与团队类型对于想法的类别数存在交互作用,这可以通过社会影响理论来解释,某种

① W.H.Cooper,B.R Gallupe,S.Pollard & J.Cadsby,"Some Liberating Effects of Anonymous E-lectronic Brainstorming",*Small Group Research*,Vol. 29,No.2(1998),147-178.

② B.Mullen,C.Johnson & E.Salas,"Productivity Loss in Brainstorming Groups:A Meta-Analytic Integration",*Basic and Applied Social Psychology*,Vol.12,No.1(1991),pp.3-23.

③ M.Diehl & W.Stroebe,"Productivity Loss in Brainstorming Groups:Toward the Solution of a Riddle",*Journal of Personality and Social Psychology*,Vol.53,No.3(1987),pp.497-509.

④ P.A.Collaros & L.R.Anderson,"Effect of Perceived Expertness upon Creativity of Members of Brainstorming Groups",*Journal of Applied Psychology*,Vol.53,No.2(1969),pp.159-163.

社会力量的影响强度与施加影响者的数量呈正向相关。反过来,个体对某一特定影响的感知也会随着受影响个体的数目增多而分散①。在接收到相同的外部评价预期指示时,双人团队的成员在无形中分担了这种评价指示所带来的压力,在一定程度上削弱了评价顾虑的消极影响,所以相较于名义组,真实组在评价顾虑情况下创新生产力的降低程度更小。

二、孵化间隔的作用

模拟创意生成任务中的合作情境,探索来自团队成员的观点刺激对创意产生任务表现的影响,并评估两种孵化方式对降低生产力赤字的作用。

与预期相符,第三节研究中前10分钟内固着条件下的三个组与对照组在所呈现的示例想法上表现出更高的一致性,说明示例想法成功诱发了固着的发生。暴露于他人的想法并没有限制被试产生的想法数量,一个可能的解释是暴露于他人的想法并不会导致所探索的数量的变化;相反,暴露导致一个人花费更多的时间或资源在所列举的类别中产生更多想法。

对后10分钟内四组被试的表现做比较,固着—放松和固着—任务组比固着—立即组产生更多的想法,涉及更多的类别,一致性分数更低,说明孵化间隔确实对被试产生想法的数量和类别起了积极影响,与学者之前的研究一致②。而固着—放松与固着—任务组之间表现差异说明,在孵化间隔进行认知任务能更有效地消除固着,促进合作创新。

对于四个小组在20分钟创意生成任务中的整体表现做比较,对照组和固着—立即组之间除一致性分数以外,其表现没有明显差异,说明示例想法确实诱发了被试的观点固着。第三节研究中呈现的示例想法只有四条,而对于现

① B.Latané,"The Psychology of Social Impact",*American Psychologist*,Vol.36,No.4(1981),pp.343-356.

② A.A.Penaloza & D.P.Calvillo,"Incubation Provides Relief from Artificial Fixation in Problem Solving",*Creativity Research Journal*,Vol.24,No.4(2012),pp.338-344.

实生活中的实际团体,来自其他团体成员的想法数量往往更多,涉及的类别也比较广泛,这可能是对照组与固着—立即组之间在想法数量、类别上差异不显著的一个重要原因。

第八章　合作创新中的认知网络与
　　　　社会网络分析

　　在人们的刻板印象中,极具创造力的人往往是一些埋头钻研、不善交际的科学狂人或艺术狂人。但一些学者的观点却与之相反①,他们认为创新能力强的人同时拥有良好的社交能力和社会关系,这种良好的关系网有助于他们施展创意,也能为他们提供更多的新鲜信息,从而进一步激发创意,比尔·盖茨、乔布斯、扎克伯格都是很好的例子。在小组合作学习中,不同的成员分享不同的知识、情绪与观点,他们互动为创意的产生提供了温床。一次高效的"头脑风暴"可能伴随着大量的新鲜信息和知识迁移,进而产生数倍于个人产量的创意数量。这使得许多研究者将目光投向了创新背后的互动过程,并探索在合作过程中人们如何有效的交流信息,以及网络关系对创新效果的影响。

　　在合作过程中常常看到一些"老练的工作者"为团队提供方向,帮助其他成员更好地思考和完成任务;而由新手组成的团体,成员之间思考问题的方向

---

① K.Sawyer,"Learning How to Create:Toward a Learning Sciences of Art and Design".in *The Future of Learning:Proceedings of the 10th International Conference of the Learning Sciences (ICLS* 2012), J.van Aalst, K.Thompson, M.J.Jacobson & P.Reimann (eds.), 2012, Volume 1, Full Papers (pp. 33-39) .Sydney, NSW, Australia:International Society of the Learning Sciences.

可能会截然不同,任务完成的效果也参差不齐。这种认知上的差异对小组合作有着不可忽视的作用。将小组成员的认知元素进行分类,可以搭建起一个分析框架,进一步帮助我们了解一个小组的思维过程。

为了更好地研究合作创新小组的互动,本研究衡量了四个合作创新小组在完成某一特定任务时的创新效果,通过创新表现的评估、互动过程分析、社会网络分析、认知网络分析四种方法对互动数据进行分析与讨论,衡量不同合作创新小组在互动过程和最终的创新表现上的特点与差异,同时尝试对比不同性别成员间的差异。综合这几种方法的指标与数据,在对以往观点进行验证的同时,探索互动过程与互动效果之间新的联系。

第一节　合作创新的过程与结果评估

Mumford 等人在 1991 年的研究中提到,创造力不仅需要发散思维能力,也需要评价其可行性,这一评价过程需要辐合思维的参与[1]。最初的创意虽然有吸引力,但也需要很多的改进与扩展,因此在创新过程中,人们需要反复运用发散思维与辐合思维进行思考[2]。

合作创新在如今的社会生活中发挥着越来越重要的作用,如何激发整个团队的创新能力也成为一个重要议题。Amabile 认为,创新行为是一个社会过程,包含人与人之间的互动[3]。有的学者认为,团体可以为个体输送大量实

---

① M.D.Mumford,M.I.Mobley,R.Reiter-Palmon,C.E.Uhlman & L.M.Doares,"Process Analytic Models of Creative Capacities",*Creativity Research Journal*,Vol.4,No.2(1991),pp.91-122.

② C.M.Porter,M.G.Keith & S.E.Woo,"A Meta-Analysis of Network Positions and Creative Performance:Differentiating Creativity Conceptualizations and Measurement Approaches",*Psychology of Aesthetics*,*Creativity*,*and the Arts*,Vol.14,No.1(2020),pp.50-67.

③ T.M.Amabile,"A Model of Creativity and Innovation in Organizations",*Research in Organizational Behavior*,Vol.10,No.10(1988),pp.123-167.A.B.Hargadon & B.A.Bechky,"When Collections of Creatives Become Creative Collectives:A Field Study of Problem Solving at Work",*Organization Science*,Vol.17,No.4(2006),pp.484-500.

用的信息,这些信息有助于产生创意①。还有一些学者认为,如果团队成员的联系过于紧密,他们则很可能产生大量冗杂的信息,而"弱联系"则可以避免这一问题,更好地激发创意②。

Montag、Maertz 和 Baer 提出,将创新表现分为创新表现行为(creative performance behaviors)和创新结果有效性(creative outcome effectiveness)是一种较为合理的分类方法③。前者侧重创新过程中的行为过程,包括收集信息、产生想法并对其进行评估;而后者则指对于创意新颖性和实用性的评价。事实上,以往的研究者④已经提出过较好的测量方法:对于创新表现行为的测量,可以通过统计创意数量来实现;而新颖性则可以由多位专家一同进行评估,或是衡量产生的出版物和专利数量。由 Amabile 提出的同感评估技术(CAT)常用于创新能力的评估,也就是由多位专家对同一作品进行评估。依据 Christiaans 等人的观点,内隐理论也被证实适用于创造力的评估,即评价者对于新颖产品的评价存在较高的一致性,评价者在这一环节中最重视的是产品的新颖性⑤。

① K.Sawyer,"Learning How to Create:Toward A Learning Sciences of Art and Design".in *The Future of Learning: Proceedings of the* 10th *International Conference of the Learning Sciences* (*ICLS* 2012) ,J.van Aalst,K.Thompson,M.J.Jacobson & P.Reimann(eds.) ,2012,Volume 1,Full Papers(pp. 33−39).Sydney,NSW,AUSTRALIA:International Society of the Learning Sciences.

② M.Baer,"The Strength-of-Weak-Ties Perspective on Creativity:A Comprehensive Examination and Extension",*The Journal of Applied Psychology*,Vol.95,No.3(2010) ,p.592.

③ T.Montag,C.P.Maertz & M.Baer,"A Critical Analysis of the Workplace Creativity Criterion Space",*Journal of Management*,Vol.38,No.4(2012) ,pp.1362−1386.

④ T.M.Amabile,"Social Psychology of Creativity:A consensual Assessment Technique",*Journal of Personality and Social Psychology*,Vol.43,No.5(1982) ,pp.997−1013.

⑤ Christiaans & H.C.M.Henri,"Creativity as a Design Criterion",*Creativity Research Journal*, Vol.14,No.1(2002) ,pp.41−54.

第二节　基于群体过程的多重分析方法

一、头脑风暴互动过程与分析系统

当一群人围绕某一特定的兴趣领域或议题时产生新观点的情境,这一情境就被称为头脑风暴。头脑风暴可以理解为一种会议技巧,在公司讨论中十分常见,但这种讨论方法存在着一些问题,例如效率低下[1],有些人会偷懒,也有些人因害怕他人评价而不敢提出想法[2]。Paulus、Nakui、Putman 和 Brown 指出,虽然这些问题难以避免,但互动本身可以带来很多好处,尤其是有利于创造力的发挥,很多时候学生无意间提出的不太可能实现的想法也可以很好地促进讨论。他们也强调,如果学生没有经历过头脑风暴,也没有进行过相关培训,他们在实验室中的表现可能会不够理想[3]。有学者认为,如果能安排一位局外的指导者,帮助团队进行互动的话,则能够避免互动过程中跑题或出现周期性的停顿的问题,从而提高互动效率[4]。

McGrath 和 Altermatt 将互动过程概括为成员之间同时的或次序的行为[5]。Marks、Mathieu 和 Zaccaro 在研究中指出,团体过程是以任务目标为导向的,按照

①　A.Furnham,"The Brainstorming Myth",*Business Strategy Review*,Vol.11,No.4(2000),pp. 21-28.

②　L.M.Camacho & P.B.Paulus,"The Role of Social Anxiousness in Group Brainstorming",*Journal of Personality and Social Psychology*,Vol.68,No.6(1995),pp.1071-1080.

③　P.B.Paulus,T.Nakui,V.L.Putman & V.R.Brown,"Effects of Task Instructions and Brief Breaks on Brainstorming",*Group Dynamics:Theory,Research,and Practice*,Vol.10,No.3(2006),pp.206-219.

④　A.K.Offner,"The Effects of Facilitation,Recording,and Pauses on Group Brainstorming",*Small Group Research*,Vol.27,No.2(1996),pp.283-298.

⑤　J.E.McGrath & T.W.Altermatt,"Observation and Analysis of Group Interaction over Time:some Methodological and Strategic Choicess",in *Blackwell Handbook of Social Psychology:Group Processes*,M.A.hogg & R.S.Tindale(eds.),2001,Blackwell,pp.525-556.

一定的顺序同时进行着多种过程,他们强调这是一个关于时间的概念框架①。这些学者对于互动过程和团体过程的定义十分相似,在此基础上,有研究者认为应当将互动过程作为一个整体来进行研究,而非一个个的时间点②。也有一些观点将互动过程按人与信息、学习者与教学者等类别进行分类。

在如何测量群体互动过程这个问题上,何铨综合了大量已有的互动过程分析系统,将测量方式归纳为三种:调查法、行为观察法、日志法③,其中,行为观察法在群体过程研究中较为普遍。

二、互动过程分析法（IPA）

人们在会议中围绕一个话题开展讨论时,未必所有互动都能紧贴主题,人们会花时间交流情绪,或是聊一些无关紧要的话题。Poole 认为,一个学习群体往往会同时进行社会关系导向和任务导向的交流④。为了系统地描述小组中成员的互动过程,许多学者采用了 Bales 开发的一套互动过程分析法(Interaction Process Analysis,以下简称 IPA)⑤。这套方法最初用于面对面互动中,按一定的标准将互动行为分为积极的社会情绪、任务—给出、任务—索求、负面的社会情绪四大类。Bales 又将每个大类各自细分为三个小类:(1)积极的社会情绪包括:团结、缓解紧张、同意;(2)任务—给出包括:建议、意见、方向;(3)任务—索求包括:方向、意见、建议;(4)负面的社会情绪包括:不同意、表现出紧张、表现出敌意。Bales 还通过大量观察结果给出了每个小类的建议取值范围,这使得后续的研究者可以直观地与 Bales 的观测结果进行比较。

---

① M.A.Marks,J.E.Mathieu & S.J.Zaccaro,"A Temporally Based Framework and Taxonomy of Team Processes",*The Academy of Management Review*,Vol.26,No.3(2001),pp.356–376.

② 何铨、H.W.Tjitra:《群体过程与互动分析系统》,《心理科学进展》2009 年第 5 期。

③ 陈向东、李四清:《网络环境下的教育知识建构》,《现代远距离教育》2008 年第 5 期。

④ M.S.Poole,"Decision development in small groups,III:A multiple sequence model of group decision development",*Communication Monographs*,Vol.50,No.4(1983),pp.76–82.

⑤ E.Greenwood & R.F.Bales,"Interaction Process Analysis:A Method for the Study of Small Groups",*American Sciological Review*,Vol.15,No.5,p.693.

随着远程教学的普及，一些学者开始研究面对面交流与在线环境交流的差异，以及在线环境下 IPA 是否依然适用。Fahy 在研究中发现，在线互动小组表现出极少的负面社会情绪，他们将更多的精力投入了任务相关的内容中。除此之外，其大部分的行为都符合 Bales 当初的观测。在线互动小组与面对面群体的数据十分类似，但也存在着一些微妙的差异，Fahy 指出这些不同之处是由于实验小组中存在"教师"角色，这种领导者的角色有可能会对互动模式产生影响[①]。

三、社会网络分析法（SNA）

创造力与社交能力之间存在一定的联系[②]。有学者提出，在虚拟学习社区中，学习者应当主动投入开放的互动环境中，这样才能提高学习和互动的质量。Kéri 发现，可以通过一个人的主要社交网络(挚友和家人)的规模来预测其创新能力。社会网络分析(Social Network Analysis)的思路是以关系作为基本的研究单位，并通过对这些关系的深入研究得出社交网络的网络特征[③]，网络特征的主要描述指标可包括网络密度、网络距离、点中心度、中间中心度等方面。

网络密度是指成员间的紧密联系程度，计算方法为成员间实际关系数量/理论最大关系数量。这一指标可用来衡量成员联系数量的多少，联系越多，成员间交换信息的可能性也就越大。

① P.Fahy & P.Fahy, "Online and Face-to-Face Group Interaction Processes Compared Using Bales' Interaction Process Analysis(IPA)", *European Journal of Open, Distance and E-Learning*, Vol.9, No.1(2006).

② A.S.Mckay, P.Grygiel & M.Karowowski, "Connected to Create: A Social Network Analysis of Friendship Ties and Creativity", *Psychology of Aesthetics Creativity & the Arts*, Vol.11, No.3(2017), pp.284−294.

③ S.Kéri, "Solitary Minds and Social Capital: Latent Inhibition, General Intellectual Functions and Social Network Size Predict Creative Achievements", *Psychology of Aesthetics, Creativity, and the Arts*, Vol.5, No.3(2011), pp.215−221.

网络距离指整体中的两点在矩阵意义上的最短途径,可使用 UCINET 软件中的 distance 进行计算。该指标也可以用于描述成员间的联系。

点中心度指有多少成员与该成员有直接关系,计算方法为入度+出度。入度指该成员发出的信息数目,通常为其回复其他成员的信息数目;出度指该成员收到的信息数目。个体点中心度较高时,表明其乐于与他人交互,同时也很可能是小组的核心人物。

中间中心度衡量其他成员间若想要连线时,有多大概率需要经由这位成员,可通过 UCINET 软件中的 nodes betweenness 进行计算。数值越高,该个体越可能是小组中重要的"搭桥人物"。

四、认知网络分析法(ENA)

认知网络分析法(Epistemic Network Analysis,以下简称 ENA)是对专业能力进行网络化建模的一种技术,核心思想是通过统计多个编码在对话中的出现次数,建立起反映各个编码之间关系的网络化特征[①]。一些学者认为认知网络分析法与社会网络分析法相似[②],但可以更加全面、动态地呈现学习者的认知结构[③]。

ENA 在线分析平台[④]可以帮助研究者完成数据的处理和分析,并生成一张认知网络平面图。Shaffer 等人在该平台教程中介绍了其原理:通过选定的数据与分组,将数据按编码类别进行划分,并生成不同的共现矩阵,之后将多个矩阵叠加,再对累积的矩阵进行归一化处理,把总长度标定为 1,最后对该矩阵做降维处理,所得到的两个奇异值分别作为平面图的横纵轴

---

① 吴忭、王戈:《协作编程中的计算思维发展轨迹研究——基于量化民族志的分析方法》,《现代远程教育研究》2019 年第 2 期。

② 许锋华、大卫·威廉姆森·谢弗:《美国科学教育测评系统 ENA 评介》,《电化教育研究》2015 年第 9 期。

③ 王志军、杨阳:《认知网络分析法及其应用案例分析》,《电化教育研究》2019 年第 6 期。

④ 网址为 http://www.epistemicnetwork.org/。

SVD1 和 SVD2①。之后将我们想要分析的单元(可以是成员,也可以是小组)投影到该图中,就可以直观地看到不同单元的认知网络图,并可以进一步分析其认知特征。

第三节　多分析方法结合的研究设计

一、参与者与任务

由于实验任务与大学生日常生活相关,实验共计招募了 43 名在校大学生,预实验者 6 名,分入一个小组;正式实验者 37 名,分配到四个小组中,每组 9—10 人。小组成员共同讨论"提出改善校园生活的建议",并在规定时间向主试提交创造性的建议,每名成员都可以在微信群中单独向主试提建议,无须汇总。

二、程序与过程

每组的 9—10 名被试被拉入一个微信讨论小组中,在实验开始前 10 分钟,主试以图片的形式向所有被试呈现实验的指导语,包括主题、时间流程和头脑风暴的要求。考虑到图片中文字内容较多,被试可能没有耐心全部读完,主试还会将这些内容以文字的形式再次逐条介绍给所有被试,并简要回答他们对实验流程的相关疑问,保证被试在实验前清晰准确地了解实验流程及要求。指导语中着重强调了两项内容:(1)头脑风暴的相关要求,包括不对创意进行评价、鼓励交流借鉴创意、鼓励大胆提出创意、鼓励多提创意;(2)鼓励小组成员间多互动,讨论环节主试不会参与或回复成员们的讨论。

讨论正式开始到结束约为 20 分钟,前 10 分钟所有成员自由讨论,主试不

---

① D.W.Shaffer,W.Collier & A.R.Ruis,"A Tutorial on Epistemic Network Analysis:Analyzing the Structure of Connections in Cognitive,Social,and Interaction Data",*Journal of Learning Analytics*, Vol.3,No.3(2016),pp.9-45.

参与。在实验开始 10 分钟后,主试提示所有成员可以向主试提交建议,统一使用"@ 主试+创意"的格式。在绝大多数成员完成创意的提交后,主试告知所有被试继续讨论,这一提交过程通常持续 2—3 分钟。第二阶段的讨论持续 8—9 分钟之后,主试要求被试以相同的方式提交创意。

三、数据处理

四个小组的讨论记录以图片的形式保存,之后两位编码者对这些数据进行独立编码,编码内容包括三类:(1)互动类型,用于互动过程分析;(2)网络关系,用于社会网络分析;(3)创意类别和观点网络,用于创新表现分析和认知网络分析。独立编码完成后,两位编码者针对编码中的不一致项目进行商议,以讨论得出的结果作为实验最终数据。

互动类型编码时,编码者将讨论记录按照 Bales 设计的编码方式进行编码,将对话按照功能分为不同的"节",每节中包括一句到多句对话不等,并归入 12 个类别中。两位编码者之间的一致性较高,ICC 相关系数为 0.961。

网络关系编码时,编码者将每组中的 9—10 名被试编号,并统计每位被试回复其他被试的语句条目,以及被别人回复的语句条目。被试的每一条回复都会计入一个编码,不考虑该条回复的具体长度。若被试的某一语句条目未与其他人产生互动,则不被计入。在入度和出度上,两位编码者之间的一致性较高,ICC 相关系数为 0.857。

创新表现的编码及处理,对于"提出改善校园生活的建议"这一主题,本研究最初尝试将所有创意分为 32 个类别,这种分类方法已在类似的研究中使用过①。所有非严肃的创意不被计入,相似度高或明显重复的创意只被计入一次。但在数据处理时发现有一半的类型计数为零,没有任何一组被试提出这些方面的创意,因此最终只使用所有不为零的分类进行后续分析,这些分类共计

---

① N.W.Kohn & S.M.Smith,"Collaborative Fixation:Effects of Others' Ideas on Brainstorming", *Applied Cognitive Psychology*,Vol.25,No.3(2011),pp.359-371.

16 个。基于这 16 个分类,两位编码者之间达成了较高的一致性,ICC 相关系数为 0.963。本研究从创意数量、类别和新颖性三个角度计算每个小组的创意表现得分,Kohn 提到,新颖性的计算方法可简化为:100/某一类别下出现过的想法总数①。因此如果四个小组提出的所有创意中,某一类创意数量较少,那该类别将具有较高的新颖性得分,小组的新颖性得分为该组创意的平均得分。

观点网络编码时,参考创新表现的分类方式,该实验将被试的所有创意分为 16 个类别,并统计每一位被试提出过的创意类别和数量,在同一小组中,若出现相似度高或明显重复的创意,则只计入一次,同时遵循"先到先得"的原则,只计入首次提出该创意的被试名下。两位编码者之间一致性较高,ICC 相关系数为 0.963。

第四节　多分析方法结合的研究结果

一、互动过程分析结果

互动过程分析结果见表 8-1。从总数上看,大部分结果与 Bales 给出的建议值相近。

表 8-1　互动过程分析结果

	一组		二组		三组		四组		总数		Bales 给出的百分比范围	
	数量	百分比	数量	百分比	数量	百分比	数量	百分比	数量	百分比	百分比	区间
A.积极的社会情绪												
(1)团结	0	0	1	1%	0	0%	0	0%	1	<1%	1%	0—5%
(2)缓解紧张	8	9%	9	9%	8	10%	4	5%	29	8%	7.3%	3—14%

① N.W.Kohn,An Examination of Fixation in Brainstorming,Doctoral Dissertation,Texas,A&M University,2008,p.59.

	一组		二组		三组		四组		总数		Bales 给出的百分比范围	
	数量	百分比	数量	百分比	数量	百分比	数量	百分比	数量	百分比	百分比	区间
(3)同意	16	17%	18	18%	14	18%	14	19%	62	18%	12.2%	6—20%
B.任务—给出												
(4)建议	16	17%	10	10%	7	9%	15	21%	48	14%	5.2%	2—11%
(5)意见	26	28%	25	25%	24	30%	19	26%	94	27%	30%	21—40%
(6)方向	19	20%	15	15%	21	26%	14	19%	69	20%	21.2%	14—30%
C.任务—索求												
(7)方向	3	3%	8	8%	2	3%	3	4%	16	5%	5.4%	2—11%
(8)意见	0	0%	0	0%	0	0%	1	1%	1	<1%	3.5%	1—9%
(9)建议	0	0%	1	1%	0	0%	1	1%	2	1%	0.8%	0—5%
D.负面的社会情绪												
(10)不同意	2	2%	11	11%	1	1%	1	1%	15	4%	6.6%	3—13%
(11)表现出紧张	2	2%	4	4%	3	3%	1	1%	10	3%	4.4%	1—10%
(12)表现出敌意	0	0%	0	0%	0	0%	0	0%	0	0%	2.4%	0—7%
总计	92		102		80		73		347			

与 Bales 观测差异较大的几个项目如下：

"同意"的百分比（18%）高于 Bales 的建议值（12.2%），但未超过建议的区间上限（20%）；"给出建议"的百分比（14%）远高于 Bales 的建议值（5.2%），同时高于建议的区间上限（11%）；"索求意见"的百分比（<1%）远低于 Bales 的建议值（3.5%），也低于建议的区间下限（1%）。

二、社会网络分析结果

（一）网络密度

将数据导入 UCINET 软件，四个小组的网络密度结果见表8-2。其中三个小组的网络密度为 0.45 左右,二组网络密度高于其他几组,表明该组成员联系紧密。

表 8-2　网络密度结果

	一组	二组	三组	四组
网络密度	0.456	0.611	0.458	0.444

（二）网络距离

网络距离结果见表 8-3。一组和四组的网络距离和凝聚力指数相近,二组的网络距离更近,凝聚力也更高,与网络密度的结果相似,再次证明该组成员互动紧密。三组成员网络距离较远,凝聚力指数稍高于一组和四组,表明该组存在紧密互动的成员,也有一定数量的成员缺乏互动。

表 8-3　网络距离结果

	一组	二组	三组	四组
网络距离	1.556	1.417	1.750	1.594
凝聚力	0.669	0.801	0.697	0.653

（三）入度、出度、点中心度

入度、出度和点中心度结果见表 8-4。可以看到每位成员与其他成员的互动数量,以及他们是更倾向于回复他人还是更多地被他人回复。前三组中的 1C、2B、3G 同学的点中心度最高,表明他们最为活跃,四组中无特别突出的成员。

表 8-4　入度、出度、点中心度结果

ID	入度	出度	点中心度	ID	入度	出度	点中心度
1A	6	7	13	2A	3	3	6
1B	9	8	17	2B	46	34	80
1C	9	35	44	2C	38	15	53
1D	3	2	5	2D	31	25	56
1E	2	5	7	2E	5	26	31
1F	16	12	28	2F	27	24	51
1G	11	7	18	2G	10	26	36
1H	10	3	13	2H	9	21	30
1I	6	0	6	2I	8	3	11
1J	11	4	15				
一组总计	83	83	166	二组总计	177	177	354
3A	9	14	23	4A	1	12	13
3B	11	9	20	4B	26	7	33
3C	5	16	21	4C	9	9	18
3D	13	2	15	4D	3	25	28
3E	7	5	12	4E	3	1	4
3F	4	4	8	4F	9	5	14
3G	19	12	31	4G	8	6	14
3H	3	2	5	4H	16	12	28
3I	6	13	19	4I	2	0	2
三组总计	77	77	154	四组总计	77	77	154

不同性别被试的点中心度结果表明,男性的互动数量略多于女性,但这一效果并不显著。

（四）中间中心度

中间中心度结果见表 8-5,与点中心度的结果类似,前三组中最重要的

"联系者"为 1C、2B 和 3G,第四组中为 4B 和 4D。其中三组的中间中心势最高,为 28.12%,这也说明该组中的中心人物在小组中发挥了更大的作用,而其他成员间的交互相对较少。借助于 Netdraw 程序,我们可以实现这一数据的可视化,如图 8-1 所示,方块代表不同的小组成员,方块越大,中间中心度越高,图中标出了各组中较为突出的成员 ID。

表 8-5　中间中心度结果

ID	中间中心度	ID	中间中心度
1C	15.583	2B	13.783
1B	9.667	2F	6.383
1F	7.917	2D	3.717
1G	4.083	2G	3.067
1A	3.667	2C	1.800
1H	2.417	2I	0.500
1E	0.667	2H	0.500
1J	0.667	2E	0.250
1D	0.333	2A	0
1I	0		
一组平均	4.500	二组平均	3.333
3G	20.000	4B	13.000
3A	13.167	4C	11.667
3D	7.000	4H	6.500
3C	6.500	4F	4.000
3B	4.833	4D	2.167
3E	1.500	4A	0.333
3I	0.500	4G	0.333
3F	0.250	4E	0
3H	0.250	4I	0
三组平均	6.000	四组平均	4.222

一组 二组

三组 四组

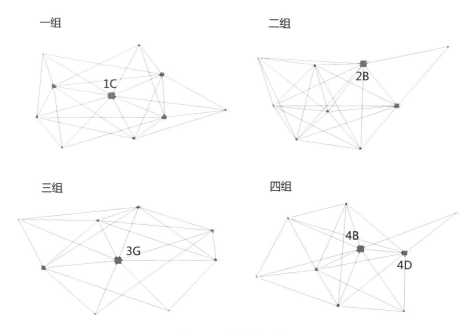

图 8-1 中间中心势图

三、创新表现结果

实验结果显示,四个小组共生成 109 个创意,结果见表 8-6。一组生成的创意数量最多,类别覆盖广,新颖性处于平均水平;二组创意数量和类别均为最少,新颖性处于平均水平;三组的创意数量和类别均接近平均水平,但新颖性很差;四组创意数量处于平均水平,但覆盖类别广,也最为新颖。总的来说,相比于二组和三组,一组和四组的创新表现得分更高。

表 8-6 四个小组的创意数量、类别、新颖性分析表

组别	数量	类别	新颖性
一组	41	14	15.40
二组	15	8	14.07
三组	26	10	9.81

续表

组别	数量	类别	新颖性
四组	27	14	18.61
均值	27.25	11.50	14.47
标准差	10.66	3.00	3.65
总计	109		

四、认知网络分析结果

(一)各小组观点网络结果

将数据导入 ENA 在线分析平台中,运用四个小组中的所有成员信息进行建模,所得模型如图 8-2 所示。图中的每个点代表每一位学生的质心,即该学生的观点在矩阵中的位置,方框代表一个小组观点网络的整体分布情况,中心的实心方格代表小组成员的平均质心位置。四个小组及其成员依次被标记为红蓝紫绿四种颜色。

可以看到,一组、三组与四组的观点网络分布均匀,而二组的方框呈长条状,这表明二组与其他三组的认知结构存在更多的差异,该组的创意更可能集中于某几个方面上。四组的方框面积最大,其成员在网络的中心与边缘均有分布,说明该组成员均有自己不同的观点与创意。四个组的具体观点网络如图 8-3 所示。

一组的观点网络分布均匀且线条密集,绝大部分类别都有涉及,且主要集中于观点网络的中心部分。映照了创新表现的结果,该组的创意数量、类型、新颖度得分均较高。相较于其他组,该组提出的餐饮类和课程类创意更多。

Units: 组别 > ID

Conversation: 组别

图 8-2　四个小组的观点网络结构图

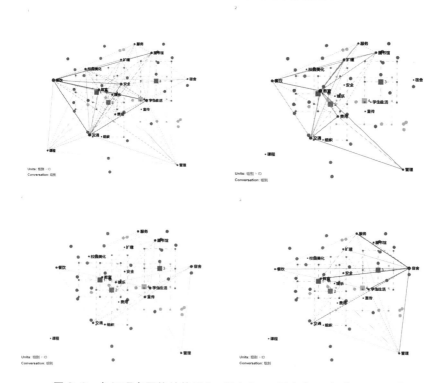

图 8-3　各组观点网络结构图(一组左上,二组右上,三组左下,四组右下)

二组的观点网络主要分布于该图的左侧,但涉及的类别相对较少,不仅是边缘类别(如课程、组织),一些位于网络中心(如学生生活、安全)的重要类别也都没有提及,这表明该组的观点建构效果欠佳。

三组的观点网络集中于右侧,尤其是宿舍这一类别,共提出了 10 条建议,占总数的 38%。实验过程中发现该组的知识迁移能力强,在讨论过程中常将其他类别创意迁移到宿舍类别。

四组的创意分布广,也较为稀疏和分散,反应在创新表现得分上,则是较少的创意数量和较高的类别分布与新颖性。

(二)不同性别间观点网络差异

研究者还将正式实验的 37 名被试按性别进行分类,男性 10 名,女性 27 名,由此建立的观点网络如图 8-4 到图 8-5 所示。深色为男性,浅色为女性。

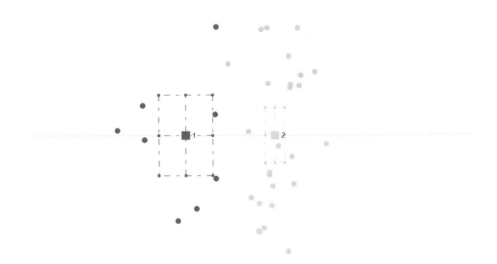

Units: 性别 > ID
Conversation: 组别

图 8-4　不同性别的观点网络结构图

图 8-5　男性与女性的观点网络结构图（男左，女右）

结果表明，在该实验的任务中，不同性别的成员在观点建构上存在较少的差异。多位男性被试都提到了费用问题，但没有一名女性被试提出该类别的创意。而女性被试更常提到学生生活、宿舍方面的创意，男性被试在这两类方面的创意较少。在其他的类别上，不同性别的被试表现几乎没有差异，图中的绝大多数类别位于 SVD2 轴这一交界处。

第五节　合作创新互动过程及认知与社会网络状况

一、互动过程分析结果讨论

基于互动过程分析结果，任务—给出分类下的"建议"超出了 Bales 的建议值，且任务—索求下"建议"低于 Bales 的建议值，这与本研究中所使用的范式及相应指导语相符，本实验任务为"提出改善校园生活的建议"，因此被试更倾向于从提出建议的角度进行思考和交流，而较少向他人索求建议。"同意"的百分比超出了 Bales 的建议值，这也表明在本研究的任务过程当中，小组建立起相互赞同、支持的良性氛围，更易达成共识。

此外，互动过程中负面的社会情绪下的三个指标，"不同意""表现出紧张""表现出敌意",均低于 Bales 所提出的建议值,考虑到 Bales 在 1950 年给出的建议值是基于面对面对话的小组,而本研究中则是采取线上讨论的模式,这一结果与 Fahy 等人的研究相符,即在线小组会表现出更少的负面社会情绪①。在线讨论情境可能会减少面对面交流所带来的评价顾虑或矛盾,从而降低小组中的负面社会情绪。

二、社会网络分析结果讨论

综合来看,四个小组中二组内的联系最为紧密,其余几组数据差异较小。三组的网络距离、点中心度总和、平均中间中心度均略低于其他几组,但并不明显。每组中都有很少参与互动的同学,但并不意味他们未参与到创意的贡献中,不乏大量贡献创意却几乎未参与讨论的情况出现。结合互动过程分析的结果,发现在积极参与实验的同学里,一些人可能会对小组的社会情绪产生影响。以二组为例,该组在四个小组中出现了最多的"不同意"互动(73%),而这之中有 55% 的"不同意"来自于 2B 同学;二组中更多的社会情绪互动(43%,远高于其他三组平均值 29.6%)也表现为了更多的交互数量和更紧密的联系。先前有研究者发现团队的多样性会导致沟通困难和绩效下降和冲突增加②。这一观点可以解释二组的结果,因为该组中的成员来自三个不同的学校且均不止一人,他们也使用了更多的对话来对比意见,也正是由于成员间的不熟悉,他们需要通过更多的对话来促进交流。

值得关注的是,尽管二组在网络密度得分上显著高于其他三组,且具有更短的网络距离,但其在创新表现结果中的观点数量和类别均为最少,这也提示我们,关注团队中交流的切题性与有效性,即团队成员间所发生的互动是否有

---

① P.Fahy & P.Fahy, "Online and Face-to-Face Group Interaction Processes Compared Using Bales' Interaction Process Analysis(IPA)", *European Journal of Open , Distance and E-Learning*, Vol.9, No.1(2006).

② D. C. Hambrick, " When Groups Consist of Multiple Nationalities: Towards a New Understanding of the Implications", *Organization Studies*, Vol.19, No.2(1998), pp.181–205.

助于任务的推进,是否能够提升最终的绩效或创新成果。

三、认知网络分析结果讨论

认知网络分析结果与创新表现的结果相近,相较于二组与三组,一组与四组取得了更好的互动效果。但总的来说,没有小组出现严重偏离中心区域的结果,说明学生们在完成该任务时建构的观点网络较为相似。

男性的互动数量略高于女性,但差异不显著,这与先前的研究结果①不同。研究者发现,这些男生大部分集中于二组,二组男生的互动数量均值也略高于男生总体均值(45.2 > 31.3),因此男生互动数量整体偏高可能是因为二组的环境,而非性别因素导致。不同性别被试间的比较表明,男女性在观点网络中差异较大的两个类别为费用和学生生活,男性被试更关注前者,女性被试关注后者。

四、方法整合的优势

本研究同时使用了质性研究和量化研究的方法,是一种以质性为主的嵌入式设计。这种混合方法研究在教育心理学中常常出现②,例如研究中对文字、视频资料的编码。这种方法可以使质性研究和量化研究的结果相互补充和提供佐证,摆脱两种方法自身的局限性。但混合方法研究需要更精密的设计,也需要研究者投入更多额外的时间和精力③。

运用多种分析方法也是本研究的特色,在测量小组的互动过程时,互动过程分析法和社会网络分析法可以从不同的角度进行编码和测量,一定程度上

---

① K.Lu,J.Teng & N.Hao,"Gender of Partner Affects the Interaction Pattern during Group Creative Idea Generation",*Experimental brain research*,Vol.238,No.5(2020).pp.1157-1168.

② 孙文梅:《教育心理学研究中的混合方法设计》,《心理技术与应用》2015 年第 12 期。

③ K.M.T.Collins, A.J.Onwuegbuzie & I.L.Sutton,"A Model Incorporating the Rationale and Purpose for Conducting Mixedmethods Research in Special Education and Beyond",*Learning Disabilities:A Contemporary Journal*,Vol.4,No.1(2006),pp.67-100.

避免了由于某一方法中编码不准确而引发的问题;认知网络分析法可以将创新表现得分的数据可视化,对后者起到了补充和扩展的作用。多种分析方法的使用可以使研究更加全面,也能克服某一分析方法自身的局限性。

　　本研究使用互动过程分析、社会网络分析、认知网络分析和测量创新表现四种方法,对合作创新小组的互动过程和效果特点进行探索。在互动类型上,一组、三组、四组都是更偏向于任务相关的互动,其中一组和四组提出了更多的建议,与创意的新颖性具有共变关系,这一结果在一定程度上支持任务相关互动能够帮助小组取得更好的创新表现结果和更全面均匀的观点网络的推测。互动数量最多、成员最紧密的小组并未表现出更好地创新能力,他们将更多的精力投入在了社会情绪的分享中;而富有创意的小组并没有表现出过分的团结,但却将更多的互动时间用于提出任务相关的建议,这一结果提示在团队的实际交流过程中,应当关注成员联系与团队绩效间的平衡,引导成员聚焦于任务相关的交流讨论。此外,基于与 Bales 建议值的比较,在线互动小组相比于面对面小组,在互动时表现出了更少的负面的社会情绪,这一结果证实了在线互动小组在维护成员情绪方面的优势。不同性别间的比较结果表明,男性和女性的互动数量没有显著差异,但男性与女性在观点建构的具体内容上存在差异。

第四编

合作创新的多场景干预与促进

4

第九章 头脑风暴法的缺陷及
计算机支持解决方案

第一节 合作创新与头脑风暴法

一直以来,人们都热衷于讨论创新这一话题,从蒸汽机的发明到计算机的出现。我们可以认为,科学技术的发展与人类创造力之间存在着密不可分的关系。在人类认识和理解创造力的过程中,诸如哲学、生理学和神经科学等许多学科,都对创造力的研究做出了重要贡献。其中,心理学家对创造力以及创造力相关的研究尤为全面。

如何增强人类的创造力一直是心理学工作者致力于探究的主题。1957年,Osborn 提出了头脑风暴法(brainstorming),旨在通过一种团队问题解决的方法来提高创造力,即是通过合作创新来提升创新效率[1]。合作创新是指以团队为单位,团队成员将各自掌握的创新资源和信息进行有效的汇总与聚合,通过人员与资源的广泛交互,实现深度合作[2]。头脑风暴法的规则是让团队成员在问题解决的过程中专注于问题本身,尽可能自由地思考;抑制自我批判

---

① A.Osborn(eds.), *Applied Imagination-Principles and Procedures of Creative Writing*, Read Books Ltd,2012,p.165.

② 陈劲、阳银娟:《协同创新的理论基础与内涵》,《科学学研究》2012 年第 2 期。

和他人的评判的影响,想出尽可能多且不同的想法(idea)来。基于头脑风暴法的合作创新在之后也得到了 Csikszentmihalyi 在理论层面上的支持。在 Csikszentmihalyi① 提出的创造力理论中,他为创造力建立了一个系统模型,认为创造力是一种社会现象,是社会、文化和个体三者相互影响的产物,三者缺一不可。将该理论应用于合作创新中,团队环境即为创新的社会环境,个体所掌握的专业知识即为创新的文化因素,团队成员即为创新的个体。合作创新中,个体被置于团队环境中,个体间的互动以及个体与环境间的互动都影响着团队问题解决的质量与数量。目前,基于头脑风暴法的合作创新,逐渐成为一种被广泛应用的创新策略。然而,头脑风暴法本身也存在很多的缺陷。因此,本文将对基于头脑风暴法的合作创新的缺陷展开讨论,并针对这些不足提出计算机支持的解决方案。

第二节　头脑风暴法的缺陷

虽然头脑风暴法目前依然是人们常用的一种团队创新测量,但是实际上这一方法刚提出时就招致了多方的质疑。尽管 Osborn 曾提到,团队成员个体在合作创新过程中提出的创新性方案,将会是个体独立进行创新时的两倍②。然而 Taylor 等人在 1958 年,首次对 Osborn 的理论进行检验的时候,却得到了相反的结果③。实验中,被试被要求进行独立地自由思考,或者组成四人的真实小组采用头脑风暴法进行思考。在实验结束后,要求被试报告出经过思考所得到的想法。研究人员在处理结果时,将那些独立思考的被试随机分成四

① M.Csikszentmihalyi, "Society, Culture, and Person: A Systems View of Creativity", in *The Systems Model of Creativity*, Mihaly Csikszentmihalyi(eds.), Berlin: Springer, 2014, pp.47-61.

② A.Osborn(eds.), *Applied Imagination-Principles and Procedures of Creative Writing*, Read Books Ltd, 2012, p.165.

③ D.W.Taylor, P.C.Berry & C.H.Block, "Does Group Participation When Using Brainstorming Facilitate or Inhibit Creative Thinking?" *Administrative science quarterly*, Vol.3, No.1(1958), pp.23-47.

人小组来构成虚拟组(nominal group);随后排除虚拟组组内四人的相同观点,将剩余的观点数目求和并与真实组的数据进行比较,结果表明,虚拟组得到的想法数量几乎是真实组的两倍,这与 Osborn 的观点恰恰相反。除了 Taylor 等人的实验以外,之后也陆续出现支持个体创新的研究结果,这些都说明了采用头脑风暴法的合作创新并不比个体创新更优秀。

其中,Diehl 和 Stroebe 总结出了导致团队创造力低水平的三个主要原因:生产阻塞(production blocking)、评价顾虑(evaluation apprehension)和搭便车者(free riding),本文也将从这三个方面展开讨论①。

一、生产阻塞

Lamm 和 Trommadorff 在他们的经典综述中提出,实验中,真实组创造力减少主要是由于在小组讨论时同一时间只有一位成员可以发言②。然而这种观点并不能很好地解释合作创新小组创造力水平降低的原因。因为在许多实验中,研究者都给予了团队和个体足够长的时间进行讨论或思考,团队成员往往在规定时间用尽之前,就不再产生新的想法了。所以缺少发言时间无法看作是合作创新的主要问题。事实上,生产阻塞主要是因为成员个体必须要听取团体其他成员的发言,从而打扰了自己的思考过程;或者在倾听他人发言时压抑了自己的想法。

关于生产阻塞的直接研究十分有限。在 1970 年,Bouchard 和 Hare③ 分别对五人团队、七人团队和九人团队头脑风暴后的结果进行了比较,发现随着

① M.Diehl & W.Stroebe, "Productivity Loss in Brainstorming Groups: Toward the Solution of a Riddle", *Journal of personality and Social Psychology*, Vol.53, No.3(1987), pp.497-509.

② H.Lamm & G.Trommsdorff, "Group Versus Individual Performance on Tasks Requiring Ideational Proficiency (Brainstorming): A Review", *European journal of social psychology*, Vol.3, No.4 (1973), pp.361-388.

③ T.J.Bouchard & M.Hare, "Size, Performance, and Potential in Brainstorming Groups", *Journal of Applied Psychology*, Vol.54, No.1(1970), pp.51-55.

团体规模的增加,讨论中出现停顿的时间长度和频率也在增加。这是因为在人数更多的团队里,干扰其他成员发言的成员数目也更多,所以这项研究从侧面说明了生产阻塞的存在。而 Diehl 和 Stroebe 则对生产阻塞进行了更为直接的实验研究①。在实验中,每四名被试组成一个虚拟小组,与真实小组的不同之处在于他们不在同一个房间中进行讨论,而是各自被安排在一个独立的房间进行创新思考,同时配备一个麦克风和一个显示器。显示器上有一盏绿灯和三盏红灯,当其中一名被试开始发言时会按亮相应的绿灯,其余三名被试的显示器会亮起红灯,如此每一名被试都可以知道谁在发言。在这个基础上又分为了三种情况:情况一,每人都可以通过耳机听到其他成员的发言,但是当面前的红灯亮起时不能发言;情况二,被试无法听到其他“组内成员”的发言,而当面前的红灯亮起时依然不能发言;情况三,被试无法听到其他“组内成员”的发言,且自己可以在任意时间发言,不用在意亮灯的情况。实验结束后研究人员统计所有被试提出的想法数量,发现情况三中被试的想法数量是情况一和情况二的两倍,情况二中被试的想法的数量也显著多于情况一。

这说明,相比于必须等待组内其他成员发言结束后,再报告自己的观点;如果被试能够在想到任何想法的同时就报告出来,他/她的创新能力可以得到显著提高。这样的实验结果为生产阻塞的存在提供了强有力的支持,同时也证明了在头脑风暴法中,生产阻塞的确会影响个体的创造力。

二、评价顾虑

在合作创新中,个体会因为担心自己的原创性想法得到组内其他成员的负面评价而不愿提出,这样的现象一般被称为评价顾虑。Collaros 和 Anderson

---

① M.Diehl & W.Stroebe,"Productivity Loss in Brainstorming Groups:Toward the Solution of a Riddle",*Journal of personality and Social Psychology*,Vol.53,No.3(1987),pp.497-509.

的研究支持了这一假设①,他们在团队中设置了专家成员,并认为在合作创新中,被试感知到的专家越多,对评价的担忧就会越强烈。在实验中,研究人员分别设计了全专家组(被试被告知其他组内成员都是相关领域的专家)、唯一专家组(被试被告知组中存在一位相关领域专家)和无专家组(被试未被告知相关信息)。实验结果表明,全专家组的创造力最低,无专家组的创造力最高。此外,在实验后的问卷调查中,相比于无专家组的被试,专家组的被试也表示出更多的压力与顾虑。这与评价顾虑的假设是一致的。

而 Diehl 和 Stroebe 对评价担忧现象进行了更为直观的研究②。在实验中,研究人员针对题目的性质和评价等级进行了 2×2 的实验设计。被试全部独立地进行创新思考,思考的题目分为有争议题目与无争议题目,评价等级分为高评价等级组(被试被告知他们的想法会被同学评价)和低评价等级组(被试未被告知相关信息)。研究人员认为,思考有争议题目的、高评价等级组的被试会承担更多的评价顾虑,从而影响其创造力的发挥。实验结果同样验证了假设,发现思考争议题目组的被试报告的想法数量显著少于无争议题目组的被试,而高评价等级组的被试报告的想法数量也显著少于低评价等级组。因此,评价顾虑的确能够影响合作创新的创造力。

三、搭便车者

合作创新时往往注重团队整体的想法数量与质量而忽视个体的贡献,这样的因素就会导致团队成员缺乏创新和思考的动力。因为在合作创新中,所有组内成员的工作与贡献都会被均摊在小组上,成绩一般也会以团体而非个

---

① P.A.Collaros,L.R.Anderson,P.A.Collaros & L.R.Anderson,"Effect of Perceived Expertness Upon Creativity of Members of Brainstorming Groups", *Journal of Applied Psychology*, Vol.53, No.2 (1969),pp.159-163.

② M.Diehl & W.Stroebe,"Productivity Loss in Brainstorming Groups:Toward the Solution of a Riddle", *Journal of personality and Social Psychology*,Vol.53,No.3(1987),pp.497-509.

体为单位进行考量;因此,团队成员就会企图依赖其他成员的贡献而成为"搭便车者"。而当个体进行独立创新时,所有的成绩都以个体为单位进行考察,没有依赖他人的可能,只能独自付出努力来达到最佳的工作效果。

有研究对这种解释进行了物理性的验证。在实验中,被试被组成一人、二人、四人和六人小组。实验过程中,研究人员要求被试尽可能大声欢呼或尖叫,同时测量分贝值,通过将每组的分贝值除以组员数量,来得到每位组内成员的平均分贝值贡献。实验结果发现,组内成员的平均分贝值随小组规模的增加而减少①。这说明,小组成员数量上升时,组员的社会惰性(social soafing)会增加,个人的贡献就会减少,成为搭便车者。

关于搭便车者的第二个解释来源于经济学中的"公共物品"概念②。该理论认为,随着团队规模的增加,搭便车行为会增多,这一现象的原因不只是个体贡献的独创性被剥夺,也是由于个体能被察觉到的贡献被削弱。当团队规模较大时,团队成员会感到自己的想法是不必要的、可以被忽略的,从而出现不愿主动地做出贡献的搭便车行为。

Diehl 和 Stroebe 对搭便车者的解释进行了实验证明③。实验中,被试被随机分成多个四人团队,所有团队对半分为两组:在个体创新组中,所有团队成员各自进入一个房间内进行单独思考;在合作创新组中,以四人团队为单位,各自在一间房间采用头脑风暴法进行共同思考。在评分方面,每组各有半数团体的被试被告知,最终将通过个人贡献的想法数量进行评分(个体单位评分);另一半团体的被试被告知他们贡献的想法,将与组内其他成员的想法求和,并以组为单位进行评分(团体单位评分)。实验结果发现,个体创新组中

---

① B.Latané,K.Williams & S.Harkins,"Many Hands Make Light the Work:The Causes and Consequences of Social Loafing",*Journal of personality and Social Psychology*,Vol.37,No.6(1979),p.822.

② W.Stroebe & B.S.Frey,"Self-Interest and Collective Action:The Economics and Psychology of Public Goods",*British Journal of Social Psychology*,Vol.21,No.2(1982),pp.121–137.

③ M.Diehl & W.Stroebe,"Productivity Loss in Brainstorming Groups:Toward the Solution of a Riddle",*Journal of personality and Social Psychology*,Vol.53,No.3(1987),pp.497–509.

的团队的成绩显著优于合作创新组中的团队,而两组中以个体为单位评分的团队的想法数量显著高于以团队为单位评分的团队。这样的实验结果直接证明了搭便车现象的存在。

在近年来诸多相关领域的研究中,也有许多研究人员对于 Diehl 和 Stroebe 的理论进行了验证①。在一些研究中,也有人提出了头脑风暴法的其他缺陷,如社会惰性(social loafing),指在团队中某些成员由于依赖其他成员而产生倦怠,不愿做出贡献的现象;以及社会抑制(social inhibition),指团队成员因处于团队中,受到团队的影响而不愿发表自己的想法等②,但此类缺陷均与生产阻塞、评价担忧和搭便车者的概念相似。因此,我们可以得到这样一个结论,Diehl 和 Stroebe 的理论在当下的研究中依然具有现实意义。

第三节　计算机支持解决方案

如上所述,基于头脑风暴法的合作创新存在诸多的缺陷,这一方法的创新效果甚至不如普通的个体创新。但是在现代社会生活中,合作创新一直是被广泛应用的一种问题解决方式。在许多情况下由于问题的复杂性等因素,合作创新是一种必要的创新策略,而合作创新所具有的,能够通过倾听他人观点来激发自身创造力的优势,又是个体创新无法复制的。Csikszentmihalyi 在其"社会—文化—个体"的创造力理论中也强调,创新不应脱离它本身的社会性质,认为创新是相关专家、情感支持等因素共同作用的结果,个体不能脱离社

---

① K.Girotra,C.Terwiesch & K.T Ulrich,"Idea Generation and the Quality of the Best Idea", *Management Science*,Vol.56,No.4(2010),pp.591-605.

② W. Stroebe, B. A. Nijstad & E. F. Rietzschel, "Beyond Productivity Loss in Brainstorming Groups:The Evolution of a Question", in *Advances in Experimental Social Psychology*, Amsterdam: Elsevier,2010,pp.157-203.

会和文化独立存在①。所以有必要通过设计计算机工具来辅助合作创新,用电子设备来改善一般性的合作创新中经常出现的问题与缺陷。

一、针对头脑风暴法缺陷提出的解决方案

(一)生产阻塞的解决方法

生产阻塞这一现象的产生,主要是因为合作创新中,个体由于必须倾听其他成员的发言,而不能随时发表自己的想法,从而导致了想法的产出被打断,使得合作创新的效果下降。但合作创新的优点之一,在于个体能够在与他人的交流和倾听他人想法的过程中激发自己的创新能力。因此,我们可以通过利用计算机的功能,以输入的方式将自身的想法保存起来,并通过网络传输到团队中每个人的设备上。当采取这样的交流方法时,团队成员可以随时在自己的设备上输入想法,不会受到其他成员想法的干扰;同时又能通过看到团队内其他人的想法,来激发自己的创新灵感。实验表明,当团队成员采用此类设计的设备进行交流时,真实的合作创新小组能够产生出多于虚拟小组的想法②。

(二)评价顾虑的解决方案

由于团队成员担忧其他成员给予自身观点负性评价,使得他们在提出想法时感到压力,这一现象即是评价顾虑。因此在计算机软件的设计中,也可以通过让成员匿名发表意见,来避免他人对自己的负性评价。但是,全部想法的匿名化又可能会加重搭便车现象的出现(因为此时这种匿名化会让个人贡献

---

① M.Csikszentmihalyi,"Society,Culture,and Person:A Systems View of Creativity",in *The Systems Model of Creativity*,*Mihaly Csikszentmihalyi*(eds.),Berlin:Springer,2014,pp.47-61.

② J.S.Valacich,Alan R.Dennis & Terry Connolly,"Idea Generation in Computer-Based Groups:A New Ending to an Old Story",*Organizational Behavior & Human Decision Processes*,Vol.57,No.3(1994),pp.448-467.

无法统计),使得此时的合作创新变为彻底的以团队为单位计分的创新模式。因此可以在设计中,让成员自由选择哪些,被发布到其他成员的设备中的想法中,哪一(些)条想法采用匿名模式。有实验证明,当合作创新成员能够匿名发表想法时,团队产生的创新想法会多于非匿名发表时的想法数量,同时也会多于个体创新的个体临时组成的虚拟小组的想法数量①。此外,当面对面的口头交流变为键盘输入,团队中每位成员都可以在修改完善自己的想法后,再进行发表,这样的设计既能通过规避评价来提升团体中想法数量,也能提升团体成员的想法质量。

(三)搭便车者的解决方案

合作创新中的搭便车问题很难规避,主要因为合作创新一般是以团队为单位进行问题解决任务,个体在团队中并未肩负特定的责任,这就会使个体产生社会惰性而不愿贡献想法。在合作创新中,可以通过给予每位成员独立的任务,使每人承担相应的责任,从而在一定程度上来避免搭便车者的出现。更进一步,为了提升团队创造力,可以从本质上调动团队成员的创新动力。因此在计算机软件设计中,可以引入统计每位成员提出的想法的机制:当合作创新结束后,每位成员的设备上都会显示出,团队内所有成员分别提出的想法数量。这样的竞争机制可以激励团队成员的创新动力,从而避免搭便车者的出现②。

二、计算机合作创新工具

事实上,目前市面流行的许多聊天软件或电子设备,都可被用作合作创新

---

① W.H.Cooper, R.B.Gallupe, S.Pollard & J.Cadsby, "Some Liberating Effects of Anonymous Electronic Brainstorming", *Small Group Research*, Vol.29, No.2(1998), pp.147-178.

② Chun-Chieh Huang, Tsai-Yen Li, Hao-Chuan Wang & Chun-Yen Chang, "A Collaborative Support Tool for Creativity Learning: Idea Storming Cube", Seventh IEEE International Conference on Advanced Learning Technologies(ICALT), 2007, pp.31-35.

的计算机支持工具。但是由于这些工具的设计初衷往往并非是为了促进合作创新的效果,所以都不能从根本上解决合作创新中亟待解决的问题。在此,介绍几种具有针对性的计算机合作创新工具。

(一)电子头脑风暴系统(EBS)

1992 年,Gallupe 等人提出了通过设计电子头脑风暴系统(Electronic Brainstorming System,EBS),让团队成员通过计算机进行互动交流,从而提高合作创新的创造力[1]。EBS 的设计非常简单,团体成员通过各自的电脑进行交流,电脑屏幕上方的对话框中显示团队内其他成员的想法,成员可以通过屏幕下方的对话框输入自己的想法。这样的设计允许团队成员自由输入观点,很好地避免了生产阻塞的发生。但由于这一设计并未涉及匿名设计或想法数量统计机制,所以 EBS 并不能有效地解决评价担忧和搭便车者的问题。

(二)创造开发协同工具(EDC)

创造开发协同工具(Envisionment and Discovery Collaboratory,EDC)是 Arias 等人于 1998 开发的合作创新支持工具(如图 9-1[2])。

这一工具主要应用于城市规划设计和决策产生,主要设备是一个桌面可触控显示屏和一块与之连接的普通显示屏。团队成员可以通过在上面放置物体来操纵可触控显示屏,普通显示屏上会显示出可触控显示屏上的状态与信息。该工具的主要目的是让团队使用具体的实物进行操作和创新,并通过整合将所有的信息直观地呈现给团队成员,来协助团队成员进行创新活动。该项工具让成员能够自由地发表自己的看法,并在整个团队中做到信息共享,从

---

① R.B.Gallupe,Alan R.Dennis,William H.Cooper,Joseph S.Valacich,Bastianutti Jay F.Nunamaker & Jr.,"Electronic Brainstorming and Group Size",*Academy of Management Journal*,Vol.35,No. 2(1992),pp.350-369.

② G.Fischer,"Domain-Oriented Design Environments:Supporting Individual and Social Creativity",*Computational Models of Creative Design IV* (1999),pp.83-111.

图 9-1　创造开发协同工具（EDC）

而部分避免生产阻塞的发生。此外,团体成员的行为清晰的呈现,也会在一定程度上加大成员的评价顾虑,从而避免搭便车者的出现。

（三）Caretta

Caretta 是 Sugimoto 等人设计的合作创新支持工具（见图 9-2①）。Caretta 的设计与 EDC 相似,同样主要应用于城市规划设计。Caretta 的主要设备也包括一个可通过放置物体操纵的触控屏,但同时还增加了多台通过无线网络连接的掌上电脑,供团队成员使用。团队成员手中的掌上电脑上显示出触控屏信息,每位成员能够在自己的掌上电脑上完成独立工作,也能在大家共享的触控屏上发表想法。这样的设计很好地避免了生产阻塞,独立工作的设计也能让个体完善自己想法后再向团队内的成员展示,在一定程度上减轻了团队成

---

① M.Sugimoto,Kazuhiro Hosoi & Hiromichi Hashizume,"Caretta:A System for Supporting Face-to-Face Collaboration by Integrating Personal and Shared Spaces",Proceedings of the SIGCHI conference on Human factors in computing systems,2004,pp.41-48.

员的评价顾虑。

图 9-2　Caretta

（四）i-LAND

i-LAND 是 Streitz 等人针对未来团体合作设计的一项合作创新支持工具①。i-LAND 由投影墙 DynaWall、独立创作台 InterTable、合作台 ConnecTable 和公共椅 CommChair 四项设备组成（见图 9-3②）。

i-LAND 提供的多种创新方式让团队成员既能进行独立创新,也能将自己的想法与团队其他成员分享讨论。由于提供了独立创新的方式,i-LAND 的设

①　N.A.Streitz,Jrg Geiler,Torsten Holmer,Shin'Ichi Konomi & Ralf Steinmetz,"I-Land:An Interactive Landscape for Creativity and Innovation",Proceeding of the CHI '99 Conference on Human Factors in Computing Systems:The CHI is the Limit,1999,pp.15–20.

②　A.Warr & E.O'Neill,"Tool Support for Creativity Using Externalizations",Acm Sigchi Conference on Creativity & Cognition,2007,pp.127–136.

图9-3　i-LAND

计能够有效避免生产阻塞的产生,将每个人的工作内容都清晰呈现出来,在一定程度上避免搭便车者的出现。

(五)思想风暴幻方

思想风暴幻方(Idea Storming Cube,ISC)是 Huang 等人 2007 年设计出的一款计算机合作创新软件(见图9-4①)。

ISC 的设计与网络纸牌游戏很相像,每位团队成员的电脑上都安装 ISC 软件,并通过无线网络连接。首先,团队成员在软件中自行输入关于问题的原始想法,之后界面上以九宫格幻方形式呈现九张卡片;其中一些显示出其他成员的部分想法,另一些则为空白卡片。个体在阅读其他成员的想法后,可以再继续输入自己的想法。每当个体完成一个新的想法时,可以再点击九宫格幻方以查看新的其他成员的想法,从而学习他人想法并激发自己的创造力。最后,统计出所有团队成员贡献的想法数量。这样的设计让每位成员都在独立

---

① Chun-Chieh Huang, Tsai-Yen Li, Hao-Chuan Wang & Chun-Yen Chang, " A Collaborative Support Tool for Creativity Learning: Idea Storming Cube", Seventh IEEE International Conference on Advanced Learning Technologies(ICALT),2007,pp.31-35.

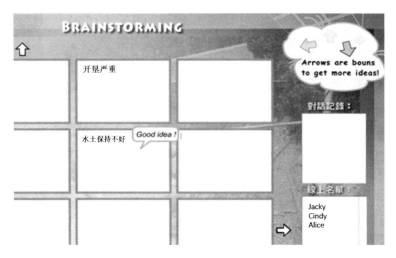

图 9-4　思想风暴幻方

工作的同时又能学习到其他成员的想法,从而有效地避免了生产阻塞的现象;而且意见发表实现了匿名化,也可以规避评价担忧;同时,类似游戏的设计又能激发团体成员的创新动力,减少搭便车者的出现。

　　通过对合作创新相关研究的阐述,可以发现基于头脑风暴法的合作创新存在生产阻塞、评价顾虑以及搭便车者等问题。而计算机支持下的合作创新,通过相应的设计可以减少或避免这些问题的发生,所以这一方法在促进合作创新这一领域具有良好的发展前景。相应地,合作创新工具的设计开发也需要多学科背景,它不仅需要心理学提供理论基础,也需要计算机科学提供技术支持,以及其他学科在相应的合作创新需求方面提供改进的建议。未来的计算机合作创新工具,也会逐渐趋于实现软件化、简洁化和低成本化,使得合作创新工具得以普及,方便团体的使用,更好地促进创新工作的开展。

第十章　高中生合作创新的交互记忆系统干预

第一节　交互记忆系统与合作创新

一、合作创新教育的意义及交互记忆系统的作用

创新的根源在于创造力。创造力是指个体产生新颖且有实用价值的观点或产品的能力[1],一般认为,1950 年 Guilford 在美国心理学大会上所发表的"论创造力本质"的演说,开创了心理学对创造力研究的先河[2]。从此,心理学界就未停止对创造力的关注和探索。在早期创造力被认为是一种人格特质,是少数人才擅长的能力,相关研究多聚焦于高创造性的个体的思维方式,或性格特征。这些研究中,无论是认知路径还是人格路径,都停留在个体层面来探讨创造力。这些专注于个体自身因素(如智力、技能、性格)的研究虽然为理解创造力做出了贡献,但是随着时代的变化和人们认识的不断深化,研究者愈发意识到从个体层面认识创造力的不足;并且开始注意到了个体之外更复杂

---

① R.J Sternberg & Todd I Lubart, "Investing in Creativity", American psychologist, Vol.51, No.7 (1996), p.677.

② J.P.Guilford, "Creativity", The American psychologist, Vol.5, No.9(1950), p.444.

的社会环境因素,并在此基础上发展了诸多理论和模型。例如,Amabile 认为,社会心理学必须通过定义那些影响创造力的环境变量来挖掘产生创造力的根源①,而且越来越多的组织会采取团队的形式开展工作、提升效能。由于合作产生的创新成果大量涌现,人们也愈发意识到,团队合作对创造性成就的积极作用。在理论和实践的迫切要求下,自 20 世纪 80 年代,团队创造力成为研究者关注的热点,研究者们开始聚焦于团队特征、人际互动等因素对创造力的影响。

(一)合作创新教育的重要性

世界各国对培养合作创新型人才和组织也分外重视,将合作创新能力视为国家竞争力的体现。"少年强则国强",青少年时期是人生观、价值观逐步确立,智力结构发展成熟的时期,培养中学生合作创造的意识和能力对于民族进步、国家兴旺具有重要意义。各国在培养合作创新型人才方面都在进行很多的尝试与探索,尤其是教育发达地区,都在进行着"项目式学习、团队合作学习、多学科融合学习、问题导向式学习、人工智能辅助学习、体验式学习、探究式学习"的尝试。芬兰学生的学习方式经常是:组建课程小组,在老师规定的时间内完成材料收集和房屋建造的任务;英国学生的一篇课文可以学习一天,他们不仅要做好阅读理解,还要进行各种形式的改编或重新创作,如角色表演、对话、主题演讲等。在新加坡的教育中,学生的成绩排名并不是最重要的,培养学生解决实际问题的能力更受重视。例如,他们抛给学生的任务是:根据新加坡的气候条件和地质特点,建造一栋绿色环保的大楼;至于选用什么材料、如何施工、流程怎样,都让学生通过任务驱动式合作学习的方式去探讨与创造。

我国也从未停止对创新人才培养的呼吁,如何培养创新性人才一直是教

---

① T. M. Amabile, "Creativity in Context: Update to 'the Social Psychology of Creativity.'", 1996, Westview Press, p.317.

育界关注的问题。在 2001 年的《基础教育课程改革纲要》中明确提出要培养学生"主动参与、乐于探究、勤于动手,培养学生搜集和处理信息的能力、获取新知识的能力、分析和解决问题的能力以及交流与合作的能力"等。然而,在强调个体竞争的应试教育大环境下,如何将文件精神落实在实践中,一直是我国中等教育中的难题;尤其在高中时期,面临着升学压力,学生的合作精神和创造力往往处于被压抑和停滞的状态。作为教育质量检测的重要手段——国际学生测试项目(PISA)于 2015 年首次加入了合作解决问题测试,测试结果显示我国大陆地区学生在合作问题解决方面表现中等,尤其高水平比例较低[1]。这些都启示我们要加强对中学生的合作创新能力的培养。然而对于如何开展合作创新活动,教育工作者常常感到茫然。

(二)交互记忆系统在合作创新中的重要作用

当前很多教育工作者都在尝试"自主、探究、合作"的学习模式,但是效果往往不甚理想。原因众多,其中一个在于学生更多关注团队成员共同拥有的知识背景,不能合理运用团队成员的专长。也就是说,对于团队目前拥有的信息不能进行有效地整合,认知上的重叠或冲突导致在接到任务之后,不能进行快速地合理分工,沟通协调存在问题,牺牲了合作效率,进而影响最终绩效。团队最大的优势在于每个人都有不同的知识能力背景,也就是拥有更多的信息资源。当复杂任务来临时,如若能充分发挥每个人的优势,提高团队的知识利用和整合能力,势必会对团队绩效产生积极影响。作为一种基于"认知—行为"视角的分工合作系统,交互记忆系统(TMS)可以使得团队成员对整个团队的知识结构、信任协调状况拥有全面的认识。该理论被认为是打开了团队知识处理机制的"黑匣",在一定程度上解释了高效工作团队之所以高效的原因,成为当前知识管理和组织行为领域研究的热点。

---

① 赵宁宁、李婕、李子寅:《合作问题解决素养的提升与发展——基于 PISA 2015 合作问题解决测试结果的启示》,《考试研究》2019 年第 4 期。

在研究交互记忆系统的产出时,团队绩效是最直接的一个指标。国内学者王端旭和武朝艳[①]梳理了国内外关于交互记忆系统的大量研究,发现无论运用何种研究方法(实验室研究、近年的实地研究、计算机模拟研究或元分析),无论用什么样本(学生团队或是实际工作团队),研究结果都趋于一致,证明交互记忆系统对团队绩效有明显的正向作用。而团队创新绩效属于团队绩效中的一个代表性变量,团队交互记忆系统对团队创新的促进作用也得到了很多学者的证据支持。如对参与台湾智慧铁人创意大赛的 86 支参赛队伍共 475 人的研究表明,交互记忆系统有助于促进成员的创造力自我效能感,进而提升个人创造力;在团体层面,交互记忆系统积极影响团队创新[②]。

如果 TMS 是影响合作创新的重要机制,那么提升交互记忆系统的质量能否更好地激发合作创新,同样值得研究。纵观国内外对交互记忆系统的研究,发现多集中于对交互记忆系统前因变量和结果变量的探讨,理论研究居多;而关于如何开发交互记忆系统的应用研究少之又少。故本研究的主要目的就是,试图从开发交互记忆系统的角度,探索有利于提升高中生合作创新水平的团辅干预方案。本研究具有以下研究意义:

(1)理论意义。本研究试图通过提升作为团队重要的知识管理机制的交互记忆系统,来提高合作创新,这是一种开展合作创新教育的新思路。在理论上对于我们认识团队交互记忆系统的内涵、影响因素与结果变量的探讨均有一定参考价值,尤其有助于验证和解释团队交互记忆系统对合作创新的影响及其机制。在研究方法上,采用多次测量的方式。这样既能观测团队的动态变化,弥补之前团队研究中对过程关注较少的遗憾;又可以有力地说明干预方案产生影响的机制,从而为后续的方案改进和相关研究提供参考。

---

① 王端旭、武朝艳:《团队交互记忆系统的动态演化及其效应研究》,《科学学与科学技术管理》2010 年第 11 期。

② H.Fan,P.Chang,D.Albanese,J.Wu,M.Yu & H.Chuang,"Multilevel Influences of Transactive Memory Systems on Individual Innovative Behavior and Team Innovation",*Thinking Skills and Creativity*,Vol.19(2016),pp.49-59.

（2）实践意义。诸多研究表明,交互记忆系统对团队产出有正向影响。开发出优化交互记忆系统的干预策略,必将进一步提升团队绩效。本研究中,以高中生为研究对象,研究结果有助于为青少年的合作创新能力的培养与提升提供参考。如果能在更广泛的群体中推广,且适用性良好;可以认为交互记忆系统有助于提升多种团队或组织的绩效,并为更广泛意义上的合作创新开发提供借鉴。

二、合作创新与交互记忆系统的研究现状

（一）合作创新的内涵与测量及其影响因素

1. 合作创新的内涵与测量

创造力是创新的种子,所有创新行为都起源于创造性想法,而合作创新更是建立在团队层面的一个与创造力相关的概念。所以,通过梳理个体创造力、团体创造力研究的发展,辨析各个相关概念之间的联系与区别,来界定本研究中的"合作创新"的内涵。

心理学界于 20 世纪 50 年代开始关注创造力的研究,不同学者对创造力的定义不尽相同,有的关注创造力的人格特质,有的关注创造的思维过程,有的关注创造性的产出。但目前被广泛认同的定义几乎都会考虑到思维产出的新颖性和实用性的能力。创造力的早期研究目标是为了找到那些极具创造潜能的人才,推动科学和工程领域的进步。研究者更多地认为高创造性是少部分天才拥有的能力,与个人思维方式、性格特点相关。随着研究的不断深入和时代的发展变化,研究者开始关注到个体的创造力会受到环境因素的影响,而每个人都具有创造的潜能,如果给予正确的教育和恰当的环境,每个人的创造潜能都能得到提高①。自 20 世纪 80 年代,社会心理学家开始将目光转移到

---

① R.K.Sawyer(eds.),*Explaining Creativity：The Science of Human Innovation*,New York：Oxford university press,2006,p.36.

社会情境对创造力的影响,至今成为创造力研究领域的主流。代表性人物 Amabile 在这方面做出了很多突破性贡献,她提出以创造性动机为核心内容来研究外部环境、氛围、社会因素对创造力的影响①。Woodman,Sawyer 和 Griffin 提出的创造力交互视角,强调个体特征与环境因素之间的交互作用对创造性行为的影响②。在个体层面,创造力是个体特征(诸如认知风格和能力、人格、相关知识等)和情境因素交互作用的产物。在团队层面,创造力是个体创新行为、团队成员、团队特征、团队过程及情境因素交互作用的结果。在组织层面,创新是个体和组织创造力的函数。目前,在探讨创造力个体与情境交互作用时,这是最广泛使用的概念框架。Sternberg 和 Lubart 的创造力投资理论也认为,创造力投资的心理资源(智力、知识、思维风格、人格特征和动机等)是与环境因素结合在一起,共同决定创造力的③。这些理论的提出为创造心理学的研究从个体层面转移到团体层面提供了基础。另外,随着社会大生产时代的来临,人们发现社会中各领域成功的创新几乎都来自于协作良好的团队和组织。鉴于理论和实践的需要,研究者将团体创造力的研究看作是主流方向。

合作创新是在团体创造力研究基础上发展出的概念。经过对前人研究的梳理,可以发现关于团体层面的创造力存在几种不同的定义和说法,如团队创造力、合作创造力、合作创新等。它们之间既有联系又有区别,很多研究也将这些概念混用。为了更清晰地界定本研究的变量,在此对以下概念做出区分。

(1)区分概念 1:团队创造力(team creativity)和合作创造力(creaplex)

团队创造力和合作创造力作为区别于个体创造力的概念,有很多相似之处,而且很多学者在讨论时会替换使用。但是也有学者进行了细致的区分,认

---

① T.M.Amabile,"Motivation and Creativity:Effects of Motivational Orientation on Creative Writers",*Journal of personality and Social Psychology*,Vol.48,No.2(1985),p.393.

② R.W.Woodman,J.E.Sawyer & R.W.Griffin,"Toward a Theory of Organizational Creativity",*Academy of Management Review*,Vol.18,No.2(1993),pp.293-321.

③ R.J.Sternberg & T.I.Lubart,"An Investment Theory of Creativity and Its Development",*Human Development*,Vol.34,No.1(1991),pp.1-31.

为二者在研究对象、研究重点、研究范围和领域方面都不尽相同。

王亚男和张景焕①认为,团体创造力的研究主要关注团队规范、规模、气氛等,而合作创造力对团队形式特征(如规范、规模、气氛)的关注较少,更关注团队成员之间的相互作用过程中的微观心理感受,关注个体在合作中收获的心理意义,比如能力互补带来的价值观、互相启发后的愉悦感等。合作创造力所关注的范围也更加广泛,不仅包括常规的实际存在的或以任务为中心的团队,也包括虚拟团队、朋友关系的合作。合作创造力不是将个体的创造力简单相加,而是在交互中形成"1+1+1>3"的良好协同。基于以上种种差异,很多研究者主张应该将合作创造力视为一个独立的领域进行研究。

合作创造力的研究尚且处于刚刚起步的阶段,很多学者都将"合作"视为创造力的修饰词。本研究认为,合作创造的主体必然是一个多人的团队,尽管团队形式可能存在差异,但避免不了团队认知、信任、沟通、协调等因素对团队创造产出的影响,因此很难将二者完全区分,对合作创造力的研究必然要建立在团队创造力的研究成果之上。

(2)区分概念2:合作创造力(creaplex)与合作创新(cooperate innovation)

Amabile 提出,创新包括创意产生和创意实施两个环节②,在英文表述中,学者将创造力和创意产生都用 creativity 来表示,整理不同学者对创造力的定义就会发现创造力强调产生创造性想法的能力,属于创新的第一环节,是创新的基础阶段,包括识别问题、收集信息、提出方案等环节③,主要指个体内部的认识活动,而且创意产生多发生于团队工作的早期④。而创新的第二环节就

---

① 王亚男、张景焕:《创造力研究的新领域:合作创造力》,《心理科学进展》2010 年第 1 期。
② T.M.Amabile,"Creativity in Context:Update to 'the Social Psychology of Creativity.'",1996,Westview Press,p.317.
③ T.Montag,C.P.Maertz & M.Baer,"A Critical Analysis of the Workplace Creativity Criterion Space",*Journal of Management*,Vol.38,No.4(2012),pp.1362–1386.
④ N.King & N.Anderson(eds.),*Innovation and Change in Organizations*,New York:Routledge,1995,p.206.

是将创造性的想法付诸实施、产出新产品的过程,包括团队中的成员对已提出的方案进行讨论、评价、筛选的过程。由此可见,创新拥有比创造力更广泛的内涵,包括了过程和结果两个方面。Anderson 等认为创造力(creativity)与创新(innovation)是有差异的,应该加强对创意实施和创新过程的研究①。纵观国内外已有的研究,更多着眼于个体层面的创意实施,对于团队和组织层面的创新研究较少。而各国各行各业已经越来越依赖团队这种形式开展工作,提高组织效能,所以研究团队的创意产生和创意实施十分有必要,作用不可替代。

因此,本研究关注团队的合作创新绩效。并将合作创新定义为:团队成员因交互作用产生创造性作品的过程和结果。既关注团队成员产生新想法的认知过程,也关注其确定最优方案,将方案付诸实施的结果。从过程和结果两个角度来测量合作创新。

从过程角度来考量合作创新,也就是考量合作创造力。目前文献中使用的测量有两种方式:一种是在个体创意产生的基础上进行参照物转移,测量形式与个体层次相似,示例条目有"我们团队提出了与现有产品/服务存在着明显差异的想法""我们团队提出了突破性的想法"。另一种相对复杂,是 West和 Anderson 提出的,具体来说,即先由团队领导提交团队某段时间内产生的创意,然后再请相关领域内的专家对这些创意从新奇和有用两个角度予以打分,最后根据创意的数量和专家的打分对团队的创意给出一个综合的评定②。本研究选用了第一种主观报告式的问卷测量,由团队中每个成员汇报所属团队的创意产生情况。

从结果角度来考量合作创新,也就是对各团队的创造性作品进行测量。

① N.Anderson,K.Potoč nik & J.Zhou,"Innovation and Creativity in Organizations:A State-of-the-Science Review,Prospective Commentary,and Guiding Framework",*Journal of Management*,Vol. 40,No.5(2014),pp.1297-1333.

② N.Anderson & M.A.West,"The Team Climate Inventory:Development of the Tci and Its Applications in Teambuilding for Innovativeness",*European Journal of Work & Organizational Psychology*,Vol.5,No.1(1996),pp.53-66.

对创造力的主观评分也叫同感评估技术(CAT),Amabile 在提出同感评估技术的同时,规定了该技术的适用范围,其中,对任务的要求包括三点:其一,被试在任务上不能过度依赖某种特殊技能;其二,任务是有开放性和启发性的;其三,任务的结果通常是可供评测的问答或作品①。本研究中拟采用的前、中、后三次的任务均满足上述三个特点,故适用于同感评估技术。另外,已有研究中,同感评估技术主要用于语言(诗歌、故事等)、艺术(拼贴画、绘画等)和问题解决(计算机编程、建筑设计、沙漠求生等)这三大领域②。研究发现,为保证主观评分技术的信度(一致性系数大于 0.7),不同的任务类型需要保证足够数量的评分者:对与言语有关的作品评价需要至少三个评分者,与问题解决有关的产品评价至少需要四个评分者,而对艺术领域产品的评价则至少需要七个评分者。本研究采用了同感评估技术,请五位在相关领域经验丰富的老师,对学生团队的创造性作品从新颖性和实用性两个维度进行创造力的综合评分,并将评委均分视为团队合作创新的结果绩效。

2. 合作创新的影响因素

回顾前人研究,发现当前合作创造力的研究主要围绕涉及合作创造的心理变量进行,如个体与群体同一性、个体动机与联合动机③,以及影响合作创造过程的个体因素和群体因素。影响合作创造成效的个人因素主要有:低表现、焦虑、压力和控制事件、思考的一致性、工作量的不平衡、个性冲突以及竞争④。另外,Sonnenburg 的研究表明自治也是影响合作创造成效的重要因素之一⑤。

---

① T.M. Amabile, "Social Psychology of Creativity: A Consensual Assessment Technique", *Journal of Personality & Social Psychology*, Vol.43, No.5(1982), pp.997-1013.

② 衣新发、王立雪、李梦:《创造力的社会心理学研究:技术、原理与实证——特丽莎·阿马拜尔及其研究述评》,《贵州民族大学学报(哲学社会科学版)》2018 年第 2 期。

③ 王亚男、张景焕:《创造力研究的新领域:合作创造力》,《心理科学进展》2010 年第 1 期。

④ Ming-Huei Chen, "Understanding the Benefits and Detriments of Conflict on Team Creativity Process", *Creativity and Innovation Management*, Vol.15, No.1(2006), pp.105-116.

⑤ Stephan Sonnenburg, "Creativity in Communication: A Theoretical Framework for Collaborative Product Creation", *Creativity and Innovation Management*, Vol.13, No.4(2004), pp.254-262.

目前对影响合作创造的群体因素的研究主要集中于合作环境,即关注何种文化特征会对合作创造产生积极影响。其中,因为开放的气氛有利于培养建立合作者的安全感和信任感,所以被众多研究者认为是不同领域和部门中合作创造成功的一个关键因素。West 指出,相较于没有安全感的人,有安全感的人更积极地适应新的环境并且更愿意提出问题和挑战,而这份安全感就归功于开放的组织气氛①。只有开放的文化氛围或和谐成功的亲密合作才是滋生信任的土壤。此外,团队构成、团队情感基调②、任务冲突③、创新支持氛围④、多样性视角⑤、团队异质性⑥、团队信任⑦、团队知识管理⑧、知识异质性⑨等被证明是影响团队创造力的因素。

---

① Elizabeth West, "Organisational Sources of Safety and Danger: Sociological Contributions to the Study of Adverse Events", *BMJ Quality & Safety*, Vol.9, No.2(2000), pp.120-126.

② W.Tsai, N.Chi, A.A.Grandey & S.Fung, "Positive Group Affective Tone and Team Creativity: Negative Group Affective Tone and Team Trust as Boundary Conditions", *Journal of Organizational Behavior*, Vol.33, No.5(2012), pp.638-656.

③ J.Farh, C.Lee & C.Farh, "Task Conflict and Team Creativity: A Question of How Much and When", *Journal of Applied Psychology*, Vol.95, No.6(2010), p.1173.

④ G.Chen, J.Farh, E.M.Campbell-Bush, Z.Wu & X.Wu, "Teams as Innovative Systems: Multilevel Motivational Antecedents of Innovation in R&D Teams", *Journal of Applied Psychology*, Vol. 98, No.6(2013), p.1018.

⑤ I.J.Hoever, D.V.Knippenberg, W.P.V.Ginkel & H.G.Barkema, "Fostering Team Creativity: Perspective Taking as Key to Unlocking Diversity's Potential", *Journal of Applied Psychology*, Vol.97, No.5(2012), p.982.

⑥ S.J.Shin & J.Zhou, "When is Educational Specialization Heterogeneity Related to Creativity in Research and Development Teams? Transformational Leadership as a Moderator", *Journal of Applied Psychology*, Vol.92, No.6(2007), p.1709.

⑦ G.Barczak, F.Lassk & J.Mulki, "Antecedents of Team Creativity: An Examination of Team Emotional Intelligence, Team Trust and Collaborative Culture", *Creativity and Innovation Management*, Vol.19, No.4(2010), pp.332-345.

⑧ S.Sung & J.N.Choi, "Effects of Team Knowledge Management on the Creativity and Financial Performance of Organizational Teams", *Organizational Behavior and Human Decision Processes*, Vol. 118, No.1(2012), pp.4-13.

⑨ 吕洁、张钢:《知识异质性对知识型团队创造力的影响机制:基于互动认知的视角》,《心理学报》2015 年第 4 期。

合作创新必然涉及个体创造力向团体创造力的转化①。关于个体创造力,Guilford② 曾认为创造力是一种跨领域的能力。但是自从 20 世纪 90 年代开始,学者开始提出创造力领域特殊性的问题,该观点认为,个体创造力存在于某一特定领域,而且很难迁移到其他领域③。也就是说,一个人只会在某一特定领域表现出创造性,而并不是在所有事情上都能表现出创造性。典型代表如 Kaufman 和 Baer,于 2005 年提出了创造力游乐场理论(APT),认为创造力可以看作是由四个水平的层级结构④。第一层是先决条件,包括智力、动机和环境等,是创造力的基础条件;第二层是一般主题层面,可分为言语艺术、视觉艺术、企业、人际、数学/科学、表演和问题解决⑤。可以看出不同主题层面所需要的思维方式、人格特征、技能具有很大差异。第三层是领域,比如,绘画、摄影、美术编辑等就属于视觉艺术这一主题层次下的不同领域,彼此之间存在很具体细微的差异。第四层是微领域,即任务,同一领域下的不同任务存在共性,更存在很大的差异。例如,同样是摄影,拍风景和拍人物对摄影师的要求就全然不同,往往不同的人擅长不同的方面。在这个层级,创造力的领域特殊性就更加凸显了。Sawyer 认为,要想在某领域表现出创造性,就需要个体在该方面具备非常丰富的专家知识,也许需要花费十年的时间或上万个小时⑥。由此可见,一个再优秀的人也不可能应对所有领域的创造性任务,尤其是在追求速度、追求效率的当下。而各行各业所青睐的团队合作,最大优势在

① 罗玲玲:《论团体创造力与个体创造力转化的条件》,《理论界》2007 年第 4 期。

② J.P.Guilford, "Creativity:Yesterday,Today and Tomorrow", *The Journal of Creative Behavior*, Vol.1,No.1(1967),pp.3-14.

③ 刘桂荣、张景焕、王晓玲:《创造力游乐场理论及其实践涵义》,《心理科学进展》2010 年第 4 期。

④ J. Baer & J. C. Kaufman, "Bridging Generality and Specificity:The Amusement Park Theoretical(Apt)Model of Creativity", *Roeper review*, Vol.27,No.3(2005),pp.158-163.

⑤ J.C.Kaufman,J.Baer & Jason.C.Cole, "Expertise, Domains, and the Consensual Assessment Technique",*The Journal of Creative Behavior*,Vol.43,No.4(2009),pp.223-233.

⑥ R.K.Sawyer(eds.),*Explaining Creativity:The Science of Human Innovation*,New York:Oxford university press,2006,p.309.

于能集合所有人的资源,队员之间能够优势互补。无论团队遇到什么领域的任务,若能发挥其中个体的优势,并进行积极的协调合作,自然能提升团队绩效。团队交互记忆系统(Transactive Memory System,TMS)——作为一种解释团队知识处理过程的机制,强调了对队员专长的确认以及协调调用的过程,一经提出,便引发了诸多关注,被证明是影响团队创新绩效的重要因素。

(二)交互记忆系统的生成发展与测量及其影响因素

1. 交互记忆系统的内涵及其发展

交互记忆系统的概念由 Wegner 最早提出,他在观察夫妇这种具有亲密关系的个体时发现,他们是通过依赖对方来记住重要信息,扩大整体信息容量,进而解决问题的①。据此指出,在一个群体当中,一个人不会去掌握他所需要的全部的知识,而是会让别人来帮助他记忆。也就是"我"只要知道谁知道"我"所需要的知识就可以了,这样使得一个人通过直接和间接的方式,掌握了大量的知识。此时,知识的交流方向不是单向的,而是多方向的,因为在自己借助他人来记忆知识时,自己也会成为他人的记忆助力。在这个过程中,团队成员共享两种信息:成员个人拥有的知识和团队中其他成员拥有的知识。当团队成员需要某些自己并不熟悉的知识时,他可以向掌握这项知识的成员求助,这样,每个人的认知负担都得以减轻。而且,团队成员之间会形成一个知识管理系统,据此进行分工合作,提高知识处理的效率。因此,Wegner 将交互记忆系统定义为一种合作性的分工系统,通过交互记忆系统,群体进行集体编码、贮存和检索来自不同领域的信息知识,进而完成群体的目标。

值得一提的是,Michael W.Busch 和 Dietrich von der Oelsnitz② 对传统的交

① D.M.Wegner,"Transactive Memory:A Contemporary Analysis of the Group Mind", in *Theories of Group Behavior*,(eds.),Berlin:Springer,1987,pp.185-208.

② M.W.Busch & D.V.D.Oelsnitz,"Collective Intelligence in Teams-Practical Approaches to Develop Transactive Memory", in *On Collective Intelligence*, Bastiaens T.J., Baumöl U.& Krämer B.J.(eds.),Berlin:Springer,2010,pp.107-119.

互记忆系统概念做了扩展,认为在交互记忆系统中,成员之间知晓的关于彼此之间的信息,除了传统定义中的知识、技能和能力,还包括以下四个方面:

第一,关于成员的人口学特征的知识(nominal characteristics),比如性别、身份、种族。这些因素都是偶然的,但由于刻板印象,人们很容易凭这些因素对成员产生错误评价,所以建议虚拟团队的成员至少在团队组建的早期要有更多面对面的交流。

第二,关于成员个人特质(personal traits)的知识。个人特质指的是人们与环境互动的方式,例如,他们如何对待批评,如何在压力下行动,如何从失败中学习,或他们如何承认错误。这些知识对于顺利开展工作和营造心理安全的氛围非常重要。但是这一部分在传统的交互记忆系统框架中被大大忽视了。因此,将这些发现整合到交互记忆研究的框架中是有意义的,因为知道别人知道什么以及他们每天如何使用他们的知识是很重要的。

第三,关于团队成员个人背景(personal background)的知识。例如,在工作闲暇之余谈论他们的家庭、爱好、周末活动,或者他们生活的其他个人方面(例如,他们的情绪、感觉等等)。尽管这些知识对于实现团队的目标并不是很必要,但它有助于形成一种积极的、支持性的工作文化。

第四,关于团队成员的社会资本(social capital)的知识。主要指团队成员是否也属于其他组织,是否可以从团队外部获取知识,如果出现了团队本身无法解决的问题,这些外部联系就变得特别有价值,因为它们扩展了团队的知识库,可能也扩展了团队的创新能力,扩大了团队视野。一些研究者甚至认为,这种外部联系是优秀团队成功的原因。Busch 和 Oelsnitz 认为,扩充后的内容更有助于我们理解团队的友谊、团结,也可以解释为什么有些人喜欢选择一些稳定的核心成员组建团队,这些互相知晓的知识有助于降低交易成本。整合后的交互记忆系统共包含了上述四个方面的内容,为我们理解交互记忆系统提供了新的视角,也为本研究制定交互记忆系统的干预方案提供了依据。

高中生团体在完成团队任务时,因为成员间不同的熟悉程度、人际互动中微妙的心理感受或出于种种顾虑,也经常存在不能充分发挥每个成员优势、不能实现最优团队绩效的现象。因此,基于团队交互记忆系统的视角,在高中生团体中探究如何让团队成员对彼此的知识、能力、技能、个人背景、人格特质、社会资本等方面形成认知地图,在接受新任务时能快速且准确地检索出合适的人做合适的事,是很有必要的。

2. 交互记忆系统的形成与维护

Jenny Liao 等认为理解团队交互记忆系统的构成一般通过横纵两个方向,横向就是结构成分(structural component),即团队中拥有一个关于"谁知道什么"的共享心智地图;纵向即过程成分(processing component),也就是团队成员通过交互和沟通实现信息编码、储存、提取的过程。这两个成分互相联系,在系统中循环运作,确保成员能及时更新对他人专长的认知。① Wegner 以目录共享的计算机网络为隐喻,指出过程成分中三个相互关联的阶段:目录更新(directory updating)、信息分配(information allocation)和检索协调(retrieval coordination)②。目录更新也叫专长再认。团队组建初期,成员间通过初步的沟通交流,对于谁拥有何种专长,擅长哪方面的知识会形成一种共识,Clark 称之为共同基础(common ground)③。随着团队的运行,成员间有持续的沟通和交流,每个人都会披露出更多的自我信息,在共事期间彼此也会对各自的专长做出再评价,及时调整专长分布结构,确定谁适合负责哪方面的知识。也就是对成员专长进行编码的过程。信息分配指团队成员将自己专长领域以外的新信息传递给该领域的专家,即团队内最适合储存该信息的成员的过程,以减轻自

① J.Liao,N.L.Jimmieson,A.T.O'Brien & S.L.D.Restubog,"Developing Transactive Memory Systems:Theoretical Contributions from a Social Identity Perspective",*Group & Organization Management*,Vol.37,No.2(2012),pp.204-240.
② D.M.Wegner,"A Computer Network Model of Human Transactive Memory",*Social cognition*,Vol.13,No.3(1995),pp.319-339.
③ K.B.Clark,"The Interaction of Design Hierarchies and Market Concepts in Technological Evolution",*Research policy*,Vol.14,No.5(1985),pp.235-251.

己的认知负担。这个过程相当于将信息储存在最合适的位置。检索协调即当成员需要某方面自己不熟悉的知识时,根据专长目录,向该领域专家求助的过程,让合适的人做合适的事,实现信息处理的最优化。三个阶段连续进行,维护着团队交互记忆系统的运行。

3. 交互记忆系统的测量

目前来看,对团队交互记忆系统的测量主要采用两大类方法:一类是基于实验室设计,针对临时的二人组合进行的,包括回忆测量法、行为观察法和关于成员专长的自我报告法。其中,回忆测量法是通过测量被试及其与同伴一起能回忆起的知识或信息的数量、内容和结构来推测交互记忆系统的存在及应用情况。如 Moreland 及其同事通过分析个人记忆和集体记忆的范围和内容,这样的对比即可直接证明团队成员是否将同伴作为记忆外援[①]。行为观察法是指对被试在实验状态下的行为进行观察和评估的测量方法。Liang 等人用录像的方式把各小组组装收音机的全过程记录下来,然后观看录像,结合问卷结果分析判断各组成员是否存在交互记忆系统,并利用其完成任务[②]。自我报告法即根据被试对反映其经历的某项实验后的想法、感受等各种反应的访谈、问卷或量表的回答,揭示交互记忆系统的存在和表现。研究者用量表直接考察团队成员的知识和信念,如各自的知识结构,对其他成员知识可靠性的信赖程度,以及他们协调一致地有效处理知识的情况,以此来反映交互记忆系统的表现。

上述实验室测量方法的最大弊端在于:实验组与对照组任务相同,解决方案唯一且确定。这与现实工作团队的解决问题的方式方法有很大差异。为了

---

①　R.L.Moreland,"Transactive Memory:Learning Who Knows What in Work Groups and Organizations",in *Key Readings in Social Psychology.Small Groups*, J.M.Levine & R.L.Moreland(eds.),London:Psychology Press,2006,pp.327-346.

②　H.Fan,P.Chang,D.Albanese,J.Wu,M.Yu & H.Chuang,"Multilevel Influences of Transactive Memory Systems on Individual Innovative Behavior and Team Innovation",*Thinking Skills and Creativity*,Vol.19(2016),pp.49-59.

弥补实验法的不足,越来越多的研究开始致力于从现场研究进行弥补。而这必须要做到重要的两点:一是测量方法必须理论上与 Wegner 对交互记忆系统的定义一致,既有横向的结构成分,也能体现出交互系统系统应用的协作过程;二是测量方法必须适合现场环境,适用于不同的群体和任务。Lewis 通过总结前人研究,分别用 124 个实验室模拟团队、64 个学生项目咨询小组以及 27 个高科技公司的真实团队,严格按照量表开发程序发展出交互记忆系统量表;从专长、信任和协调三个维度进行测量,并证明该量表具有较好的信效度,至今被众多学者广泛采用[①]。

4. 交互记忆系统的影响因素

交互记忆系统是在团队合作中形成和不断发展的,其存在本质上可以提升团队的知识整合与利用情况,但是在实际情形中,不同团队的交互记忆系统发展情况千差万别。因此,很多研究致力于寻找影响交互记忆系统的因素。影响交互记忆系统的因素大致可以分为三个层次:个体层面、团队层面和组织层面。

个体层面的因素主要包括成员的人口学特征和人格特质,有学者关注到团队中的关键成员如领导者的个性对交互记忆系统的影响。Pearsall 和 Ellis 发现团队中关键成员的自信对交互记忆系统的形成有正向作用,进而促进成员满意度与团队绩效,因为自信的成员更愿意分享知识,更愿意主动沟通,因此可以促进团队背景下的信息流动[②]。

相较之下,团队层面的影响因素得到了研究者更多的关注。比如团队规模、团队成员异质性、任务互依性、团队沟通、信任、凝聚力等。其中,信任是很重要的一个因素。众所周知,不同的知识的交融碰撞,才能激发更多的灵感与

---

① K.Lewis,"Measuring Transactive Memory Systems in the Field:Scale Development and Validation",*Journal of Applied Psychology*,Vol.88,No.4(2003),pp.587-604.

② M.J.Pearsall & A.P.J.Ellis,"The Effects of Critical Team Member Assertiveness on Team Performance and Satisfaction",*Journal of Management*,Vol.32,No.4(2006),pp.575-594.

创新。但在团队中将知识与他人分享存在一定的风险,自己原有的知识优势会被重新评估,只有在信任的氛围中成员才愿意承受这种风险。知识隐藏是与知识共享相关的一个概念,主要指成员面对同伴的知识请求时故意隐瞒或刻意掩饰的行为。知识隐藏很难被测量,但这并不能否定知识隐藏在团队中的普遍存在。Connelly 的一项调查表明,超过 1700 名员工的样本中,76%的员工对同事隐藏了知识①。显而易见,没有信任,就容易加剧信息隐藏,团队成员在需要其他专业知识时得不到帮助,就必须耗费更多的精力去学习更多领域的知识,团队合作就很难进行②。所以,信任是团队知识共享的前提条件,通过促进知识共享,进而促进成员间的沟通与交流。而沟通会促进成员更多的信息披露、促进目录更新,确认各个成员的分布式专长,提升知识整合与信息分配、检索的效率,有利于实现团队的最大绩效。

组织层面的因素,比如组织的薪酬和激励体系,再到更大的文化背景(个人主义、集体主义),均不同程度地影响成员的个体知识及成员间的互动,从而影响交互记忆系统。

(三)交互记忆系统与合作创新的关系研究及其局限

1. 交互记忆系统与合作创新的关系研究

团队绩效作为交互记忆系统产出的一个最为直接的测量指标,一般从三个方面去考量:团队结果绩效、团队行为绩效(例如团队学习、团队创造力、团队反思、团队活力等)和成员情感结果(满意度、成员承诺)。合作创新可以视作涵盖了团队结果绩效和行为绩效两个方面。

交互记忆系统对团队绩效的正向促进作用十分明显。例如,周琰苗等对

① C.E.Connelly, D.Zweig, J.Webster & J.P.Trougakos,"Knowledge Hiding in Organizations", *Journal of Organizational Behavior*, Vol.33, No.1(2012), pp.64–88.
② A.E.Akgün, J.Byrne, H.Keskin, G.S.Lynn & S.Z.Imamoglu,"Knowledge Networks in New Product Development Projects: A Transactive Memory Perspective", *Information & Management*, Vol. 42, No.8(2005), pp.1105–1120.

176 个团队样本进行问卷调查,结果表明,在团队中,交互记忆系统能够促进知识整合,并且其三个维度:专长性、可信性、协调性,均能对知识整合产生不同的正向作用,其中,可信性维度对知识整合的正向影响最大①。

在很多研究中,交互记忆系统更多地被认为承担着中介或者调节的角色。Chi-Cheng Huang 和 Pin-Nan Hsieh 对台湾 40 个研发团队的研究表明,团队心理安全感不直接影响团队创新,而是直接作用于交互记忆系统,借由它对团队创新起到影响②。Van Dong Phung 等的研究表明,交互记忆系统与知识分享互相作用,并且在知识分享与团队绩效之间充当中介角色③。国内学者莫申江和谢小云采用纵向追踪设计,以 55 个实际运行的项目团队作为研究对象,发现交互记忆系统对团队学习与团队绩效之间的关系起到中介作用④。总的来说,交互记忆系统被绝大多数学者认为是团队高效运作的一种机制。

交互记忆系统对团队绩效固然有影响,但其影响还受到情境因素的限制,所以有部分学者试图探究情境因素会如何影响二者的关系。王端旭和武朝艳通过文献梳理,总结了两类重要的因素:团队成员特征和团队任务特征⑤。成员特征包括团队规模、团队异质性等。团队规模也就是团队人数,Sharama 和 Ghosh 对印度 IT 公司工作团队的研究显示,中等规模团队的交互记忆系统最有助于提升团队绩效⑥。当团队人数过多时,会增加成员之间沟通协调的难

① 周琰喆、倪旭东、郝雅健、倪宁:《基于交互记忆系统的知识整合研究》,《人类工效学》2016 年第 3 期。

② C.Huang & P.Hsieh,"Inspiring Creativity in Teams:Perspectives of Transactive Memory Systems",*Journal of Pacific Rim Psychology*,Vol.11(2017).

③ V.D.Phung,I.Hawryszkiewycz,D.Chandran & B.M.Ha,"Knowledge Sharing and Innovative Work Behaviour:A Case Study from Vietnam",Australasian Conference on Information Systems,2017.

④ 莫申江、谢小云:《团队学习、交互记忆系统与团队绩效:基于 IMOI 范式的纵向追踪研究》,《心理学报》2009 年第 7 期。

⑤ 王端旭、武朝艳:《团队交互记忆系统的动态演化及其效应研究》,《科学学与科学技术管理》2010 年第 11 期。

⑥ Monika Sharma & Anjali Ghosh,"Does Team Size Matter? A Study of the Impact of Team Size on the Transactive Memory System and Performance of It Sector Teams",*South Asian Journal of Management*,Vol.14,No.4(2007),p.96.

度,造成专长了解不足或认知难以趋于一致,而熟悉度的下降直接降低知识共享的意愿;当团队人数过少时,每个人承担的任务负荷变大,高压状态也不利于提升团队绩效,所以建议团队维持在合适的规模。团队异质性主要指团队成员在年龄、性别、人格、能力、知识背景等方面的差异化程度。研究者大多认同:团队成员异质性程度越高,越有利于专长确认,交互记忆系统对团队绩效的发挥效果越明显[①]。团队任务特征包括任务复杂性、任务多变性、任务配置的具体程度等。Akgun 等人研究了任务复杂性在交互记忆系统与项目产出之间的调节作用[②]。结果表明,当项目任务无惯例可循、需要更多创新因素时,交互记忆系统对项目产出有较强的正向影响。研究者认为,原因可能在于无惯例可循的开创式工作更需要成员的分布式专长和互相协作以应对不断涌现的新问题和新信息。Ren 等人研究了任务多变性在交互记忆系统与任务完成用时和质量之间的调节作用[③]。结果表明,任务多变性越强,交互记忆系统与团队绩效之间的正向关系越强。动态多变的任务更需要成员之间及时的沟通协调,进行信息的编码、贮存与提取,有助于交互记忆系统的更新与发展,进而影响团队绩效。

除了团队成员特征和团队任务特征,也有学者考察了团队成员的心理因素在其中起到的作用。我国学者黄海艳[④]以 61 个研发团队为样本,发现团队的心理安全感调节着交互记忆系统对研发团队创新绩效的影响,团队心理安

①　Glenn E. Littlepage, Andrea B. Hollingshead, Laurie R. Drake & Anna M. Littlepage, "Transactive Memory and Performance in Work Groups:Specificity,Communication,Ability Differences and Work Allocation", *Group Dynamics:Theory,Research and Practice*, Vol.12,No.3(2008), p.223.

②　Ali E.Akgün,John Byrne,Halit Keskin,Gary S.Lynn & Salih Z.Imamoglu, "Knowledge Networks in New Product Development Projects:A Transactive Memory Perspective", *Information & Management*, Vol.42,No.8(2005), pp.1105–1120.

③　Yuqing Ren & Linda Argote, "Transactive Memory Systems 1985 – 2010:An Integrative Framework of Key Dimensions,Antecedents and Consequences", *Academy of Management Annals*, Vol.5,No.1(2011), pp.189–229.

④　黄海艳:《非正式网络对个体创新行为的影响——组织支持感的调节作用》,《科学学研究》2014 年第 4 期。

全感越高,交互记忆系统对创新绩效的正向影响越大,因此提出企业采取一些举措提升团队的心理安全感。

随着信息时代的到来,研究者也开始关注外部环境因素对交互记忆系统的影响。Xiongfei Caoa 和 Ahsan Alib① 认为,一个组织对社交媒体的谨慎投资可以增强团队中"谁知道什么"的元知识。他们对 68 个知识工作团队的 334 名成员进行了问卷调查,数据表明,工作中的社交媒体使用与交互记忆系统存在正相关关系,二者均对团队的知识吸收能力(ACAP)和知识创造能力(KCC)存在正相关作用,而知识吸收能力和知识创造能力又直接促进团队绩效。Bachrach 和 Mullins 对处于财富 250 强当中致力于工业产品和服务的 79 个销售团队的调查数据表明,市场活力调节着交互记忆系统与团队绩效之间的关系②。

很长的一段时期内,研究者都在忙于论证交互记忆系统作为一种信息处理机制对团队创新绩效的直接影响,近年来才开始关注其作用的内在机理。赵惠对我国某大型机械制造企业的 42 个工作团队的调查数据,也验证了团队学习在交互记忆系统与个体创造力和团体创造力间所起的中介作用③。在将交互记忆系统的三个维度(专长、可信、协调)单独分析时,仍然发现三个维度对团队创造力的主效应显著,团队学习和知识分享在交互记忆系统及其三个维度与团队创造力关系中的中介效应均显著。薛文婷对参加"挑战杯"创业计划大赛的 95 个参赛团队进行调查,回收了 354 份问卷④。数据分析结果表明:交互记忆系统、团队主动性均对团队创新绩效的主效应显著,团队主动性

① Xiongfei Cao & Ahsan Ali, "Enhancing Team Creative Performance through Social Media and Transactive Memory System", *International Journal of Information Management*, Vol. 39 (2018), pp.69-79.

② Daniel G. Bachrach & Ryan Mullins, "A Dual-Process Contingency Model of Leadership, Transactive Memory Systems and Team Performance", *Journal of Business Research*, Vol. 96 (2019), pp.297-308.

③ 张鸿萍、赵惠:《交互记忆系统对团队创造力的影响路径研究》,《山东大学学报(哲学社会科学版)》2017 年第 1 期。

④ 薛文婷:《交互记忆系统,团队主动性对创业团队创新绩效的影响研究》,浙江理工大学 2016 年硕士学位论文。

在交互记忆系统对团队创新绩效之间起到了完全中介作用。一项对我国 61 个来自不同行业的知识团队的实地调查结果表明,知识转移充分中介了交互记忆系统中专长维度和可信维度对团队绩效的影响[①]。相对来看,对于交互记忆系统对团队绩效的内在作用机理的探讨并不是很丰富。

2.现有研究的局限

交互记忆系统的概念一经提出,学者们便意识到了它的理论价值和实践指导意义,展开了大量的研究,尤其是与团队绩效关系的探讨。在梳理对两者关系的研究过程中,发现还有一些问题有待探讨。

第一,对交互记忆系统的开发应用研究较少。既然之前的大量研究都表明交互记忆系统可以改善团队知识整合,提升团队绩效,并且通过比较高绩效团队与低绩效团队的交互记忆系统情况,会发现显著差异。那么,对团队的交互记忆系统进行开发,自然是提升团队绩效的一种有效方式。同样发现学者都意识到,有必要对交互记忆系统进行干预,并且也提出了一些想法和讨论,但是缺乏具体的行动方案和效果检验。

前人干预研究大致可分为两类:一类是不直接对交互记忆系统进行干预,而是通过任务技能(task skills)培训或团队技能(team skills)培训来提升 TMS。其中,Prichard 等人从提升团队技能的角度进行了探索,采取了控制—对照的方式,对 16 个团队进行了考察,发现接受了团队技能培训的团队会在团队技能测试中的得分更高,交互记忆系统和团队绩效也与对照组呈现出导致成员明显差异[②]。Estelle Michinov 和 Nicolas Michinov 通过文献梳理,指出有必要通过团队技能培训来弥补任务技能培训的不足,并且团队技能培训这

① Youying Wang,Qian Huang,Robert M.Davison & Feng Yang,"Effect of Transactive Memory Systems on Team Performance Mediated by Knowledge Transfer",*International Journal of Information Management*,Vol.41(2018),pp.65–79.

② J.S.Prichard & M.J.Ashleigh,"The Effects of Team-Skills Training on Transactive Memory and Performance",*Small Group Research*,Vol.38,No.6(2007),pp.696–726.

种方式在军事或航空领域的团队训练中已被证明是有效的①。另一类是针对交互记忆系统的内涵和运行机制等进行直接干预,代表性研究如:Busch 和 Oelsnitz 从理论上提出,交叉培训和事后回顾可以促进团体成员间的知识披露(knowledge disclosure)和知识更新(knowledge updating),应该是交互记忆系统提升的有效途径②。Zikai Zhou 和 Pilar Pazos 也提出,虚拟团队相对于现实团队存在更多的沟通障碍,建议从交互记忆系统的三个维度(专长、信任和协调)进行干预,以改善团队绩效③。总的来看,学者积极尝试从交互记忆系统开发的角度促进团队产出,但是很多都停留在理论探讨的层面,对于寻求最佳方案缺少实践和检验。故本研究试图在前人研究的基础上,尝试运用团辅为主的形式对团队交互记忆系统进行优化,从这个角度出发提升团队创新绩效。

第二,研究方法有待扩展。目前关于交互记忆系统与团队创新绩效关系的研究大多采取横断研究,忽略了两者关系可能会随团队的动态发展过程而呈现变化。团队运行本身就是一个动态的过程,对过程的观测可以让我们更加明确交互记忆系统的作用机制。交互记忆系统在团队不同发展阶段会呈现什么变化,如何影响团队绩效,这些问题的答案都需要更多的纵向研究去关注。

第三,深入挖掘交互记忆系统对团队绩效的作用机制。从目前的研究看,多数学者认为交互记忆系统一旦形成,就自然会对团队绩效产生影响,忽略了人在其中的各种心理情感因素,对二者间的作用机理的探讨较

---

① Estelle Michinov & Nicolas Michinov,"Collaborative Work and Transactive Memory:Critical Review and Research Perspectives",*Le Travail Humain*,Vol.76,No.1(2013),pp.1-26.

② Michael W.Busch & Dietrich von der Oelsnitz,"Collective Intelligence in Teams – Practical Approaches to Develop Transactive Memory",in *On Collective Intelligence*,Bastiaens T.J.,Baumöl U.& Krämer B.J.(eds.),Berlin:Springer,2010,pp.107-119.

③ Zikai Zhou & Pilar Pazos,"Develop Transactive Memory Systems in Virtual Teams",Proceedings of the International Annual Conference of the American Society for Engineering Management.,2014,p.1.

少。大多数研究已经证明了交互记忆系统对团队绩效的积极影响。但是在一些情况下,交互记忆系统是否会对团队绩效产生负面影响呢? 例如,当团队成员高估了自身能力导致承担了不适合的专长领域,当缺乏激励或评价机制导致成员隐藏了专业知识,或者,当共享知识过多造成知识重叠。交互记忆系统的发展可能导致群体思维,即由于群体成员间存在过度的信任,导致成员不再考虑外部现实;为了协商一致而牺牲解决问题的质量,缺少对替代性解决方案的讨论,做出不理性的决定,从而带来灾难性的后果①。在创造力领域的文献表明,对团队的过度自信会降低团队创造力②。对紧急医疗小组进行的研究也表明,对他人技能的过度信任可能会导致决策过程中的失误③。而高度的团队认同是否会加剧这种过度信任,对团队创新绩效产生影响呢?

基于以上研究局限,本研究试图在开发团队交互记忆系统的同时,采用多次测量的方式,探索团队交互记忆系统在接受干预训练的过程中如何变化,又如何影响团队创新,并对日后干预方案的改善提供参考。

三、交互记忆系统干预的理论模型

本研究的主要目的就是从优化团队交互记忆系统的角度出发,尝试开发出一套有助于提高高中生合作创新水平的干预方案,验证方案的作用机理。除此之外,对研究变量进行多次观测。尝试分析这些变量的动态变化趋势,进而分析团队交互记忆系统如何作用于合作创新,并且为后续的干预方案改进

---

① Estelle Michinov & Nicolas Michinov, "Collaborative Work and Transactive Memory: Critical Review and Research Perspectives", *Le Travail Humain*, Vol.76, No.1(2013), pp.1-26.

② Andrew C. Wicks, Shawn L. Berman & Thomas M. Jones, "The Structure of Optimal Trust: Moral and Strategic Implications", *Academy of Management Review*, Vol.24, No.1(1999), pp.99-116.

③ Caryn Christensen, James R. Larson, Ann Abbott, Anthony Ardolino, Timothy Franz & Carol Pfeiffer, "Decision Making of Clinical Teams: Communication Patterns and Diagnostic Error", *Medical Decision Making*, Vol.20, No.1(2000), pp.45-50.

提出合理意见。

诸多研究表明,团队交互记忆系统是影响团队创新的重要机制,高质量的交互记忆系统是团队高效运作的法宝。为此,已有不少学者致力于通过优化交互记忆系统来促进团队绩效。在理论和实践中都进行过一些优化方案的尝试,如交叉培训、事后回顾、任务技能培训和团队技能训练等,不同的方案都有一定的效果,但同样都存在一定的局限。本研究借鉴前人研究的经验,结合前人对交互记忆系统的内涵、维护机制、影响因素的研究,概括出主要元素作为干预维度,在各个维度上,进行要素探索,根据干预要素设计针对高中生的活动方案。

此外,无论是否施加干预,团队交互记忆系统的发展都是一个动态变化的过程,但之前的研究大多从横断面来考察团队交互记忆系统与其相关变量之间的关系,存在一定的局限。在对高中生团体进行干预实验的整个周期内,因历时较长,是实施多次测量,关注相关变量如何变化的好机会。故在干预实验进行的过程中,除了前后测,也尝试在干预过程中进行变量测量,从纵向角度考量团队交互记忆系统对合作创新的影响,有利于看到干预训练随着时间是如何发挥作用的,对于改善干预方案提供重要参考。

通过梳理前人文献发现,交互记忆系统对合作创新的正向影响得到了诸多研究的证实,故本研究试图通过改善交互记忆系统来提升团队合作创新水平。而关于交互记忆系统的干预研究较少,本研究从前人的探索中获得启发,借鉴了团体辅导、交叉培训等模式,形成一套结构化的干预方案。故本研究有以下三点假设:

假设一:团体干预训练可以显著提高高中生团队交互记忆系统。

假设二:团体干预训练可以显著提高高中生的合作创新水平。

假设三:团队交互记忆系统在干预训练与合作创新之间起到中介作用,即干预训练通过影响交互记忆系统进一步影响了合作创新。

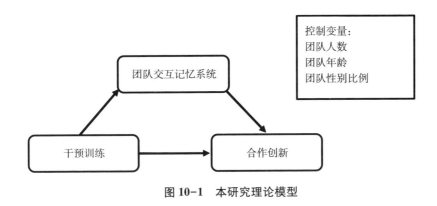

图 10-1　本研究理论模型

第二节　交互记忆系统干预方案设计

一、干预方案的目标与原则

本设计方案旨在通过优化高中生团队的交互记忆系统,提升高中生的合作创新水平;为在高中教育阶段提升学生的交流合作、问题解决以及实践创新能力提供实践参考,并为其他致力于提升合作创新绩效的团队或组织提供借鉴。

在干预训练中,借鉴团体心理辅导的原则:遵循平等民主性原则,即所有参与者包括组织者皆是平等的关系,在所有活动的过程中每个人之间都要互相尊重,一起成长;启发性原则为,在所有活动中都应该关注每个成员的感受和表达,引导相互之间的交流和分享支持;保密性原则为,在所有活动开始之前,向所有参与者说明保密的重要性。

二、干预方案设计的理论依据

通过梳理前人对团队交互记忆系统内涵、维护机制、影响因素的研究,抽取出自我认知、社会认知、认知信任、情感信任、有效沟通、冲突解决这六个主要干预维度,在各个维度上进行要素探索,根据干预要素设计活动方案。

（一）干预维度的理论依据

在研究如何测量团队交互记忆系统的大量实践中，研究者多认同 Lewis 开发出的三个维度的行为表征：专长、信任与协调，基于这三个维度开发出的量表被验证具有良好的信效度。

专长指的是团队成员所拥有的知识的专门化和差异化程度，也就是关于"我知道我知道什么"和"我知道他知道什么"的掌握程度。"我知道我知道什么"即对自己的认知，所以抽取出干预维度之一：自我认知，即让成员确认自己的专长。"我知道他知道什么"即对团队内部其他人的认知，故抽取出第二个干预维度：社会认知，即明确他人的专长。关于专长所指代的内容，研究者最初认为主要包括各个成员的知识、技能和能力，而 Busch 和 Oelsnitz 提出，成员拥有的专长信息不仅包括上述几个方面，还包括关于成员的人口学特征、个人特质、个人背景、社会资本的知识①。当团队遇到一些依靠内部资源无法解决的问题时，如果某个成员可动用一些外援，就相当于扩展了团队的知识库，可能也扩展了团队的创新能力，扩大了团队视野，有助于提高团队绩效。本研究认同 Busch 和 Oelsnitz 的观点，认为这些信息均在不同程度上影响成员彼此之间的印象，影响成员之间的信任水平和互动情况。因此，在设计干预方案时，不仅关注成员之间对彼此知识、能力、技能的知晓，也致力于让团队成员暴露一些关于自己性格特质、个人背景、社会资源等其他方面的信息，试图为团队挖掘更多可利用的资源。

信任指的团队成员对彼此专长的信任程度。对信任的研究一般将信任分为基于认知（对能力、地位、行为方式等的判断）的信任和基于情感（好感、关

---

① Michael W. Busch & Dietrich von der Oelsnitz, "Collective Intelligence in Teams-Practical Approaches to Develop Transactive Memory", in *On Collective Intelligence*, Bastiaens T.J., Baumöl U.& Krämer B.J.(eds.), Berlin:Springer, 2010, pp.107–119.

系、同情等)的信任①。团队交互记忆系统中的信任维度主要指的认知信任,据此将"认知信任"作为干预的第三个维度。认知信任偏理性,多建立于人类理性思考和相互交换的基础上,而情感信任偏感性,建立在人际交往和相互吸引的基础上②,但二者是很难完全分离的两部分。Jane S 等认为,仅仅有对成员知识的信任不足以有效地激活交互记忆系统,因为如果团队成员之间没有充分的情感信任,可能会产生更多的知识隐藏,不利于知识共享③。因此,信任的团队氛围很可能是交互记忆系统的一个前因变量,据此将"情感信任"作为团辅干预的第四个维度。

协调指的是团队成员之间对彼此专长的整合利用的程度,并且是"进一步建立在专长和信任之上的一个维度"④,因此协调维度具有更高级、更动态的属性,更需要关注到团队建设综合层面的要素。关于团队协调机制的研究中,学者普遍将协调方式分为外显协调和内隐协调,外显协调是通过成员的直接交互或外在媒介而实现的调整,如相互沟通、直接监督、标准的工作流程或行为规范等;而内隐协调是成员依据对任务和其他成员需求的预期来调整自身行动的过程⑤。交互记忆系统中的协调更多地被认为是内隐协调,是自发的、不易观测、不易被察觉的合作方式。但是内隐与外显协调并不是割裂的,而是相辅相成,互相促进。故欲提升内隐协调就不得不对外显协调也进行干预。而沟通和反馈是外显协调的重要方式⑥。刘帮成等对上海交通大学的

---

① Daniel J.McAllister, "Affect-and Cognition-Based Trust as Foundations for Interpersonal Cooperation in Organizations", *Academy of Management Journal*, Vol.38, No.1(1995), pp.24-59.

② 程德俊:《组织中的认知信任和情感信任及构建机制》,《南京社会科学》2010 年第 11 期。

③ Jane S.Prichard & Melanie J.Ashleigh, "The Effects of Team-Skills Training on Transactive Memory and Performance", *Small Group Research*, Vol.38, No.6(2007), pp.696-726.

④ 李浩、黄剑:《团队知识隐藏对交互记忆系统的影响研究》,《南开管理评论》2018 年第 4 期。

⑤ Ramón Rico, Miriam Sánchez-Manzanares, Francisco Gil & Cristina Gibson, "Team Implicit Coordination Processes:A.Team Knowledge – Based Approach", *Academy of Management Review*, Vol.33, No.1(2008), pp.163-184.

⑥ 薛会娟:《交互记忆系统,学习与创造力的关系:跨层次研究》,浙江大学 2010 年博士学位论文。

105 名大学生开展了一项基于交互记忆系统开发的学习效果改善研究,发现学习小组成员的主动沟通可以明显提高交互记忆系统三个维度的得分,最终强化合作行为,改善学习效果①。Busch 和 Oelsnitz 提出的"事后回顾"培训方式目的也是有意促进团队成员之间的沟通。故本研究将"有效沟通"作为一个干预要素②。另外,团队工作避免不了分歧和冲突的出现,因此,如何调动成员积极性、主动面对、管理冲突,对于促进协调、提升团队效率至关重要。在 Prichard 和 Ashleigh③ 的研究中,试图通过团队技能训练来提升团队交互记忆系统和团队绩效,在他们设计的训练模块中,对于目标设定、角色分配等环节出现的冲突都给予了足够的重视,因此,"冲突管理"被抽取为第六个干预维度。抽取各干预维度的理论支撑可见表 10-1,具体设计思路见表 10-2。

表 10-1　交互记忆系统干预方案中各干预维度的理论支撑

干预维度	理论支撑
自我认知	Wegner④
社会认知	Busch 和 Oelsnitz
认知信任	Wegner;McAllister
情感信任	程德俊⑤;李浩⑥;Prichard 和 Ashleigh

① 刘帮成、吕晓俊、樊博:《基于交互记忆系统开发的学习效果改善研究》,《情报杂志》2010 年第 2 期。

② M.W.Busch & D.V.D.Oelsnitz, Collective Intelligence in Teams-Practical approaches to develop transactive memory.Collective Intelligence, 2010, AISC76, pp.107-119.

③ Jane S.Prichard & Melanie J.Ashleigh, "The Effects of Team-Skills Training on Transactive Memory and Performance", *Small Group Research*, Vol.38, No.6(2007), pp.696-726.

④ Daniel M.Wegner, "Transactive Memory: A.Contemporary Analysis of the Group Mind", in *Theories of Group Behavior*, Mullen B.& Goethals G.R.(eds.), Berlin:Springer, 1987, pp.185-208.

⑤ 程德俊:《组织中的认知信任和情感信任及构建机制》,《南京社会科学》2010 年第 11 期。

⑥ 李浩、黄剑:《团队知识隐藏对交互记忆系统的影响研究》,《南开管理评论》2018 年第 4 期。

干预维度	理论支撑
有效沟通	Rico 等①;薛会娟②;刘帮成等
冲突管理	Prichard 和 Ashleigh;Busch 和 Oelsnitz

表 10-2　交互记忆系统干预方案中团辅活动的设计思路

干预要素	干预维度	最近结果	影响
获取团队成员信息,挖掘团队资源,促进成员的自我认知与社会认知,形成共同基础,明确责任分配。	自我认知 社会认知	专长	交互记忆系统合作创新
鼓励知识共享和自由表达,体验并分享他人角色,营造信任包容的团队氛围。	认知信任 情感信任	信任	
换位思考训练,学习沟通表达的艺术,明晰团队认知地图,提升知识整合与问题解决的效率,实现最佳配置。	有效沟通 冲突管理	协调	

(二)干预方案的流程与内容

在上述干预维度下进行活动的设计与筛选,最终设计成每次用时 120 分钟,共进行四次的干预训练。

如果将团队交互记忆系统视作一个团队的信息处理系统,Wegner 以目录共享的计算机网络为隐喻,指出其过程成分中三个相互关联的阶段:目录更新、信息分配和检索协调③。目录更新也叫专长再认。团队组建初期,成员间

---

① Ramón Rico, Miriam Sánchez-Manzanares, Francisco Gil & Cristina Gibson, "Team Implicit Coordination Processes:A Team Knowledge‐Based Approach", *Academy of Management Review*, Vol. 33, No.1(2008), pp.163-184.

② 薛会娟:《交互记忆系统,学习与创造力的关系:跨层次研究》,浙江大学 2010 年博士学位论文,第 42 页。

③ Daniel M.Wegner, "A Computer Network Model of Human Transactive Memory", *Social cognition*, Vol.13, No.3(1995), pp.319-339.

通过初步的沟通交流,对于谁拥有何种专长,擅长哪方面的知识形成一种共识。随着团队的运行,成员间持续的沟通和交流,每个人都会披露出更多的自我信息。在共事期间彼此也会对各自的专长做出再评价,及时调整专长分布结构,确定谁适合负责哪方面的知识,也就是对成员专长进行编码的过程。信息分配指团队成员将自己专长领域以外的新信息传递给该领域的专家,即团队内最适合储存该信息的成员的过程,以减轻自己的认知负担。这个过程相当于将信息储存在最合适的位置。检索协调即当成员需要某方面自己不熟悉的知识时,根据专长目录,向该领域专家求助的过程,让合适的人做合适的事,实现信息处理的最优化。三个阶段连续进行,维护着团队交互记忆系统的运行。

沿用 Wegner 的计算机隐喻,本研究中每次活动设计的流程都按照"系统优化——系统运行——系统反馈"的顺序进行。在系统优化环节,主要是通过团辅活动促进团队成员对彼此的认知,也就是通过专长目录的更新以及提升成员信息分配、检索协调的能力,维护好交互记忆系统。系统运行环节就是为团队设置问题解决类任务,让其根据团队目前的专长认知地图完成分工合作,同时也是检验专长认知精准性的机会。系统反馈即基于事后的行动检查,促使团队成员对目前的分工合作进行反思并进行调整优化,相当于再一次促进协调。每一次干预训练就相当于对交互记忆系统进行一次更新,通过促进团队成员之间及时有效的沟通与反馈,提升交互记忆系统的性能。具体活动选取和流程设计可见表 10-3、表 10-4。其中活动选取主要参考樊富珉[1]、叶一舵[2]等编纂的团辅书目。

---

[1] 樊富珉、何瑾:《团体心理辅导》,华东师范大学出版社 2010 年版,第 40 页。
[2] 叶一舵主编:《中小学校园心理情景剧 62 例》,福建教育出版社 2018 年版,第 16 页。

表 10-3　实验组干预训练活动二维标记

活动	自我认知	社会认知	认知信任	情感信任	有效沟通	冲突管理
二十个我	√	√				
动物家园	√	√				
乔哈里窗	√		√		√	
能力探索	√	√				
我的成就故事	√	√	√	√		
特别礼物	√	√		√	√	
抓手指						√
组合阅读		√			√	
一元五角				√		√
画中有话		√	√			√
小鸡变凤凰	√					
信任圈儿				√	√	
交流清单					√	√
团队形象设计	问题解决类团体活动,几乎在上述所有干预维度上均有负荷。借鉴交叉培训中的岗位轮换机制,建议团队成员在不同问题中承担不同分工。旨在通过实践,促使成员检验之前形成的认知,及时更新目录,促进信息分配与检索协调。					
T恤衫设计						
环保时装						
心理剧展演						

注:实验者通过把控每个团体活动后的分享要点,确保对所标记的维度进行了干预。

表 10-4　实验组每次干预训练的流程安排

流程	第一次 TMS 更新	第二次 TMS 更新	第三次 TMS 更新	第四次 TMS 更新	目的
系统优化	抓手指	一元五角	乔哈里视窗	小鸡变凤凰	促进目录更新以及信息分配、检索协调,维护交互记忆系统。
	组合阅读	动物家园	能力探索	信任圈儿	
	二十个我	画中有话	我的成就故事	特别礼物	
系统运行	团队形象设计	T恤衫设计	环保时装	心理剧展演	在具体的问题解决中,检验对专长的认知,促进协调。
系统反馈	交流清单	交流清单	交流清单	交流清单	基于事后的行动检查,促使团队成员反思与优化团队设置。

（三）干预活动示例

1.二十个我

"二十个我"是一个经典的自我探索类的活动。根据本研究的目的对此活动的规则进行了修改,修改之后希望能达到以下目标:一是帮助学生进一步探索并确认自己的专长;二是促使个体在团队中主动暴露更多关于我的信息;三是让团队成员知晓彼此更多的信息,更新彼此的认知。时间控制在 20 分钟。具体步骤如下:

第一步,每人写下 20 个关于"我"的描述,其中有 11 项已经设定好填写内容,包括个人的兴趣爱好、能力优势、求学经历等,这部分依据对交互记忆系统中"专长"概念的扩充。

第二步,小组四名成员依次交换写的内容,在 20 项描述中圈出他/她给你印象最深的 7 项,将你选的 7 项条目前方的空格涂色(每人用一种颜色)。

第四步,组内分享感受:①别人给自己圈的内容? ②你给别人圈的内容? ③对自己和他人有何新的认识? ④对照组也进行了这个活动,但是目的仅限于探索自我,故不限定书写的内容,随意填写,也不要求成员之间互换填涂。

2.画中有话

画中有话的目的是让团体成员体会到团队合作中沟通和协调的重要性。用时大概 30 分钟。具体步骤如下:

第一步,每人依序出来,选择自己喜欢的颜色作画,每人限时 30 秒。30秒一到,计时器提示。第一位同学画好之后就换第二位同学。共进行三轮。

第二步,第一轮每个人都要动笔。从第二轮开始,当你觉得这幅画可以接受时就可以不动笔,这 30 秒时间可以留给组内其他同学,活动过程中不许交流。

第三步,分享要点:①你心里有想法又无法说出时是什么感觉? ②当你心中的蓝图和那幅画差距越来越大时,心里有何想法? 想要怎么做? ③现实中,什么因素会阻碍你在一个团体中畅所欲言? ④高效团队的运作需要哪些元素?

（四）对照组团体辅导活动安排

对照组的活动时长、次数、间隔均与实验组相同,区别在于活动的选取。对照组选取了一些经典的团队建设活动,按照常规团辅的流程开展活动。其中 T 恤衫设计和心理剧展演这两项活动与实验组的要求完全相同。

表 10-5　对照组每次团体辅导活动安排

流程	第一次活动	第二次活动	第三次活动	第四次活动
团体热身	雨点变奏曲	大风吹	猜数字	手指曼波操
团体转换与工作	二十个我	心有千千结	极速 60 秒	不倒森林
	同伴心声	坐地起身	我看见你	结业式
	团队形象设计	T 恤衫设计	穿越 A4 纸	心理剧展演
团体结束	活动小结	活动小结	活动小结	活动小结

第三节　交互记忆系统干预流程

一、研究对象

采用方便抽样法,抽取刚刚经历文理分班后的两个平均成绩相近、人数相近的高一文科班全体同学为被试。在干预之前首先进行随机分组,给小组和各成员编号,便于后续数据统计。按照每四人为一组的标准分组,通过个别谈话和任课教师提供的信息,尽量将平日情感联系较多的同学分散在不同的组内,同时尽量做到每组成员性别上的平衡。经班主任和学校其他相关领导的同意,在四周内共进行四次,每次 120 分钟的团体干预训练。

其中,实验组班级共 49 人,对照组班级共 48 人,中途由于各种原因不能全程参与实验的被试被剔除,最终收获了实验组对照组分别十个团队,各 40

人的数据结果。被试的人口统计学变量情况见表10-6。

表 10-6　两组被试基本情况

组别	年龄	性别		团队性别比例（男：女）	
	M±SD	男	女	2：2	1：3
实验组	16.85±0.86	16	24	6	4
对照组	16.50±0.64	19	21	9	1

二、研究工具

（一）交互记忆系统量表

采用 Lewis 开发的量表①，采用 Likert 式 5 点计分量表，1—5 分别代表描述和自身情况从"非常不符合"到"非常符合"。原量表分为三个维度：专长、信任和协调，每个维度各五个题项。如"我们团队中的每名成员都具有与任务有关的某方面知识"是专长维度的一个样题。"我相信团队中其他成员在讨论中提出的信息是可靠的"是信任维度的一个样题。"我们对于该做什么很少产生误解"是协调维度的一个样题。该量表在以往的研究中被大量学者使用，信效度良好。在本研究进行量表信效度检验时，发现协调性这个维度的信度较低，删除掉 13、15 两个题项后，协调维度的信度得到了大幅度的提升，故最终采用了 13 个题项进行数据统计。前测时，专长、信任、协调这三个维度的克隆巴赫系数分别为 0.65、0.74、0.71，交互记忆系统总量表信度系数为 0.82；中测时各维度系数分别为 0.82、0.75、0.72，总量表信度系数为 0.80；后测中各维度信度系数分别为 0.73、0.75、0.70，总量表信度为 0.83。为检验研究所用测量工具的效度，使用 AMOS 20.0 对数据进行验证性因素分析。对于

① K.Lewis, "Measuring Transactive Memory Systems in the Field: Scale Development and Validation", *Journal of Applied Psychology*, Vol.88, No.4(2003), pp.587-604.

交互记忆系统三个维度之间的区分效度,验证性因素分析比较了单因素模型和三因素模型。结果显示,三因素模型对数据的拟合程度优于单因素模型。说明交互记忆系统量表有较好的区分效度。

(二)合作创新的测量

因任务的所属领域、难度等会影响合作创新的动机,进而影响绩效[1],为保证本研究前、中、后的实验任务具有可比性,在正式研究开始之前,抽取实验组和对照组各 10 名被试,对三个任务的兴趣度、难度进行从一到五分进行打分,单因素方差分析的结果表明无显著差异(兴趣度:$F=0.09$,$p=0.91$;难度:$F=0.20$,$p=0.82$)。最终确定了三个测试任务分别为:本地沙棘汁包装设计、本班 T 恤设计、本校录取通知书设计。该三项任务均是设计适用于实际情境的产品,不限于仅用语言或绘画的形式,属于问题解决类任务。

采用自我报告和同感评估对两种方式合作创新进行测量。自我报告主要关注团队创造过程,选用了 Tiwana 和 McLean 开发的三个题项的单维度量表,五点计分[2]。样题举例:"我们的团队经常尝试不同的方法来完成我们的任务。"前、中、后测的克隆巴赫系数分别为 0.82、0.79、0.74。

同感评估技术主要关注合作创新的成果。按照同感评估技术的测量要求,邀请了五位不参与本次团体干预训练,但拥有设计、技术、创造力、美感等领域相关知识的老师(任教学科为美术、通用技术、机器人创新,且大学期间受过专业培训)组成专家评分组,根据新颖性和实用性两个维度对学生的合作创新作品进行总体创造力的独立评分,按照利克特五点评分,1—5 分别对应着创造性很低、创造性稍低、无法判断、创造性稍高、创造性很高。

---

① 韩梅、谷传华、薛雨康、沐小琳:《团体规模和任务类型对团体创造力的影响》,《中国特殊教育》2017 年第 6 期。

② A.Tiwana & E.R.Mclean, "Expertise Integration and Creativity in Information Systems Development", *Journal of Management Information Systems*, Vol.22, No.1(2005), pp.13-43.

评价之前,作品顺序被随机打乱,要求评分者先通览要评价的所有作品,然后再根据自己对相关维度的理解做出高低评价。

对评分者前中后三次的评分进行信度检验,克隆巴赫系数分别为0.85、0.81、0.89,符合同感评估技术对信度系数的要求。

三、研究流程

(一)流程图

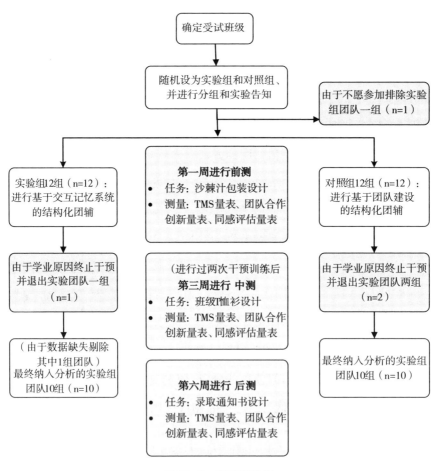

图10-2　研究流程图

（二）流程说明

与班主任及相关领导、任课老师协商后,确定两个班级分别作为实验组和对照组,并随机分组。在正式干预训练开始之前一周告知小组的长期任务是进行心理剧的创编和展演,要求全员参与。前测任务是设计沙棘汁包装,时间40分钟,设计完成后进行第一次问卷填写并当堂回收,学生设计的作品由五位不知情的老师根据新颖性和实用性两个维度给出总体创造力的评分。

第二周开始每周进行一次正式的干预训练,每次120分钟,共进行四次。其中第二次干预训练结束后(即第三周)进行第二次问卷测量,并当堂回收,第二次干预中进行的T恤衫设计方案也由五位老师进行同感评估评分。其中,因时长原因,第五周干预分成两部分,第一部分是进行心理剧展演,第二部分进行团体告别。

第六周进行后测任务,要求被试在40分钟内设计一张适用于本学校的录取通知书,之后进行问卷填写,同感评估评定依旧由之前的五位老师完成。

四、数据处理

应用SPSS20.0、AMOS 20.0进行数据分析。主要进行组内一致性检验、独立样本t检验、配对样本t检验、协方差分析、回归分析等数据分析方法。

第四节　交互记忆系统与合作创新的干预效果

首先,对个体层面的数据是否满足汇总到团体的条件进行了检验。其次,就团辅方案对交互记忆的干预效果、对合作创新的干预效果,分别从个体和团体两个层次进行了分析。然后,检验了干预方案在交互记忆系统和合作创新之间的中介作用。最后,利用前、中、后三次测量的结果进行了变量趋势变化分析。

本研究涉及的人口学变量只有年龄和性别,实验组和对照组同为高一年级学生,年龄上无显著差异,经检验,性别对各变量的影响均没有显著差异,故在下述结果的统计和讨论中对此不做论述。

一、团队数据整合检验

由于研究对象是学生团队,通过自我报告获得的是团队内部个体成员的数据,故在做团队层面的分析时,需要将个体的数据进行合并。合并之前,需要确认数据是否满足合并处理的条件,即 r_{wg} 系数是否达标。r_{wg} 系数是目前衡量组内一致性最常用的办法,用来测量团队内部各成员在各个题项上的一致性程度。一般认为,当 r_{wg} 系数大于 0.70 时,各成员对所测变量的态度是一致的,可以将个体层面得到数据的平均值作为团体数据处理。本研究中的团队交互记忆系统及其三个维度和合作创新自我报告部分的数据均需要汇总处理,组内一致性检验的结果见表 10-7,可知,两个变量在前中后三次测量中的 r_{wg} 系数均大于0.70,符合数据汇聚的要求。另外,还需考虑 ICC(1) 和 ICC(2) 两个指标。本研究中两个变量前后测的 ICC 计算结果见表 10-8,其中,交互记忆系统的前测和合作创新后测的 ICC(2) 结果偏低。廖卉和庄瑗嘉[1]的研究指出,ICC(2) 受ICC(1) 和团队规模的影响,由于本研究中的团队规模较小,仅有四人,可能影响了 ICC(2) 的值。Bliese[2] 也认为,较小的团队规模导致了较低的 ICC(2),较低的 ICC(2) 会削弱集体层次之间的关系,也就意味着对集体层次变量之间关系的估计更为保守。但是组内一致性检验结果表明两个变量在三次测量中的 r_{wg} 均值均符合汇聚标准,有学者认为这种情况下即便 ICC(2) 较低也不影响汇聚。因此,本研究中的各变量均可汇聚成团体层面的变量。

① 廖卉、庄瑗嘉:《多层次理论模型的建立及研究方法》,见陈晓萍等主编:《组织与管理的实证研究方法》,北京大学出版社 2012 年版,第 442 页。
② P.D.Bliese, "Within-Group Agreement, Non-Independence, and Reliability: Implications for Data Aggregation and Analysis", in *Multilevel Theory, Research and Methods in Organizations: Foundations, Extensions and New Directions*, K.J.Klein & S.W.J.Kozlowski (eds.), New York: Jossey-Bass, 2000, pp.349-381.

表 10-7　各变量 r_{wg} 检验

变量	r_{wg}均值		
	前测	中测	后测
交互记忆系统	0.92	0.93	0.96
合作创新	0.81	0.76	0.81

表 10-8　各变量 ICC 检验

变量	ICC（1）			ICC（2）		
	前测	中测	后测	前测	中测	后测
交互记忆系统	0.10	0.12	0.13	0.47	0.67	0.63
合作创新	0.13	0.14	0.11	0.53	0.56	0.38

二、交互记忆系统的干预效果

（一）前测结果

采用独立样本 t 检验对实验组和对照组的团队交互记忆系统的三个维度和总分的前测结果进行统计分析,具体结果见表 10-9。可知,实验组和对照组在干预之前各个变量水平均无显著差异,可以进行干预训练。

表 10-9　实验组和对照组的 TMS 前测结果比较（团体 n=10）

	实验组	对照组		
	$M\pm SD$	$M\pm SD$	t	p
专长	15.85±2.31	16.28±1.71	−0.47	0.646
信任	19.83±2.91	18.65±1.83	1.27	0.222
协调	11.38±1.69	11.08±1.30	0.45	0.659
团队 TMS	47.05±5.59	46.00±3.56	0.50	0.623

（二）对照组 TMS 前后测差异比较

表 10-10　对照组干预前后 TMS 差异比较（团体 n＝10）

| | 前测 | 后测 | | |
	M±SD	M±SD	t	p
专长	16.28±2.79	16.85±1.63	−1.08	0.308
信任	18.65±3.17	17.98±1.57	1.19	0.266
协调	10.08±2.22	10.75±1.30	0.77	0.461
团队 TMS	46.00±5.77	45.58±3.48	0.37	0.722

采用配对样本 t 检验对对照组在干预前后的各变量水平进行差异检验，结果见表 10-10。可知，对照组的团队交互记忆系统总分及其三个维度在干预前后均没有发生显著性改变。

（三）实验组干预前后 TMS 差异比较

对实验组干预前后的团队交互记忆系统各分维度进行配对 t 检验，结果见表 10-11。由此可见，经过团体干预后，实验组团体层面的数据显示专长维度提升显著，而信任和协调维度的提升在显著性边缘。

表 10-11　实验组干预前后 TMS 差异比较（团体 n＝10）

| | 前测 | 后测 | | |
	M±SD	M±SD	t	p
专长	15.85±2.31	17.95±2.37	−3.95	0.003
信任	19.83±2.91	21.03±1.33	−2.17	0.058
协调	10.38±1.69	12.30±0.84	−2.16	0.059
团队 TMS	47.05±5.59	51.28±3.89	−4.71	0.001

（四）后测结果

同样,对实验组和对照组的后测结果采用独立样本 t 检验进行统计比较,结果见表 10-12。除团队交互记忆系统的专长维度以外的所有变量均呈现显著差异,信任、协调维度均呈现高效应量。

表 10-12　实验组和对照组 TMS 后测结果比较（团体 n＝10）

	实验组	对照组			
	$M\pm SD$	$M\pm SD$	t	p	Cohen's d
专长	17.95±2.37	16.85±1.63	1.21	0.242	0.54
信任	21.03±1.33	17.98±1.57	4.69	0.000	2.10
协调	12.30±0.84	10.75±1.30	3.16	0.005	1.42
团队 TMS	51.28±3.89	45.58±3.48	3.46	0.003	1.54

（五）协方差校正结果

为了避免混杂其他因素的影响,保证差异检验的效果,把干预前两组各变量的前测数据作为协变量,后测结果作为因变量,进行协方差分析,结果见表 10-13。经校正后,在团队层面,除了专长维度无明显差异外,团队交互记忆系统的其他维度得分在组别上均呈现显著差异,其中信任维度呈现高效应 $(\eta_p^{22}>0.4)$,协调维度趋近于高效应 $(\eta_p^{22}=0.39)$。

表 10-13　实验组和对照组 TMS 的协方差分析结果（团体 n＝10）

变量	组别	调整前		调整后		MS	F	η_p^{22}
		M	D	M	E			
专长	实验组	17.95	2.37	18.09	0.50	9.40	3.79	0.18
	对照组	16.85	1.63	16.71	0.50			

续表

变量	组别	调整前		调整后		*MS*	*F*	η_p^2
		M	*D*	*M*	*E*			
信任	实验组	21.02	1.33	20.80	0.41	31.17	19.61***	0.54
	对照组	17.98	1.57	18.20	0.41			
协调	实验组	12.30	0.84	12.25	0.31	10.26	10.74**	0.39
	对照组	10.75	1.30	10.81	0.31			
团队 TMS	实验组	51.28	3.89	50.98	0.84	128.56	18.53***	0.52
	对照组	45.58	3.48	45.88	0.84			

注:* $p<0.05$;** $p<0.01$;*** $p<0.001$(双侧检验,下同)。

三、合作创新的干预效果

对合作创新变量的测量分为两个指标,一是来自于自我报告的个体数据,侧重于测量合作创新过程,实验组和对照组分别有 40 名被试;二是运用同感评估技术对团队作品进行评分,实验组和对照组分别有十个团队。

（一）前测结果

见表 10-14,无论是自我报告还是主观评分的数据均显示,实验组和对照组的合作创新水平在干预之前无显著差异。

表 10-14　实验组和对照组的合作创新前测结果比较

合作创新	*n*	实验组	对照组		
		M±SD	*M±SD*	*t*	*p*
自我报告—团体	10	11.25±1.48	11.76±1.02	-0.92	0.369
同感评估	10	11.10±3.90	11.00±3.83	0.06	0.955

（二）对照组干预前后合作创新的差异比较

表 10-15　对照组合作创新的前后测结果比较

合作创新	n	前测	后测		
		M±SD	M±SD	t	p
自我报告—团体	10	11.76±1.02	10.55±1.13	2.60	0.029
同感评估	10	11.00±3.83	12.00±3.43	0.65	0.535

采用配对样本 t 检验对对照组在干预前后的合作创造力与团队作品评分进行差异检验,结果见表 10-15。其中,自我报告部分出现了显著下降,而主观评分结果并无显著差异。

（三）实验组干预前后合作创新的差异比较

采用配对样本 t 检验对对照组在干预前后的合作创造力与团队作品评分进行差异检验,结果见表 10-16,显示自我报告的合作创造过程和最终作品表现均有了显著提升。

表 10-16　实验组合作创新的前后测结果比较

合作创新	n	前测	后测		
		M±SD	M±SD	t	p
自我报告—团体	10	11.25±1.48	11.98±1.11	−2.57	0.030
同感评估	10	11.10±3.90	15.80±4.10	−3.50	0.007

（四）后测结果

对两组后测结果进行独立样本 t 检验,结果显示实验组和对照组在合作创新的两个指标上差异均十分显著,结果见表 10-17。从效应量的结果看,均达到了中、高效应。

表 10-17　实验组和对照组的合作创新后测结果比较

合作创新	n	实验组	对照组			
		M±SD	M±SD	t	p	Cohen's d
自我报告—团体	10	11.98±1.11	10.55±1.13	2.85	0.011	1.28
同感评估	10	15.80±4.10	12.00±3.43	2.25	0.037	1.01

（五）协方差校正结果

表 10-18　实验组和对照组的合作创新协方差分析结果

合作创新	组别	n	调整前		调整后		MS	F	η_p^2
			M	SD	M	SE			
自我报告—团体	实验组	10	11.98	1.11	12.09	0.32	12.92	12.63**	0.43
	对照组	10	10.55	1.13	10.44	0.32			
同感评估	实验组	10	15.80	4.10	15.79	1.18	71.14	5.10*	0.23
	对照组	10	12.00	3.43	12.01	1.18			

为了验证上述检验的效果,以合作创新的前测结果作为协变量,后测结果作为因变量,进行协方差分析,结果见表 10-18。经校正,两组后测结果自我报告部分差异显著($p<0.001$),主观评分部分也呈现显著差异($F=5.10,p=0.037$)。

四、交互记忆系统的中介作用检验

按照温忠麟、叶宝娟[①]推荐的依次回归方法,对实验组和对照组后测中获得的个体层面的数据进行分析,其中,合作创新的主观评分由于是对团队作品

---

① 温忠麟、叶宝娟:《中介效应分析:方法和模型发展》,《心理科学进展》2014 年第 5 期。

的评分,属于团队层面的变量,故合作创新这一变量采用自我报告部分来自个体的数据进行测算,首先检验了交互记忆系统的总体中介效果。依次回归的第一步结果显示,干预训练对团队合作创新有显著预测作用($c = 0.33, p < 0.001$);第二步结果显示,干预训练对团队交互记忆系统也有显著预测作用;前两步的结果与上述差异检验的结果一致,验证了干预训练影响了团队交互记忆系统和合作创新这两个变量。而第三步结果表明,团队交互记忆系统在干预训练与合作创新之间起到完全中介的作用,即说明本研究中,针对团队交互记忆系统开发的干预训练,的确是通过作用于交互记忆系统进而提升了团队合作创新。中介效应模型如图 10-3 所示,中介效应效果量(ab/c)为 0.84,即中介效应占总效应的 84%。之后对交互记忆系统的三个维度分别进行了中介效应分析,试图检验三个维度的具体影响。结果见图 10-4。

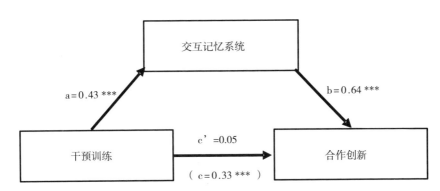

图 10-3　交互记忆系统在干预训练与合作创新之间的总中介效应

　　分维度检验结果表明,在加入信任和协调两个分维度变量后,直接效应 c′ 不再显著,说明交互记忆系统的信任和协调两个维度,在干预训练对合作创新的影响中充当了完全中介作用。其中,信任维度中介效应的效果量为(ab/c)为 0.45,即占总效应的 45%,而协调维度中介效应的效果量为 0.59,即占总效应的 59%。而干预训练对专长维度没有显著预测作用,即 a 不显著,但 b 和 c′ 均显著,做 Sobel 检验结果显示 $p = 0.80$,中介效应不显著,故专长维度并没有在干预训练和合作创新之间完全不承担中介作用。

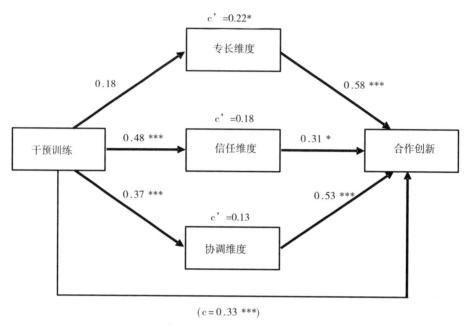

图 10-4　交互记忆系统分维度中介效应检验

五、干预方案的作用趋势

干预整个周期历时六周,在第三周对变量进行了测量,故采用单因素重复测量的方差分析对实验组和对照组干预前、干预中、干预后的团队交互记忆系统和合作创新均进行了统计分析。两组各变量的数据均符合球形假设,主体内检验的结果显示,对照组交互记忆系统的总分及其三个维度、合作创新的两个指标均无显著差异;实验组的交互记忆系统各维度和合作创新均有显著差异。

表 10-19　实验组和对照组单因素重复测量的方差分析结果(n=40)

变量	组别	Mauchly's 球形检验		主体内效应检验 F
		$\Delta\chi^2$	p	
专长	实验组	1.28	0.53	9.09 ***
	对照组	0.64	0.73	0.69

续表

变量	组别	Mauchly's 球形检验		主体内效应检验 F
		$\Delta\chi^2$	p	
信任	实验组	5.45	0.07	4.97*
	对照组	0.89	0.64	0.98
协调	实验组	5.21	0.07	5.88**
	对照组	4.20	0.12	0.70
TMS 总	实验组	2.59	0.28	24.35***
	对照组	1.13	0.57	0.66
合作创新-自我报告	实验组	1.91	0.39	3.56*
	对照组	5.14	0.08	0.02*
合作创新-同感评估	实验组	5.34	0.07	8.17**
	对照组	3.32	0.19	0.25

事后成对检验的结果进一步揭示了实验组在三次测量时各变量的具体差异情况。

关于交互记忆系统的专长维度，干预前得分为 15.85±3.77，干预中得分为 16.43±4.01，比干预前增加了 0.58，$p=0.692>0.05$，与干预前无显著差异，而与干预后的得分 17.95±3.55，差异显著，$p=0.013$。

关于信任维度，干预前得分为 19.83±3.62，干预中得分为 17.33±2.43，下降了 2.50(95%置信区间：1.25 — 3.75)，$p<0.001$，干预后得分为 21.02±2.47，比干预中提升了 3.7，提升效果显著。

关于协调维度，干预前、中、后的得分分别为 11.36±2.67，11.30±2.23，12.30±1.74，前两次得分无差异，而后测得分与前测($p=0.047$)和中测($p=0.015$)的差异均显著。

团队交互记忆系统的总分变化趋势如下，干预前得分为 47.05±8.71，干预后得分为 45.05±6.99，下降了两分，根据前面分维度的分析，可知这两分主要源于信任的下降,统计结果显示差异不显著,即几乎不影响 TMS 的整体水平,而干预后得分为 51.28±6.08,比干预前、干预中有显著提升。

对合作创新的检验中,来自于实验组自我报告的数据显示,干预前得分为 11.25±2.42,干预中得分为 11.05±2.66,干预后得分为 11.98±2.08,干预前、中差异不显著,干预前、后差异显著。对合作创新作品的评分显示,干预前得分为 11.10±3.90,干预中得分为 12.70±3.65,与干预前得分差异不显著,而干预后得分为 15.80±4.10,比干预前得分提升了 4.7 分,差异显著,与干预中差异不显著。

为方便分析,取各变量均分绘制了折线图表示其在干预前中后的趋势变化如图 10-5 到图 10-7。可见,专长维度在干预的整个过程中呈现不断增加的趋势,而信任在干预过程的前半部分呈现了较大幅度下降,在后半段呈现了大幅上升,协调维度的变化趋势与信任相似。而由这三个维度构成的 TMS 总分也表现出先下降后上升的趋势。来自自我报告的合作创新,实验组数据也是先下降后上升,与交互记忆系统的变化趋同,而作品评分呈不断上升趋势。对照组的自我报告部分则不断下降,作品评分在干预后有些许增长,但变化差异不显著。

图 10-5　各维度变化趋势(左专长,中信任,右协调)

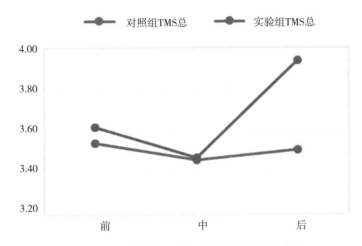

图 10-6 团队交互记忆系统的总体变化趋势

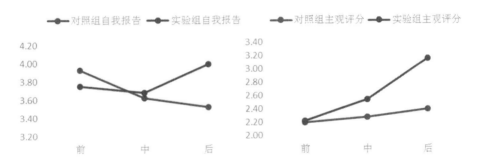

图 10-7 合作创新变化趋势（左为自我报告，右为主观评分）

第五节 交互记忆系统干预对合作创新的影响

一、交互记忆系统干预的积极作用

（一）交互记忆系统干预的有效性

干预方案对交互记忆系统中信任和协调两个维度的影响要优于专长维

度。以前测数据为协变量的协方差分析结果显示,干预训练使两组团队交互记忆系统产生了明显差异,可认为干预方案基本有效。具体表现在,对照组的交互记忆系统水平在三次测量中均无显著差异,而实验组在实施团队 TMS 干预训练之后,三个维度均有显著提升。与对照组相比,信任、协调维度差异显著,说明团辅方案对交互记忆系统的信任和协调干预效果显著,干预方案中抽取的干预维度和要素比较合适。而干预后实验组的专长维度虽然比干预前有显著提升,但是与对照组相比,提升效果并不外显。分析原因,本研究认为,无论是否施加干预,随着团队发展,团队成员在一起共事一段时间,对彼此的认识都会有所提升。而且本研究样本来自高一年级的两个自然班级,虽经过了随机分组重新组建团队,但学生在接受干预训练之前,对彼此已经存在一定的了解,彼此之间的认知程度相对较高,这些因素都增加了专长维度的干预难度。但是也不能因此完全否定干预方案对专长的干预效果。由于本研究中样本量较小,ICC(2)的结果较小也会削弱团体层次变量之间的关系。李浩曾指出,专长属于交互记忆系统的结构要素,可信和协调属于其行为(过程)要素,可信以专长为基础,是对专长的信任,而协调也不同于普通团队的协调,强调对不同成员专门化、差异化知识的整合,必须建立在专长和可信成立的前提下才有协调[①]。本研究中,实验组的信任和协调维度的显著提升,必然离不开专长维度的提升。该结果只是提示研究者在日后的方案改善中要注重加强对专长维度的干预。

(二)交互记忆系统影响合作创新的与中介机制

合作创新的测量指标分为两个层面,一是来自被试的自我报告,题项主要关注合作创新过程;二是来自专家对团队创新作品的评分,关注合作创新的结果。

---

① 李浩、黄剑:《团队知识隐藏对交互记忆系统的影响研究》,《南开管理评论》2018 年第 4 期。

以前测数据为协变量的协方差分析结果显示,实验组与对照组在接受干预训练后合作创新的两项指标差异水平均十分显著,说明基于团队交互记忆系统的干预训练也对团队合作创新产生了显著影响。为了检验这种影响的确是通过交互记忆系统的改变来实现的,对两组后测数据进行了回归分析,发现团队交互记忆系统的信任和协调维度,起到完全中介的作用,符合本研究假设。

合作创新是一个在合作过程中进行创造力的产生与实现的复杂现象,包含了个体创造力与团体创造力两个层面的作用。Teresa Amabile 作为创造力研究领域的重要贡献者,于 1983 年提出的创造力成分理论对于我们探究交互记忆系统与合作创新的关系有一定启发①。

在个体创造力层面,Amabile 起初提出三个来自个体内的创造力成分:领域相关技能、创造力相关技能以及任务动机。在后期对创造力成分理论进行革新的过程中,着重加入了社会环境因素,如任务性质、评价体系等。后来又将"情感",包括情绪状态以及情感特质加入创造力成分理论中,认为情感是一个独立的心理过程,且与创造力思维相关,应为创造力相关技能中的一个重要成分,而且组织环境会对"情感"产生影响。交互记忆系统虽是团队知识管理机制,但是离不开情感的影响,例如,情感信任会直接影响成员间的认知信任②。信任对个体创造力的激发假设已得到了诸多研究者的证实③。而交互记忆系统对团队学习④的影响必然会影响到个体的任务动机、创造力相关技能。基于此,本研究认为交互记忆系统的提升会促进个体创造力向团体创造

---

① T.M. Amabile, "The Social Psychology of Creativity: A Componential Conceptualization", *Journal of personality and Social Psychology*, Vol.45, No.2 (1983), p.357.

② 李浩、黄剑:《团队知识隐藏对交互记忆系统的影响研究》,《南开管理评论》2018 年第 4 期。

③ 贡喆、刘昌、沈汪兵、王贤、石荣:《信任对创造力的影响:激发、抑制以及倒 U 假设》,《心理科学进展》2017 年第 3 期。

④ 薛会娟:《交互记忆系统,学习与创造力的关系:跨层次研究》,浙江大学 2010 年博士学位论文。

力转化。

在团队层面，Amabile 也提出了组织创新模型，团队作为组织的最低层级也适用于此模型。组织创新三成分与个体创造力三成分很相似。首先，组织创新资源即个体中的领域相关技能，在组织中体现为资金、人力资源、信息资源等。本研究中，团队成员各自的优势，包括人口学特征、个人特质、成长背景、社会资本以及知识、技能等，全部构成了各自团队的资源。而这恰好对应了干预训练中对团队交互记忆系统专长维度的开发。团队成员越明晰各自的资源，当不同类型的任务出现时，越能缩短团队创新准备阶段的时间，快速进行分工与合作。其次，个体或组织要创造性地利用这些资源就需要合作的"技术"，即当团队任务来临时，是否能以最高效率调配人员、合理分工、协调互助。对应着团队交互记忆系统信任与协调两个维度所包含的内容。最后，动机是很重要的一个成分，本研究中为了维持两个组别的合作创新动机，为前、中、后三次测评任务以及最终的实验任务（心理剧展演）均设定了奖励办法。团队创新的三个成分必不可少，每个成分水平越高，团队创新水平也会越高。

基于 Amabile 对创造力的社会心理学研究理论，本研究认为，团队交互记忆系统的三个维度：专长、信任与协调，是团队创意产生和创意作品实施的重要成分。故致力于提升团队交互记忆系统的干预训练，有利于整合团队资源，提升合作效率，必然有助于合作创新水平的提升。这与诸多学者对交互记忆系统与合作创新关系的讨论结果一致，说明通过开发交互记忆系统进而去提升团队合作创新能力不仅是一种思路，更是一种可实施的做法。

（三）交互记忆系统变化趋势对于改善干预方案的启发

统计结果显示，对照组自我报告的合作创新分数呈现出在干预后明显下降的趋势，这是意料之外的结果。结合对照组的团体反馈表和事后对被试的访谈，发现被试对团辅结果的预期或许可以解释这一现象。对照组团体在得知要参加这样一项团辅之后,对团队合作创新的最终结果产生了更高的期待,但是在整个过程中,几次合作创新的作品呈现却不理想,故从主观上感觉自身所在团队的合作创新情况让自己感到失望。但是领域专家运用同感评估技术得出的结果却与之出现了分歧,旁观者从合作创新的结果来看,并不认为他们的合作创新效果出现滑坡。由此推断被试自我报告的分数很可能源于对团辅效果的期待。

对比两组团队交互记忆系统的变化趋势,有助于我们理解干预方案发挥作用的过程,并为后续方案的改善提供启发。本研究结果显示,对照组的交互记忆系统三个维度虽然在干预前、中、后变化差异不显著,但是存在小幅度的增减变化:专长维度不断上升,信任和协调维度先小幅下降后小幅上升。实验组的变化趋势与之类似,但起伏幅度程度更大。合作创新自我报告部分的数据走向与团队交互记忆系统总分的变化趋势基本一致。

随着团队成员的交往不断深入,彼此之间的了解也日益加深,因此专长维度的不断提升是意料之中的。但是在干预后期,实验组的专长提升显著高于对照组,说明干预方案中有意促进成员暴露自己更多信息的活动起到了作用,促进了对彼此更深入的认知。

信任和协调维度不呈现线性上升的规律,分析原因有二:一是基于事件的变化。回顾团辅方案,可以发现在前两次干预训练中,关于信任与协调的内容较少,较多地集中在后两次的团辅中,并且正如李浩曾指出的,信任和协调是相较于专长更高的维度,需要建立在团队成员彼此之间有更多的认知之后,因此,信任与协调在干预后期呈现快速上升的现象也是容易理解的①。二是基于时间的变化。这与 Bruce Tuckman 提出的团队发展阶段模型是极其相吻合

---

① 李浩、黄剑:《团队知识隐藏对交互记忆系统的影响研究》,《南开管理评论》2018 年第 4 期。

的①。在研究开始之前,被试已经被告知,临时组建的团队维系时长为六周,而第二次测量的时间为第三周,从时间上看,团队此时很可能处于动荡期,团队成员间在人际冲突、分化的问题,动机、情绪等都会影响成员间的信任与合作意识,对于团队目标、期望、角色以及责任的不满和挫折感在这个时期很容易表露出来。从两组的趋势对比中可以看出,施行干预训练可以缩短动荡期,减弱其对团队绩效的不利影响,促进成员对彼此间的信任,提升协调效果,因此提高了团队进入成熟期、执行期的合作效率。基于此,本研究预测实施干预训练的最佳时期应该在团队动荡期。本研究中干预训练以一周一次的频率存续在团队工作的整个周期之中,导致前期干预效果并不外显。在后续的研究中,可以根据团队维系时长、团队任务等因素,寻找干预的最佳时期。

二、交互记忆系统干预的应用建议

(一)创新与不足

1.创新点

本研究探索出了一套结构化的干预方案并进行了效果检验。数据分析结果显示,该方案既可以显著提升团队交互记忆系统,又可以显著提升高中生团队的合作创新水平,并且对合作创新的影响是介由交互记忆系统实现的。故从开发交互记忆系统的角度,去提升团队合作创新,是可行且有效的尝试。

总体而言,本研究提出了一套开发团队交互记忆系统的干预方案。在交互记忆系统的国内外研究中,学者意识到了开发 TMS 的重要意义,但是缺少翔实、具体的开发方案和实践探索,更多地停留在理论探讨层面。在仅有的一些尝试中,研究者更关注对团队成员与任务有关技能的开发,比如训练被试组装收音机的技能,而非关注团队技能。Prichard 和 Ashleigh 尝试通过问题解

---

① B.W.Tuckman,"Developmental Sequence in Small Groups", *Psychological Bulletin*, Vol.63, No.6(1965), p.384.

决、人际关系、目标设定、角色分配这几个传统的团队建设模块去提高团队交互记忆系统,结果证实有效但是这种团队建设对于交互记忆系统的针对性和实效性如何却不好评说①。本研究从交互记忆系统的三个维度出发,寻找影响三个维度的关键变量,选取合适的活动进行干预,且每一次训练都严格按照"系统更新—系统运行—系统反馈"的程序,对交互记忆系统的干预更有针对性。为了排除安慰剂效应,本研究的对照组并没有设计为空白组,而是采取了无固定程序设计的团队建设活动进行干预,结果说明有针对性的、结构化的干预方案比随意的团队建设要更有时效。

本研究的干预方案适用于提升高中生的合作创新水平,且通过中介效应的检验,说明从交互记忆系统开发的角度去提升合作创新是完全可行的,为提升合作创新能力的研究提供了一些启发和借鉴。并且本研究采用自我报告和主观评分两种方式测量合作创新这一变量,既专注了合作创造的过程,也关注了创意实施的结果,两种测评方式的结果基本吻合,保证了研究的信效度,为未来研究中合作创新的测量提供了一些参考。

本研究关注了团队交互记忆系统和合作创新的动态变化趋势。对照组的数据有利于我们认识团队的常态发展过程,对实验组的分析则有利于我们对后续干预方案进行调整、改善。《应用心理学》期刊在对工作团队研究做了百年回顾之后,曾急切呼吁研究者关注工作团队随着时间发展而呈现的动力变化,而非停留在横截面上的讨论②。本研究作为一次动态研究的尝试,虽有诸多不完善之处,但已收益颇丰。

2. 不足

首先,本研究选取样本为普通高中两个文科班的学生,组建了 20 个临时

---

① J.S.Prichard & M.J.Ashleigh,"The Effects of Team-Skills Training on Transactive Memory and Performance",*Small Group Research*,Vol.38,No.6(2007),pp.696-726.

② J.E.Mathieu,J.R.Hollenbeck,D.V.Knippenberg & D.R.Ilgen,"A Century of Work Teams in the Journal of Applied Psychology",*Journal of Applied Psychology*,Vol.102,No.3(2017),pp.452-467.

团队,样本量较小,代表性必然存在局限,导致干预方案的适用范围也有限,远不能满足各种类型团体的需要。其次,系统干预方案的设计虽然活动比较丰富,但依旧有限,在时间和流程上都有很多需要改善的地方,尤其是对专长维度的干预力度稍弱。个别活动也可以进行同类其他活动的替换,或对规则等细节进行更改。限于高中生的学习节奏紧张,总体干预时间较短,每次团体干预的时间间隔也稍长,导致干预效果在前期并不外显。最后,干预研究中,合作创新任务的选取的确是一大难点,既要保证几次测量任务有可比性,又要防止被试出现厌烦心理或练习效应。本研究中选用的三次实验任务虽有不同的主题,需要团队成员有不同的知识和技能,但是很容易被简单理解为平面设计类问题,影响成员合作创新动力。

(二)应用建议

1. 在青少年团体中的应用

青少年时期是人的人格和思维发展的黄金时期,在这个阶段提升其合作创新的意识和能力,不仅能改善青少年的人际关系、提升解决问题的能力、减少心理问题的产生,也为其未来接受高等教育、开始职场生活、走向更广阔的天地储备了心理营养与积极品质,更是契合创新社会发展需求的必然做法。虽然当下我国青少年依然承担着较重的学业负担,但是新课改已经向我们释放了国家对合作创新型人才急切渴求的信号。因此,建议各中小学、青少年活动中心等机构可以选取部分合适的对象进行针对性的合作创新能力的培养与训练。比如,学校中参加机器人等创新类竞赛的团队、参与学科竞赛的学生、班干部群体、学生社团、参与心理成长训练营的学生等。这些学生在当下的生活中就对合作与创新能力有急切的需求,参与热情会比较高,并可以在训练的过程中不断收集反馈意见,以更好地完善现有的干预方案。

2. 在社会其他领域的应用

合作创新是社会发展对人才的必然要求,越来越多的组织都在采用团队的形式开展工作,而且团队交互记忆系统相关研究主要就是在管理领域进行的,因此本研究的干预方案对于社会上其他致力于追求高效能的组织或团队有一定的参考价值。但在应用本套干预方案时,建议结合研究对象的特点进行活动的扩充或者调整,尤其要做好交互记忆系统和合作创新基线水平的调查,便于开展针对性的干预。另外,要结合团队的性质,比如团队规模①、团队异质性②、团队存续时间等,灵活安排干预的时间和次数,例如在团队动荡期就可以缩短两次干预的间隔,以缩短团队动荡带来的负面影响。最后,希望干预方案能在更广阔的领域内得到应用和检验,并不断收集建议和意见,完成一次又一次的升级迭代,最终形成一套信效度更高的团辅干预方案,为全球合作创新型人才的培养贡献价值。

---

① 韩梅、谷传华、薛雨康、沐小琳:《团体规模和任务类型对团体创造力的影响》,《中国特殊教育》2017 年第 6 期。

② 倪旭东、项小霞、姚春序:《团队异质性的平衡性对团队创造力的影响》,《心理学报》2016 年第 5 期。

第十一章　大学生合作创新的宿舍 VOMAS 干预

第一节　宿舍团体合作创新干预的意义

　　大学生作为未来社会的主力军,其大学四年的经历对个人的发展至关重要。大学生普遍具备很强的学习欲望和投身工作与事业的激情。由于受到学校、家庭、社会、自身经历等因素的影响,很多大学生在上大学后无法适应,出现性格孤僻、以自我为中心、对他人不信任、团队意识和能力弱、缺乏创新意识和能力等问题。面对大学里新的人际关系、学习任务和未来的工作压力,很多个体在大学松散自由的管理风格下容易重心失衡,找不到努力和前进的方向,往往在大学期间陷入迷茫消沉,丧失了为成人期做好准备的机会。在步入社会后产生了诸多心理问题,抑郁症发病率升高,也导致很多家庭陷入泥潭。

　　由于学分制的实行,学校已经很少给班级分配固定教室,宿舍成了大学生唯一固定的空间,同时也是停留时间最长的场所,于是,固定的宿舍取代了"班级"成为高校最小的群体单位。作为大学生群体生活的载体,大学宿舍是校园生态特殊而活跃的细胞,它的文化氛围、和谐关系、生活风格对大学生的影响广泛而深刻。在大学期间,无论学习、生活、人际关系、行为习惯、身心健康、兴趣爱好,甚至是口头禅等极细微的内容都会受到宿舍同伴直接的影响。

宿舍是大学生走向社会，从孩子、学生的身份和角色变化成成人的中间缓冲地带。大学除了授予各种有用的知识和信息外，更重要的是提供一个环境，使得大学生可以在相互交往中学会与他人相处，在理解与被理解、帮助与被帮助、尊重与在被尊重中受到人文关怀的洗礼，习得与其他人一起合作、共同成长的能力。

随着高校不断扩招，高等教育也越来越大众化，越来越多的青年将经历大学宿舍的保护和磨炼，如何能让宿舍这个关键的载体发挥出正向的引导功能变得日益重要。除了改善宿舍人际关系和提升宿舍生活满意度外，更应该从响应大学素质教育和创新教育的主题入手，从大学生能力培养和宿舍绩效出发，利用宿舍这个天然特别的成长场域，探索出一套有效的指导理论和便于实施的建设方案，使得大学生在大学的宿舍生活中除了建立良好的人际关系、培养社交能力外，更能够通过积累必备的合作创新知识、经验和技巧而共同成长、携手奋斗，在大学生活里和步入社会后，都可以获得有力的朋辈支持和出色的表现。

一直以来，合作发挥着不可取代、无法估量的作用，它是人类社会文明进步和发展的动力。在当前社会，专业分工的精细和国际间交往的频繁使得合作与以往相比有无可比拟的重要性。连同互联网一起，越来越多的跨国公司和国际组织打破了国家的界限。随着地球村逐渐成为现实，个体之间的连接变得史无前例的方便和紧密，人与人之间的合作也将越发关键。目前，"80后"、"90后"的大学生已经成为社会的中坚力量，然而，他们在工作中表现出很多方面的不适应和困扰，大学教育如何培养学生的合作能力从而提高当代青年的社会适应能力和工作能力成为近年来国内关注的热点问题。

当代中国大部分孩子是独生子女，在家庭中是所有人关注的焦点。在这样的环境中长大，很容易过于以自我为中心，不善于甚至不乐于与他人合作。加之在进入大学前，成绩是核心的任务，更导致了合作意识、方法、经验的匮乏。社会发展需要具备良好合作能力的人才，时代的变化也要求年轻人具备更强的合作能力。大学生是否具备良好的合作能力不仅关系到大学期间是否能够高效的学习和愉快的生活,更加关系到将来是否能够顺利融入社会,实现自身价值。其中,合作能力是综合心理素质最直观的反映,善于合作的人无论内向外向都更容易具备良好的人际关系、社交能力和问题解决能力。同时,随着全球化进程的加快和科技大爆炸,知识的更新迭代已趋失控,创新成为国家持续发展和提高国际竞争力的重要战略问题,提升当代青年自主创新能力迫在眉睫。而且,团队创新比个人创新更为关键和有力,只有团队创新才有潜力,能够应对莫测的环境和激烈的竞争。所以,以团队的形式实现自主创新和科技创新成为亟待攻克的难点。团体是创新的有利条件,合作优秀的团队所具备的高凝聚力和使工作张弛有序发展的管理,是激发团体创新的必备条件。同时,以创新的精神来对团队合作进行指导,会进一步增强团队的向心力,并有可能产生对管理过程进行改善的新视角,实现团体绩效的突破性提升。如何行之有效地改善团体成员间的互动合作,通过提升整体的合作创新水平,发挥出团队和创新的双重价值,达到"1+1+1>3"的协同效应,是本研究探索的核心问题。

团体心理辅导从20世纪末传入我国后在高校得到大量实践,受到广泛好评。同时,高校心理系学生利用团体心理辅导对大学生群体进行了多方面的实证研究,取得了显著效果和多方面的成果。

本研究根据合作能力的结构要素、培养途径和个体创造力向团体创造力转化的关键和创新氛围的特点,提取激发团体合作创新的步骤和要素,把合作和创新进行有机结合,建立合作创新的干预模型。根据这个模型,把素质拓展和参与式方法的优势融入团体心理辅导中,设计出以一系列环环相扣、精准定位的活动为载体的 VOMAS 团体辅导方案。把这套方案应用于对宿舍团体的干预,设置实验组和对照组,采取小组任务对这套方案在宿舍团体合作创新方面的干预效果进行测试的同时,对宿舍成员进行大学生心理和谐和应对方式的前后量表测量,以探索 VOMAS 团体辅导对个体心理和谐和应对方式的影响。

第二节　宿舍团体合作创新干预的研究现状

一、宿舍人际关系、合作创新及团体干预研究现状

（一）大学生宿舍研究现状

大学生宿舍既是大学生步入社会前的过度团体，也是最具固定持久性和最长相处时长的自然形成的团体。既是不同于原生家庭的生活共同体，又是一起学习成长的朋辈团体。由于相处距离小和时间长，宿舍关系其实成了大学生在大学阶段各种社会关系中最重要的关系。对于大学生宿舍，出事故最频繁的就是人际关系，这方面也最紧迫，因此一直是热点，研究得最多，针对宿舍人际关系类型、影响宿舍人际关系的因素、对宿舍人际关系的干预等方面都有很多细致的研究。

在人际关系类型划分方面，有从两个维度出发分成融洽型和淡漠型的；有从宏观微观出发进行更细致的划分，分别为和谐型、弱和谐型、松散型、小群体型、失控分裂型和关系友好型、思想封闭型、孤立与孤独型、对立关系型的；李宏翰则强调宿舍人际之间的相处状况是宿舍人际关系的关键性代表，在大学生的人际关系中，相处问题从轻到重分别是人际失谐（这种情况下宿舍关系比较紧张）、人际敌视（这种情况下宿舍往往出现僵局）、人际冲突（这种情况下宿舍出现争斗）①。在影响宿舍人际关系的因素方面，性别、年级、家庭背景、经济状况和宿舍成员的组成状况等，都会对宿舍人际关系带来或好或坏的不同程度的影响。男生比较容易对宿舍交往满足，生活和学习次之；女生则比较看重学习。

---

① 李宏翰、赵崇莲：《大学生的人际关系：基于心理健康的分析》，《广西师范大学学报（哲学社会科学版）》2004 年第 1 期。

同时,在宿舍里,女生之间的交往比男生多,因为女生习惯聊天沟通细微情绪;男生整体来说内敛一些。男生更关注前途发展以及国家大事、新闻时事等;女生的朋辈支持优于男生,她们在遇到伤心事时会更多地向朋友诉说和求助。随着年级的不同,宿舍的人际交往也不同,大一宿舍是人际交往最多的时候;大二时随着对学校的熟悉每个人都有了新的注意力和关注点,减少了人际交往的投入;紧接着大三是舍友之间交往最少的一年;大四时随着毕业临近,舍友之间的交往增多。在宿舍成员构成方面,宿舍中如若有成员担任班干部,宿舍气氛会比没有班干部的宿舍好一些。同时,如果宿舍成员具有不同的性格特征,宿舍的气氛更好,宿舍由不同专业组成比同班学生组成的宿舍气氛要好。因此,学校可以考虑把不同专业班级的学生打乱了来排宿舍。对大学生人际交往和人际关系进行干预比较多的大都参考团体辅导或团体咨询的方式,根据辅导方向的不同和辅导深度的不同取得了不同程度和不同侧重的效果。

对大学生宿舍的研究,除了人际关系外,针对宿舍文化和气氛、宿舍生活对心理健康的影响、宿舍效应、围绕宿舍的问卷和量表的编制等方面也有很多的研究成果。

(二)合作研究现状

1. 合作能力的界定

在早期研究中,大家对合作的认识仅仅停留在合作精神或合作意识方面,并以此来对合作能力进行考量,认为提升合作能力就是强化合作精神。随着研究的深入,对合作的界定不再是单一的意识或精神,而是一项综合的心理素质,并重视相应的技能。吕晓俊、苏永华认为合作能力是群体的组成人员在互动中所体现的在自发达到彼此共同目标方面的意图和技能强弱[1]。李斐斐提出,合作能力包括了合作意识、相关知识、合作技能、合作品质的总和,是为共

---

① 吕晓俊、苏永华:《合作能力测验的编制研究》,《人类工效学》2005 年第 2 期。

同目标而相互配合的水平①。

整合所参考的文献,本研究将大学生合作能力定义为:大学生在学习、生活、社会活动、兼职工作中,自发与他人互相帮助、共同解决问题的个性综合特征。在团队合作中,是否认为合作很重要体现着合作意识;能否进行好的互助互信、交流沟通、冲突管理和决策管理是合作技能的具体表现。

2. 合作能力的结构和测量

评估大学生合作能力的量表目前很少,吕晓波、苏水华把合作能力分为合作意识和合作技能两个层面;李斐斐则将两个维度拓展为合作意识、合作技能、相关知识、合作品质四个层面。谢晓非等在"合作人格倾向量表"中,则根据人格倾向对合作能力进行了互惠性、包容性、合群意识的划分②。

结合已有的研究,可以把合作分为合作认知、合作情感、合作意向、合作技能四个维度,合作认知是对合作重要性和必要性的理解和认识,还包括合作方面的知识。合作情感是个体在合作交往中是否愉快的情感体验。合作意向是个体在一定的社会情境中对合作的选择需要。合作技能包括人际互助、冲突管理、情绪调控、组织领导能力等对合作过程中有帮助的方法。

3. 合作能力的影响因素

当代大学生合作能力欠缺的原因有很多方面。我国传统文化中的糟粕和当代市场经济都营造了一种竞争的氛围,追求物质和享乐进一步加剧了普遍的急躁情绪,导致很多孩子在整个成长过程中没有受到合作意识的启蒙,合作意识非常薄弱,一味地争强好胜或攀比炫富。同时,以选拔为主的应试教育更是固化了我国学生的竞争观念,这打击弱化了合作精神的建立,越来越多的学生在步入大学后明显地表现出以自我为中心、心理脆弱、存在交际障碍、缺乏独立意识等现象。另外,独生子女家庭的孩子在成长的过程中难以形成合作

---

① 李斐斐:《大学生合作能力培养研究》,南京航空航天大学 2009 年硕士学位论文。
② 谢晓非、余媛媛、陈曦、陈晓萍:《合作与竞争人格倾向测量》,《心理学报》2006 年第1 期。

意识。尽管目前很多高校针对这样的现状进行了积极的改革,但观念的转变需要漫长的时间去逐步调整。同时,合作能力也受到不同专业各自特点的影响,高校某些专业的作业设置不利于学生之间的合作,比如在设计专业中,学生交的作业带有很大程度的个体劳动和对比竞争性,同学之间基本上没有合作的必要和机会。

4.合作能力的培养途径和策略

培养合作能力可以结合思想教育。当代大学生合作意识淡薄、合作能力欠缺,可以从思想教育入手,把合作精神列入大学生综合素质中的重要目标。另外,加强人文素质教育,通过倡导中华民族传统、增强民族凝聚力,树立大学生的合作精神和团队精神,引导大学生树立更高层次的理念,在合作中竞争,在竞争中合作。

培养合作能力可以和学习方法捆绑。合作式学习是目前广泛采用的一种教学模式,很多老师在自己的科目中进行着相关的实践。引导学生之间互助联合地学习探讨,不仅能更好地提升教学效果,还能赋予学生极强的成就感和提高班级凝聚力,增强个性展现,获得更多的朋辈支持,对心理健康十分有利。

培养合作能力可以通过心理专项训练。由于受到自卑、焦虑、嫉妒、羞怯、不合群等不良心理的困扰,很多大学生在合作交往中消极退缩、不善于与他人进行沟通、生存能力差、人际关系紧张,这成为阻碍他们合作能力提升的大障碍。通过心理健康教育和训练,提高大学生的社交能力和表达能力,是提高合作能力的前提和基础。人际交往训练、心理训练等活动建议在大学里持续广泛地开展,并教给学生们自己开展小组的基本知识和技能经验,鼓励大学生进行积极的人际交往,并有意识地进行自我反思和总结经验,逐步提高人际交往能力,进而提高合作能力。同时,班级和宿舍是在校大学生的主要学习和生活群体,可以从提高班级和宿舍凝聚力入手进行团体心理辅导。

（三）创新研究现状

创新是一种人类特有的发现新事物的能力,创新的根源在于创造力,创造力是创新水平的显示和表征。

1. 创造力的研究进展

对创造力的研究有两种倾向:一个倾向是不认为创造力是某种能力,而把其视为某种心理过程,这种过程能够促成新颖事物的诞生;另一个倾向则既不从能力出发,也不从过程出发,而是从结果来看,以产物来标识创造力。

从过程角度来看,创造性思维可以分为四个依次出现的阶段:准备(遇到要解决的问题的内容并明确要达到的目标)、酝酿(停止主动思考但潜意识中思维火花仍在迸发)、启发(突然想出一个线索、方向或点子)和确认(认真思考落实可操作的方案并验证)。如果把创造力的发生归结到一个过程,则是把无关事物联系在一起产生新想法的过程,这启发着我们,创新的发生有赖于对新信息的敏锐觉察和抓捕能力。

从结果角度来看,创造力一般意味着新颖事物、新奇想法的出现。这些新东西往往出现在有着丰富知识并擅长对各种知识进行排列组合的头脑中。个体的创新能力与创新动机、相关领域的技能和对创新方法的掌握密切相关,团体创新则有赖于团队成员和团队的管理,组织创新则和组成组织的团体、组织文化的氛围特点以及外部大环境有关。

针对个体创新的研究,最早都集中在对名人传记和自传的关注和分析上。随后展开了对普通工作人员创造力的关注和研究,发现每个人都具有创新的潜力。Amabile 建构的要素模型对创造力发生的各种条件进行了整合[1],指出:创新的热情、相关领域的经验和创新方法是有助于创新发生相互作用的三个方面。

---

[1]　T.M.Amabile,"The Social Psychology of Creativity:A Componential Conceptualization",*Journal of personality and Social Psychology*,Vol.45,No.2(1983),p.357.

团队创新是团队整体层面上的一种特性,在团队成员一起工作的过程中,每个人的创新整合在一起并能够发挥出协同效应的时候,可能会出现团队创新。团队的创新并不能直接发生,而要以工作过程中具体的工作内容和所有人的心理状态为中介。为了有利于创新的发生,在团队所处的环境中应该鼓励沟通、及时公正地评估和适当灵活衔接良好的执行。

如果团队在有条不紊的管理下,遇到分歧和冲突及多种观点时存在有效地应对方式,那么团队成员各自的特点和不同将有利于团队整体的创新水平。打破思维定式、对复杂性能够进行欣赏和应对、善于整理碎片信息、保留观点不急于评价等,都是有利于团体创新发生的认知风格。能够安全地进行信息分享和相互影响的环境有利于团体创新的发生。处理冲突和反馈时,恰当地处理竞争的观点很关键。

2. 团队创新氛围

方来坛对团队创新氛围的持续研究表明,团队创新氛围是团队追求目标的过程中极为关键的因素①。团队创新氛围,是指影响工作团队成员发挥创新能力的外部工作环境,和此环境作用于每个成员身上后,他们的共同社会知觉。在有利于创新的氛围里,共享心智容易发生。这种特别的知觉状态,有利于团队成员相互之间的启发和合作,从而产生创造性的结果,带来创新绩效的突飞猛进,成为团队的核心竞争力。通常选取工作团队对创新氛围进行研究,这是因为恒定熟悉的团队是创新氛围一点一点得以建立形成的前提。团队成员在互动中形成的默契、团队成员需要彼此配合,达成共同目标。这两方面都可以促进和加深,团队成员对彼此语言沟通和行为习惯的熟悉,有利于共享氛围的形成。在总结前人研究的基础上,好的团队创新氛围要关注四个方面:愿景目标、参与的安全感、任务导向、创新支持。除此之外,团队中呈现的互动频率对创新氛围的建设有关键的指导性。

---

① 方来坛、时勘、刘蓉晖:《团队创新氛围的研究述评》,《科研管理》2012年第6期。

3.个体创造力向团体创造力的转化

罗玲玲针对个体创造力向团体创造力的转化做了大量深入的研究,提出由个体组成的团体和个体一样,具备相似的心理基础。[①] 因而个体创造力有极大的可能整合成团体创造力,而团体层面呈现的高创造力,亦能激励个体创造力的发挥。这种整合与激励的发生需要两方面的条件:一方面团体中的成员都要形成彼此间互相分享知识的自觉性,即具备分享知识的动机;另一方面,团队工作的氛围须是松快的、安全的、信任的、自由的,因而是良性而有效的。良好的氛围,除了意味着为团体提供资金、材料、设备、场地等物质环境之外,更重要的即是有利于让个体发挥潜能,和有利于彼此间合作触发的心理环境,这是此处氛围的重点。

有三个方面利于分享动机的培养和形成。其一,认同团体目标:当每个成员都清楚团体目标并乐于为之努力时,会自发地分享自己的知识、技能和经验,团体创造力开始萌芽。其二,在团体目标下对动机进行良好的整合,一方面个体的动机要能够与团体目标结合起来;另一方面,个体间形成良性的相互影响;最后,如果能激发起团队的内部动机,在心流中工作将有事半功倍的效果。其三,认同创造的价值,对创造的倡导有利于团体成员之间的互相激发从而形成高凝聚力。

对营造良好的环境,有两个重要方面。其一,倡导自由,去除评价。只有没有压力的心理状态才有利于新想法的产生。团队要对独特性进行鼓励使得团体成员一方面不害怕表达自己的独特观点,另一方面能保持好奇心。其二,在宽松的氛围下建立平等、宽容的人际关系。像家庭一样的支持包容氛围对创造性非常重要。团体心理辅导在人与人的相互支持与新人接纳方面做了很多实践,可以借鉴。

[①]　罗玲玲:《论团体创造力与个体创造力转化的条件》,《理论界》2007 年第 4 期。

（四）团体干预训练研究现状

高校里和社会中应用最为广泛的给团体提供的干预训练是团体心理辅导，而企业中更多运用的是素质拓展。另外，参与式方法在目前培训学习、调研项目中的影响越来越大，这三者在理论基础上有很大的重叠部分，同时又各有侧重和优势。

团体心理辅导的优势在于能走到比较深的心理层面，带来的影响比较恒久，是由内向外起作用；素质拓展的优势在于直接的挑战和技能训练，能迅速提升反应力，冲击比较大，是由外向内工作；参与式方法则无论在学习、管理还是工作方面，都为团队提供了很多实用的工具和方法。

在理论基础上，团体心理辅导、素质拓展、参与式方法都与认知发展理论、社会学系理论、团体动力学理论、符号互动理论、人际沟通理论有密切的继承和发展。从认知发展理论的视角来看，个体参加活动是新经验得以内化的前提和个体成长发展的途径。从团体动力学理论的视角来看，个人的心理活动和一切外在行为，都会随着其本身所处的环境不同而发生变化，而良好的团体氛围会给团体成员带来积极的影响。社会学习理论进一步肯定了环境在观察学习中起的决定性的作用。符号互动理论关注人与人之间互动的性质、过程、意义。人际沟通理论则对建立良好的人际关系、进行有效沟通提供了大量有价值的理论指导。

1. 团体心理辅导的发展和应用

团体辅导由专业出身的领导者带领，在团体动力学的指导下，帮助团体成员在互动中得到有效的帮助和自我的成长。

团体辅导最早在美国兴起，20 世纪初，一群肺病患者创建了第一个成长性团体。这个由病人组成的团体以小组为单位，积极开展各种有趣的辅导，帮助患者战胜疾病的困扰、树立信心。20 年后，德国心理学家勒温在前人的基础上建立了第一个人际交往训练小组。紧接着，人本主义心理学派在五六十年代兴起并得到大力发展,人本主义重视个人的价值,人的主观能动性、自主性和创造力以及感受到的尊严和自我实现。罗杰斯的"会心团体"因为应用的普遍性和有效性受到大众的欢迎。这时涌现出了很多类似的团体,如人际关系小组、T-小组、敏感训练小组等,这些小组都强调团体成员之间的人际交往经验,注重此时此地的感受,提高觉察能力并鼓励倡导就当下的感受进行分享。从这以后,团体咨询不是单一的以治疗为的目的,而可以应用于促进个人的成长,并偏向应用于正常人群或亚健康人群,属于发展性范畴,宗旨在于促进个人了解自我、增强自信、寻求有意义的人际关系、树立对自己有意义的人生价值等。

大学新生在对新环境的适应、生活学习、处事交往中的情绪管理以及恋爱等亲密关系的处理方面会经常出现各种问题。团体辅导能够有效帮助相关大学生调整认知、建立更加积极乐观的态度,在一定程度上提高心理健康水平和对外界的适应能力。

总体来说,我国的心理学事业还处于发展阶段,存在很多不完备的地方,需要我们在以后的研究中不断改善和发展,心理学事业发展任重而道远。

团体辅导的基本功能包括在群体关系的动态形成和组织过程中探究生活的真实,分享个人经验,学习适应的技巧,处理心理压力和人格成长等问题。除了发现问题以外,在团体内还可以解决问题。通常在团体心理辅导结束以后,团体心理辅导成员在相关方面的改善效果和情况还要进行后期的跟踪研究和调查,以确保团体中形成的良性人际交往模式能够自如地迁移应用于大学生的日常生活、学习、与人交往之中。更多的重视和应用团体心理辅导能够服务于更多的人群,发挥心理学的作用。

2. 拓展训练的特点与应用

素质拓展训练,叫做外部拓展,简称"外拓"。素质拓展训练最早从野外生存中延伸出来。高强度的心理素质、强烈的求生欲望和坚忍不拔的意志是在野外活下来的关键。外部拓展培训应运而生,各种针对工人、商人、学生的培训学校如雨后春笋般不断涌现。通过不断地针对性训练,不断地强化,很多人的团队精神和心理素质都得到了有效地加强。

中国在引入拓展训练后,大学生非常欢迎这种有趣的、新型的体验式的教育方式。拓展训练通过参与个体与团体活动项目,进行体验、分享、交流、整合与应用,从而达到自我教育、自我提高的目的。通过各种专业人士的研究探索,发现拓展训练对参与者的认知、情感、态度、能力等多个层面都有不同程度的影响,可以通过拓展训练提升工人、学生的沟通能力,改善人际关系等。

素质拓展训练针对的细分类别很多,如下:

(1)探险学习(或远征学习)。充分运用手中的户外装备,带着不断学习的野外生存知识和技能,去探险,去完成既定任务。在探险的过程中,我们可以不断地学习更多的知识和技能,针对性地锻炼我们的团队精神,不断出现的困难则是锻炼我们的神经强韧度,从而通过本次探险旅程全方位地锻造自己。

(2)强力的团队动力。每一个成功的人都不能单靠自己,需要团队的力量。团队就是集合大家的力量,达到完成任务的结果。通常情况下,人与人的组合并不会得到两个人力量的加和,甚至有的时候反而不如一个人,而素质拓展训练让人们的力量能够更好地加和在一起,一个人做不了的事情通过多个人更好地完成。让学员们体会人与人那种分享的快乐。

(3)独处。独处的感觉总是让人感到艰难和痛苦,但一旦我们能够顶住寂寞,会得到新的感悟。独处是一个人旅行露营,独自探险,在旅程之中不断反省自身的过程。这是一个让自己充分休息的过程,能缓和快节奏生活所带来的紧张焦虑,并借机探索自己反省自己人生旅程中的一切。

(4)户外活动技能。户外活动技能课程就是把各种户外技能在实践中让我们的学员学会的一种专业课程,在技能培训的同时,很好地锻炼了团队中每个人的精神。

(5)创意技巧。通过艺术、写作和团体挑战让每个学员能够用一种全新的方式诠释自己,体会创造力的爆发。灵感的不断涌现,让每个人都能感受到自己的创造力的拓展。

（6）环境管理。在素质拓展训练的课程中，让每个学员学会如何过简单、封闭自足、环境改变很小的生活。为了体会到这一点，这方面的素质训练会教学员们在保护大自然的同时，完成野外调研或探险的各类露营技巧，在这个过程中，让学员体验到环境管理的重要性。

（7）挑战自己。给学员一个自己挑战自己的机会，让他们体会那种透支之后再前行的感觉，激发每个人内在的潜力。这并不是一场竞赛，而是检测学员的忍耐能力，不断突破自我的过程。

素质拓展训练在培养学生的综合心理素质、激发潜能、提升团队凝聚力等方面具有显著的作用。

3.参与式方法的特点与应用

参与式方法在国际上很常见，是一种值得学习的培训教研方法，在我国的应用还不多。它指的是让大家在对话中产生新的思想和认识，利用各种方法和技巧为每个人创造表达和交流的机会。参与式方法非常看重所有人都投入到活动中的整体状态。通过集体决策，提高每个人的能力和信心，更好地改变目前所处的现状。通常，在活动进行的过程中，会引导每个成员自发的反观自己的经历，并给予充分的时间和空间，让每个人能够更深刻、更充分地去感受自己的体验。通过体验式情境的设置，让大家在彼此的交流和分享中共同学习。参与式方法倡导的是在不断发展演化的过程中，让所有有关的人对相关的事情都能够可操作性的进行决策、规划、实施、管理、监测、评估。

参与式方法的原则有让所有的人平等参与、大家一起共同合作，倡导多元价值观、鼓励形式多样，引导每个人挖掘自己以往的经验、盘活旧知识、建构新想法、在过程中体验变化，使参与成员自己成为活动内容和形式的主动创造者等。在参与式方法培训中，和以往不同，培训带领者的角色不是信息提供者，也不是老师，而是在"暗"地里帮助成员完成任务的协助者、协作者、组织者、促进者。与此同时,培训成员在参与式培训中具备着更加重要的位置,是培训内容的主动创造者,是培训者的协作者和合作伙伴。任何培训,如果与参与者日常生活的感受和工作内容没有发生交集和参与者过往的经历没有发生联系,就不可能被很好地理解和接受。参与式方法的目标是:提供足够的机会和空间,调动起每个参与者本身已有但自己可能并没意识到的经验,在合作交流中通过触发和探讨生成新的经验和感受。让每个人把自己不同的观点表达出来,拓展大家的共同认知,更能激发出新的思维火花。参与者感觉被大家接受欢迎,并赞赏自己独特的经验和故事时,就会因为被尊重的愉悦而更加积极热情。在分享经验的时候,分享者会自发生成一种主人翁的感觉,不仅会对自己之前所经历的一些经验进行重新审视,而且更能够在重新梳理的过程中吸纳整合多方面的知识,正是这个过程将新知识和旧知识有机地锻造在一起。这种打开的状态能帮助成员从别人那里获得有益的启发,进而生成新的知识。同时,每个人都是不同的个体,群体之间仍然会对很多同样的事发表不同的看法,大家都会针对自己所钟爱的观点采取不同的活动。

从更广泛的范围来看,参与式方法可以在我们每个人的日常学习生活和工作中得到不同程度的运用。当前,极富有活力和竞争力的团队无一例外都是学习型组织。参与式方法为进行持续的自我变革从而跟得上时代的变化提供了好的借鉴和参考,能够帮助实现学习型组织的建立。参与式方法适用于多种多样的学习和工作场合。尤其是适合应用于社区发展和服务,农村发展项目、性别研究、员工培训、卫生环境保护,也能应用于其他各种社会发展和人力开发项目。

二、基于 VOMAS 模型的宿舍团体干预

国家对大学生心理健康、社会适应能力、就业创业能力越来越重视,因此围绕大学生群体的研究越来越多。比如,在大学生群体的实证研究方面,赵传锡把团体心理辅导应用于大学新生人际关系适应方面,进行了连续 8 次活动

的干预研究①;沈杰针对大学生彼此信任和对团体的信任状况做了调查了解和分析,并在此基础上设计了连续 9 次的辅导方案,探索了团体辅导在这方面的效用②。以上研究均取得了显著影响,证明了团体心理辅导的有效性。但现有的研究多集中在大学新生以及适应和人际关系主题方面,对大学生合作和创新的实证研究很少。

以往的实证研究多是针对大学生这个普遍性的大群体,精准以宿舍为对象群体的研究比较少。即使在许柏特以团体辅导对大学生宿舍人际关系,进行干预探索的研究里,通过问卷在全校的范围内选择干预对象,筛选对宿舍人际关系有困扰的学生出来后,进行分组后实施干预,此时干预的团体已不再是原本的宿舍团体③。专注于宿舍团体的研究零散而片面,无法挖掘宿舍的潜力和满足现实发展的需要。

在对大学生合作能力的研究方面,依旧偏向于理论探讨,比如,强调提升大学生合作能力的紧迫性和必要性、探索影响大学生合作能力的因素、讨论理论上的培养策略和建议等。对合作能力的建设性干预主要集中在和体育教学结合的研究上,缺少扩展和丰富,且干预方式简单,要么是单一的团体心理辅导、要么是单一的素质拓展。同时,仅仅提升合作能力,缺乏指向性,比如提升哪方面的合作能力,因而对合作能力的训练多浮于表面,难以深入。

目前,对创新的研究多集中在对创新概念的界定、创新发生的机理和提升创新水平的原理等理论方面的研究。在创造力获得世界范围的重视后,针对个体创造力的技巧方法、测评创造力高低的手段和创造力的理论模型的探索有很大的进展,但对于团体层面创新的发生和过程研究很少。但是,随着以泛

① 赵传锡:《团体心理辅导对大学新生人际关系适应问题的干预研究》,鲁东大学 2013 年硕士学位论文。
② 沈杰:《大学生团队信任现状分析及团体辅导的影响研究》,苏州大学 2014 年硕士学位论文。
③ 许柏特:《大学生宿舍人际关系团体辅导方案设计及其效果验证》,湖南师范大学 2016 年硕士学位论文。

组织方式涌现的团队创新呈现出越来越惊人的力量,针对如何激发和提升团体创造力的探索成为重中之重,只有具备团队创造力的组织,才能顺利适应时代的发展,并取得对未来成功至关重要的可持续发展的能力。方来坛、刘蓉晖等在团体创新氛围方面作出了极具启发意义的研究①,但也偏重理论方面的探讨,缺乏实证研究。同时,对创新训练的研究,也多集中在创新技法方面,对创新发生过程的心理机制研究和相关心理训练的研究比较欠缺。

很多创新现象和创造行为是发生在合作场景中的,跨界合作尤甚。随着学科知识越来越细分和深入,单个人解决问题的能力和效率将可预见地急剧下降,因为完成一项任务或突破所需要的知识、技能、经验、视野变得越来越复杂和跨维度化。这就需要积极展开对合作创造力的全面研究,然而由于理论的复杂模糊性和实证在操作方面的难度,迄今为止对这方面的研究很少,始终处于研究领域的边缘。我们通常把创造力看作是个体的产物,然而,在现在的局势下,创造力更是个体的联合本身,个体间有机联系、相互作用后生成的非个体创造力简单加合所能达到的结果。总之,关于合作创新的理论模型和提升团体合作创新的实操性辅导或训练方法都很缺乏研究。

以往团体心理辅导干预的团体,都是在招募的志愿者或问卷筛选出的成员中进行挑选,后随机分组,在实验组中带领团体心理辅导的设计方案。辅导结束后,所形成的小组随即解散,每个成员重又回到原来的环境,这使得实验组成员在辅导中受到的有益影响不易保持。而宿舍团体是固定团体,由于宿舍成员之间的互相影响,选择宿舍进行干预的效果更易保持下去。

目前,高校针对大学生在创新方面的训练,多在开设相关课程或开设开放性创新实验方面,缺乏对创新心理素质和针对性的技能的提升,这将十分不利于大学生步入社会后对工作的适应和对挑战的把握。在改善宿舍人际关系和宿舍生活满意度之外,如何利用宿舍这个特殊的成长的场域探索出一套有效

---

① 方来坛、时勘、刘蓉晖:《团队创新氛围的研究述评》,《科研管理》2012 年第 6 期。

的指导理论和便于实施的建设方案,帮助大学生在大学四年的宿舍生活中,一方面学会建立良好的人际关系、具备较强的社交能力,同时更能够通过积累必备的合作创新知识、经验和技巧而共同成长、携手奋斗,具有着重要的意义。对宿舍展开合作创新的建设不仅响应了大学素质教育和创新教育的主题,而且能够帮助大学生在大学生活里和步入社会后均获得有力的朋辈支持和出色的表现。

本研究基于对团体合作创新过程的文献研究,建构了对团体合作创新进行干预的由价值认同(Value)、目标共享(Object)、动机定向(Motivation)、氛围营造(Atmosphere)、技能扩展(Skill)五个模块单元构成的 VOMAS 模型(见图 11-1)。这个模型整合了包括个体创造力、团体创造力和中间变量在内的多个模块。以往都是单独针对个体创造力或团队创造力、或创新氛围、或个体和团体创造力之间的转化条件等方面进行各自的研究,分开取得了很多成果,但成果之间是割裂的,同时缺乏对于互动和合作过程的重视和深入探索。VOMAS 模型从团体动力学角度出发,对丰富团体合作创新方面的理论研究有重大意义。

根据 VOMAS 模型设计出的一套环环相扣、精准定位的针对宿舍团体合作创新干预的 VOMAS 团体辅导方案(见第四节)则同时丰富了团体合作创新和大学心理健康教育方面的实证研究。对分工越来越细、合作越来越重要、特别是对跨专业合作有重大要求、需要使不同层次的创造个体有序运行的现代工作团队提供了所急需的指导。

在团体互动的过程中,把对合作和创新的辅导进行有机结合,有事半功倍的潜力;将素质拓展和参与式方法的优势,融入团体心理辅导中,拓宽了心理学在实际应用中的思路。提升大学生的合作创新是大学素质教育和创新教育的重要主题,是核心就业能力的需要,是时代发展的严峻挑战。VOMAS 团体辅导能很好地提升大学生朋辈支持、促进大学生对社会的适应,有潜力在建设和谐宿舍、和谐校园、和谐社会方面发挥出大功效。

　　本研究中的 VOMAS 团体辅导,虽然是针对宿舍团体进行干预,但由于其具备很强的实用性、操作性、开源性,可方便地迁移到项目团体、工作团体、创业团体等各种团体里,并在使用过程中,激发面临着实际工作任务的团体成员的应用主动性和创造性,对这套辅导进行共同研发和迭代。

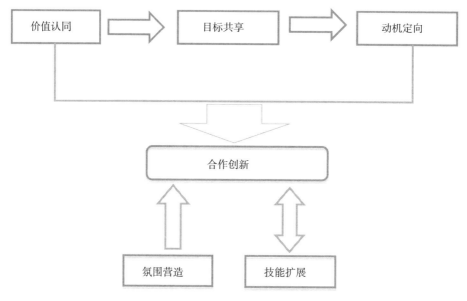

图 11-1　VOMAS 团体合作创新干预模型

第三节　VOMAS 宿舍团体合作创新干预
模型的构建与研究方法

一、VOMAS 团体辅导对宿舍团体与成员的合作创新干预

(一)对宿舍团体的合作创新干预

　　在价值认同单元,通过体验式活动和活动后的分享探索交流让宿舍团体意识到问题解决时团队和创新的双重价值。

在目标共享单元，要点是让宿舍团体明白，对目标获得一致的理解才是对目标的共享，而不是表层的了解共同的目标。这一步常常被忽略，导致很多可怕但又常见的状况，比如，中途团队人心涣散、在快结束时发现团队成员对目标的着重点不同。

在动机定向单元，要点是通过掌握动力整合工具和体验心流的团体协作游戏来达到发挥每个成员的特点，形成默契的联合动机，并激发出团体每个成员的内在动机的效果。

在氛围营造单元，要点是为团体的合作创新营造适宜的氛围，除了必要的环境条件外，更重要的是心理环境，即氛围。只有好的氛围才利于改善合作和激发创新，首先是安全信任、放松接纳的心理氛围，然后是自由表达、善于倾听的良性互动氛围。

在技能扩展单元，要点是对合作能力和创新技巧的锻炼，包括创新思维、沟通表达、冲突决策管理等具体的方面将进一步整合提升团体运用合作创新解决实际问题的能力。

H1：VOMAS 团体心理辅导能显著提升大学生宿舍团体的合作创新水平。

（二）对宿舍成员的干预

在 VOMAS 团体心理辅导的过程中，一系列环环相扣的活动和活动后的分享探索交流将引导每个宿舍成员对自己、对他人产生新的发现、感受、认识和思考。这对宿舍成员的自我和谐方面有着积极的影响。对团队价值的领悟和在氛围营造单元里对安全、信任、接纳的感受，对宿舍成员的人际和谐方面有着积极的影响。对创新价值的领悟和在合作能力、创新技巧方面的提升对宿舍成员人事和谐方面有着积极的影响。

同时，随着团体成员间亲密度的增加、人际关系的升华、彼此的支持性和合作能力的提升，以及创新思维的拓展和创新能力的增强，宿舍成员在遇到问题时的消极应对方式和积极应对方式会受到此消彼长的有益影响。

H2：VOMAS 团体心理辅导对提升大学生心理和谐水平和提升其应对方式中的积极成分、降低消极成分的干预是有效的。

二、干预模型的构建

合作创新干预模型由五个单元构成，提取英文首字母，为 VOMAS 模型。

价值认同（Value）：对团队价值和创新价值的认同，是团体成员迈向合作创新的第一步。对团队价值的认同意味着团体成员都认同团体形成合力后能量会倍增，即不是个体能力的加和，而能实现"1+1+1>3"的效应。对创新价值的认同意味着团体将创造性作为首要原则，鼓励创新。团体对创新的支持和追求卓越的精神，是成员们引以为豪的事情，又进一步增强了对团队价值的认同。

目标共享（Object）：在合作创新中，要对团体所有资源进行最优化整合。这就要求大家聚焦于同一个目标，不是简单地知道共同的目标，而是通过一定的方法，使得每个成员能够对这个目标获得一致的理解，这时就达到了目标共享，即个体和团体融为一体，有一种同舟共济的感觉，个体知识成为团体共有的知识。

动机定向（Motivation）：在一个团体里，每个成员都有自己的个性特点、行为方式和动机取向，这时，成员之间的协调和默契就显得尤为重要，通过一定的方法，使得大家在合作中形成内隐的配合结构，对团体能量的整合升华效果显著。在进入工作时，动机定向发生在三个层面：了解问题、理解问题后产生的认知动力，工作内容是有趣的而产生的工作动力，团体将创造力作为首要原则后产生的为创新工作的动力，当三个层面的动机统合时，个体的创新动机与工作目标产生互动，激发起极高的内在动机水平。

氛围营造（Atmosphere）：团队工作的氛围须是松快的、安全的、信任的、自由的，因而是良性而有效的。良好的氛围除了指为团体提供资金、材料、设备、场地等物质环境之外，更重要的即是有利于让个体发挥潜能，和有利于彼此间合作触发的心理环境,这是此处氛围的重点。对营造良好的环境,有两个重要方面:其一,倡导自由,去除评价。只有没有压力的心理状态才有利于新想法的产生。团队要对独特性进行鼓励,使得团体成员一方面不害怕表达自己的独特观点,另一方面能保持好奇心。其二,在宽松的氛围下建立平等、宽容的人际关系。像家里一样的支持包容的氛围对创造性非常重要。

技能扩展(Skill):这是团体合作创新的翅膀。前面四步使团体的合作创新蓄势待发,加上合作技能和创新技能的练习,合作创新最终能够发挥出最好的效果。

三、测量工具的选择与干预流程

(一)参与者

干预实验接受以宿舍为集体的报名,以被试自愿、主动报名为基本原则,共 7 个女生宿舍和 4 个男生宿舍报名。对每个宿舍进行谈话后,筛去 1 个课业特别忙无法保证全部参加的女生宿舍、1 个在距离较远的校区的女生宿舍、1 个混合专业的女生宿舍后,共 4 个女生宿舍和 4 个男生宿舍参加,分别是大一广播电视台学专业某班级 4 个宿舍和大一工商管理某班级的 4 个宿舍,每个班级各 2 个男生宿舍和 2 个女生宿舍。在收集了这 8 个宿舍成员的人口学信息后,对相同班级相同性别的宿舍进行随机划分,1 个实验组,1 个对照组。最后,实验组由 2 个男生宿舍和 2 个女生宿舍组成,对照组由两个男生宿舍和两个女生宿舍组成。被试情况见表 11-1:

表 11-1　被试人口学信息

组别	样本	年级	性别		年龄		专业	
			男	女	M	SD	广播电视台	工商管理
实验组	16	大一	8	8	20.56	0.96	8	8
对照组	16		8	8	20.31	0.95	8	8

（二）工具选择

1. 大学生心理和谐量表

本研究采取吴九君、郑日昌编织的《大学生心理和谐量表》[①]。问卷共设有20个题目，涵盖了三个维度，分别是自我和谐、人际和谐、人事和谐。这三个分维度及心理和谐总量表的科隆巴赫 α 系数分别为 0.79、0.77、0.74 和 0.76。一个月之后的重测信度依次分别为 0.89、0.88、0.85 和 0.88。各项目的因子载荷在 0.58—0.89 之间。各因子的相关在 0.46—0.56 之间。心理和谐总分与大学生人格问卷总分相关为−0.44（$p<0.05$）。该量表具有良好的信度和效度。

该问卷为自评量表，采用李克特五点评分（完全不符合到完全符合）。其中，自我和谐维度含5个题目：5,6,9,11,19；人际和谐维度含7个题目：7,8,10,13,14,17,18；人事和谐维度含8个题目：1,2,3,4,12,15,16,20。第3题为反向计分。按维度将各个项目分相加得到各维度分，将所有项目相加得到总分。得分越高表示各维度和谐水平越高和总体心理和谐水平越高。

本研究中《大学生心理和谐量表》总量表科隆巴赫 α 系数为 0.75,3 个分维度在 0.72—0.81 之间，证明在本研究中有较好的信度。经检验，CMIN/DF 小于 3,GFI、CFI、IFI、NFI 大于 0.9,RMSEA 小于 0.1,证明在本研究中效度指标较好。

2. 简易应对方式量表

本研究采取解亚宁[②]编写的《简易应对方式量表》。问卷共设有20个题目，分两个维度，分别是积极和消极。这两个因子及全量表的科隆巴赫 α 系数分别为 0.89、0.78 和 0.90。两周后的重测信度为 0.89；各项目的因子载荷在 0.41—0.77 之间。应用此量表与心理健康量表测查人群后，结果表明积极应对

---

① 吴九君、郑日昌:《大学生心理和谐量表的编制》,《中国健康心理学杂志》2011 年第 5 期。

② 解亚宁:《简易应对方式量表信度和效度的初步研究》,《中国临床心理学杂志》1998 年第 2 期。

分与心理健康水平显著相关,消极应对评分高时,心理问题或症状评分也高;积极应对评分高时,心理问题和症状评分则低。该量表具有良好的信度和效度。

该问卷为自评量表,采用多级评分,在每一应对方式项目后,列有不采用、偶尔采用、有时采用和经常采用四种选择(相应评分为 0、1、2、3)。前 12 个题目为积极维度,后八个题目为消极维度,按维度将各个项目分相加得到两个维度的分别的总分,代表对应的积极成分和消极成分水平。

本研究中《大学生心理和谐量表》总量表科隆巴赫 α 系数为 0.88,积极维度和消极维度分别为 0.88、0.80。经检验,CMIN/DF 小于 3,GFI、CFI 大于 0.9,IFI、NFI 大于 0.8,RMSEA 小于 0.1,证明在本研究中效度指标较好。

3.小组任务测试

本实验采取宿舍小组在限定时间内解决"在实地工作中遇到这些问题怎么办"的实验任务的方式测量宿舍团体在合作创新方面的变化。

要求被试解决实地工作中遇到的问题,场景设置是去某农村进行暑期调研并组织村民进行培训过程中遇到的问题。设置同质的 A、B、C、D 四组问题,每组问题都有六个小情况,分别是三个和村民间的冲突、两个小组内部的冲突、一个关于调研内容的冲突。在进行这个测试前,告诉宿舍成员开脑洞,集思广益,没有任何限制,提出尽可能多种多样的越新颖、越适用越好的解决问题的方法。A、B、C、D 四组问题分别关联托兰斯创造性思维测验(Torrance Test of Creative Thinking,TTCT)中的项目五(不寻常的用处)a、b、c、d。

举例如下:

问题一:请小组成员思考如果在实地工作中遇到这些问题怎么办,一起思考处理问题的方法,思考结果写在纸上,计时 15 分钟后交。场景:去某农村进行暑期调研并组织村民进行培训。遇到的问题 A 组:(1)如果在集体座谈时,所有受访者都沉默不语,没有反应,或不愿意回答问题,你们怎么办?(2)小组访谈进行到一段时间时,突然有一些农民说他们必须离开去办其他的事情,你们怎么办?

（3）如果你们小组中一位成员早上又迟到了，大家都感到很恼火，怎么办？（4）如果一位小组成员热情过高，在当地农民说话的时候不断地打断他们，你们怎么办？（5）在实地工作地最后一天，如果出现了与以前的重要发现相矛盾的新信息，你们怎么办？（6）你们小组来到了实地，计划做社区地图和发展模型，结果小组成员很紧张，不知道如何开始，你们怎么办？

问题二：托兰斯创造性思维测验中不同寻常用途 a 组（纸盒）：纸盒是一种常见的物品，但它们却有着成千上万种有趣而不寻常的用处。请在下面列出能想象的不同的用处，尽量考虑多种新奇的用法。

对宿舍小组完成实验任务测试的解决方案进行评定时，参考托兰斯创造性思维测验 TTCT 的流畅性、灵活性和独创性三个指标进行对合作创新的评估，因为小组实验任务的问题设置的是从真实场景中提取出来的，并且合作创新也指向实践应用，因此有必要增加适宜性这一指标。

指标的特点为：（1）流畅性：解决方案的数量，即在规定时间内能想到越多的方法越好，这表现了宿舍整体思维的敏捷、迅速程度。每个 1 分。（2）灵活性：指解决方案涉及的种类数量，在规定时间内想到越多维度的方法越好，表现了宿舍整体思维的广泛性和转换水平。每类 1 分。（3）独创性：指团体对该组问题的解决方案的发散性强度，提出的解决方案是原创。请五位非常优秀的研究生组成评审团，对小组被试写出的解决方案的独特性进行评分，评分分别为：3 分代表非常新颖，2 分代表较新颖，1 分代表一般，0 分代表无新颖性。求五位评分者的一致性，若达到良好的一致性水平则取平均分作为独创性的评分标准。（4）适宜性：指解决方案的实用性，是否适用于实际场景。计分同"独创性"。

本研究中，五位评委对小组实验任务在独创性和适宜性以及对不寻常用途在独创性方面的评分的肯德尔和谐系数分别为 0.87、0.84 以上，0.88 具有较好的一致性，故可计算五个人的均分作为每份答卷的独创性/适宜性得分。为了验证小组实验任务的有效性，分析关联的 TTCT 的项目五（不寻常的用处）和小组实验任务解决方案的流畅性、灵活性、独创性与创造性思维测试的各项得分的相关系数。本研究中，三个维度的相关性系数均在 0.9 以上，说明此实验任务的测试具有较好的效度。

（三）干预流程与程序

1. 干预流程

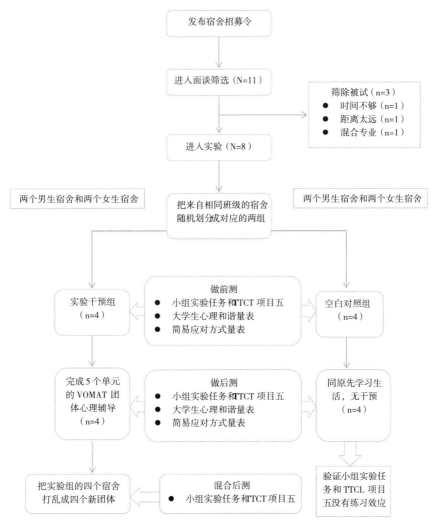

图 11-2　研究程序流程图

本研究设计采取等组前后测试。实验组和对照组在 VOMAS 团体辅导前,每个宿舍以宿舍为整体,均接受小组实验任务,和关联的 TTCT 项目五的不寻常用途测试,对宿舍成员使用大学生心理和谐问卷、简易应对方式问卷。其中,小组实验任务以流畅性、灵活性、独创性、适宜性四个方面为指标;TTCT 项目五以流畅性、灵活性、独创性三个方面为指标;大学生心理和谐问卷以其心理和谐总分和自我和谐、人际和谐、人事和谐四个方面为指标;简易应对方式以积极性和消极性两个方面为指标。测试结果为前测分数。此后实验组接受 VOMAS 团体辅导,总时间为两周,每周三至四次,每次辅导时间约为 90 分钟;对照组则不参与任何实验处理。实验组和对照组,均在实验结束后再次以宿舍为整体,接受小组实验任务和关联的 TTCL 项目五的不寻常用途测试,每个宿舍成员接受大学生心理和谐量表、简易应对方式量表测试。测试结果作为后测分数。

宿舍在参加 VOMAS 团体辅导后,为了解 VOMAS 团体辅导在团体合作创新方面的作用,本研究主要通过分析实验组与对照组完成小组实验任务的情况来实现。为了解宿舍成员在辅导后团体合作创新方面受到的影响,是否能够迁移到新的团体中,通过分析打乱形成新的团体完成小组实验任务的情况来实现。

实验任务测试设置了四组同质的任务,并关联了四个 TTCT 项目五的不寻常用途测试,为确保实验任务与测试的同质性以及没有练习效应,对实验任务和 TTCT 项目五的各维度前后测得分变化进行了差异检验。

2. 小组任务和 TTCT 项目五测试安排

实验组的四个宿舍标记为实 1、实 2、实 3、实 4,对照组的四个宿舍标记为空 1、空 2、空 3、空 4。小组任务设置了同质的 A、B、C、D 四组,每组对应关联同质的 a、b、c、d 四个 TTCL 项目五的不寻常用途测试。

把实验组的四个宿舍打乱成四个新团体进行混组后测。

混组后测 1 的打乱方式为:1 号宿舍和 2 号宿舍各随机留两个成员再加

入另一个宿舍的两个成员成为新的 1 号宿舍和 2 号宿舍;3 号宿舍和 4 号宿舍各随机留两个成员再加入另一个宿舍的两个成员成为新的 3 号宿舍和 4 号宿舍。

混组后测 2 的打乱方式为:1 号宿舍和 4 号宿舍各随机留两个成员再加入另一个宿舍的两个成员成为新的 1 号宿舍和 4 号宿舍;2 号宿舍和 3 号宿舍各随机留两个成员再加入另一个宿舍的两个成员成为新的 2 号宿舍和 3 号宿舍。

前测、后测、混组后测的说明见表 11-2:

表 11-2 小组任务和 TTCT 项目五测试

	前测	后测	混组后测 1	混组后测 2
实 1	A+a	B+b	D+d	C+c
实 2	B+b	C+c	D+d	A+a
实 3	C+c	D+d	B+b	A+a
实 4	D+d	A+a	B+b	C+c
空 1	A+a	B+b		
空 2	B+b	C+c		
空 3	C+c	D+d		
空 4	D+d	A+a		

3. 数据处理

应用 SPSS22.0 软件对数据进行统计分析。

第四节 VOMAS 宿舍团体合作
创新干预方案设计

一、目标与原则

本设计方案希望能为对大学生宿舍合作创新的提升进行有效辅导提供参

考,为高校的心理健康教育、创新训练、就业辅导工作提供借鉴,同时也能够为高校的辅导员、工作在心理辅导岗位上的人员、企业人力资源方面的负责人提供实践参考。

团辅方案的内容具体分为五个单元,单元目标分别是:

在价值认同方面,通过合作学习,感受团体价值;通过联想训练,感受创新价值;分享和探讨用创新指导合作、将合作与创新有机结合起来的方法。

在目标共享方面,认识团队中的每一个人对实现共同目标的重要性、通过相互间的努力可以解开所有矛盾以及当团队扩大难度增加时如何更好地共享目标。

在动机定向方面,学会个体动机整合和激发内部动机。

在氛围营造方面,学会建设安全信任、放松接纳的心理氛围以及通过自由表达、学会倾听的练习进一步加深接纳并建设良性的互动氛围。

在技能扩展方面,通过创新思维的训练和合作能力的训练,发现并整合团体优点进一步提升团队效能。

同时,在针对个体的方面,通过在合作互动和创新思考过程中,对自己的探索发现、感受他人的接纳和信任、感受集体的安全和可靠,以及沟通表达能力的增强、解决实际问题能力的提高,改善宿舍成员的心理和谐和应对方式的积极性。

在干预训练中,借鉴团体心理辅导原则,遵循平等民主性原则:所有参与者包括组织者皆是平等的关系,在所有活动过程中每个人之间都要互相尊重,一起成长;启发性原则:在所有活动中都应该关注每个成员的感受和表达,引导相互之间的交流和分享支持;保密性原则:在所有活动开始之前,向所有参与者说明保密的重要性。

二、理论依据

本研究采用理论有团体动力学理论、人际沟通理论、创新思维理论、积极心理学理论、内部动机理论、认同理论、决策管理理论、冲突管理理论等。

三、结构与内容

VOMAS 团体合作创新干预模型见图 11-1。

（一）VOMAS 团体辅导活动二维分析

表 11-3　**VOMAS 团体辅导活动二维标记**

活动	价值认同	目标共享	动机定向	氛围建设	技能扩展
组合阅读	＊				＊
头脑风暴	＊				＊
同舟共济		＊		＊	
解千千结		＊		＊	
小组画像			＊	＊	
心流体验			＊	＊	
仍传球				＊	
信任圈				＊	
盲人行走				＊	
动物园			＊	＊	＊
集中交友				＊	＊
枕头游戏				＊	＊
温度计				＊	
说与话				＊	＊
CoRT 训练					＊
深度沟通				＊	＊
电梯演讲					＊
合作方块					＊

（二）VOMAS 团体辅导活动方案

表 11-4　VOMAS 团体辅导一览表

单元	单元目的	活动	活动目标	活动理论支持
序	制定规范	发活动地图	澄清目标和参加的动机，了解辅导的性质，了解规范和权利、义务。	团体动力学理论
第一单元	价值认同	组合阅读	练习合作学习，感受团体价值	合作式学习理论 团体动力学理论
		头脑风暴	练习发散性思维和头脑风暴的讨论方法，感受创新价值	创新思维理论 价值观理论 认同理论
第二单元	目标共享	同舟共济	练习向同一个目标努力，并感受在不同复杂程度的目标下合作创新的难度	团体动力学理论 知识分享理论 目标管理理论
		巧解千千结		
第三单元	动机定向	小组画像	觉察自己的动机特点，将分散的个体动机整合成联合动机	团体动力学理论 角色管理理论
		杯子舞	体验心流带来的内部动机	积极心理学理论 内部动机理论
第四单元	氛围营造	扔传球	建设安全信任、放松接纳的心理氛围	团体动力学理论 人际沟通理论 人际关系理论 态度理论 积极心理学理论
		信任圈		
		盲人行走		
		集中形象交友	建设自由表达、善于倾听的良性互动氛围	
		枕头游戏		
		听—画		
		团体温度计	练习氛围觉察调节	
第五单元	技能扩展	Cort 思维训练	对创新思维、沟通和表达能力、合作能力进行练习，整合合作创新的思维和方法	创新思维理论 人际沟通理论 团体动力学理论 冲突管理理论 决策管理理论
		深度沟通		
		电梯演讲		
		合作方块		

单元	单元目的	活动	活动目标	活动理论支持
跋	成长话别	优点轰炸 交流反馈 展望未来话别	增强团队效能,分享心得感受,离别祝福	自我效能感理论 团体动力学理论

（三）VOMAS 团体辅导活动示例

1. 组合阅读

组合阅读的目的是让宿舍成员对合作学习的技巧进行体验和练习,学习最大限度地发挥每个成员的能力。理论基础有团体动力学和合作式学习。时间在 45 分钟左右,步骤如下:(1)每个宿舍的四个人各用一个数字代替:1、2、3、4。挑选李松蔚前辈的"当谈论拖延症的时候再谈论着些什么"这篇文章,分成四段,每人拿到其中一段文章,文章与代表他们的数字相对应,如第一部分、第二部分、第三部分、第四部分。(2)每个人都离开自己的宿舍,和其他宿舍与自己同样数字的人组成专家组,通过相互交流掌握文章的要点,准备回到宿舍后将要点教给宿舍成员。(3)专家组一起研讨阅读材料中的内容,相互质疑,加深理解。(4)所有专家回到自己宿舍,轮流向其他组员介绍自己文章的要点,讲完后,其他组员提问,充分讨论。(5)每个宿舍成员一起起草一份教案,要包括所有组员介绍的要点。(6)派宿舍代表汇报自己宿舍教案的大意。

2. "说—画"倾听练习

"说—画"的游戏是引导宿舍成员思考如何更好地理解他人的意思以及更好地让他人理解自己的意思,同时领悟到充分交流主动获取信息对倾听的重要性,学会主动倾听。步骤如下:(1)一个人拿一张由几何图形组成的画,宿舍其他三个人不准看,拿画的人用语言描述画的内容,其他三个人不准问也不能相互交流,各自按照语言的描述画出这幅画。(2)换另外一张由几何图形组成的画,宿舍其他三个人不准看,拿画的人用语言描述画的内容,但这次其他三个人可以问但不能相互交流,各自按照自己所听到的画出这幅画。(3)再换另外一张由几何图形组成的画,宿舍其他三个人不准看,拿画的人用语言描述画的内容,但这次其他三个人可以问也可以相互交流但不能看彼此的画,各自按照自己所听到的画出这幅画。

第五节　VOMAS 宿舍团体合作创新干预结果

一、大学生宿舍团体合作创新干预的研究结果

（一）前测结果

见表 11-5,实验组和对照组在合作创新各个维度上无显著差异。表明在实验前,实验组和对照组宿舍团体的各项指标均在同一水平,可以进行后续干预研究和差异检验。

表 11-5　实验组和对照组团体合作创新前测结果比较

	实验组		对照组		t
	M	SD	M	SD	
流畅性	10.25	0.96	10.5	1.29	0.29
灵活性	6.00	0.82	6.00	0.82	0.00
独创性	1.60	0.08	1.60	0.08	0.00
适宜性	1.50	0.08	1.50	0.08	0.00

注: $*p<0.05$, $**p<0.01$, $***p<0.001$,下同。

（二）对照组前后差异比较

如表 11-6 所示,对照组宿舍团体在干预前后合作创新各维度均未发生

显著变化。

表 11-6　对照组团体合作创新前后测结果比较

	前测		后测		t
	M	*SD*	*M*	*SD*	
流畅性	10. 50	1. 29	10. 50	1. 29	0. 00
灵活性	6. 00	0. 82	6. 00	0. 82	0. 00
独创性	1. 60	0. 08	1. 60	0. 08	0. 00
适宜性	1. 50	0. 08	1. 50	0. 08	0. 00

（三）实验组前后差异比较

如表 11-7 所示,实验组宿舍团体在干预前后合作创新水平发生显著变化,在各维度均有显著提升。

表 11-7　实验组团体合作创新前后测结果比较

	前测		后测		t
	M	*SD*	*M*	*SD*	
流畅性	10. 25	0. 96	18. 50	1. 29	-33.00 ***
灵活性	6. 00	0. 82	10. 00	0. 82	-5.66 *
独创性	1. 60	0. 08	2. 01	0. 08	-7.81 **
适宜性	1. 50	0. 08	2. 40	0. 05	-23.57 ***

（四）后测结果

如表 11-8 所示,实验组和对照组宿舍团体在干预后,合作创新各维度均有显著提升。

表 11-8　对照组和实验组团体合作创新后测结果比较

	对照组		实验组		t
	M	*SD*	*M*	*SD*	
流畅性	10.50	1.29	18.50	1.29	−6.53**
灵活性	6.00	0.82	10.00	0.82	−5.66*
独创性	1.60	0.08	2.01	0.08	−5.12*
适宜性	1.50	0.08	2.40	0.05	−13.69**

　　为了控制性别和专业因素对干预效果的影响,对实验组和对照组后测小组任务的各维度得分进行协方差分析见表 11-9,得出小组任务各维度得分只有在组别上有显著差异,性别和专业的差异不显著,故性别和专业对实验组和对照组的测试得分影响可不计。实验组和对照组宿舍团体在干预后,合作创新各维度均有显著提升。

表 11-9　实验组和对照组后测协方差分析结果

因子		组别	性别	专业
流畅性	*MS*	4.241	0.365	0.291
	F	0.000***	0.625	0.747
灵活性	*MS*	3.879	0.243	0.411
	F	0.000***	0.716	0.528
独创性	*MS*	4.899	0.381	0.483
	F	0.000***	0.672	0.371
适宜性	*MS*	5.142	0.413	0.735
	F	0.000***	0.596	0.632

（五）实验组后测和混组后测差异比较

　　如表 11-10 所示,混组 1 的团体比实验组宿舍在流畅性、独创性、适宜性三个维度上有显著提升。

表 11-10　实验组后测和混组后测 1 的结果比较

	实验组后测		混组后测 1		t
	M	SD	M	SD	
流畅性	18.50	1.29	22.25	0.50	−6.00**
灵活性	10.00	0.82	11.75	0.50	−2.78
独创性	2.01	0.08	2.20	0.04	−3.27*
适宜性	2.40	0.05	2.61	0.06	−3.88*

如表 11-11 所示,混组 2 的团体比实验组宿舍在流畅性、独创性、适宜性三个维度上有显著提升。

表 11-11　实验组后测和混组后测 2 的结果比较

	实验组后测		混组后测 2		t
	M	SD	M	SD	
流畅性	18.50	1.29	22.25	0.96	−3.63*
灵活性	10.00	0.82	11.50	0.58	−3.00
独创性	2.01	0.08	2.20	0.04	−8.85**
适宜性	2.40	0.05	2.62	0.05	−13.47**

由两组数据综合分析可得,将实验组宿舍打乱形成的新团体的合作创新水平不仅得到了保持,并且在流畅性、独创性、适宜性三个维度上还有显著的提升。

（六）合作创新干预的有效性分析

根据 Cohen's d 统计技术计算效应值,考察 VOMAS 团体辅导对合作创新干预效果的有效性,干预对小组任务前后测成绩的影响程度见表 11-12,干预组前后测验取得了较大的效应值,表明辅导干预对实验组宿舍团体合作创新的水平提升很多,控制组这方面则没有变化。

表 11-12　实验组和对照组效应值分析

小组任务	干预组($n=4$)			控制组($n=4$)		
	前测 ($M\pm SD$)	后测 ($M\pm SD$)	效应值	前测 ($M\pm SD$)	后测 ($M\pm SD$)	效应值
流畅性	10.25±0.96	18.50±1.29	10.26	10.50±1.29	10.50±1.29	0
灵活性	6.00±0.82	10.00±0.82	6.90	6.00±0.82	6.00±0.82	0
独创性	1.60±0.08	2.01±0.08	7.25	1.60±0.08	1.60±0.08	0
适宜性	1.50±0.08	2.40±0.05	19.08	1.50±0.08	1.50±0.08	0

干预对小组任务前测和混组后测成绩的影响程度结果见表 11-13,干预组前测和混组后测取得了更大的效应值,表明将实验组宿舍打乱形成的新团体的合作创新水平不仅得到了保持,并且在合作创新各个维度上均有更好的表现。

表 11-13　混合新组和对照组效应值分析

小组任务	混合新组($n=8$)			控制组($n=4$)		
	前测 ($M\pm SD$)	后测 ($M\pm SD$)	效应值	前测 ($M\pm SD$)	后测 ($M\pm SD$)	效应值
流畅性	10.25±0.96	22.25±0.71	20.10	10.50±1.29	10.50±1.29	0
灵活性	6.00±0.82	11.63±0.52	11.60	6.00±0.82	6.00±0.82	0
独创性	1.60±0.08	2.20±0.04	13.42	1.60±0.08	1.60±0.08	0
适宜性	1.50±0.08	2.62±0.05	31.68	1.50±0.08	1.50±0.08	0

（七）合作创新干预的效果图

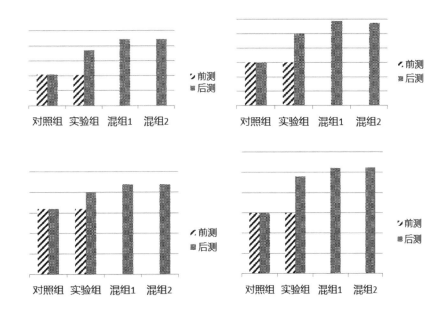

图 11-3　合作创新干预效果（流畅性左上，灵活性右上，独创性左下，适宜性右下）

二、大学生心理和谐的研究结果

（一）前测结果

如表 11-14 所示，实验组和对照组在心理和谐总分和各个维度上无显著差异。表明在实验前，实验组和对照组成员的各项指标均处在同一水平，可以进行后续干预研究和差异检验。

表 11-14　实验组和对照组心理和谐的前测结果比较

	实验组		对照组		t
	M	SD	M	SD	
总分	77.06	9.48	77.31	8.58	-0.53

续表

	实验组		对照组		t
	M	SD	M	SD	
自我和谐	19.63	3.24	19.88	3.20	−0.13
人际和谐	27.81	3.99	27.88	3.84	0.00
人事和谐	29.63	3.72	29.62	2.80	−0.16

（二）实验组前后差异比较

如表 11-15 所示,实验组宿舍成员在干预前后心理和谐整体水平发生显著变化,在自我和谐、人际和谐、人事和谐方面均有显著提升。

表 11-15　实验组心理和谐的前后测结果比较

	前测		后测		t
	M	SD	M	SD	
总分	77.06	9.48	84.88	6.52	−7.20 ***
自我和谐	19.63	3.24	22.00	2.42	−5.22 ***
人际和谐	27.81	3.99	30.69	2.44	−5.33 ***
人事和谐	29.63	3.72	32.19	3.25	−7.51 ***

（三）对照组前后差异比较

如表 11-16 所示,对照组宿舍成员在干预前后心理和谐整体水平和各维度均未发生显著变化。

表 11-16　对照组心理和谐的前后测结果比较

	前测		后测		t
	M	SD	M	SD	
总分	77.31	8.58	77.50	8.25	−0.90

续表

	前测		后测		t
	M	SD	M	SD	
自我和谐	19.88	3.20	20.00	3.12	−1.46
人际和谐	27.88	3.84	27.75	3.80	0.70
人事和谐	29.62	2.80	29.75	2.57	−1.46

（四）后测结果

如表 11-17 所示，实验组和对照组宿舍成员在干预后，心理和谐整体水平及自我和谐、人际和谐、人事和谐方面均有显著差异。

表 11-17　实验组和对照组心理和谐的后测结果比较

	实验组		对照组		t
	M	SD	M	SD	
总分	84.88	6.52	77.50	8.25	5.36***
自我和谐	22.00	2.42	20.00	3.12	4.00**
人际和谐	30.69	2.44	27.75	3.80	4.53***
人事和谐	32.19	3.25	29.75	2.57	3.74**

为了控制性别和专业因素对干预效果的影响，对实验组和对照组后测在心理和谐量表得分进行协方差分析，结果显示，小组任务各维度得分只有在组别上有显著差异，性别和专业的差异不显著，故性别和专业对实验组和对照组的测试得分影响可不计。实验组和对照组宿舍成员在干预后，心理和谐及各维度均有显著提升。

根据 Cohen's d 统计技术计算效应值来考察 VOMAS 团体辅导对被试宿舍成员在心理和谐方面受到的影响，干预对心理和谐总分和各维度得分的影响程度见表 11-18，干预组前后测验取得了较大的效应值，表明辅导干预对实验组宿舍成员的心理和谐水平提升很多,控制组的效应值极小,即可视作没有影响。

表 11-18　实验组和对照组前后测效应值分析

心理和谐	干预组(*n*=16)			控制组(*n*=16)		
	前测 (*M*±*SD*)	后测 (*M*±*SD*)	效应值	前测 (*M*±*SD*)	后测 (*M*±*SD*)	效应值
总分	77.06±9.48	84.88±6.52	1.36	77.31±8.58	77.50±8.25	0.03
自我和谐	19.63±3.24	22.00±2.42	1.17	19.88±3.20	20.00±3.12	0.05
人际和谐	27.81±3.99	30.69±2.44	1.23	27.88±3.84	27.75±3.80	-0.05
人事和谐	29.63±3.72	32.19±3.25	1.04	29.62±2.80	29.75±2.57	0.07

（五）心理和谐干预效果图

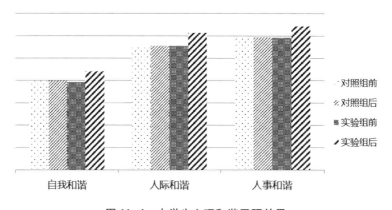

图 11-4　大学生心理和谐干预效果

三、大学生简易应对方式的研究结果

（一）前测结果

如表 11-19 所示,实验组和对照组,在应对方式的积极成分和消极成分两方面均无显著差异。表明在实验前,实验组和对照组成员的应对方式处于相似的状况,可以进行后续干预研究和差异检验。

表 11-19　实验组和对照组心理和谐的前测结果比较

	实验组		对照组		t
	M	SD	M	SD	
积极	26.81	3.89	26.44	3.65	0.24
消极	12.25	5.37	12.38	4.29	-0.09

(二)实验组前后差异比较

如表 11-20 所示,实验组宿舍成员,在干预前后应对方式的积极成分发生了显著提升,消极成分没有发生显著变化。

表 11-20　实验组应对方式的前后测结果比较

	前测		后测		t
	M	SD	M	SD	
积极	26.81	3.89	29.63	2.63	-6.69***
消极	12.25	5.37	12.06	4.85	0.36

(三)对照组前后差异比较

如表 11-21 所示,对照组宿舍成员,在干预前后应对方式的积极成分和消极成分两方面均未发生显著变化。

表 11-21　对照组应对方式的前后测结果比较

	前测		后测		t
	M	SD	M	SD	
积极	26.44	3.65	26.38	3.65	0.25

续表

	前测		后测		t
	M	SD	M	SD	
消极	12.38	4.29	12.31	4.27	0.37

（四）后测结果

如表11-22所示,实验组和对照组宿舍成员,在干预后,应对方式的积极成分有显著差异,消极成分无显著差异。

表11-22　实验组和对照组应对方式的后测结果比较

	实验组		对照组		t
	M	SD	M	SD	
积极	29.63	2.63	26.38	3.65	2.47*
消极	12.06	4.85	12.31	4.27	-0.20

为了控制性别和专业因素对干预效果的影响,对实验组和对照组后测在应对方式的各维度得分进行协方差分析见表11-23,得出实验组和对照组只有积极维度在组别上有显著差异。性别和专业的差异不显著,故性别和专业对实验组和对照组的测试得分影响可不计。这表明,实验组和对照组宿舍成员在干预后,应对方式的积极维度得分获得显著提升,消极维度变化不明显。

表11-23　实验组和对照组后测协方差分析

因子		组别	性别	专业
积极	MS	9.643	0.362	0.271
	F	0.003**	0.658	0.734

续表

因子		组别	性别	专业
消极	*MS*	8.96	0.455	0.348
	F	0.47	0.562	0.871

实验组与对照组效应值分析结果见表 11-24,干预组前后在积极维度上效应值较大,表明辅导干预对实验组宿舍成员的积极应对方式有显著提升,控制组的效应值极小。

表 11-24 实验组和对照组效应值分析

因子	干预组($n = 16$)			控制组($n = 16$)		
	前测 ($M \pm SD$)	后测 ($M \pm SD$)	效应值	前测 ($M \pm SD$)	后测 ($M \pm SD$)	效应值
积极	26.81±3.89	29.63±2.63	1.52	26.44±3.65	26.38±3.65	-0.02
消极	12.25±5.37	12.06±4.85	-0.06	12.38±4.29	12.31±4.27	-0.02

（五）应对方式干预效果图

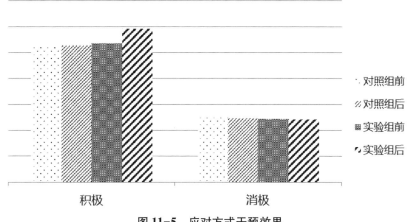

图 11-5 应对方式干预效果

第六节　VOMAS 宿舍团体干预对合作创新与心理和谐的影响

一、VOMAS 宿舍团体干预对大学生合作创新的影响

（一）VOMAS 宿舍团体干预的训练效果

从数据结果看,VOMAS 团体辅导产生了明显的效果。在辅导前,实验组和对照组的宿舍在合作创新方面不存在显著差异。但在辅导后,实验组宿舍的合作创新水平较辅导前有了明显提高,而对照组的宿舍没有明显变化。

（二）提升团体合作创新的有效性因素

从实验组宿舍和对照组宿舍前后的表现来看,VOMAS 团体辅导对团体的合作创新干预达到了预期的效果。经过五个单元连续密集的训练,宿舍的合作创新整体水平得到了显著提高。主要有以下几方面的原因。

第一,理论模型的有效性。本研究对合作能力的结构要素和培养途径进行了深入分析,对个体创造力向团体创造力转化的关键和创新氛围的特点进行了深入研究,在两者的基础上进行有机结合,提取出团体合作创新的步骤和要素,建立了 VOMAS 合作创新干预模型。从观念、目标、动机、氛围、技能五个维度进行有针对性重点的训练。预实验和正式干预实验都证明了此模型具有很高的有效性、操作性和开源延展性,能够适用于不同团体的合作创新建设。

第二,方案设计的合理性。本研究主要把 VOMAS 团体辅导应用于宿舍团体。在游戏过程中引导宿舍成员自己发现原先合作能力的不足和创新能力的欠缺,在团队任务和挑战中引导宿舍成员对各自的资源和优势进行重新整

合,通过合作创新的训练重构思维、培养默契,从而达到团队力量的倍增。

第三,活动结构丰富灵活。每个活动都设置了活动前的思考问题和供活动后分享交流的发散式探讨线索。在这个基础上,对参与式学习与行动的新理念进行实践,通过鼓励所有的人平等参与、大家一起共同合作,倡导多元价值观、鼓励形式多样,引导每个人挖掘自己以往的经验、盘活旧知识、建构新想法、在过程中体验变化,使宿舍成员自己成为活动内容和形式的主动创造者。

第四,活动过程严格控制。在辅导开始前,给每个宿舍成员发放菜单式活动导引地图,并制定活动规范,明确团队成员的权利和义务。每次活动结束后当即收集宿舍团体对此次活动的反馈,鼓励团队成员根据自己在活动中的体验和感受对活动表现进行评价,对活动中不足的地方提出自己的意见,对活动中激发的新想法进行分享和记录。根据团队成员在活动内容、活动氛围、活动参与度、活动执行者、个人表现等方面的评价内容对下次活动进行调整,不断升级完善活动的整体效果。

(三)团队成员熟悉度的作用

数据显示,实验组宿舍打乱后形成的新团体比实验组宿舍具备更高的合作创新水平。表明经过 VOMAS 团体辅导的成员组成的新团体,在合作解决问题和团体创新方面有更好的发挥和更强的潜力。

张发祥在关于团队创造力的文献总结中,发现团队成员的多样性、团队整体层面上的认知风格、团队工作时所处环境的创造气氛、团队在应对反馈和冲突时的处理状况是影响团体创造力的几个重要因素。[①] 在团队成员多样性方面,个体的不同带来不同的观点,不同的观点产生多重视角、分歧和冲突,如果在发生这方面的状况时,团队成员一致以完成团队任务为目标,而非想压过他人或谋取个人利益,并且团队有良好有效地适应各种情况的使用熟悉的各种

---

① 张发祥:《个体创造力转化为团体创造力的关键因素研究文献综述》,《商场现代化》2013 年第 22 期。

决策方法,就可以把多样性个体所携带的资源和优势转化成创造性的行为,取得高创新绩效。因此,在合作良好的团队里,团队成员的多样性由于增加了团体所拥有的资源总量而有利于团队的合作创新。

VOMAS 团体辅导在团体的认知风格、团队创造气氛、反馈和冲突方面进行了有效干预:价值认同单元对团体的认知风格进行了干预,氛围营造单元对团体的创造气氛进行了干预,目标共享、动机定向、技能拓展则对团体中的反馈和冲突方面进行了有力干预,这就使得,当发生分歧和冲突时,团队能进行有效地决策和对信息的整理。在本研究中,VOMAS 团体辅导针对的是对宿舍这个固定团体进行的干预,在宿舍团体里,宿舍成员由于长时间的相处而比较熟悉,而宿舍被打乱后形成的新团体里不再全都是原先熟悉的舍友,新的成员带来新的资源,新团体所拥有的资源总量超过原先的宿舍,这一点对新团体的合作创新增加了贡献,故而新团体在整体上有更好的表现。

二、VOMAS 宿舍团体干预对大学生心理和谐的影响

从大学生心理和谐量表的评估结果来看,VOMAS 团体辅导对宿舍成员的心理和谐的提升具有显著的效果。从实验组和对照组被试的前测和后测的差异分析可以看出,VOMAS 团体辅导前,实验组和对照组在心理和谐总分及自我和谐、人际和谐、人事和谐各维度上均不存在显著差异;但在 VOMAS 团体辅导后,实验组成员的心理和谐总分及自我和谐、人际和谐、人事和谐各维度较辅导前都有了显著提高,同时也显著高于对照组,而对照组成员在心理和谐总分及各维度方面均没有明显变化。

在 VOMAS 团体辅导的过程中,一系列环环相扣的活动和活动后的分享探索交流将引导每个宿舍成员对自己、对他人产生新的发现、感受、认识和思考。这对宿舍成员的自我和谐方面有着积极的影响。对团队价值的领悟和在氛围营造单元里对安全、信任、接纳的感受对宿舍成员的人际和谐方面有着积极的影响。对创新价值的领悟和在合作能力、创新技巧方面的提升对宿舍成

员人事和谐方面有着积极的影响。

三、VOMAS 宿舍团体干预对大学生应对方式的影响

从简明应对方式量表的评估结果来看,VOMAS 团体辅导可以提高宿舍成员对积极应对方式的选择和应用。实验组和对照组被试的前测和后测的差异分析表明,在 VOMAS 团体辅导前,实验组和对照组在应对方式的积极成分和消极成分方面均不存在显著差异,但在辅导后,实验组成员在积极应对方式维度的得分提升较大,显著高于对照组,而对照组成员在应对方式积极和消极两方面均没有明显变化。VOMAS 团体辅导对宿舍成员在消极应对方式上没有明显的影响。辅导后,成员对消极应对方式的使用没有显著变化。

在 VOMAS 团体心理辅导的过程中,随着团体成员间亲密度的增加、人际关系的升华、彼此的支持性和合作能力的提升以及创新思维的拓展和创新能力的增强,宿舍成员在遇到问题时产生了更多的积极应对方式,有效地增强了宿舍成员在学习生活中获得的社会支持。消极的应对方式虽然可能反映了心理健康方面的隐患,但同时也是社会支持的来源之一,所以消极应对方式的增加和减少是否具有积极意义,要根据成员的具体情况来进行解释。

第七节   VOMAS 宿舍团体合作
创新干预的应用建议

一、对高校工作的应用建议

合作是大学生必须具备的基本能力之一,创新是新时代的核心需求,较高的合作能力、开阔灵活的创新思维、良好的团队合作创新素质,不仅可以指导帮助大学生在大学期间获得丰富的历练和人格能力双方面的综合成长,而且能够为大学生就业增添砝码,帮助他们提前找到职业发展方向、规划社会实践

和企业实习、把想法转化成落地项目,更好地发挥人生价值。

同时,在合作创新方面的修炼,能够改善大学生的人际关系、提升心理和谐和积极处理问题的品质,从而获得更好的社会支持,整体提高高校学生心理健康水平。

由于大学生宿舍生活是大学生群体生活的主要形式,建议学校增强对宿舍建设的重视,增加对宿舍建设的投入,从认知层面上的宣传到行动层面上的倡导为宿舍建设提供可操作性的帮助和引导。相较于其他团体,比如班级、学生社团、兴趣小组等,宿舍团体具有无法比拟的固定持久性和成员相处时长,是校园生态特殊而活跃的细胞,具有高投入回报比和深远的意义。建议把VOMAS 团体辅导引入辅导员培训中,再由辅导员带领新生宿舍社长进行训练,将合作创新方面的指导设置成为常规、常设的训练,综合团体心理辅导和素质拓展的优势,融入参与式方法,广泛借鉴社会发展中的热点系列开展。

VOMAS 团体辅导亦可用于学生干部和社团带头人的训练。建议将VOMAS 团体辅导做成工具包开源给需要的学生个体和团队,并持续收集他们在应用中的反馈以不断升级完善这套针对合作创新的辅导方案。

另外,对暑期社会实践的大学生队伍,尤其有必要提前开展针对合作创新方面的学习和训练,以便每个大学生小组能够更加有指导性地进行深入调研,取得出色的实践成果。

二、对社会领域的应用建议

李克强总理多次强调要大力支持并促进"大众创业,万众创新",激发"大众创业,草根创业"的浪潮,随着全球化进程的加快和科技大爆炸,知识的更新迭代已趋失控,创新成为国家持续发展和提高国际竞争力的重要战略问题。

建议把 VOMAS 团体辅导引入创业团队,联合创业团队一起进行案例库的扩充和工具包的研发使用,丰富 VOMAS 团体辅导在创业团队中的实证研究。

同时,建议尝试将 VOMAS 团体辅导引入社会组织中进行实践检验,邀请感兴趣的组织一起进行研发和升级迭代。

最后,将 VOMAS 团体辅导做成工具包在互联网上开源,进行跨界碰撞,最大限度地发扬合作创新的精神。

三、对团体合作创新的提升建议

在价值认同方面,可以持续收集、研习发挥团队价值和创新价值的优秀案例做成案例库。对合作创新价值的深刻理解和团队成员对此价值的一致认同本身就是团队凝聚力的基石。对真实案例的深入研究则会为团队提供素材,并成为灵感之源。

在目标共享方面,团队领导要和所有团队成员一起对项目内容和目标进行专门的不限时讨论会,养成在团队行动前校对团队成员对目标的理解是否一致的习惯。这一环节常常被忽视,引发成员之间的冲突和团队力量的浪费。另外,目标共享是个持续的过程,从行动开始前到结束的全过程都应该得到重视。

在动机定向方面,一方面增多团队成员在工作内容之外共同行动的频率,在互动中加深彼此的默契和配合;另一方面培养和扩展团队成员共同的兴趣爱好,在业余活动中提升每个成员的心流品质和内部动机水平。团队联合动机的建立和加深将成为团队的核心竞争力。

在氛围营造方面,鼓励团队成员之间敞开心扉地交流,增强团体对成员个体全方面地支持而非仅仅工作方面。当团队成员获得较强的归属感时,创新能力会得到进一步释放。

在技能拓展方面,建立学习型组织,引导团队成员合作学习并养成互助分享的习惯,共同持续性地成长。

第十二章　高校科研团队的创造力评估工具建构

第一节　团队创造力评估的理论基础

一、团队创造力结构模型

19世纪四五十年代,已经有欧洲心理学家开始关注创造力相关问题的研究。1950年,美国心理学家Guilford在美国心理学会年会上大力倡导学者研究创造力之后,关于创造力的理论探索和测量在美国迅速展开,在心理学界、教育学界与管理学界均有大量研究。

20世纪70年代初,企业出于提高管理绩效的现实需要,开始发起团队创造力的相关研究。创造力的研究由早期的只关注个体的创造性,转向关注团体、组织的创新能力和水平。

个体创造力的研究已经取得长足的发展,并打下坚实的基础。而"团队创造力"这一概念自提出以来一直争议不断,早期的质疑包括:有心理学家认为创造力只能是个体水平上的概念,而团队谈不上创造力;也有学者认为团队创造力与个体创造力没有区别。随着研究的展开,越来越多的研究者意识到团队的创造力不是个体创新能力的简单叠加。但针对团队创造力进行的研

究,最根本的分歧仍然是:从个体角度还是从团体角度出发来研究团体的创造
力呢? 根据台湾学者王思峰的总结,现有的团队创造力相关研究可以归纳为
两种观点:第一种观点认为团队创造力是个体创造力的函数,个体是否具有创
造力,是影响团队创造力的关键要素;第二种观点直接着眼于从团队层面,探
讨创造力属于团队层面的独特属性或作用机制等,如团队互动、团队氛围等对
团队创造力的影响。① 从这两个角度出发,已经有许多学者对团队创造力的
概念定义、理论模型和测量评估展开大量实证研究工作,并有学者开始尝试将
这两种观点进行整合。第一种观点的代表有 Taggar②、Woodman 等③,他们都
在个体创造力的研究基础上,提出个体和团体的多层面创造力模型,将团队过
程、组织氛围等看作影响团队创造力的因素;第二种观点的代表有 Amabile④、
West⑤、Isaksen 等⑥,从团队创造氛围、创造过程等角度探索和测量团队的创
造力,得到了更广泛的认同和发展。

　　团队创造力研究的先驱和代表是哈佛大学的社会心理学家 Amabile,她自
20 世纪 80 年代起,从社会心理学和组织行为学的角度对团队创造力进行探
讨。在早期的研究中,Amabile 认为个体创造力与小团体的创造力没有根本
区别⑦,但是 Amabile 并未间断对团队创造力的研究,她在关于创造力的社会

　　① 　王思峰、林于荻、陈禹辰:《组识文化如何影响知识分享之探索性个案研究》,《台大管理
论丛》2003 年第 2 期。
　　② 　S.Taggar,"Individual Creativity and Group Ability to Utilize Individual Creative Resources:A
Multilevel Model",*Academy of Management Journal*,Vol.45,No.2(2002),pp.315-330.
　　③ 　R.W.Woodman,J.E.Sawyer & R.W.Griffin,"Toward a Theory of Organizational Creativity",
Academy of Management Review,Vol.18,No.2(1993),pp.293-321.
　　④ 　T.M.Amabile,"Creativity in Context:Update to 'the Social Psychology of Creativity'",1996,
Westview Press,p.317.
　　⑤ 　M.A.West,"Sparkling Fountains or Stagnant Ponds:An Integrative Model of Creativity and In-
novation Implementation in Work Groups",*Applied Psychology*,Vol.51,No.3(2002),pp.355-387.
　　⑥ 　S.G.Isaksen & Kenneth J.Lauer,"Situational Outlook Questionnaire:A Measure of the Climate
for Creativity and Change",*Psychological Reports*,Vol.85,No.2(1999),pp.665-674.
　　⑦ 　T.M.Amabile,"A Model of Creativity and Innovation in Organizations",*Research in Organiza-
tional Behavior*,Vol.10,No.10(1988),pp.123-167.

心理学的论述中,提出了关于创造力结构的理论观点①,开始关注环境、组织氛围对团体的创造力的影响。在 90 年代,Amabile 提出"情境创造力"理论②,提出在组织中受组织氛围影响的创造力模型,并形成专门评估可能促进或阻碍创造力的工作环境的 KEYS 量表(Assessing the Climate for Creativity, KEYS),即"创造力氛围评估"量表。

在 20 世纪 70 年代由美国通用电气公司发起的"创造领导力中心"(Center for Creative Leadership,CCL),则可被看作最早开展团队创新研究的机构,因为关注领导者的创造力,即是在关注组织或团体的创造力。到 90 年代 CCL 已经搜集了大量关于团体创造力的数据和资料。Amabile 在 KEYS 量表的编制工作中也与该中心有合作。另一代表性的研究机构是"国际创造力研究中心",编制了重要的于组织内创造环境的评估工具,"情境态势问卷"(the Situational Outlook Questionnaire,SOQ)③。由于以上研究者的贡献,组织和团体内有关创造和创新的环境质量,逐渐成为管理学、心理学等研究领域的热门话题。

国内的研究代表主要有傅世侠和罗玲玲等,着眼于科研领域学科综合与跨学科研究的趋势,建立了关于科技团体创造力的评估模型④。罗玲玲等人界定了"科技团体创造力"的操作性定义,认为科技团体创造力是团体成员创造力、团体研究工作探索性及团体环境氛围三个侧面的综合。丁志华、李萍、

---

① T.M. Amabile, "The Social Psychology of Creativity: A Componential Conceptualization", *Journal of personality and Social Psychology*, Vol.45, No.2(1983) , p.357.

② T.M. Amabile, R.Conti, H.Coon, J.Lazenby & M.Herron, "Assessing the Work Environment for Creativity", *Academy of Management Journal*, Vol.39, No.5(1996) , pp.1154-1184.

③ S.G.Isaksen & K.J.Lauer, "Situational Outlook Questionnaire: A Measure of the Climate for Creativity and Change", *Psychological Reports*, Vol.85, No.2(1999) , pp.665-674.

④ 傅世侠、罗玲玲、孙雍君、邓雪梅、邵全辉:《科技团体创造力评估模型研究》,《自然辩证法研究》2005 年第 2 期。

胡志新等建构了团队创造力构成要素模型①,在团队成员个体创造力、团队结构和团队创新氛围基础上,增加了团队领导的个人素质要素,强调团队领导人的协调作用。台湾学者林奇芳等人采用质性研究方法中的多重个案研究法②,通过访谈企业研发团队主管或组织高阶管理者 13 人,建构高科技产业研发团队创造力指标,分为背景指标,输入指标,过程指标和输出指标四种维度,囊括了团队创造的全过程。

团队创新与创造是企业与高校从现实诉求出发提出的研究课题,已经引起管理学、心理学、教育学等各个领域的重视,但实证研究仍然存在理论根据不足、样本代表性较小、测评工具研发缺乏系统性等问题。其中对于团队创新气氛和组织创新气氛的研究已经较为成熟,发展出 SOQ,KEYS 等应用广泛、信效度理想的测评工具。但是这些并不能替代对于团队创造力整体的研究。本研究从实际出发,以高校科研团队为研究对象,编制高校科研团队创造力量表,作为研发团队创造力量表的探索性研究,为进一步研究科研团队创造力及其结构提供研究工具和一定参考。同时为提高高校科研团队的创新性和效率,提供具有应用价值的指标体系和理论框架。

二、团队创造力测评方法

团队创造力的测评维度划分主要有新颖性、有用性、适宜性、原创性、流畅性、灵活性等。一般情况下,研究者会在其中选择一个或者几个重要的因子进行组合分析,例如,Mathieu 等人选取流畅性和灵活性③;吴梦和白新文选择了

---

① 丁志华、李萍、胡志新、李丰年:《团队创造力数学模型的研究》,《九江学院学报(自然科学版)》2005 年第 3 期。

② 林奇芳:《研发团队创造力指标建构之研究——以高科技产业为例》,台湾师范大学工业科技教育学系 2001 年硕士学位论文。

③ J.E.Mathieu, S.I.Tannenbaum, J.S.Donsbach & G.M.Alliger, "A Review and Integration of Team Composition Models: Moving Toward a Dynamic and Temporal Framework", *Journal of Management*, Vol.40, No.1(2014), pp.130–160.

集体智慧在合作创新中的生成与应用

原创性、适宜性和流畅性①；Van Knippenberg 等选取了新颖性和有用性作为团队创造力的维度②；李艳和杨百寅则提出从创意实施角度考察创造力③。

对于团队创造力的测量，杨志蓉总结研究者使用的测量方法主要有两种：一是通过测量团体成员的个体创造力来得到团队创造力的评价值。④ 其理论依据为个体创造力是团队创造力的重要投入因子⑤，个体创造水平的高低直接影响团队创造力的水平。二是通过测量团队成员对团队整体创造力的感知和评价来得到团队创造力的评价值。其理论依据为团队创造力不是个体创造力的简单积累，具有属于团队层面的独特属性和作用机制。如台湾学者 Chen 等根据 Amabile 等对创造力的因素的定义，确定了创造性、创新性、生产率三个因素，从这三个方面考察企业成员对团体创造力的评价⑥。

另一种具有代表性的观点是 Eysenck 等提出的，对团队创造力的评估可以从两个方面进行：一是将创造力作为特征来研究，通过人员、流程、情境和产出等指标来衡量团队的创造力。二是将创造力作为结果来考察，通过认知因素和环境因素两个方面来评估团队创造力。认知因素包括团队成员的智力、知识、技能等，环境因素包括文化、教育和社会经济等方面。⑦

本研究认为，对团队创造力的测量，应从团队成员、团队创造过程、团对创造氛围和创新成果等方面进行评估，以高校各类型科研团队中有经验的成员

① 吴梦、白新文：《动机性信息加工理论及其在工业与组织心理学中的应用》，《心理科学进展》2012 年第 11 期。
② D.V.Van Knippenberg & M.C.Schippers, "Work Group Diversity", *Annual Review of Psychology*, Vol.58(2007), p.515.
③ 李艳、杨百寅：《创意实施——创新研究未来走向》，《心理科学进展》2016 年第 4 期。
④ 杨志蓉：《团队快速信任、互动行为与团队创造力研究》，浙江大学企业管理系 2006 年博士学位论文。
⑤ S.Taggar, "Individual Creativity and Group Ability to Utilize Individual Creative Resources: A Multilevel Model", *Academy of Management Journal*, Vol.45, No.2(2002), pp.315-330.
⑥ Ming-Huei Chen, "Understanding the Benefits and Detriments of Conflict on Team Creativity Process", *Creativity and Innovation Management*, Vol.15, No.1(2006), pp.105-116.
⑦ H.J.Eysenck, "Biological Dimensions of Personality", in *Handbook of Personality: Theory and Research*, L.A.Pervin(eds.), New York: The Guilford Press, 1990, pp.244-276.

为被试,通过考察他们对于团队创造力的感知与评价来衡量团队的创造力。

第二节　团队创造力量表编制过程

一、半结构访谈与项目收集

出于为量表的正式建构搜集项目的目的,本研究首先进行了半结构式访谈。根据研究假设从团队成员、团队创造过程、团队创造氛围、团队创新成果四个方面对访谈提纲进行设计,共包括18个访谈问题。访谈对象为来自各个高校有团队创造性研究经验的十名博士生。通过对访谈结果进行分析,并结合林奇芳研究的团队创造过程指标[①]、TCI团队创新氛围量表(Team Climate Inventory)[②]、傅世侠和罗玲玲[③]人的团体创造力的评估模型,得到包括团队成员的创造性品质与工作能力、团队沟通互动与课题运作方式、团队创造氛围在内的73个项目,以及衡量团队创新成果的6个指标,最后确定原始量表项目为73个。

二、量表建构的预试

本研究采用因子分析的方法,考察原始量表的因素结构。选取不同大学、不同科系的具有团队创造性研究经验的大学生49名进行初测,通过对项目进行因子分析,依据碎石图和公因子的直观意义,得到三个因子共27个项目的正式施测量表。三个因子分别为团队成员的创造性工作能力、团队创造氛围与互动过程、团队工作的意义与价值,从总体上看此量表具有良好的改进前景。

---

①　林奇芳:《研发团队创造力指标建构之研究——以高科技产业为例》,台湾师范大学2001年硕士学位论文。

②　N.R.Anderson & Michael A.West,"Measuring Climate for Work Group Innovation:Development and Validation of the Team Climate Inventory",*Journal of Organizational Behavior*,Vol.19,No.3(1998),pp.235-258.

③　傅世侠、罗玲玲、孙雍君、邓雪梅、邵全辉:《科技团体创造力评估模型研究》,《自然辩证法研究》2005年第2期。

三、量表正式建构

本研究根据京津地区高校各类型科研团队中有经验的研究生成员,对于其所在团队创造力的感知与评价,来衡量团队创造力。选取各个院校不同科系的 90 名硕士生进行正式施测,以研究生一年级学生为主,男女比例大致相当。共回收问卷 90 份,经验筛选保留有效问卷 79 份。采用因子分析的方法对量表的因子结构进行分析检验,保留区分度高的项目,剔除区分度低的项目,筛选后保留了 23 个项目,包括 1 个测谎项目。由于保留均为载荷值和共同度较大的,故项目很稳定。并且项目分布位置与预测项目分布相当接近,表现出较好的前后一致性,唯一的区别是预测中的团队创造氛围与互动过程因子分离成为团队创造氛围因子与团队创造互动过程因子两个因子。最终量表共包括 23 个项目四个因子,分别为团队成员的创造性工作能力、团队创造互动过程、团队工作的意义与价值、团队创新氛围,其结构符合本研究的理论设想。

第三节　团队创造力量表的结构与信效度

一、量表结构

本研究中,团队创造力量表的 KMO 值为 0.871,Bartlett 球形检验结果显示该量表各个题目之间不彼此独立(近似 $\chi^2 = 1206.678, df = 253, p < 0.001$),表明该量表适合进行因子分析。进一步提取特征根,结果显示该量表有四个大于 1 的特征根,说明该量表提取四个因子较为合适。进一步,采用主成分分析法与方差最大正交旋转对量表进行探索性因子分析,设置提取四个因子,并根据各个项目的因子载荷和共同度进行项目筛选和因子命名。得到由团队成员的创造性工作能力、团队创造互动过程、团队工作的意义与价值、团队创新

氛围四个维度组成的高校科研团队创造力量表。提取出的四个因子累积解释了67.58%的总方差。量表的因子结构与项目载荷见表12-1。

表 12-1　量表的因子结构及载荷值

因子1(团队成员的创造性工作能力)		因子2(团队创造互动过程)		因子3(团队工作的意义与价值)		因子4(团队创新氛围)	
项目	载荷	项目	载荷	项目	载荷	项目	载荷
1—3	0.795	3	0.819	20	0.837	1—7	0.719
1—4	0.770	2	0.683	18	0.833	10	0.694
1—2	0.733	8	0.642	19	0.833	13	0.664
1—1	0.728	6	0.621	12	0.809	1	0.652
1—5	0.704	5	0.618			14	0.615
1—6	0.633	16	0.608				
		4	0.574				
		9	0.562				

因子一(团队成员的创造性工作能力)包括项目:1—3问题解决能力强、1—4具有较强的学习能力、1—2具有丰富的本专业知识、1—1有进取心、1—5资源收集、整合能力强、1—6分析能力强;因子二(团队创造互动过程)包括项目:3团队领导鼓励团队成员的创造性行为、2团队成员都为新想法提供实际的帮助、8团队的领导者总是鼓励大家发表新观点、提出新的方案、6团队成员彼此的互动帮助成员发散思维、5团队成员信任彼此的工作能力、16团队成员能灵活地解决问题、4相比科研实践阶段您的团队更注重科研前期准备(构想、设计)、9团队成员彼此的互动促进新想法的产生和完善;因子三(团队工作的意义与价值)包括项目:20团队目标是有价值的、18团队的课题有意义、19团队的课题有挑战性、12团队成员都认为团队目标是有价值的;因子四(团队创新氛围)包括项目:1—7团队沟通能力强、10团队成员彼此的互动频率感到满意、13团队成员之间彼此信任、1团队为团队成员提供创新机

会、14 团队成员高度认可您的团队;从结果上看,量表的因子结构清晰明朗,说明个项目区分度良好,量表的构想效度得到了较好的体现。

二、量表的技术指标

(一)信度指标

本量表的信度采用分半信度和同质性信度作为指标。结果显示,本量表的分半相关为 0.856,Cronbach α 系数为 0.950,说明本量表具有较高的信度。

(二)效度指标

研究假设认为对团队创造力的测量,应从团队成员、团队创造过程、团队创造氛围和创新成果四个方面进行,由于本量表创新成果维度以填空形式测量,并作为效标编入量表内,故本研究中量表项目包括团队成员、团队创造过程、团队创造氛围三个维度,而表 12-2 的因子结构分析表明,本量表包括团队成员的创造性工作能力、团队创造互动过程、团队工作的意义与价值、团队创新氛围四个因子,其中团队工作的意义与价值因子是从团队创新氛围因子中分离出来的。总体来看,因子结构与研究理论假设的维度基本相符,表明本量表具有较好的构想效度。

第十三章　创新创业者情境融入式
心理资本干预

　　随着近年来创业热浪持续升温,大批年轻人涌入创业洪流中,"创业"也一度成为热点话题。创业者中有不少是在校的大学生,国家也采取多种措施和政策鼓励并支持大学生创业(如建设"众创空间"等),因此,将研究目光转向大学生创业能够为高校开展创业教育带来新的发展契机。2015 年 1 月 28 日,李克强总理在国务院常务会议上提出,应当培育包括大学生在内的各类青年创新人才和创新团队,推动大众创业、万众创新①。同年 3 月,国务院办公厅发布了关于发展众创空间、推进大众创新创业的指导意见,从八个方面进行了工作部署②。一股强大的创业推动力量正在积聚,利国利民的创业新政策环境也正在逐步形成。然而,对于创业者而言,创业结果未必尽如人意。考虑到创业本身所具有的高风险、高不确定性、高工作负荷、高责任等特性,创业往往伴随着高压力与高失败率等典型特征。基于此,对创新创业者进行心理建设具有重要的实践意义。

---

　　① 傅义洲:《李克强主持召开国务院常务会议》,2015 年 1 月 28 日,见 http://www.gov. cn/guowuyuan/2015-01/28/content_2811254.htm。
　　② 《国务院办公厅关于发展众创空间推进大众创新创业的指导意见》,《中华人民共和国国务院公报》2015 年第 8 期。

以美国前心理学会主席 Seligaman 教授为首的一批心理学家首次提出"积极心理学"的概念,将关注的重点转向积极情绪、积极人格以及积极的社会环境①,并很快得到心理学及其他相关学科的肯定。2002 年,Luthans 将积极心理学的理念引入管理学领域,开创了积极组织行为学②,并提出积极心理资本的概念。Luthans 认为心理资本是个体的一种积极的、核心的心理要素,它超越了人力资本和社会资本,而对心理资本进行合理的投资开发可以提升个体和组织的绩效水平和竞争力。Luthans 的观点已得到广泛验证,研究发现心理资本不仅能够影响个体的态度、行为、绩效③,还与心理健康、幸福感存在密切关系④。尽管如此,大量心理资本的相关研究仍停留在理论层面,即通过考察心理资本对结果变量的影响机制来解决"为什么"的问题,而对于心理资本的开发和干预的研究没有深入开展。由此,在"为什么"的前提下思考"怎么办"是当下的重要议题,如何提高个体和组织心理资本水平,让个体变得积极、乐观、进取、迅速从困境中恢复过来,组织变得更有活力和竞争力,这些都是亟待解决的问题。

此外,从研究的对象群体看,国内外学者目前的关注重点包括在校大学生,或者是特殊职业群体,如护士、医生、教师、铁路工人等⑤。众创空间是近年来逐渐获得关注的新领域,不仅是热点也是盲点,迄今为止对众创空间创新创业者的研究还相对较少。众创空间创新创业者的心理状态如何? 不同创新创业者之间在心理资本整体和各维度上有何差异? 能否通过对心理资本的干预提升创业者的核心竞争力? 能否通过心理资本的干预而影响团队的创新创

① M.E.P. Seligman & M. Csikszentmihalyi, "Positive Psychology: An Introduction", *American Psychologist*, Vol.55, No.1(2000), pp.5-14.

② F.Luthans & A.H.Church, "Positive Organizational Behavior:Developing and Managing Psychological Strengths", *Academy of Management Executive*, Vol.16, No.1(2002), pp.57-75.

③ 朱万晶:《心理资本在企业管理中应用分析》,《现代商贸工业》2009 年第 24 期。

④ 张阔、张赛、董颖红:《积极心理资本:测量及其与心理健康的关系》,《心理与行为研究》2010 年第 1 期。

⑤ 于兆良、孙武斌:《团队心理资本的开发与管理》,《科技管理研究》2011 年第 2 期。

业行为？从这些问题出发,本研究在考察众创空间成员的心理资本现状的基础上,以心理资本干预理论为基础,结合具体的干预训练,对众创空间创新创业者的心理资本水平进行干预,并检验众创空间创新创业者心理资本干预训练的效果。完成如下几点研究目标:考察众创空间创新创业者心理资本的整体水平;分析众创空间创新创业者心理资本的结构维度及其人口统计学上的差异;检验心理资本干预训练是否能够有效提升创新创业者的心理资本水平;提供众创空间创新创业者的心理资本开发建议,为高校或社会推进创新创业提供建设性意见。

第一节　创业者心理资本干预的意义

创业的人具有什么样的特点？怎样才能成为成功的创业者？著名的创业问题研究者 Krueger 认为,导致创业者创业的原因、整体的认知结构以及信念是值得探索的[①]。这里所提到的信念因素指的就是创业者的心理特征或心理状态。

以往对于创业个体的研究都集中在对创业者的人格特质和人口统计特征的研究上,对创业团队的研究也集中在团队特质、人口统计特征、创业职能互补当中。将心理资本的概念引入对众创空间创新创业者的研究中,有助于丰富对创新创业人才的理论研究,从众创空间创新创业者互动过程的角度,剖析众创空间创新创业者心理资本的内容,同时也是对众创空间创新创业者背景下心理资本理论的补充。其次,在 Luthans 心理资本的干预研究基础上,提出创新创业情境融入式心理资本干预模型,也是对心理资本演变理论的拓展。最后,对众创空间创新创业者进行了干预研究,能够证实心理资本的可开发特性,丰富心理资本以及积极心理学的研究。

---

① N.F.Krueger,"What Lies Beneath? The Experiential Essence of Entrepreneurial Thinking", *Entrepreneurship Theory and Practice*, Vol.31, No. 1(2007), pp. 123–138.

在实践价值层面,当前大学毕业生总量、就业人数虽不断增加,但总体就业率却呈下降趋势。"大学生就业难"已经是一个亟待解决的社会课题。我国从政府层面鼓励创新创业的力度也不断加大。大学生创业有自身的优点,如年轻有活力、敢于拼搏等,但同时也有许多弊端,如缺乏管理经验和社会经验、心理素质发育还不够成熟。对创新创业者的心理特征进行研究,有助于了解创新创业者的心理状况,引导和帮助他们开展创业活动,针对性地指导他们在运作和互动过程中有效地构建心理资本,营造良好的创新氛围。同时,将心理资本引入创新创业领域研究中,有助于理解创新创业背后的心理状态和团队特点,对于响应当前我国促进就业的号召,开展创新创业教育、培养创新创业人才具有一定的现实意义。

第二节　众创空间与心理资本研究现状

一、众创空间研究现状

(一)众创的概念及分类

刘志迎、陈青祥提出,众创是指在当前互联网的环境背景下,大众创新者和需求方(企业或个人)基于互联网平台完成创新活动的一系列从研发到商业化的流程①。创新创业者主要实施创新活动、展示并出售创新成果,需求方主要获取创新成果并加以利用。众创的概念里包含了三个层面的含义:一是大众创新的动机的广泛性;二是大众创新的机会得到了均等化;三是大众的创新能力不断提升。这实际上是将"动机—机会—能力"应用到具体的众创模式。

---

① 刘志迎、陈青祥、徐毅:《众创的概念模型及其理论解析》,《科学学与科学技术管理》2015年第2期。

依据众创活动的发起目的和发起方的不同,可以将其分为以企业为主导的众创模式和以大众为主导的众创模式。以企业为主导的众创模式指企业是创新活动的主导者,利用团体的智慧并积极利用互联网提供给大家的平台,激励大众更多地参与到实践创新活动中,这种模式的创新往往需要考虑企业的创新需求,是一种技术创新的众包模式。以大众为主导的众创模式是大众主动参与其中。无论是创新机会的获取、创新活动的实施或创新成果商业化的过程,都是大众自发主动参与。这种模式的创新没有明确的目标,主要以兴趣和自我实现为驱动力,可能依赖于大众长时间持续性的创造性活动,也可能依赖于某个灵感的突然萌发。无论是哪种模式主导下的创新,互联网都为大众提供了知识养分和技术支持。

(二)众创空间

2015 年初,李克强总理提出要着力发展"众创空间",首次从国家战略层面进行部署,颁布了支持创业的相关政策,进一步推动创客空间、创新工厂等众创空间具体形式的发展,努力实现市场化、专业化、集成化和网络化。新时代的创新创业正呈现出"大众创新、人人创新"的新态势,因此要从更大层面激发更多的群众参与到创业中来,促进推动小微企业和个人创业,创建集低成本、全方位、综合性、开发性、便利性于一体的服务平台,实现多要素、多领域、多层次、多渠道的结合。

全球关于众创空间的实体建设已经小有规模,然而学术界对众创空间的研究才刚刚起步。众创空间是互联网与实体经济相结合的产物,从网络层面加强了知识间的贡献,推动了创新机制的发展,完善了产业链的转型,为组织机制注入了新的生机。不仅如此,创新创业拓宽了就业渠道,激发了大众创新的活力。

目前,学术界尚未对众创空间形成统一的定义。从狭义上讲,众创空间特指创客空间。创客空间为创客提供支持开放的线下服务平台,兼具加工车间和工作室等功能,将创客们的创意模型转化成产品。从广义上讲,众创空间应顺应时代发展,融合创新和创业双重因素,利用互联网,在市场化、专业化和资本化的机制环境中,激发民众创新的热潮。广义上的众创空间具备了线下和线上双重的特点,突破了线下"科技孵化器"服务范围与功能单一的特点,区别于传统类型的孵化器。

(三)众创空间创新创业者与一般创业者的区别

由于众创空间是将线下和线上、创新和创业、投资和解化两两结合在一起,具有市场化、专业化、网络化的特点,因此众创空间创新创业者也区别于一般创业者,具体差异见表13-1。

其一,参与的主体不同。众创空间具有广泛参与的特点,这有别于组织化程度高、利益联系较紧密的团队。众创空间中成员联结的纽带往往基于兴趣和热情,因此增加了创新群体和创新行为的多样性,组织也更具创新性和动态性[1]。此外,加入众创空间的团队门槛较低,人人都可以创业,这也使得创新创业机会均等化,平台更为丰富多元化。

其二,组织角色分工不同。大众个体的主观能动性较强,企业不一定要参与到发起和具体实施过程中,而是可以借助大众的力量,对创新成果进行筛选并加以利用[2]。这不仅仅增加了创新的经济性、选择的多样性,还能保证创新成果得到高效利用。众创空间的存在打破了知识壁垒,实现了不同领域间知识特长的结合,能够有效促进创新活动的发展,借助互联网环境,让大众共同参与到同一项活动中。这有别于传统意义上的创新。

其三,创新效率和关键阶段不同。互联网在众创空间中发挥着极为重要

---

[1] 赵夫增、丁雪伟:《基于互联网平台的大众协作创新研究》,《中国软科学》2009 年第5 期。

[2] H.W.Chesbrough,"The Era of Open Innovation",*MIT Sloan Management Review*,Vol.44,No.3(2003),pp.35-41.

的作用。众创空间依托互联网为载体,实现了创新在展示、出售、发起和获取四种形式下的完美作用。互联网无论是从知识形成、共享,创新活动的实施,还是在成果展示、交易,以及商业化等过程中,都扮演了重要角色,为创新创业活动提供了交互和协作的便利公共平台,极大提升了创新的效率。互联网让创新资源平等地分配到每个人手上,人人都有资源进行创新,这一举措也大大提升了创新效率。

其四,关键资源不同。众创空间的建设与互联网密不可分,计算机领域的飞速发展使得这些创新工具的成本在逐渐下降,大众创新的队伍和实力也更加壮大,用户的创新能力也得到了根本性的提升[①]。大众进行创新活动离不开创新工具,因此打造创新工具在众创中尤为重要。而以往专业化程度高、具备复杂的关键技术的传统行业更依赖联盟关系这一关键资源,这也是众创空间与其他传统行业的差异所在。

其五,应用领域不同。由于互联网本身的特点以及不同行业间的差异性,其应用领域也存在差别。某些基于经验的行业并不适用于大众创新,难以通过互联网进行创新突破。相反,对于依赖分析性知识的行业,易于通过互联网达到知识模块化整合,更有利于大众创新。

其六,创新风险和控制程度不同。众创空间区别于传统创新产业,不仅降低了创新创业的成本,还让风险达到可控。传统的创新是筛选创意并进行科技研发,众创空间可以让企业直接进行创新成果的筛选和应用。创新的实施可以在企业外部进行,这就降低了企业的风险,也让创新的发起和实施的成本控制在相对稳定的范围内,企业不用再为创新失败承担过多风险。

---

① 叶伟巍、朱凌:《面向创新的网络众包模式特征及实现路径研究》,《科学学研究》2012 年第 1 期。

表 13-1　众创空间创新创业者和一般创业者的对比

指标	众创空间创新创业者	一般创业者
创新主体	大众	组织
组织角色	发起者或参与者	发起者
创新风险	低	高
控制程度	低	高
创新效率	高	低
关键阶段	商业化	开发
关键资源	用户创新工具	联盟关系
应用领域	基于分析性知识的行业	关键技术

二、心理资本的研究现状

(一)心理资本的内涵与测量

"资本"首先出现于经济领域,指"掌握在资本家手里的生产资料和用来雇佣工人的货币",或指"经营工商业的本钱"及"比喻牟取利益的凭借"①。而心理资本(Psychological Capital)的概念最早于 1997 年由 Goldsmith 等人提出,其含义为能够影响员工生产力的心理特征②。"心理资本"之所以成为心理领域的资本,是因为这些心理特征可以影响员工的生产力水平,同时作用于剩余价值的剥夺。心理资本概念的建立有赖于大量心理领域的基础研究以及实验验证,在 Goldsmith 等人的研究中,将心理资本视为由自尊和控制点这两个因素构成,并发现心理资本与工资间存在正向关联。在后续研究,Goldsmith 又将自我观点、工作态度、伦理取向和对生活的总体期待纳入心理资本的范畴中③。

---

① 蒋苏芹:《大学生心理资本的内涵与结构研究》,南昌大学 2010 年硕士学位论文。

② A. H. Goldsmith, J. R. Veum & W. Darity, "Unemployment, Joblessness, Psychological Well-Being and Self-Esteem: Theory and Evidence", *Journal of Socio-Economics*, Vol. 26, No. 3 (1997), pp.133-158.

③ A. H. Goldsmith, W. Darity & J. R. Veum, "Race, Cognitive Skills, Psychological Capital and Wages", *Review of Black Political Economy*, Vol.26, No.2 (1998), pp.9-21.

随着这一领域研究的拓展与深入,心理资本的内涵不断被充实,当前达成共识的观点是:心理资本是一种积极的心理特征或能力,能够对个体和组织产生积极的影响,它可以被测量和开发。关于其维度的界定,目前最广泛使用的是 Luthans 等人所提出的四维度结构①,认为心理资本包括自我效能(self-efficacy)、乐观(optimism)、韧性(resiliency)以及希望(hope)四个核心成分。自我效能指个体有自信胜任任务以及面对挑战;乐观指个体持有积极的态度和归因方式;韧性也称复原力,是指个体能够从逆境、挫败中快速恢复;希望则是指一种积极的动机状态,指通过各种途径努力实现预定目标。基于这一模型,有研究者开发出心理资本的测量工具,如国内学者张阔等人所编制的积极心理资本问卷②。

(二)心理资本的结果变量

态度、行为和绩效均为心理资本的重要结果变量。基于以往研究,态度变量包括:幸福感、工作满意度、组织承诺、动机等③;而行为相关变量包括:组织公民行为、不合规定行为、缺勤、反生产行为等;绩效变量包括:个体及组织绩效、财务绩效、创业绩效等④。

针对心理资本和个人态度之间的关系,学者已开展了广泛研究。Larso 和 Luthans 通过对一个小型企业中 74 名员工的调查发现,心理资本对员工的工作满意度和组织承诺有积极的影响⑤。Youssef 和 Luthans 经过研究员工的自我报告,发现员工各项积极心理资源能力对工作产出的影响存在差异,其中,

---

① F.Luthans,C.Youssef,B.Avolio,*Psychological capital*.New York:Oxford University Press,2007.

② 张阔、张赛、董颖红:《积极心理资本:测量及其与心理健康的关系》,《心理与行为研究》2010 年第 1 期。

③ 田喜洲、谢晋宇:《心理资本对接待业员工工作态度与行为的影响效应与机理》,《软科学》2010 年第 5 期。

④ 许萍:《心理资本:概念,测量及其研究进展》,《经济问题》2010 年第 2 期。

⑤ M.Larson & F.Luthans,"Potential Added Value of Psychological Capital in Predicting Work Attitudes",*Journal of Leadership & Organizational Studies*,Vol.13,No.2(2006),pp.45-62.

对产出影响最大的是乐观的心理能力,其次是希望能力[①];Avey 等人经过对341 个工人调研发现,心理资本和变革型领导对员工的心理授权都有积极的影响,并且心理授权与员工的离职意愿显著相关,但与员工的犬儒主义相关不显著,心理授权在心理资本和员工离职意愿的关系中起完全中介的作用,同时,相比变革型领导,心理资本对员工心理授权的预测作用更强[②]。Avey、Wernsing 和 Luthans 对一百多个不同区域的组织中各种工作岗位中的员工进行抽样调查,发现被调查员工的心理资本对于其对组织变革的态度和行为起到影响作用[③]。

心理资本也会影响个体行为表现,Avey 及 Luthans 以 336 名企业员工作为研究对象,发现员工的心理资本与角色外组织公民行为呈显著正相关,而与员工缺勤、离职和不合规定的行为存在显著负相关[④]。Norman、Avey 和 Nimnicht 等通过对 199 个各行各业的工作者进行研究发现,心理资本与组织公民行为和组织不合规行为之间有着一种“调节器”,该“调节器”为组织认同,这也间接说明了有着高水平的心理资本和组织认同程度的员工在工作中表现积极,不合规的行为出现概率较低[⑤]。

关于心理资本对绩效的影响,有研究者通过对中国的两家私企和一家国

① C.M.Youssef & F.Luthans,“Positive organizational behavior in the workplace:the impact of hope,optimism,and resilience”,*Journal of Management*,Vol.33,No.5(2007).pp.774-800.

② F.Luthans,B.J.Avolio,J.B.Avey & S.M.Norman,“Positive psychological capital:measurement and relationship with performance and satisfaction”,*Personnel Psychology*,Vol. 60, No. 3 (2010),pp.541-572.

③ J.B.Avey,T.S.Wernsing & F.Luthans,“Can positive employees help positive organizational change? Impact of psychological capital and emotions on relevant attitudes and behaviors”,*Journal of Applied Behavioralence*,Vol.44,No.1(2008),pp.48-70.

④ J.B.Avey,F.Luthans,R.M.Smith & N.F.Palmer,“Impact of Positive Psychological Capital On Employee Well-Being over Time”,*Journal of Occupational Health Psychology*,Vol. 15, No.1(2010),pp.17-28.

⑤ S.M.Norman,J.B.Avey,J.L.Nimnicht & N.Graber Pigeon,“The Interactive Effects Of Psychological Capital And Organizational Identity On Employee Organizational Citizenship And Deviance Behaviors”,*Journal Of Leadership & Organizational Studies*,Vol.17,No.4(2010),pp.380-391.

企进行研究,发现中国员工的希望、乐观及坚韧性等心理资本组成要素与工作绩效有着较强的联系。通过对其中一家工厂(样本为272)的分析还发现,中国工人的心理资本与基于业绩工资制的绩效表现有显著的关系①。Smith、Vogelgesang 和 Avey 开拓性地研究了真诚的领导行为、下属对领导的信任、积极心理资本与群体绩效之间的关系,发现在下属心理资本和群体财务绩效之间起中介作用的是下属对领导的信任②。仲理峰通过对四家国企员工的心理资本、企业对员工的组织承诺、组织公民行为和绩效之间的关系进行研究,发现心理资本与员工的组织承诺、组织公民行为和绩效之间存在显著正相关③。

（三）心理资本的干预研究

研究证实,心理资本作为一种低风险、低成本、高回报的心理潜能,对个体的态度和行为存在积极的影响。心理资本具有开发的价值,可以通过对其进行干预来提升个体和组织的心理资本水平和质量,考虑到每个群体有其独特之处,具体实施干预的过程可能有所不同,但背后的理论基础却存在一致性。

Luthans 在心理资本的基础上提出了干预的理论,并设计出一套具体可行的操作方案。他们认为可以针对每个维度进行具体开发,如通过克服工作中的障碍和目标路径设计来提升员工的希望,利用榜样示范和激励等方式提升员工的自我效能感,培养其形成积极的期望来提升乐观水平,使用避免失败和资源获取等方式提升韧性水平。随后,他们在美国内布拉斯加大学盖洛普领导学院对心理资本干预理论(Psychological Capital Intervention,PCI)的效果进

---

① F. Luthans, B. J. Avolio, F. O. Walumbwa & W. Li, "The psychological capital of Chinese workers: exploring the relationship with performance", *Management & Organization Review*, Vol.1, No.2 (2010), pp.249-271.

② R. Clapp-Smith, G. R. Vogelgesang & J. B. Avey, "Authentic leadership and positive psychological capital: the mediating role of trust at the group level of analysis", *Journal of Leadership & Organizational Studies*, Vol.15, No.3(2009), pp.227-240.

③ 仲理峰:《心理资本对员工的工作绩效、组织承诺及组织公民行为的影响》,《心理学报》2007 年第 2 期。

行一系列检验①。Luthans 选取管理学院的学生作为代表性样本,采用心理资本问卷进行前测和后测,干预过程持续一小时。实验结果显示被试的心理资本水平得到了明显提升,证明了干预技术的有效性和合理性。随后其又选取职业经理人作为被试,经过两小时的心理资本干预,也达到心理资本的明显提升效果。后续 Luthans 及其研究团队又选择对高科技公司的技术经理进行两个半小时的心理资本干预,仍然发现心理资本效果在干预后有明显提高,只是较之前学生和职业经理人的效果差一些,这一系列研究充分证明了干预的有效性。心理资本干预的方式不仅局限于线下团队干预,还可以在线上施行。Luthans 通过网络对 364 名被试进行一次长达两小时的网络干预训练后发现,网络干预后的被试心理资本也有显著提升。对心理资本的进一步探索,结果显示心理资本各因素间发挥着协同和交互的作用,整体作用效果大于每部分总和。通过对潜在经济价值的估算,发现心理资本具有较高的回报率,达到270%。

Luthans 的心理资本干预模型主要包括树立希望、培养乐观、提升自我效能、提升自我恢复力四个维度(见图 13-1),这套方案为心理资本的后续开发提供了理论支持。

在心理资本干预模型中,Luthans 认为目标、动因和路径都会对个体的希望水平产生影响。希望水平的提升需要有一个合理的目标,该目标需要有明确的意义,还应具有一定的挑战性,以及时间开始和截止的点。不仅如此,还需要个体能够长时间维持下去。因此在对目标路径的设计中,还应考虑到负面因素的影响,及早预测到可能出现的障碍,以及面对阻碍的计划方法。在克服障碍的过程中,个体能够了解怎样克服障碍,如何制定目标,这也能提升个体的自信和乐观,对目标的期望会随之增强。

对于乐观的培养,Luthans 认为乐观者需要具备三个特点。其一,能够享

---

① F.Luthans,J.B.Avey,B.J.Avolio,S.M.Norman & D.M.Combs,"Psychological capital development: toward a micro-intervention", *Journal of Organizational Behavior*, Vol. 27, No. 3 (2006), pp.387-393.

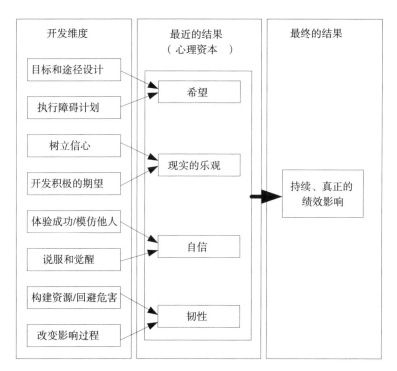

图 13-1 Luthans 心理资本干预模型(PCI)

受生活和工作的乐趣,最大程度总结心得。其二,具备感激之心,能够正常表达自己的感激之情。其三,能在逆境中排除阻碍、吸取教训、接受现实。树立信心和开发积极的愿望能够提升个体的乐观水平。

Bandura 通过对自我效能感的研究发现,通过心理和生理的唤醒、体验成功、模仿和替代学习、社会说服和积极的反馈可以提升个体的自我效能感①。Luthans 在自我效能感水平提升上采取目标分解方法,替代学习和说服与觉醒的方法。目标分解是将总目标分解为若干的子目标,帮助个体在简单的任务中体验到小成功。替代学习是在与他人交流经验过程中,体会并感受他人成功的经验。说服与觉醒是将对自己的怀疑通过同伴的赞许和肯定转变为对自己的肯定。

---

① Bandura & Albert,"Self-Efficacy:Toward a Unifying Theory Bandura of Behavioral Change",*Psychological Review*,Vol.84,No.2(1977),pp.191-215.

韧性水平上,心理资本干预理论认为,当个体充分地意识到自己拥有的资源,包括天赋、技能和社会网络等时,会增强个体自信,提升个体的韧性。干预的过程主要是帮助个体了解自己的资源,对资源进行评估并鼓励他们充分应用资源。同时,在制定克服阻碍的方法的过程中,帮助他们肯定具有韧性的想法,促进个体成长。

国内学者也通过实证的方法,对心理资本干预的有效性进行了一定探索。在 Luthans 心理资本干预研究的基础上,我国学者温磊采取小组活动的方式,对18 名企业员工进行心理资本的干预研究①。实验分为四次小组干预活动,总共四周时间,每周两课时,每课时两小时。在提升希望水平上,采用目标设置、分步完成目标、管理者支持承诺以及与奖励相结合的方式。在提升自我效能感水平上,采用替代学习、说服、成功经验代替等方式。在乐观维度上,采用包容过去、珍惜现在、发现未来的方法。在韧性维度上,采用的策略包括关注人性资产策略、关注危害因素策略、关注过程策略。研究发现心理资本水平较之前得到显著提升。研究验证了心理资本干预模型的合理性和有效性,在干预模型基础上所建立的团队活动方案是有效可行的。学者朱万晶等人认为,对心理资本的理论探讨和实证研究不仅从个体层面入手,还应将团队心理纳入考虑范围②。

三、众创空间创新创业者心理资本干预模型的建立

(一)创业团队及创新创业情境要素的建构

创业是一个过程,张红丽等人对创业要素进行整合,将创业团队建构划分成六个阶段③。创业者首先要识别机会,随后设定创业的目标,编写商业计划

---

① 温磊、七十三:《企业员工心理资本干预的实验研究》,《中国健康心理学杂志》2009 年第6 期。
② 朱万晶:《心理资本在企业管理中应用分析》,《现代商贸工业》2009 年第 24 期。
③ 张红丽、胡成林:《基于心理资本理论的创业团队构建与开发》,《新疆财经》2014 年第6 期。

书,选择成员组合成创业团队,达成一致的创业协议并且分配权利,提升团队整体活力和绩效水平。

创业初始阶段,创业者需要有创业的意识和敏锐的观察,根据国家的发展政策和市场环境发现与识别创业的机会,这是创业的起点。创业者需要将机会资源和成本进行整合,确定自己的创业目标。积极的心理资本能够调动创业者的心理能量、调节心理状态、促进团队成员之间的心理理解能力和转化能力,尽快达成一致目标,也有助于在市场环境中与机会资源实现良性互动,促进创业者在创业机会识别上有优越的表现。在这个过程中可能用于情景化培训的要素包括:对机会进行识别和评估、为自己创造机会;通过目标设定明确自己的创业目标;通过概念塑造形成新的概念或模型;运用创造性思维,以不受传统方法和知识限制,从多角度开放地扩散地去思考解决问题。明确创业目标后,创业者需要将目标细化成步骤、明确创业思路、撰写相应的商业计划书。心理资本通过调节创业者的认知和心理状态,帮助创业者理性考虑市场行情,客观考虑创业实力,细致地对创业战略做出规划,这一阶段中创业团队构建可能用于情景化培训的要素包括:可行性分析,即从经济、技术、实施等几个部分进行分析和科学的综合的分析和预估;风险评估,评估某个行为或计划可能带来的损失;商业模式塑造,明确公司通过何种途径实现盈利。

在创业初期,创业活动每天需要面对严峻复杂的市场考验,成员也要承受巨大的生存压力。对于团队成员的选择,不仅需要考虑资源层面,如技术资源、社会资源、人力资源、财务资源等;还要考虑成员的个人状态,如能否一同面对创业的严峻考验、是否能够承受创业的压力。积极的心理资本可以调节创业者的个人状态,保持乐观的态度,积极面对工作和生活,也能促进团队之间达成积极的心理默契。在创业团队明确成员考虑成员的需求后,需要对创业目标、未来规划和具体行动进行深入而全方位的沟通协商,确定成员之间的权利分配,并形成书面协议。这一阶段团队成员在沟通的基础上达成一致的创业思路,综合分析市场的情况并明确具体的行为规范和管理制度,认真分析每个成员的资源和经验,明确成员的权利和义务,最终形成完整的适合创业团队的绩效评估体系,最大限度地保障每个成员的利益。心理资本能够增强成员之间心理归属感,帮助团队成员之间进行积极沟通,形成积极的心理契约和共同的价值观,发挥合力优势,增强团队凝聚力。在这个过程中,创业团队构建可能用于情景化培训的要素包括自我认知,即加深对自己的了解,正确认识自我;沟通,增进组织间的交流和理解;责任分配,团队成员共同协作中明确个人的任务及承担的责任;问题解决,根据目标应用各种方法和技能,克服过程中的困难来最终达成目标。

创业团队进行高效运转不仅需要稳定的团队结构,还需要较高的团队活力。团队成员需要积极主动地工作,认同团队的价值观和文化,形成强大的团队凝聚力和信任感。在这一阶段,心理资本能够促进成员之间互动,增强互信的创业氛围,促进彼此之间的沟通和交流。心理资本通过对团队凝聚力、团队满意度、团队士气、团队文化、团队承诺、团队权利等要素进行团队内部的整合,有效推动创业团队高效运行。衡量创业团队成功的标志之一是创业绩效,而心理资本对个体、组织的态度、行为和绩效水平产生积极影响,个体心理资本和团队心理资本的协调作用也能够有效促进团队绩效水平的提升。心理资本在个体间传播具有传染性、扩散性和渗透性,具有高心理资本特点的个体能够通过示范效应增强成员之间的信任和认同、提升团队凝聚力、营造良好的团队氛围,并最终提升团队绩效。在这个过程中创业团队构建可能用于情景化培训的要素包括团队建设,增进团队成员间的彼此了解和信任,提升团队凝聚力,更好的协作解决问题;社会责任,明确企业作为社会的细胞体,在推动社会发展过程中自己的责任;新企业成长,企业系统机体不断成长适应环境,从量变到质变;企业发展战略,对企业的发展方向、发展的着重点、发展的速度等进行规划,为企业发展指明道路。

(二)创新创业实践培训模式

关于创业者的培训和教育,以往的研究较多聚焦于个人的特质。如

Brockbank 和 Horwitz 将创业者身上的核心特质进行整理后发现主要存在高风险的承担倾向、对自己的控制、模糊的容忍和成就动机①。1991 年,Bygrave 和 Fofer 将对创业教育的研究从以往的个人特质视角转移到关注创业过程中来②,提出将创业作为一种过程深入教学活动中。但值得关注的是,创业企业与成熟企业存在显著差异,创业企业的成长有独特的阶段性特点:成熟企业的管理往往是在明确的环境中,而初创企业往往外部环境不明确,随时需要调整,所以只是参考创业过程的教学有一定缺陷,还需要打破传统的循环过程教学模式。百森商学院提出了新的教学实践方法,认为创业的教育是结合创业思维和认知的教育,可以用体验式创业实践的方法进行培训。基于此,百森商学院引入了五种实践模式:玩耍、共情、创造、试验、反思,并在实际培训过程中检验了这五种模式,取得了良好的效果③。

玩耍是在休闲活动中展开的活动方式。这种活动方式倾向是活跃的,并在竞争、探索或幻想的精神状态下开展④。它可以帮助人们培养一种自由和充满想象力的思维,让人们看到更多的可能性和更多的机会。运用玩耍的实践模式能够推动创业者对创业思维与技能的理解,提升其胜任力。

共情是一种社交和情感技能。共情的实践教学方法帮助我们站在他人的角度上,感受理解他人的情感、境况、意图、思想和需求,同时帮助我们提供具有感知性的、恰当的沟通和支持。通过共情的手段,用有意义的、更移情的方式与他人发生联结,对于交流、领导力和团队建设都至关重要⑤。共情也能更

---

① R.H.S. Brockhaus & P.S. Horwitz,"The Art and Science of Entrepreneurship"in *The Psychology of the Entrepreneur*,D. Smilor(eds.),1986,Cambridge,pp.25-48.

② W.D. Bygrave & C.W. Hofer,"Theorizing about entrepreneurship",*Entrepreneurship theory and Practice*,Vol.16,No.2(1992),pp.13-22.

③ 周劲波、郑艺杰:《百森商学院创业教育法研究》,《职业教育研究》2017 年第 4 期。

④ G.A. Bateson,"Theory of Play and Fantasy",*Psychiatric Research Reports*,No.2(1972),pp.39-51.

⑤ M. Kouprie & F.S. Visser,"A Framework for Empathy in Design:Stepping into and out of The User's Life",*Journal of Engineering Design*,Vol.20,No.5(2009),pp.437-448.

好地促进创业者从创造和执行新产品、新服务、新企业和新流程中创造价值。

在创业领域,试验作为一种实践活动,是指通过"干中学"或积极参与基于亲身实践的项目来获取与创业相关的知识和行为①。创业试验是获取能够应用于创业情境的概念和技术知识的过程,包括识别和创造机会、开发资源、发挥领导力来创造具有经济或社会价值的新事物。创业者通过小规模的行动试验来检验一个概念、想法、市场或产品创意,或者开展创新,目的是能够采取进一步的行动来降低不确定性,从而使自己走得更远。

人们普遍认为,创造有价值的新事物是所有类型创业的核心所在。创造过程需要采取某种形式的创业行动,带来新产品或新流程的创造、新市场的开拓、新企业的建立、新型分销渠道的开辟,甚至个人进取心的激发。创造力在创业中扮演核心角色,这在某种程度上是因为创业的核心即为引入新的或新颖的产品或服务、分销方式、组织方式、生产和供应方法。基于创造力的创业实践设计主要应用认知理论、问题解决和基于专业知识的理论以及问题发现理论②。创造力创业实践方法的目的是产生新的概念、想法、服务、产品、商业模式等,识别或发行用于新企业或项目的机会空间,识别用户问题,称为新企业或项目的基础。

反思被称为最伟大的创新教育之一③。Dewey 将反思当成获取指导、控制和疏导的方式,他认为一定要将主题问题与传递方法联系起来,并将自己的方法定位成一种反思实践。反思实践决定如何将培训内容最有利地表达出来,真正给培训对象留下深刻持久的印象④。

---

① J.Curran & J.Stanworth,"Education and Training for Enterprise:Problems of Classification,E-valuation,Policy and Research",*International Small Business Journal*,Vol.7,No.2(1989),pp.11-22.

② A.Kozbelt,R.A.Beghetto & M.A.Runco,"Theories of Creativity",*Encyclopedia of Creativity*,Vol.24,No.5(2011),pp.473-479.

③ H.Procee,"Reflection in Education:A Kantian Epistemology",*Educational Theory*,Vol.56,No.3(2006),pp.237-253.

④ B.J.Dewey,"Democracy and Education:An Introduction to the Philosophy of Education",*American Journal of Sociology*,Vol.10,No.1(1916),pp.40-49.

（三）创新创业情境融入式心理资本干预模型的建立

众创空间创新创业者有其固有特点，与其他创业者相比，参与的主体、组织角色分工、风险控制和创新效率等均存在不同，因此在构建模型之前，要充分考虑到众创空间创新创业者的特点。一个好的创新创业团队能够成功，不仅需要稳定的成员组成、共同的创业理念、能够为一致的目标和愿景共同奋斗和努力，还需要保持对工作的热情，能够积极主动地工作，具备自信、乐观、希望和韧性等资本。因此，本研究中主要根据 Luthans 设计的心理资本的干预模型①，结合温磊对企业员工设计的心理资本小组活动②方案，进行心理资本的干预设计。在希望维度上的开发包括：获取和整合资源、设定共同的目标和愿景、参与创新创业机会、制定途径并逐步完成；在自我效能的开发上主要包括：分解目标、体验成功、分享与他们的成功、榜样模板、知识能力培训；在乐观维度的开发上，包括：宽容过去、珍惜现在，并能够寻找未来的发展机会；在韧性的开发维度上，主要包括：危险中心策略、资源中心策略和过程中心策略。通过完成这些方面的干预，最终影响创新创业者的心理资本整体水平和各维度的水平，真正持续地影响创新创业的绩效，提升竞争力。

考虑到干预的对象是众创空间创新创业者，干预的目的是提升创新创业者的心理资本水平，所以活动主要根据创新创业的情境下的团队构建阶段进行情境要素的整合，并将整合的情境要素融入活动设计中，使活动更具有情境性和新颖性，有利于创新创业者更好地融入活动中，促进创新创业能力的提

---

① F.Luthans,J.B.Avey,B.J.Avolio,S.M.Norman & D.M.Combs,"Psychological capital development: toward a micro-intervention", *Journal of Organizational Behavior*, Vol. 27, No. 3 (2006), pp.387-393.

② 温磊、七十三：《企业员工心理资本干预的实验研究》，《中国健康心理学杂志》2009 年第 6 期。

升。另外,在干预的活动设计上,主要采用百森商学院Neck等人①提出的创业教育实践方法,将玩耍、创造、试验、共情和反思融入活动实践中,这有助于创新创业者更好地体验实践活动。综上,本文构建了创新创业情境融入式心理资本干预模型,如图13-2所示。

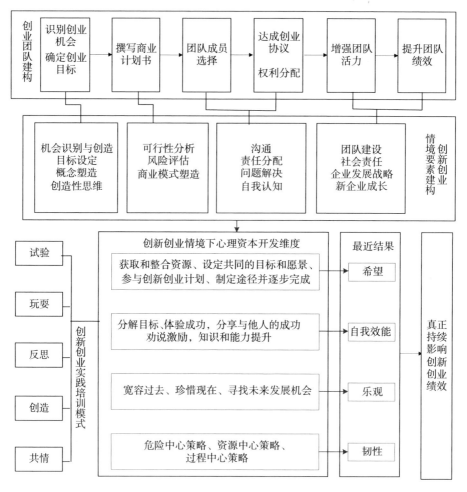

图13-2 创新创业情境融入式心理资本干预模型

① H.M.Neck & P.G.Greene, "Entrepreneurship education: known worlds and new frontiers", *Journal of Small Business Management*, Vol.49, No.1(2011), pp.9-21.

第三节　众创空间创新创业者心理资本现状调查

一、参与者

本研究选择河北地区(保定、邢台)的众创空间创新创业者进行问卷调查,采取随机抽样的方法对创新创业者进行施测,共发放问卷 109 份,剔除无效问卷,得到有效问卷 101 份,有效回收率为 92.66%。被试分布情况如表 13-2 所示。

表 13-2　被试分布情况

属性	分类	n	%
性别	男	45	44.6
	女	56	55.4
年龄	24 岁及以下	14	13.9
	25—29 岁	59	58.4
	30 岁及以上	28	27.7
专业	文科	30	29.7
	理科	46	45.5
	工科	25	24.5
学历	大学专科	27	26.7
	大学本科	43	42.6
	硕士及以上	31	30.7
生源地	城镇	58	57.4
	农村	43	42.6

续表

属性	分类	n	%
学校	"211"或"985"院校	26	25.7
	省重点本科	34	33.7
	省普通本科	17	16.8
	专科高职	21	20.8
	海外院校	3	3
是否辅修二专业	是	18	17.8
	否	83	82.2
是否独生子女	是	30	29.7
	否	71	70.3

二、工具与程序

采取张阔编制的《积极心理资本问卷(PPQ)》[1],问卷共设有 26 个题目,涵盖了四个维度:自我效能、韧性、希望、乐观。该问卷采用 Likert 式 7 点计分,经过检验,各因子之间相关为 0.21—0.55,各因子与总分之间的相关系数为 0.62—0.77,说明问卷的结构效度较好。问卷整体与各子问卷的 α 系数分别为 0.83、0.72、0.67、0.71、0.76,说明该问卷的内部一致性信度较好。

研究程序包括以下步骤:第一,选择河北地区众创空间创新创业者,对其进行随机抽样调查。第二,对被试进行现场施测,或通过 email、微信等方式进行互联网施测。第三,整理问卷,筛除不完整及明显胡乱填涂的问卷。第四,将有效问卷进行数据录入,使用 SPSS22.0 进行数据处理。

---

[1] 张阔、张赛、董颖红:《积极心理资本:测量及其与心理健康的关系》,《心理与行为研究》2010 年第 1 期。

三、研究结果

（一）众创空间创新创业者心理资本的整体状况

本实验对众创空间创新创业者的心理资本的总均分和各维度均分进行描述统计，结果如表 13-3 所示。

表 13-3 众创空间创新创业者心理资本水平

	平均数（M）	标准差（SD）
总均分	4.80	0.56
自我效能	4.80	0.61
韧性	4.34	0.67
希望	5.01	0.79
乐观	5.00	0.66

由表 13-3 可以看出，从整体上众创空间创新创业者的心理资本水平较高，高于理论中值 4，表明被试创新创业者的心理资本水平良好。

（二）众创空间创新创业者心理资本在人口统计学上的差异

1. 众创空间创新创业者心理资本在性别上的差异

本研究对众创空间创新创业者的心理资本的总均分和各维度的均分在性别上的差异进行独立样本 t 检验，结果见表 13-4。

表 13-4 众创空间创新创业者的性别差异（M SD）

	男（$n=45$）	女（$n=56$）	t
总均分	4.95±0.51	4.69±0.57	2.37[*]
自我效能	4.98±0.51	4.65±0.66	2.76[**]
韧性	4.50±0.67	4.19±0.64	2.34[*]

续表

	男（$n=45$）	女（$n=56$）	t
希望	5.34±0.74	4.92±0.80	2.11*
乐观	5.05±0.66	4.97±0.67	0.56

注：* $p<0.01$，** $p<0.01$，*** $p<0.001$，下同。

由表 13-4 可以看出，众创空间创新创业者的整体心理资本水平在性别上存在显著差异，男性的心理资本要显著高于女性。从各个维度上看，自我效能维度和韧性维度上，男性创新创业者显著高于女性创业者。而希望维度上，女性创新创业者得分要显著高于男性创新创业者得分。乐观维度上，男性创新创业者和女性创新创业者不存在显著性差异。

2. 众创空间创新创业者心理资本在年龄上的差异

本研究对众创空间创新创业者的心理资本的总均分和各维度的均分在年龄上的差异进行单因素方差分析，结果表明，不同年龄的创新创业者在心理资本整体水平和各维度上差异均不显著。

3. 众创空间创新创业者心理资本在是否在辅修过二专业上的差异

本研究对众创空间创新创业者的心理资本的总均分和各维度的均分在是否辅修二专业上进行独立样本 t 检验，结果见表 13-5。

表 13-5　众创空间创新创业者的辅修二专业差异（M　SD）

	辅修过二专业（$n=18$）	未辅修二专业（$n=83$）	t
总均分	5.07±0.59	4.74±0.54	2.29*
自我效能	5.05±0.67	4.75±0.60	1.90
韧性	4.61±0.73	4.28±0.64	1.96
希望	5.42±0.81	4.99±0.77	2.13*
乐观	5.21±0.64	4.96±0.66	1.40

由表 13-5 可以看出，辅修过二专业和没辅修过二专业的创新创业者在

心理资本整体水平上存在显著性差异,辅修过二专业的创新创业者心理资本高于没有辅修过二专业的创新创业者。从各个维度上看,希望上存在显著差异,自我效能和韧性上边缘性显著,均表现为辅修过二专业的创新创业者得分高于没辅修过二专业的创新创业者得分。在乐观维度上,二者不存在显著性差异。

4.众创空间创新创业者心理资本在是否为独生子女上的差异

本研究对众创空间创新创业者的心理资本的总均分和各维度的均分在是否独生子女上进行独立样本 t 检验,结果见表 13-6。

表 13-6 众创空间创新创业者的独生子女差异(M SD)

	独生子女($n=30$)	非独生子女($n=71$)	t
总均分	4.65±0.56	4.86±0.55	−1.75
自我效能	4.64±0.59	4.86±0.62	−1.68
韧性	4.22±0.65	4.38±0.67	−1.04
希望	4.83±0.85	5.16±0.75	−1.92
乐观	4.90±0.68	5.05±0.66	−1.00

由表 13-7 可以看出,独生子女和非独生子女在心理资本总均分上存在边缘性显著,非独生子女的心理资本边缘性显著高于独生子女。从各个维度上看,在自我效能、希望维度上存在边缘性显著差异,均表现为非独生子女得分边缘性显著高于独生子女的得分。在韧性和乐观维度上二者不存在显著性差异。

5.众创空间创新创业者心理资本在生源地上的差异

本研究对众创空间创新创业者的心理资本的总均分和各维度的均分在生源地上的差异进行独立样本 t 检验,结果表明,城镇生源创新创业者和农村生源创新创业者在心理资本总均分和各个维度上均不存在显著性差异。

6.众创空间创新创业者心理资本在学校上的差异

本研究对众创空间创新创业者的心理资本的总均分和各维度的均分在学

校上的差异进行单因素方差分析,结果表明,不同学校类型的创新创业者在心理资本总均分和各个维度上均不存在显著性差异。

7. 众创空间创新创业者心理资本在学历上的差异

本研究对众创空间创新创业者的心理资本的总均分和各维度的均分在学历上的差异进行单因素方差分析,结果见表 13-7。

表 13-7　众创空间创新创业者的学历差异(M　SD)

	大学专科($n=27$)	大学本科($n=43$)	硕士及以上($n=31$)	F
总均分	4.90±0.76	4.68±0.44	4.86±0.48	1.64
自我效能	4.80±0.81	4.79±0.53	4.80±0.54	0.00
韧性	4.50±0.92	4.08±0.50	4.53±0.48	5.71[**]
希望	5.17±0.93	4.96±0.66	5.10±0.82	0.68
乐观	5.14±0.81	4.89±0.58	5.03±0.60	1.16

由表 13-7 可以看出,不同学历的创新创业者在心理资本整体水平上不存在显著性差异。从各个维度上看,在韧性上存在显著性差异,在自我效能、希望、乐观上不存在显著性差异。为了进一步了解学历间的差异,本研究对不同学历创新创业者在韧性维度上的得分进行事后分析检验,结果显示,在韧性维度上,大学专科以及学历硕士以上的创新创业者的得分显著高于大学本科学历的创新创业者。

8. 众创空间创新创业者心理资本在专业上的差异

本研究对众创空间创新创业者的心理资本的总均分和各维度的均分在专业上的差异进行单因素方差分析,结果见表 13-8。

表 13-8　众创空间创新创业者的专业差异(M　SD)

	文科($n=30$)	理科($n=46$)	工科($n=25$)	F
总均分	4.54±0.48	4.97±0.55	4.78±0.55	5.84[**]

续表

	文科($n=30$)	理科($n=46$)	工科($n=25$)	F
自我效能	4.45±0.52	5.01±0.58	4.81±0.61	8.83***
韧性	4.09±0.57	4.46±0.70	4.39±0.64	3.08*
希望	4.80±0.72	5.26±0.80	5.00±0.76	3.24*
乐观	4.83±0.66	5.15±0.68	4.92±0.58	2.42

由表 13-8 可以看出,众创空间创新创业者的整体心理资本水平在专业上差异显著。在自我效能、韧性、希望上均存在显著差异。在乐观维度上边缘性显著。为了进一步了解专业间的差异,本研究对不同专业创新创业者在总均分及各个维度上的得分进行事后分析检验,结果显示,学理科的创新创业者的心理资本总体水平显著高于学文科的创新创业者,其他专业间无显著性差异。从各个维度上看,理科和工科的创新创业者的自我效能感得分显著高于文科创新创业者,理科和工科的差别不显著。在韧性维度上,理科创新创业者的得分显著高于文科创新创业者,其他专业间无显著差异。在希望维度上,理科创新创业者的得分显著高于文科创新创业者,其他专业间无显著差异。在乐观维度上,理科创新创业者的得分显著高于文科创新创业者,其他专业间无显著差异。

9. 众创空间创新创业者心理资本在创业经历上的差异

本研究对众创空间创新创业者的心理资本的总均分和各维度的均分在创业经历上的差异进行独立样本 t 检验,结果见表 13-9。

表 13-9 众创空间创新创业者的创业经历差异(M SD)

	仅有一次含正在($n=59$)	多次经历($n=42$)	t
总均分	4.81±0.60	4.78±0.49	0.23
自我效能	4.80±0.68	4.78±0.51	0.16
韧性	4.20±0.72	4.52±0.52	−2.55*

续表

	仅有一次含正在（$n=59$）	多次经历（$n=42$）	t
希望	5.15±0.78	4.93±0.78	1.41
乐观	5.08±0.70	4.90±0.58	1.36

见表 13-9 可见，仅有一次创业经历（含正在）的创新创业者和多次创业经历的创新创业者，在心理资本整体水平上不存在显著差异。从各个维度上看，在韧性维度上存在显著性差异，多次创业经历的创新创业者得分显著高于仅有一次创业经历的创新创业者。在自我效能、希望、乐观维度上二者均不存在显著性差异。

第四节　众创空间创新创业者情境融入式心理资本干预研究

一、参与者

干预实验以被试自愿、主动报名为基本原则，从 101 名众创空间的创新创业者中招募 45 名被试，通过对被试进行个别谈话以筛选实验组和对照组成员。个别谈话主要包括对团体心理活动的了解程度以及时间安排。经过个别谈话，对 45 名被试进行实验组和对照组的划分。考虑到团体活动要持续两周，实验组被试可能会因为某些原因出现中途退出的现象，因此在进行被试分组时，确定实验组被试 25 名，对照组被试为 20 名。在活动开始后，由于时间安排等方面冲突，先后有 5 名实验组被试中途退出。因此，最终实验组被试人数为 20 人。本次心理资本干预活动最后有 40 名被试参加。实验组被试进行心理资本的干预，对照组被试无任何的干预活动。

二、研究工具

(一)心理资本问卷

本实验采取张阔等人编制的《积极心理资本问卷(PPQ)》①。问卷共设有26个题目,涵盖了四个维度:自我效能、韧性、希望、乐观。该问卷采用Likert式7点计分,经过检验,各因子之间相关为0.21—0.55,各因子与总分之间的相关系数为0.62—0.77,说明问卷的结构效度较好。问卷整体与各子问卷的α系数分别为0.83,0.72,0.67,0.71,0.76,说明该问卷的内部一致性信度较好。

(二)创新行为量表

采用Janssen研究中使用的九项目量表②对创新行为进行测量。该量表共有九道题,包括提出新创意、谋求他人的支持和将创新"产品化",每个阶段有三个题目进行测量。量表的Cronbach's α系数为0.95。问卷计分采用Likert的5点计分法,测量出现创新行为的频率,1表示"从不",5表示"很频繁"。

(三)干预活动内容

干预实验设计主要以图13-2创新创业情境融入式心理资本干预模型为基础,结合试验、共情、反思、创造、玩耍五种创业教育的实践模式进行心理资本的干预方案设计。活动整体分为八个单元,详见表13-10。

---

① 张阔、张赛、董颖红:《积极心理资本:测量及其与心理健康的关系》,《心理与行为研究》2010年第1期。

② O. Janssen, "Job demands, perceptions of effort-reward fairness and innovative work behavior", *Journal of Occupational and Organizational Psychology*, Vol.73, No.3, (2000), pp.287-302.

表 13-10　创新创业情境下心理资本干预方案

	活动内容	实践模式	心理资本领域内容	创业领域内容
第一单元破冰	1 资源获取游戏 2 即兴造雨	创造玩耍	希望、韧性、自我效能	构建资源基础;新企业成长;问题解决;机会创造;责任分配
第二单元了解你自己	1 情绪 ABC 2 我是谁 3 创业你担心吗	共情试验	乐观、自我效能	自我认知;风险评估;团队建设;沟通
第三单元树立希望	1 未来趋势与创新创业 2 我的愿望 3 目标搜索	创造反思	希望、乐观	企业发展战略;商业模式塑造;概念塑造;目标设定
第四单元理性乐观	1 了解自己的归因模式 2 创业阴暗面 3 机会筛选	共情反思试验	乐观	机会评估;企业发展战略;社会责任;新企业成长
第五单元提升自我效能	1 创新创业自我认知 2 共建高塔	创造玩耍	自我效能、乐观、希望、韧性	自我认知;团队建设;问题解决;创造性思维;可行性分析;责任分配
第六单元增强韧性	1 挫折防御机制 2 压力管理 3 放松训练	共情反思	韧性	自我认知;团队建设
第七单元激发创造力	1 清空大脑构思创意 2 创意空间转换 3 商业模式画布	创造玩耍	希望	创造与机会识别;创造性思维;可行性分析;商业模式
第八单元成长话别	1 绘制个人成长曲线 2 绘制企业成长曲线 3 大家都来说 4 离别祝福	反思	自我效能、韧性	自我认知;团队建设;创业战略;

三、研究程序

第一步:进行被试筛选,征得个体同意后确定实验组和对照组被试,并使用《积极心理资本问卷》和《创新行为量表》对实验组和对照组被试进行前测。

第二步:对实验组被试进行心理资本干预训练。团体训练两周共四次,每周两次,每次 180 分钟左右,每次按单元顺序安排两个活动单元。对照组被试在此期间不进行任何的干预训练。

第三步:在第四次训练结束时进行后测,并要求实验组和对照组被试完成《心理资本》以及《创新行为量表》。

第四步:将前后测数据录入电脑,使用 SPSS22.0 进行数据处理。通过对实验组和对照组前测与后测数据的比较分析来验证心理资本团体干预实验活动的有效性。

四、研究结果

(一)心理资本干预的研究结果

1. 前测结果

对实验组和对照组心理资本前测结果进行独立样本 t 检验,如表 13-11 所示。结果显示,实验组和对照组在心理资本总体和各个维度上无显著性差异。表明在实验前,实验组和对照组的各项指标均在同一水平上,可以进行后续干预研究和差异检验。

表 13-11 实验组和对照组心理资本前测结果比较

	实验组		对照组		t
	M	SD	M	SD	
总均分	4.79	0.54	4.74	0.57	0.32
自我效能	4.79	0.52	4.71	0.73	0.36
韧性	5.25	0.57	4.79	0.64	1.51
希望	4.86	0.89	4.98	0.91	-0.41
乐观	5.09	0.62	5.13	0.69	-0.16

2. 实验组前后测差异比较

对实验组心理资本进行配对样本 t 检验,如表 13-12 所示。结果显示,实验组在干预前后心理资本整体水平发生显著变化,在自我效能、乐观、希望、韧性维度上均有显著提升。

表 13-12　实验组心理资本前后测差异比较

	前测		后测		t
	M	SD	M	SD	
总均分	4.79	0.54	4.97	0.44	-3.96^{**}
自我效能	4.79	0.52	4.98	0.45	-2.93^{**}
韧性	5.25	0.57	5.10	0.70	-2.15^{*}
希望	4.86	0.89	5.14	0.70	-2.56^{*}
乐观	5.09	0.62	5.19	0.66	-2.45^{*}

3.对照组前后测差异比较

对对照组心理资本进行配对样本 t 检验,如表 13-13 所示。结果显示,对照组在干预前后心理资本整体水平和各个维度上均未发生显著变化。

表 13-13　对照组心理资本前后测差异比较

	前测		后测		t
	M	SD	M	SD	
总均分	4.74	0.57	4.74	0.57	0.06
自我效能	4.71	0.73	4.72	0.69	-0.20
韧性	4.79	0.64	4.84	0.70	-1.03
希望	4.98	0.91	4.99	0.69	-0.16
乐观	5.13	0.69	5.03	0.62	1.41

(二)创新行为的研究结果

1.前测结果

对实验组和对照组创新行为前测结果进行独立样本 t 检验,如表 13-14

所示。结果显示,实验组和对照组在创新行为总体和各个维度上无显著性差异。表明在实验前,实验组和对照组的各项指标均在同一水平上,可以进行后续干预研究和差异检验。

表 13-14　实验组和对照组创新行为前测结果比较

	实验组		对照组		t
	M	SD	M	SD	
总均分	3.23	0.57	3.29	0.28	−0.61
提出新创意	3.57	0.42	3.50	0.32	0.57
谋求他人支持	2.93	0.62	3.15	0.48	−1.24
将创新产品化	3.18	0.59	3.22	0.60	−0.18

2.实验组前后测差异比较

对实验组创新行为进行配对样本 t 检验,如表 13-15 所示。结果显示,实验组在干预前后创新行为整体水平发生显著变化,在提出新创意、谋求他人的支持和将创新"产品化"维度上均有显著提升。

表 13-15　实验组创新行为前后测差异比较

	前测		后测		t
	M	SD	M	SD	
总均分	3.23	0.57	3.43	0.33	−4.16**
提出新创意	3.57	0.42	3.73	0.34	−2.52*
谋求他人支持	2.93	0.62	3.22	0.39	−2.38*
将创新产品化	3.18	0.59	3.33	0.53	−2.44*

3.对照组前后测差异比较

对对照组创新行为进行配对样本 t 检验,如表 13-16 所示。结果显示,对照组在干预前后创新行为整体水平和各个维度上均未发生显著变化。

表 13-16　对照组创新行为前后测差异比较

	前测		后测		t
	M	*SD*	*M*	*SD*	
总均分	3.29	0.28	3.28	0.23	-0.29
提出新创意	3.50	0.32	3.45	0.36	-0.9
谋求他人支持	3.15	0.48	3.12	0.54	-0.35
将创新产品化	3.22	0.60	3.27	0.40	0.62

第五节　众创空间创新创业者心理
资本水平及干预效果

一、众创空间创新创业者心理资本的基本情况

研究结果表明,众创空间创新创业者的心理资本水平良好,总分和各维度的均分均高于理论中值4,原因可能包含以下几个方面:从生理基础上讲,众创空间的创新创业者的普遍年龄范围是 21—35 之间,这一年龄阶段的成年人往往刚刚或已经脱离校园,处于人生的规划和奋斗阶段,能够独立而理性的做出决定和判断。而且创新创业者群体体力充沛,有旺盛的精力处理和面对繁琐的创业工作。这一时期的创业者都接触到丰富的文化知识,头脑较为灵活,能够合理地规划和处理自己的日常工作。因此,创新创业者往往对自己有信心,对生活有希望、有活力,对未来很乐观。从社会基础上讲,从事创业的人往往已经获得一定的资源,无论是人力资源、物质资源还是社会资源,这些资源都是具有社会上其他人的认可,是社会认可和期许的,这在无形之中给了创新创业者信心和坚持下去的动力。从问卷测量上讲,曾有学者提出积极心理状态和消极心理状态并不是同一维度上的两个极端,而是不同的两个状态。积极心理资本问卷测量的仅仅是积极心理资本水平,并不能排除其还存在消

极的心理状态。

二、众创空间创新创业者心理资本水平在人口统计学上的差异

（一）众创空间创新创业者心理资本整体水平在人口统计学上的
差异

数据表明,众创空间创新创业者的心理资本整体水平在性别、辅修二专
业和专业上得分存在显著性差异,男性显著高于女性,辅修过二专业的创新
创业者显著高于未辅修过的创新创业者,理科生显著高于文科生。在生源
地、创业经历、独生子女、年龄、学历和学校上不存在显著性差异。原因可能
如下。

性别上,从角色分工看,男性给人的印象往往是健壮、精力充沛、有担
当、成就动机较强,往往扮演创业者领导核心的形象;而女性往往是温柔的、
亲和的、依赖性较强、人际动机较强,在创业团队中往往扮演执行和调解的
形象。

年龄上,随着时代的发展,互联网浪潮的袭来,许多传统的创业领域面临
着挑战,而与互联网相关的行业带来了更多的机遇。无论是哪种年龄阶段的
创业者,同时享有共同的互联网浪潮带来的广泛资源,也面临同样的挑战。创
业者从事创业更多的依赖资源,传统的创业行业,可能随着年龄的增长拥有的
资源也会随着增多。而众创空间是综合开放性服务平台,实现了资源的对接。
不同年龄的创业者都可以在众创空间中进行创业初期的孵化,实现各种丰富
资源的对接,因此年龄上的差异带来的心理资本的差异在众创空间里得到了
弱化。

是否辅修过二专业上,辅修过二专业的创业者相对于没有辅修经历的创
业者知识结构完善,而且学习能力强,这能为创业初期提供更多的技术资源,
且学习能力强的创业者眼界更为开阔,能够根据具体情况整合各领域的资源

作出快速的调整。创业不同于技术领域的专业研究，它是多种知识技能的结合，多领域的知识储备能够形成创业者的核心竞争力。

是否为独生子女上，现在有很多的"421家庭"，家庭里只有一个孩子，因此对这个孩子会过分溺爱，以孩子为中心，给予唯一的孩子全部的爱，不懂得如何与他人分享。而非独生子女往往有兄弟姐妹，懂得和家庭成员之间的良性互动，彼此间分享爱，相互关心相互帮助。

生源地上，随着国家推进新型城镇化，城镇和农村的差距在进一步的缩小。计算机网络的普及使得城镇和农村出来的创业者在资源上同时享有广泛的信息资源，得到良好的教育后也同样面临相同的机遇与挑战。在面对各种困难和挑战时都有国家和社会的广泛支持和帮助。

学校上，从众创空间上看，传统的毕业院校出来的创业者资源较为有效，不同学校层次的创业者可能拥有的技术或人力资源都会有所不同。而众创空间的出现，从较为封闭的资源提出了挑战，实现了资源的对接。无论是何种学校层次的创业者，都能够享有共同的互联网浪潮带来的广泛资源，也面临同样的机遇与挑战。不同年龄的创业者都可以在众创空间中进行创业初期的孵化，实现创新成果的商业化，所以，学校层次的不同未对众创空间创新创业者心理资本带来明显的差异。

专业上，文科生更关注人文社科的知识，平时更为感性。理科生更关注逻辑客观学习，更为理性、客观、冷静地去判断和解决问题。工科生更注重实践动手能力。在进行实验遇到挫折时，理科生能够比文科生更善于设定目标，评估困难，寻找资源，克服困难并最终解决问题。而文科生可能缺少这一方面的训练。

创业经历上，仅有一次创业经历的人之前从未创业，没有经受过创业失败的打击，对于创业成功比较有信心，认为自己有能力完成最终目标。有过多次创业经历的人经受创业的多次磨炼，对创业进行多次调整，有信心能够在接下来的创业中获得成功。

（二）众创空间创新创业者心理资本各分维度得分在人口统计学上的差异

数据表明,自我效能维度上,理科生和工科生均显著高于文科生。男生显著高于女生。韧性维度上,男性显著高于女性,理科生显著高于文科生,专科生和硕士生显著高于本科生,多次创业经历的创新创业者显著高于仅有一次创业经历的创新创业者。希望维度上,男生显著高于女生,理科生显著高于文科生,辅修过二专业的创新创业者显著高于未辅修过二专业的创新创业者。乐观维度上,理科生显著高于文科生。原因可能如下。

性别上,从社会基础上讲,社会往往也给予男性更多的期许,更能认可男性对于事业的追求和坚持;相反,对于女性更多的认可则针对于家庭方面,无形中淡化了女性对事业的观念。在创业中,男性更能锲而不舍,对事业也更有信心和希望。男性和女性面对问题的时候,每个人都有自己的解释风格,这些解释风格和自己的生活经历有关,因人而异。而当前社会女性的社会地位已经日渐提高,男性和女性接受教育的机会和挑战是平等的,使得其在解释风格上的具体差异也是每个人自身特点不同造成,不存在性别上的显著差异。

是否辅修过二专业上,有辅修过专业的创新创业者会更有信心处理好事物,能够综合各个领域的知识合理设定目标,识别风险,跨越障碍,最终实现目标。从社会层面上讲,辅修过二专业创新创业者往往都是在知识领域里比较上进的学生,在学校中成绩一般都是佼佼者,在社会上更容易得到认可和赞许,也会更容易被寄予期望。因此也会表现得更为上进,面对困难更有信心。

许多独生子女会比较任性、以自我为中心,不善于团队合作,遇到困难容易退缩。他们往往不太顾及别人的想法,不能很好地控制自己的行为,在与别人交往中受挫。而非独生子女更容易理解他人,面对困难挫折的时候会更容易得到身边朋友的帮助,更为自信,也更能为既定的目标坚持不懈下去。对于事情的解释风格更多的是结合个人的具体经历,与是否有兄弟姐妹没有必然的联系。

学历上，不同时期主流的学历不同。"70 后""80 后"眼中，专科学历最为普遍，本科学历在当时最为流行，可能意味着一份稳定而高薪的工作。而"80末""90 后"眼中本科学历已经最为常见，硕士学历已经成为流行的学历，可能意味着能更好地实现自我。学历教育是一种时代产物。学历在不同时代对于创新创业者来讲都是不同的。同一时代背景下，专科学历的创业者他们由于学历较低，因此成功的欲望比任何人都强烈，也更能吃苦，面对困难越挫越勇。硕士学历的创新创业者能够一直对某一专业知识进行研读，这就在一定程度上反映了其对于追求的领域锲而不舍的态度。

专业上，从认知方式上看，理科生倾向于场独立的认知方式，文科生倾向于场依存的认知方式。因此，面对问题时理科生更倾向于独立思考进行问题突破，能够排除干扰，勇敢面对困难。

创业经历上，有多次创业经历的人较仅有一次的创业者经历过多次创业磨砺，有些可能是深刻的失败打击，所以能更好地识别困难，坚持不懈，最终克服困难完成目标。因此，在韧性维度上存在显著性差异，多次创业经历的创新创业者得分显著高于仅有一次创业经历的创新创业者。

三、心理资本干预训练效果

（一）干预训练活动效果

从数据结果看，本次心理资本干预活动产生了明显的效果。干预研究中，实验组和对照组被试的前测和后测的差异分析表明，开展干预活动前，实验组和对照组被试的心理资本和创新行为水平不存在显著差异，但在实施干预活动后，实验组被试的心理资本和创新行为水平较干预前有了显著提高，同时也显著高于对照组，而对照组被试的心理资本和创新行为水平则没有发生明显变化。

量表评估结果表明本次团体心理干预活动是积极有效的。

（二）干预训练有效性因素分析

从干预数据的比对结果看，众创空间创新创业者的心理资本干预达到了预期的效果。总共经过两周四次八个单元的训练，创新创业者心理资本的整体水平和各维度水平全部得到了显著提高。主要可能有以下几个方面原因。

第一，坚实的理论基础。本研究以 Luthans 提出的心理资本的干预理论为基础，从心理资本自我效能、希望、乐观、韧性四个维度进行开发。大量研究结果证实心理资本干预方案具有很高的操作性和有效性，且对干预对象没有特殊要求，能有效提升不同类型群体的心理资本。

第二，方案设计合理。干预主要是对众创空间创新创业者进行的研究，因此在干预活动的内容设计上采用将心理资本和创新创业相结合的方式，将创新创业者在创业过程中的六个阶段进行要素提炼，实现与心理资本的融合。以心理资本干预为主，兼顾创业要素的建设。使得研究方案更能贴近研究主题，让干预研究的体验更具有情境性。

第三，活动形式新颖。本研究采用百森商学院提出的新的教学实践方法，用体验式创业实践的方法对创新创业者进行培训。主要应用五种实践模式（玩耍、共情、创造、试验、反思），在游戏过程中重新建构创新创业思维，在心理资本干预的同时也提升创业胜任力和绩效。

第四，活动过程严格监控。为了及时发现和控制团队干预过程的问题，本研究在活动开始制定并签订统一的活动规范，明确团队成员的权利和义务。每次活动结束后要求成员进行活动过程的反馈。团队成员根据自己在活动中的体验和感受对活动表现进行评价，对活动中不足的地方提出自己的意见。根据团队成员的评价内容（活动参与度、活动内容、个人表现、活动氛围、活动领导者等）进行下次活动的调整，进而提升活动效果。

第六节 众创空间创新创业者情境融入式心理资本的开发建议

一、自我效能的开发建议

（一）分解目标

目标分解的过程中，将自己的每一步目标都控制在一个能预见和操纵的范围内，以便清晰明了地处理每一个问题。这样，上一个目标是下一个目标的前提，下一个目标将升华成上一个目标的结果，当一个个小目标得以实现时，大目标的实现也将会是水到渠成的事情。分解目标时需要注意不要陷入以下的误区里，即不要将没有量化、没有时间期限的想法当成是目标，要根据现有的能力确定目标。这是创新创业者在目标设定里常常出现的问题。不过需要注意的是，分解的小目标既要有激励价值，又要现实可行。如果小目标依然很难实现，或者毫不费力就可以达到，那么这样的目标分解就毫无意义。因此，在分解目标的时候一定要注意技巧。

（二）体验成功

对自我效能进行开发有许多种方法。比较可靠而且简单的方法是通过设定一个具有挑战性的内容，让活动成员在解决挑战性问题的过程中运用目标分解，最终完成目标，体验到成功。但是成功并不意味着就是自我效能，成功之后也不一定就能提升自信。自我效能的提升还涉及对任务本身的认知、在活动参与中的体验、对成功结果的解释和归因，因此不能简单地将成功等同于自我效能。如果需要开发特殊的效能，可以通过反复体验成功的办法。为创业者设置挑战时，最好将创业过程中可能出现的内容融入其中，如设置内容时可以加入问题解决、创新思维、机会识别、概念测试、可行性分析、运营、销售等模块。这样设计的活动更能贴近创业本身,通过将复杂和具有挑战性的任务分解成简单的独立的小的任务单元,并尽努力去完成,可以增强个体在不同环节或不同领域的自信。

(三)分享与他人成功

可以采用沟通和交流的方式,让团队成员之间彼此分享个人成功的经验。在经验分享的过程中,个体能够再次直接体验到成功,而且直接体验比起其他的替代学习更为有效。创业者叙述的成功的事情不仅仅局限在创业或者事业领域,还可涉及许多生活和个人成长的方面。例如,一位创业者提到自己不会游泳却意外坠入无人经过的水池中,他不断挣扎并自己尝试着成功获救的故事,以及这次事情过后自己人生的转变。小的持续性的成功可以增强个人的自信,重大性的事件同时也能让一个人做出深刻的改变。值得注意的是,单一地进行成功经验的分享,可能会造成成员之间的攀比现象,有些创业者可能会夸大自己的经历,甚至会编造一些故事,这违背了经验分享的初衷。

(四)劝说激励

在对创新创业团队成员进行劝说和激励的时候,要充分考虑创新创业者所处的创业情境,结合具体情境进行激励。同时,还要考虑创新创业者个人的特点,如人格特质、情绪特点、行为方式等,选择具体的劝说和激励方法。在劝说和激励的过程中可以引导其对行为和过程进行反思,如榜样成功的行为、改进或者回避失误的行为等,这些都是能够增加个体成功的行为。具体劝说和激励时要结合具体情境,至少也要有和情境相似的地方。

(五)知识和能力提升

创新创业者的知识素质对创业起着举足轻重的作用。创新创业者要进行创造性思维,要作出正确的决策,必须掌握广博的知识,具有一专多能的知识结构。创新创业者本人要有不断提高自身素质的自觉性和实际行动,要做一名终身学习者和自我改造者。当然,自我效能的开发应该建立在理性的基础上,盲目的自信偏离了自信的轨道反而会导致自负。因此,在进行自我效能开发的过程中,陪伴成员成长也很重要,帮助个体认识真实的自己,了解自己的能力、技术及知识储备。个体充分了解自己,还需要了解自己眼中理想的自己、真实的自己,以及别人眼中自己的样子。

二、希望的开发建议

对希望的开发策略一般包括设置共同的目标和愿景,参与创新创业计划,制定路径,并且获取和整合资源。希望往往受到目标、路径、动因等因素的影响。

(一)获取和整合资源

创业过程中会遇到各种困难和问题,造成各种困难的原因之一是资源匮乏。资源根据种类的不同划分为社会资源、物质资源、人力资源、组织资源、技术资源等。如果资源是有价值的、稀缺的、难以模仿的,那么它就可作为竞争优势的来源。新企业启动时往往只有很少的资源,且这些资源往往来自创业团队和一般性的人力资源和社会资源。因此在创业实践的希望维度开发过程中,指导创业者获取和整合资源,有利于创业者在当今竞争激烈的市场环境中更好地解决问题。

(二)设定共同的目标和愿景

在对希望的开发中,尽量设置具有挑战性的、清晰的、意义明确且能够通过努力达到的目标。目标能够增强团队成员的凝聚力及动因。同时,实现目标的过程也是考验团队成员韧性的时候。干预活动发现设置有挑战性且具体可行的目标,将目标内化,并在努力完成目标时进行自我调节,能够提升绩效个人水平。目标的设置不仅影响个人的动机、决策、努力程度、锲而不舍程度，同时也会对希望的途径产生影响。目标设置得更长远，动因和途径会随之增强。

（三）制定途径并逐步完成

团队成员在实现目标的过程中需要设定与工作目标相关的途径，确定实现目标之路上的阻碍，并制订克服阻碍的计划。完成任务之后，团队成员会得到来自任务和其他成员的反馈，以帮助其思考路径的选择和困难解决。帮助团队成员树立希望能够提升个人解决问题的能力、增强个人自信，同时，在困难面前迎难而上也增强了个人的韧性，提升了心理资本的整体水平。制定途径并逐步完成的过程如同分割蛋糕，将食用困难的而且食用期长的"大蛋糕"分割成更小的容易咀嚼的"小蛋糕"。

（四）参与创新创业计划

参与创新创业计划的过程也是个人认知改变的过程，对问题的思考和分析，将看起来不可能的问题转化为可能完成。在认知调整和改变的过程中，个人的情绪和动机也发生了变化，个体表现出内控和自我调节能力、锲而不舍的坚持，这在一定程度上激发了个人的创造力，促进更多创新行为的产生。

三、乐观的开发建议

大量研究发现，乐观的人更容易成功，也更容易长寿。乐观的解释风格会提升个人的生活满意度、成就感，降低焦虑情绪。乐观在面对和解决问题过程中主要表现为能够准确地对状况进行评估，包括提问，提出假设，掂量事实，区分事实和感觉，有洞察力。能够将问题视为暂时性的而非普遍的问题，在各种情况、情绪和行动中找到自己的位置，不苛求自己，也不怪罪到外部因素上。能够相信自己有改善状况的能力，知道自己能够做某些努力，或许无法改变某些外部因素,但是可以将身处其中的自己把握得更好。具体说来,乐观的开发策略主要包括宽容过去、珍惜现在,树立积极的期望。

(一)宽容过去

乐观影响我们思考过去的方法,特别是思考造成负面事情的原因。乐观的个体倾向于相信悲剧的起因能够改变,在生命中某个时期碰到的问题不一定会导致这类问题在将来重现。宽容过去并不是一种推卸和逃避责任的表现,相反,这是对现实情况的重新积极建构,对自我的重新接纳。面向现实,掌握情境中的可控因素,为自己做出正确的判断,调整认知模式,是一种现实的乐观。在团队中,宽容过去可以指导领导者设置具体可行的目标、客观评估自身的能力,根据团队状况作出团队调整。

(二)珍惜现在

珍惜现在能够指导我们在糟糕的环境中发现和享受到积极的方面,防止个体形成失败者的自我评价。在面对问题和压力时,不管是具体的危机还是生活中的小事,都可以采用两种解决办法。第一种是集中情绪处理法,通过冥想、放松和看到事物积极面的方法平复个人的情绪。第二种是问题解决处理法,积极地扭转局面,想出办法,并付诸实践。当问题超出个体的控制范围时,可以选取第一种办法先稳定自己的情绪。如果希望将一个庞大的计划处理得更简单,或者只看到事物的积极面并不会对解决问题有帮助时,可以采取第二种方法。更多的时候是两种方法的结合。

(三)寻找未来发展机会

团队能够高效、可持续性地发展,不仅要能够宽容过去、珍惜现在,还要能够树立积极的期望,放眼未来,抓住有利的机会。乐观是一种强有力的工具,能够激励组织设置更好的目标,更有动力,激励团队成员接受挑战面对困难,提升个人和团队绩效。理性的乐观是用积极的方法重新审视外部的、无法控制的因素,从中寻找机会。盲目的乐观会使个人和团队一味沉浸在对未来的美好幻想中,看不到任何风险和危机,这对于个人和企业的发展是致命的。健康的乐观是通过了解自己、承担责任和明白自己对事物的回应方式实现的。毕竟,只是凭借想法和誓言是无法实现目标的。

四、韧性的开发建议

(一)资源中心策略

团队工作中,与韧性相关的资源涉及人力资本、社会资本等。其中显性的资源,如个人的知识技能等可以通过系统的培训得到提升。而隐性的资源,如企业战略、经营理念、团队文化等,可以采用社会化、导师制和轮岗制等广泛认可的方式进行开发,营造真实透明的氛围,促进内部沟通,建立信任的桥梁。

(二)危险中心策略

韧性是一种能够使人从困境失败,或是积极乐观与责任中恢复过来的能力,具有可开发性。这种反弹的能力不仅仅是针对消极事件,也可应用于积极事件。某些积极事件(如升职)可以看作是一种成长和责任的承担,同时也包含一些无法回避的危害因素。如果采取规避风险的办法,个人会回避升职而停滞不前。如果采取危害管理策略,个人会搜集建设性的意见和反馈,尝试运用各种办法,增强在新的职位上的自信,培养韧性相关的资产。它可以让个体重新审视危害因素,以发展的眼光看问题,化威胁为转机,化困境为顺境,化不利为有利,战胜并超越自己。在创业的过程中,关注危害的策略能够帮助团队成员跨过既定的轨道去思考,它鼓励人们在创业时更多地承担一些可估计、高回报的风险,抓住潜在的创业机会。

（三）过程中心策略

过程中心策略注重韧性资源的形成，通过合适的方法和路径克服逆境，对危害因素做出积极回应，实现个人成长。在团队成员列好相关韧性资源后，可以判断哪些资源有助于个人实现目标，并对其加以采用。团队成员往往被鼓励去识别成功路上的阻碍因素，从而实现最终目标。

主要参考文献

一、中文文献

1. 王端旭、武朝艳:《团队交互记忆系统的动态演化及其效应研究》,《科学学与科学技术管理》2010 年第 11 期。

2. 王亚男、张景焕:《创造力研究的新领域:合作创造力》,《心理科学进展》2010 年第 1 期。

3. 温忠麟、叶宝娟:《中介效应分析:方法和模型发展》,《心理科学进展》2014 年第 5 期。

4. 吴才智、荣硕、朱芳婷、谌燕、郭永玉:《基本心理需要及其满足》,《心理科学进展》2018 年第 6 期。

5. 谢晓非、余媛媛、陈曦、陈晓萍:《合作与竞争人格倾向测量》,《心理学报》2006 年第 1 期。

6. 熊励、孙友霞、蒋定福、刘文:《协同创新研究综述——基于实现途径视角》,《科技管理研究》2011 年第 14 期。

7. 严文华:《性别对组织沟通的影响》,《心理科学》2001 年第 5 期。

8. 衣新发、蔡曙山、刘钰:《文化因素影响创造力的实证研究》,《社会科学论坛》2010 年第 8 期。

9. 乐国安、薛婷:《网络集群行为的理论解释模型探索》,《南开学报(哲学社会科学版)》2011 年第 5 期。

10. 张钢、倪旭东:《知识差异和知识冲突对团队创新的影响》,《心理学报》2007 年第 5 期。

11. 张剑、岳红:《我国企业创造性组织情境因素研究》,《科学学研究》2007 年第 3 期。

12. 张景焕、刘欣、任菲菲、孙祥薇、于颀:《团队多样性与组织支持对团队创造力的影响》,《心理学报》2016 年第 12 期。

13. 周丹、施建农:《从信息加工的角度看创造力过程》,《心理科学进展》2005 年第 6 期。

14. 周国梅、傅小兰:《分布式认知——一种新的认知观点》,《心理科学进展》2002 年第 2 期。

15. 周详、潘慧:《元情绪:危机处理中领导者的自我情绪管理》,《中国浦东干部学院学报》2010 年第 2 期。

16. 周详、任乃馨、曾晖:《协同创新中头脑风暴法的缺陷及其计算机支持解决方案》,《企业管理》2018 年第 3 期。

17. 周琰喆、倪旭东、郝雅健、倪宁:《基于交互记忆系统的知识整合研究》,《人类工效学》2016 年第 3 期。

18. 周莹、王二平:《团队过程的研究现状》,《人类工效学》2007 年第 3 期。

19. [美]阿莱克斯·彭特兰:《智慧社会:大数据与社会物理学》,汪小帆、汪容译,浙江人民出版社 2015 年版。

20. [美]托马斯·W.马隆:《超级思维:人类和计算机一起思考的惊人力量》,任烨译,中信出版集团 2019 年版。

二、英文文献

1. A.H.Eagly & B.T.Johnson,"Gender and Leadership Style:A Meta-Analysis",*Psychological Bulletin*,Vol.108,No.2(1990),pp.233-256.

2. A.K.Y.Leung,W.W.Maddux,A.D.Galinsky & C.Y.Chiu,"Multicultural Experience Enhances Creativity:The When and How",*The American psychologist*,Vol.63,No.3(2008),pp.169-181.

3. A.Koriat,"When Are Two Heads Better than One and Why?",*Science*,Vol.336,No.6079(2012),pp.360-362.

4. A.Kozbelt,R.A.Beghetto & M.A.Runco,"Theories of Creativity",*Encyclopedia of*

Creativity, Vol.24, No.5(2011), pp.473-479.

5. A. Pentland, "On the Collective Nature of Human Intelligence", *Adaptive Behavior*, Vol.15, No.2(2007), pp.189-198.

6. A. W. Woolley, C. F. Chabris, A. Pentland, N. Hashmi & T. W. Malone, "Evidence for a Collective Intelligence Factor in The Performance of Human Groups", *Science*, Vol.330, No. 6004(2010), pp.686-688.

7. B. A. Hennessey & T. M. Amabile, "Creativity", *Annual Review of Psychology*, Vol.61, No. 1(2010), pp.569-598.

8. B. Onarheim & M. Friis-Olivarius, "Applying the Neuroscience of Creativity to Creativity Training", *Frontiers in Human Neuroscience*, Vol.7, No.656(2013), pp.1-10.

9. B. Sparrow, J. Liu & D. M. Wegner, "Google Effects on Memory: Cognitive Consequences of Having Information at Our Fingertips", *Science*, Vol.333, No.6043(2011), pp.776-778.

10. C. M. Youssef & F. Luthans, "Positive organizational behavior in the workplace: the impact of hope, optimism and resilience", *Journal of Management*, Vol.33, No.5(2007). pp.774-800.

11. C. Y. Chiu & Y. Hong(eds.), *Social Psychology of Culture*, New York: Psychology Press, 2006, p.237.

12. C. Zu, H. Zeng & X. Zhou, "Computational Simulation of Team Creativity: The Benefit of Member Flow", *Frontiers in psychology*, Vol.10(2019), p.188.

13. D. Kirsh, J. Hollan & E. Hutchins, "Distributed Cognition: Toward a New Foundation for Human-Computer Interaction Research", *ACM Transactions on Computer-Human Interaction(TOCHI)*, Vol.7, No.2(2000), pp.174-196.

14. F. Luthans, J. B. Avey, B. J. Avolio, S. M. Norman & D. M. Combs, "Psychological capital development: toward a micro-intervention", *Journal of Organizational Behavior*, Vol.27, No.3 (2006), pp.387-393.

15. G. D. Fenwick & D. J. Neal, "Effect of Gender Composition on Group Performance", *Gender, Work & Organization*, Vol.8, No.2(2001), pp.205-225.

16. H. E. Gruber & D. B. Wallace, "The Case Study Method and Evolving Systems Approach for Understanding Unique Creative People at Work" in *Handbook of Creativity*, R. J. Sternberg(Ed.), Cambridge: Cambridge University Press, 1999, pp.93-115.

17. I. Lykourentzou, D. J. Vergados, E. Kapetanios & V. Loumos, "Collective Intelligence

Systems：Classification and Modeling"，*Journal of Emerging Technologies In Web Intelligence*，Vol.3，No.3(2011)，pp.217-226.

18. J.B.Bear & A.W.Woolley，"The Role of Gender in Team Collaboration and Performance"，*Interdisciplinary Science Reviews*，Vol.36，No.2(2011)，pp.146-153.

19. J.E.Mcgrath，"The Study of Groups：Past，Present，and Future"，*Personality and Social Psychology Review*，Vol. 4，No.1(2000)，pp.95-105.

20. J.E.McGrath & T.W.Altermatt，"Observation and Analysis of Group Interaction Over Time：some Methodological and Strategic Choicess"，in *Blackwell Handbook of Social Psychology：Group Processes*，M.A.hogg & R.S.Tindale(eds.)，2001，Blackwell，pp.525-556.

21. J. E. Perry-Smith，"Social Yet Creative：The Role of Social Relationships in Facilitating Individual Creativity"，*The Academy of Management Journal*，Vol. 49，No. 1 (2006)，pp.85-101.

22. J.Lorenz，H.Rauhut，F.Schweitzer & D.Helbing，"How Social Influence can Undermine the Wisdom of Crowd Effect"，*Proceedings of The National Academy of Sciences of the United States of America*，Vol.108，No.22(2011)，pp.9020-9025.

23. J.M.Leimeister，"Collective Intelligence"，*Business and Information Systems Engineering*，Vol.2，No.4(2010)，pp.245-248.

24. J. P. Guilford，"Creativity"，*The American psychologist*，Vol. 5，No. 9 (1950)，pp.444-454.

25. K.A.Jehn & E.A.Mannix，"The Dynamic Nature of Conflict：A Longitudinal Study of Intragroup Conflict and Group Performance"，*The Academy of Management Journal*，Vol.44，No.2(2001)，pp.231-254.

26. M.A.Marks，J.E.Mathieu & S.J.Zaccaro，"A Temporally Based Framework and Taxonomy of Team Processes"，*The Academy of Management Review*，Vol. 26，No. 3 (2001)，pp.356-376.

27. M. A. Runco，"Creativity"，*Annual Review of Psychology*，Vol. 55 (2004)，pp.657-687.

28. M.A.West，"Sparkling Fountains or Stagnant Ponds：An Integrative Model of Creativity and Innovation Implementation in Work Groups"，*Applied Psychology*，Vol. 51，No. 3 (2002)，pp.355-386.

29. M.Csikszentmihalyi，"Society，Culture，and Person：A Systems View of Creativity"，in*The Systems Model of Creativity*，M. Csikszentmihalyi (eds.)，Berlin：Springer，

2014,pp.47−61.

30. M.M.Crossan & M.Apaydin,"A Multi-Dimensional Framework of Organizational Innovation:A Systematic Review of the Literature",*Journal of Management Studies*,Vol.47,No.6(2010),pp.1154−1191.

31. N.R.Anderson & M.A.West,"Measuring Climate for Work Group Innovation:Development and Validation of the Team Climate Inventory",*Journal of Organizational Behavior*,Vol.19,No.3(1998),pp.235−258.

32. N.W.Kohn & S.M.Smith,"Collaborative Fixation:Effects of Others' Ideas on Brainstorming",*Applied Cognitive Psychology*,Vol.25,No.3(2011),pp.359−371.

33. R.Clapp-Smith,G.R.Vogelgesang & J.B.Avey,"Authentic leadership and positive psychological capital:the mediating role of trust at the group level of analysis",*Journal of Leadership & Organizational Studies*,Vol.15,No.3(2009),pp.227−240.

34. R.Hertwig,"Tapping into the Wisdom of the Crowd—with Confidence",*Science*,Vol.336,No.6079(2012),pp.303−304.

35. R.K.Sawyer(eds.),*Explaining Creativity:The Science of Human Innovation*,New York:Oxford university press,2006,p.295.

36. R.K.Sawyer & S.Dezutter,"Distributed Creativity:How Collective Creations Emerge from Collaboration",*Psychology of Aesthetics,Creativity,and the Arts*,Vol.3,No.2(2009),pp.81−92.

37. R.Kicinger & T.Arciszewski,"Bioinspired Computational Framework for Enhancing Creativity, Optimality, and Robustness in Design",*Journal of Computing in Civil Engineering*,Vol.23,No.1(2009),pp.22−33.

38. S.Luo,H.Xia,T.Yoshida & Z.Wang,"Toward Collective Intelligence of Online Communities: A Primitive Conceptual Model",*Journal of Systems Science and Systems Engineering*,Vol.18,No.2(2009),pp.203−221.

39. S.M.Smith & S.E.Blankenship,"Incubation and the Persistence of Fixation in Problem Solving",*The American Journal of Psychology*,Vol.104,No.1(1991),pp.61−87.

40. T.M.Amabile,R.Conti,H.Coon,J.Lazenby & M.Herron,"Assessing the Work Environment for Creativity",*The Academy of Management Journal*,Vol. 39, No. 5(1996),pp.1154−1184.

41. T.W.Malone,R.Laubacher & C.Dellarocas,"The Collective Intelligence Genome",*Ieee Engineering Managemant Review:A Reprint Journal for the Engineering Manager*,Vol.38,

No.3(2010),p.38.

42. Z.Jing,S.S.Jae,B.D.J,C.Jaepil & Z.Zhi-Xue,"Social Networks,Personal Values, and Creativity:Evidence for Curvilinear and Interaction Effects",*The Journal of Applied Psychology*,Vol.94,No.6(2009),pp.1544-1552.

后　记

　　首先,向本书所参考和征引的文献资料作者致以深深的感谢!

　　其次,承担集体智慧在合作创新中的生成与应用课题研究以来,杨治良教授和白学军教授一直在百忙之中给予我热忱地指导与帮助,在此表达我最诚挚的感谢! 同时,感谢参加课题研究的南开大学社会心理学系研究生王海婷、张泽宇、赖凯声、祖冲、翟宏堃、崔虞馨、田腾骧、碧碧·德力达别克、王旭、任乃馨、刘莹、张晓敏、柳佳慧及应用心理学专业 2007—2020 级本科生! 南开大学社会心理系、天津师范大学心理与行为研究院、华东师范大学心理与认知科学学院、中科院心理所脑高级功能实验室、陕西师范大学心理学院、南开大学人工智能学院、中国创造力研究协作组也为课题组的研究工作提供了良好条件和诸多便利,在此一并致谢!

　　再次,感谢本书阅读者的思考与践行。当阅读者认识到集体智慧与合作创新的复杂认知过程与社会性影响因素,理解人—机—物多元交互作用,感受复杂中的简单之美时;当阅读者主动帮助合作者选用减少集体智障与众创赤字的策略和规则,创建关注成长而不仅仅是成绩的合作文化,融贯东西方智能与智慧时,更有魅力的集体智慧与合作创新才会发生。

最后,本书谨献给我的导师沈德立先生!沈先生一生追求科学,服务社会,勤勉奋斗,是我永远的榜样。

周　详

2020 年秋于天津